戎光祥研究叢書 13

南九州御家人の系譜と所領支配

五味克夫
Gomi Yoshio

戎光祥出版

目次

第1部　薩摩国の御家人

第2部　大隅国の御家人

第1部
薩摩国の御家人

第一章　薩摩の御家人について

鎌倉幕府の御家人制度を研究するのに際してその基礎になると思われる御家人の実態の把握、即ち如何なる御家人がいつ、どこに、どのくらい、どのようにしていたのかというような事が存外知られていないことに気がつく。在鎌倉の御家人については「吾妻鏡」に詳しい記述があり、この問題を検討する殆んど唯一の史料となっているが、鎌倉に在住しない、しかもその数ははるかに多かったと思われる在国御家人についての記述はきわめて僅かしかない。したがって、これについては勢い現存史料を蒐集整理し御家人を抽出して検討を加えて行くより方法がない。この点に関して最近、瀬野精一郎氏が肥前国御家人についてその数的把握をこころみられたことは誠に意義深いことである（「肥前国における鎌倉御家人」『日本歴史』一一七、一九五八年。『鎮西御家人の研究』吉川弘文館、一九七五年収載）。筆者も同じ問題について強い関心を抱いてきたが、ここにその最初の試みとして薩摩国の場合をとりあげ、同国御家人について若干の考察を加えてみることにした。

勿論、全角度から検討することは不可能であり、今回は薩摩国御家人についてその数と系譜を主として取扱った。なお、この問題についてふれた論考としては、『鹿児島県史』第一巻、一九三九年、水上一久「南北朝内乱に関する歴史的考察―特に薩摩・大隅地方について―」（『金沢大学法文学部論集』哲史編3、『中世の荘園と社会』吉川弘文館、一九六九年収載）がある。筆者の作業もこれらの業績に導かれてはじまるのであるが、論述はつとめて重複しないよう筆者なりの観点から進めて行きたい。

一、鎌倉時代初期

薩摩国御家人の氏名を知るのにもっとも都合のよい史料は、建久八年（一一九七）の島津忠久内裏大番役支配注文案(1)と文保元年（一三一七）の薩摩国御家人交名注文案(2)であろう。鎌倉時代の初期と末期における御家人の氏名を記したこの二つの史料を比較することにより薩摩国における同時代を通しての御家人間の変動、人数の変化をみることができよう。そして第一の史料を補うものとして建久八年（一一九七）の薩摩国図田帳(3)、参考史料として「薩隅日三州他家古城主来由記(4)」があり、第二の史料を補うものとして嘉暦三年（一三二八）の新田宮国分氏相論証人交名注文案(5)がある。勿論上記の史料はそれぞれ異なった目的の為に作製されたものであって一様に取扱うことはできないが、その点を考慮に入れた上で他の史料にもできる限り目を通しながら、第一群の史料より第二群の史料へ順次検討を加えて行こう。なお、論述に便宜のように以下史料所載の御家人等の氏名を表記する場合、すべて当時の区分による郡・院・郷別に配列しなおした。その序列番号は次の如くである。1和泉郡　2山門院　3莫禰院　4高城郡　5東郷別符　6祁答院　7薩摩郡　8宮里郷　9入来院　10牛屎院　11甑島　12日置北郷　13日置南郷　14満家院　15伊集院　16市来院　17伊作郡　18阿多郡　19加世田別符　20河辺郡　21知覧郡　22頴娃郡　23指宿（揖宿）郡　24給黎院　25谷山郡　26鹿児島郡　27不明の分。

表１　「大番交名」より

番号	氏　　名	対照番号	番号	氏　　名	対照番号
1	和泉太郎（小大夫）	1・24	13	伊集院郡司	15
2	山門郡司	2	14	市来郡司	16
3	莫禰郡司	3	15	伊作平四郎	17
4	高城郡司	4	16	別府五郎	19
5	在国司	5・6	17	益山太郎	〃
6	薩摩太郎	7	18	川辺平二郎	20
7	牟木太郎	〃	19	知覧郡司	21
8	宮里八郎	8	20	頴娃平太	22
9	萩崎五郎	10	21	指宿五郎	23
10	小野太郎	12	22	給黎郡司	24・1
11	南郷万楊房	13	23	鹿児島郡司	26
12	満家郡司	14	24	江田四郎	27

第一の史料は、建久八年（一一九七）二月三日守護に補任された島津忠久[6]が幕府の指令を受けて同月二四日薩摩国御家人に宛て明春三月中に上洛し内裏大番役を勤仕すべきことを令したもので、「任仰下之旨可令参勤人々」として二四人の氏名があげられている。幕府の薩摩国御家人の掌握については早く文治五年（一一八九）頼朝の奥州出軍に先立って島津庄惣地頭忠久に「件庄官之中、足武器之輩、帯兵杖、来七月十日以前、可参着関東也、且為入見参、各可存忠節」の旨を令しており[7]、平家滅亡後、直接鎌倉に参向し、或いは間接に鎮西奉行天野遠景や、惣地頭島津、千葉氏等の注申により漸次御家人列に加えられていったものであろう。さて、二四名を前述の如く郡・院・郷別に配列すれば表1（以下、「大番交名」とよぶ）の如くである（対照番号とあるのが前掲郡・院・郷の序列番号である）。

次に、同じ年の八月に注進された図田帳により各領主毎にその所領、所職を表記してみよう（表2。以下、「図田帳」とよぶ。氏名欄の括弧は他史料によって補ったもので、庄公領、種別欄は図田帳に記載なきものについても適宜補ってある。寄郡とあるのは島津庄寄

表２　「図田帳」より

番号	氏　名	郡·院·郷	庄公領	名	田数		種　別	職	地　頭	備　考	対照番号
					町	段					
1	(和泉)小大夫兼保	和泉郡	一円庄		350			下　司	島津忠久		1, 24
		莫禰院	公　領	土師浦	5		寄　郡	名　主	〃		
		東郷別府	〃	若　吉	6		〃	〃	千葉常胤		
		給黎院	〃		40		〃	郡　司	島津忠久		
2	(山門郡司) 秀忠	山門院	〃	光　則	133	6	〃	院　司	〃		2
3	島津庄領家沙汰	〃	〃	弁済使分	27		〃	名　主	〃		
4	是兼入道死去後	〃	〃	高　橋	15		〃	本名主	〃		
5	(莫禰郡司) 成光	莫禰院	〃	延　武	35		〃	院　司	〃		3
6	僧　安　静	高城郡	寺　領		35		安楽寺	下　司		国分寺	
		薩摩郡	〃		26	8	〃	〃		〃	
		入来院	〃			2	〃	〃		〃	
		阿多郡	〃		5		〃	〃		〃	
		鹿児島郡	〃		37	5	〃	〃		〃	
7	在　庁　師　高	高城郡	〃	温田浦	18		〃没官領	〃	千葉常胤		4
		〃	公　領	吉　枝	19		寄郡　〃	名　主	〃		
		〃	〃	武　光	33	5	〃　〃	〃	〃		
		〃	〃	万　得	15		万　得	〃			
		東郷別府	〃	吉　枝	7		寄　郡 没官領	〃	千葉常胤		
8	僧　経　宗	高城郡	社　領		30		弥勒寺	下　司		新田 八幡宮	
		宮里郷	〃		1		〃	〃		〃	
		阿多郡	〃		4		〃	〃		〃	
9	僧　安　慶	高城郡	寺　領		30		〃	〃		五大院	
		東郷別府	〃		8	5	〃	〃		〃	
		薩摩郡	〃		5	8	〃	〃		〃	
		入来院	〃		2		〃	〃		〃	
		阿多郡	〃		44	8	〃	〃		〃	
10	(高城郡司)薬師丸	高城郡	公　領	若　吉	36		寄郡 没官領	本郡司	千葉常胤		54
		甑　島	〃	下　村	20		〃　〃	本地頭	〃		
11	在　庁　道　友	高城郡	〃	時　吉	18		〃　〃	名　主	〃		5
		東郷別府	社　領		2		正八幡領	下　司			
		〃	公　領	時　吉	15		寄郡 没官領	郷司名主	千葉常胤		
		〃	〃	〃	10	7	〃　〃	郷　司	〃		
		祁答院	〃	〃	15		〃　〃	本名主	〃		
		薩摩郡	〃	〃	69		〃	名　主	島津忠久		
		宮里郷	社　領		7	5	安楽寺	下　司		天満宮	
		入来院	公　領	郡名分	20		寄郡 没官領	本郡司	千葉常胤		
		甑　島	〃	上　村	20		〃　〃	本地頭	〃		
		伊集院	〃	大　田	15		万　得	本　主		島津庄論	
		〃	〃	寺　脇	8		〃	名　主		〃	
		〃	〃	時　吉	25		国　領	〃			
12	江田太郎実秀	高城郡	〃	得　末	2		寄郡 没官領	〃	千葉常胤	肥後国 住人	27
		東郷別府	〃	〃	4		〃　〃	〃	〃		

		祁答院	〃	〃	13		〃　〃	本主	〃		
13	在庁種明	高城郡	〃	三郎丸	10		〃　〃	名主	〃		4
		薩摩郡	〃	若松	50		〃	〃	島津忠久		
		〃	〃	永利	18		〃	〃	〃		
		入来院	社領	市比野	15		弥勒寺没官領	下司	千葉常胤	新田八幡宮	
		〃	公領	弁済使分	55		寄郡　〃	本地頭	〃		
		阿多郡	〃	久吉	145	4	没官領	本名主	鮫島宗家		
		穎娃郡	〃		34		寄郡	本郡司	島津忠久		
14	紀六大夫正家	高城郡	〃	草道万得	15		万得	名主		島津庄論	8
		宮里郷	〃		61	5	寄郡	郷司	島津忠久		
15	熊同丸	祁答院	〃	富光	54		〃没官領	本郡司	千葉常胤		6
16	滝聞太郎道房	〃	〃	倉丸	30		〃　〃	本主	〃		6
17	(薩摩郡司) 忠友	薩摩郡	社領		1	7	府領社	下司			7
		〃	公領	成枝	86		国領	郡司			
18	荒河太郎種房	〃	〃	光富	29		〃	名主			7
		〃	〃	〃	20		万得	〃			
19	在庁家弘	〃	〃	是枝	9		国領	〃			7
20	当国拒捍使崎田五町(郎)	〃	〃	吉永	12		寄郡	〃	島津忠久		7
21	島津庄方弁済使	〃	〃	火同丸	14		〃		〃		7
		牛屎院	〃	幸万	55		〃		〃		10
22	(牛屎) 元光	〃	〃	永松	240		〃	院司	〃		10
23	前内舎人康友	〃	〃	木崎	5		〃	名主	〃	本宮(郡)司平忠純	26
		鹿児島郡	社領		7	5	府領社	下司	〃		
		〃	公領		197		寄郡	郡司	〃		
24	九郎大夫国吉	牛屎院	〃	光武	50		〃	名主	〃		10
25	小藤太貞隆	日置北郷	一円庄		70		没官領	本郡司	〃		12
26	小野太郎家綱	日置庄	寺領	北郷内	30		弥勒寺	下司			12
27	(満家郡司) 業平	満家院	公領		130		寄郡	院司	島津忠久		14
28	(伊集院司) 清景	伊集院	〃	末永	25		国領	〃			15
29	権太郎兼直	〃	〃	続飯田	8		〃	名主			15
30	紀四郎時綱	〃	〃	土橋	13		〃	〃			15
31	僧忠覚	〃	〃	河俣	10		〃	〃			15
32	紀平二元信	〃	〃	十万	6		〃	〃			15
33	(市来郡司)僧相印	市来院	〃		150		寄郡	院司	島津忠久		16
34	塩田太郎光澄	加世田別府	社領		25		弥勒寺	下司		益山庄	19
35	石居入道	〃	公領	山田村	20		寄郡	名主	島津忠久	肥前国住人	19
36	弥平五信忠	〃	〃	千与富	40		〃	郷司	〃		19
37	(河辺) 平太道綱	河辺郡	社領		10		府領社	下司	〃		20
		〃	公領		210		寄郡	郡司	〃		
38	(知覧郡司) 忠益	知覧院	社領		9	7	府領社	下司		正八幡宮論	21
		〃	公領		30	3	寄郡	郡司	島津忠久		
39	穎娃次郎忠康	穎娃郡	社領		23		府領社	下司		正八幡宮論	22
40	(揖宿) 忠元	揖宿郡	社領		9	3	〃	〃		〃	23
41	(揖宿) 平三忠秀	〃	公領		37	7	寄郡	〃	島津忠久		23

表3　「国人目録」より

番号	氏　名	対照番号	番号	氏　名	対照番号
1	和泉井口太郎兼保	1	17	伊集院四郎入道迎清	15
2	山門左衛門秀忠	2	18	市来拾郎家房	16
3	莫禰五郎左衛門	3	19	伊作和田八郎親純	17
4	高城武光太郎	4	20	阿多平次郎宣澄	18
5	東郷在国司太郎道明	5	21	鮫島四郎宗家	〃
6	祁答院時吉太郎道秀	6	22	別府五郎忠明	19
7	成枝薩摩太郎忠友	7	23	益山太郎兼澄	〃
8	串木野太郎忠道	〃	24	河辺平次郎道平	20
9	牟木太郎	〃	25	知覧四郎忠信	21
10	上野平次郎忠頼	〃	26	頴娃平太	22
11	国分左衛門友成	〃	27	指宿五郎忠元	23
12	宮里八郎	8	28	給黎次郎左衛門	24
13	入来又五郎頼宗	9	29	矢上左衛門尉盛純	26
14	牛屎薩摩四郎元衡	10	30	長谷場鹿児島五郎家純	〃
15	小野太郎家綱	12	31	江田太（四）郎	27
16	南郷万楊房覚斎	13			

表4　「来由記」より

番号	氏　名	対照番号	番号	氏　名	対照番号
1	和泉太夫兼保	1	22	満家四郎長平	14
2	山門郡司秀忠	2	23	比志島上総法橋栄弁	〃
3	莫禰兵衛尉成友	3	24	河田左衛門太郎資清	〃
4	武光太郎	4	25	郡山弥三郎良平	〃
5	渋谷落合六郎重貞	〃	26	伊集院四郎時清入道迎清	15
6	在国司小太郎道氏	5	27	市来十郎郡司家房	16
7	東郷渋谷太郎実重	〃	28	和田八郎親純	17
8	祁答院又太郎道秀	6	29	阿多平次郎権頭忠景	18
9	祁答院吉岡三郎重直	〃	30	阿多平四郎宣澄	〃
10	渋谷大谷四郎重茂	〃	31	鮫島刑部丞家高行願	〃
11	薩摩太郎忠友	7	32	隠岐左衛門入道行存	〃
12	串木野三郎忠道	〃	33	別府五郎忠明	19
13	上野太郎忠宗	〃	34	河辺平太道綱	20
14	国分左馬介友久	〃	35	鹿籠六郎時澄	〃
15	永利中務丞兼光	〃	36	知覧四郎忠信	21
16	高江六郎正信	8	37	頴娃三郎忠長	22
17	入来院又五郎頼宗	9	38	頴娃次郎左衛門尉久純	〃
18	牛屎左衛門尉元包	10	39	指宿五郎忠光	23
19	小川小太郎	11	40	給黎兵衛尉有道	24
20	小野太郎家綱	12	41	谷山兵衛尉忠光	25
21	南郷万楊房覚弁	13	42	矢上左衛門尉盛純	26

郡、万得とあるのは正八幡宮万得領、国領とあるのは一円国領、何寺、何社とあるのはそれぞれの寺社領を示した。なお、これについては備考欄にさらに細別した寺社名を記した場合もある）。

次に、「薩隅日三州他家古城主来由記」により二表を作製した。表3は、「入来文書」所収「薩摩国国人目録」とその典拠史料と本を一にすると思われる「御家五代他家古城主来由記」の最初の部分に列記してある領主名とを照合して郡・院・郷別に表記したものであり（以下、「国人目録」とよぶ）[8]、表4は、「来由記」所載の城主名を前例にしたがい列記したものである（以下、「来由記」とよぶ）。「来由記」は江戸時代に作られたもので信をおきがたい点も少なくないが、その作製に諸家の系図、旧記等を用いていると思われ、ほぼ忠久時代の（勿論その前後にも及ぶが）領主名をあげている。なお参考資料とするに足りよう。

以上の四表を比較し、その前後の史料を参照して鎌倉時代初期以降の御家人を郡・院・郷別に把握してみよう（なお、ゴチック番号は郡・院・郷別番号、括弧内番号は表1―4の氏名番号。0とあるのは無記載を示す）。

1・24和泉太郎兼保（1・22―1―1―1）

伴姓、和泉庄下司。図田帳によれば給黎院郡司をも兼ねている。寛喜元年（一二二九）関東下文を得て、和泉庄弁済使下司・給黎院郡司職幷上籠石村の領知を安堵された伴右兵衛尉保久は兼保の後であろう[9]。さらにその子保通は京都大番夫雑事を対捍し、守護兼物地頭と争ったが、文永二年（一二六五）の関東御教書は「薩摩国名主等、令対捍京都大番夫雑事由事、如泉庄名主保通陳状者、自身令勤仕番役之上者、何致夫雑事沙汰哉云々、自身縦雖勤番役、当国守護地頭兼帯也、所当公事弁勤之田畠在家、争不勤所役哉、且傍例也、早随分限可令催沙汰」とある[10]。これは弘長三年（一二六三）七月より一一月に至る京都大番役勤仕に関する係争であった。正応五年（一二九二）、保道は次子和泉次郎保在（法有）に和泉新庄物領職田畠在家并山野、即ち杉村・永野・折小野・鍋野・宇津野等を譲っている。(11) 但しその譲状に「京都関東御公事者、任御公事足田数、自物領令支配者可勤之、物領若致違乱者各別ニ可勤仕之、雖可副渡関東代々安堵御下文、渡物領之間、書案文渡先年畢」とある。和泉氏の物領職は長子図書允保連（導証）に与えられたのである。

給黎院には「国人目録」に28給黎次郎左衛門、「来由記」に40給黎兵衛尉有道、「忠久公御代令居城其根本平姓より出たり、川辺次郎道房か次の弟也」とある。おそらく伴姓和泉氏以前、平姓給黎氏が給黎院を領知していたのであろう。前掲寛喜元年の関東下文にみえる郡司和泉保久と争っている池田平次郎師忠はこの一族であろう。しかし、大番交名注文に22給黎郡司とあるのは兼保をいうのであろう。同一人が別々に催促を受けているのは一見奇異であるが、大番役の賦課が一般に御家人個々に宛てられるというよりその所職、所領本位に賦課される性質が濃いから和泉庄下司と給黎院の郡司と同一人になったとしても、別々に賦課されることはありうることであろう。この際、現実の勤仕には子弟等を代官に差立てればよいわけである。後に給黎院を相続したのは保道の兄弟保俊（保西）、その子資保で資保は和泉保在（法有）と和泉庄村内田畠在家事につき、争っている。(12)

2山門郡司秀忠（2―2―2―2）

平姓、千葉氏流、国秀の子。山門院院（郡）司。建久四年（一一九三）の将軍家政所下文は秀忠をして父国秀の跡をつぎ、山門院所帯職を領掌せしめるとある。(13) 建仁三年（一二〇三）には北条時政下文が与えられている。(14) 建保五年（一二一七）には院内針原村、市来崎等を舎弟平五に譲与している。(15) 市来崎氏はここにはじまるのであろう。なお、注意すべきは秀忠が守護島津忠久に名簿を呈していることである。(16) 新来の守護に対する在地領主の対応の仕方の一つを示すものであろう。秀忠の跡は文応元年（一二六〇）女子平氏字姫夜叉がつぎ、文永元年（一二六四）山門院郡司職并名田畠山野河海を領知すべき旨の将軍家政所下文が下付されている。(17) そして所職は建治元年（一二七五）、さらに孫熊太郎丸に譲与されている。(18) 平氏女は鮫島氏に嫁したから以後藤原姓となり、後述する文保元年（一三一七）の交名には郡司鮫島孫次郎とある。秀忠の曾孫家泰は所領を嫡子のかうしゆ丸に譲ったが、その中針原村は正安二年（一三〇〇）次子熊鬼丸に譲渡し、(19) 嘉元三年（一三〇五）安堵外題を幕府から得ている。しかしその後、針原村は薩摩国御家人時吉太郎通泰から守護被官の本田左衛門尉静観に沽却され、一旦徳政令によって取り戻したものの、再び両度にわたって本田氏に沽却されるに至った。(20) 家泰は先に平氏女より譲渡された氏女の孫、即ち秀忠の曾孫熊太郎なることは明らかで、嫡子かうしゆ丸が郡司職を相伝し、熊鬼丸が針原村を相伝し、これが本田氏に沽却されたものであろう。(21)

3莫禰郡司成光（3—5—3—3）

平姓、莫禰院院（郡）司。「国人目録」に、莫禰五郎左衛門（尉）とある。「来由記」には、莫禰兵衛尉成友、守護忠宗の時、阿久根城主、はじめ寛元四年神崎太郎成兼幕府より莫禰を得て下向し、成秀—成光—成綱—成友入道覚也に至るとある。しかし、図田帳にみえる院司成光は右の莫禰氏と無関係とは思われず、やはり古来の在地領主であろう。莫禰郡司入道覚也は正応二年（一二八九）新田八幡宮雑掌と相論している。(22) 建治三年（一二七七）御家人役の一たる走湯山造営役を対捍している莫禰兵衛入道（他に市来入道、谷山郡司）とは覚也のことであろうか。(23) また、弘安五年（一二八二）より嘉元三年（一三〇五）に及び大隅国御家人曾木五郎太郎宗茂と菱刈郡内久富名につき相論を続けている薩摩国御家人莫禰勤行もこの一族であろう。(24)

4高城郡司（4―10―4―4）

「図田帳」によれば薬師丸であるが、これは武光氏系図に高城郡司高信、仮名三郎武光とある人と思われる。[25]「来由記」には武光太郎とあり、「大番交名」の高城郡司と同一人としているが明らかでない。その後は六郎信康―太郎信久が襲職したと思われ、高城太郎信久は建長六年（一二五四）高城郡甑下島郡司職の進止権につき小川宮内左衛門太郎季張と相論し敗れている。[26]この相論で季張が「信久非指関東御家人、不帯証文、何可訴申哉」といい、これに対し信久は「(如)執進守護人挙状者、渋谷六郎太郎重秀遂問注了、非御家人之由可掠申哉、西国御家人雖不給御下文所知行来也、高城郡司職事、藤内民部大夫遠景所執進之」と応じている。関東下文を有せざる御家人の一つであろう。なお、高城郡司ははじめ伴姓であるが、延慶二年（一三〇九）の下文に地頭代と共に加署している郡司は藤原姓である。[27]

武光氏は前掲高信の子、信康の兄弟師高の子孫である。図田帳に7在庁師高、温田浦下司、吉枝・武光・万得名主とある。師高の後、嫡子師永が吉枝名を、師永弟師綱が万得名を相伝したが、吉永名名主師永は建長年間地頭渋谷重秀と相論し、一旦所職を改易されている。[28]しかしその後、嫡子師兼（法忍）―経兼（日妙）と吉枝・万得名惣領職以下が伝えられて行く。[29]

5・6

「大番交名」に5在国司、「図田帳」には11在庁道友、東郷別符郷司、入来院本郡司以下時吉名名主、15熊同丸、祁答院本郡司、16滝聞太郎道房、祁答院倉丸本主とある。「国人目録」に5東郷在国司太郎道明、6祁答院時吉太郎道秀があり、「来由記」には東郷に6在国司小太郎道氏、大前氏、大番交名の在国司とあるのは道氏かとある。また、祁答院に8祁答院又太郎道秀として大前氏、上古より祁答院郡司なりとある。これら相互の関係については必ずしも明らかではないが[30]、共に大前氏の同族であり、東郷、祁答院に在国司、時吉の二流があって互いに所領を入組ませて盤踞していたとみることができよう。大前氏に関しては早く大前道助（時吉名本主）[31]が康治元年（一一四二）相伝所領祁答院中津河名を孫子師道に譲渡しており[32]、また、寿永二年（一一八三）串木野冠岳、東谷山主職補任状を出している地頭掾大前宿禰があり[33]、さらに建久図田帳を、権掾藤原・伴・大目大蔵と並んで注進している権（掾）大前があり、古来在庁の国衙役人として東郷、祁答院を中心に幾多の支流を分出して繁衍していたと思われる。

なお、この後、古文書の上で在国司を称える者を求めれば（○印は御家人を称する者）、寛元三年（一二四五）在国司友光、その代官大前道定、弘安元年（一二七八）在（庁）国司道氏、正応二年（一二八九）○在国司四郎道時、正応三年（一二九〇）○東郷在国司三郎、正安元年（一二九九）―同三年（一三〇一）○在国司道嗣、乾元元年（一三〇二）―延慶三年（一三一〇）在国司道雄等があり、時吉を称える者として正安二年（一三〇〇）○時吉太郎通泰がみえる。

7薩摩太郎忠友（6―17―7―11）

平姓、薩摩郡郡司。「来由記」によれば、「頴娃郡司三郎忠長か息男六郎忠直か子也」とある。その後の相伝関係をみると忠友の所領を譲渡されたのは嫡子薩摩平次忠茂（持）の他、庶子忠富が寛喜三年（一二三一）成枝名内田畠山野、若松名水田二反を譲られ、寛元四年（一二四六）所領安堵の関東御教書を与えられている[34]。宛名の薩摩平三とはこの人であろう。弘長二年（一二六二）の大番催促を受けている薩摩郡平三も同一人と思われる[35]。文永元年（一二六四）の覆勘状はこの時の大番役（弘長三年七月より一二月まで）の勤仕終了証明書であろうが[36]、その受取人成岡二郎は文永九年の譲状により平忠恒の嫡子平忠俊で成岡名の領主であり、異国警固のために父忠恒の代官として上府するに際し、万一を慮って子の熊寿丸に所領を譲渡しているのである。[37] この譲状に証判を加えているのは若松忠重と僧湛西であるが、前記寛喜三年譲状の証判は平忠茂と僧湛西が加えている。若松忠重は、忠茂の子である。以上の事から大胆な推測をすれば忠富とは忠恒ではなかろうか。『旧記雑録』には忠富とあるが、その原史料たる「延時文書」は寛喜三年の譲状の前半を失い、後半の当該文字は虫損で恒とも富ともとれる。忠俊から熊寿丸に伝えられた成岡名はその後、延時又三郎種忠（成仏）の養子で成岡氏から入り、その所領を併せるに至ったと考えられる。[38]

県史は前記忠富（恒）を忠友三子忠直と解し、平礼石寺座主職をも管領したとしている。[39] 忠直が子息亀童丸に所職を譲渡したのは建仁三年（一二〇三）であるが、[40] 年代的にかなり距っており、この忠直と忠富（恒）を同一人とみることは首肯しがたい。おそらく「来由記」に忠友の父忠直とあるのがこれに当たるのではあるまいか。

延時氏

大蔵姓、延時名名主。大蔵氏は伴氏、大前氏等と共に薩摩国の旧族で在庁官人に列している。「図田帳」にみえる13在庁種明の末であろうか。種明は或いは文治三年（一一八七）薩摩郡内山田村の領知権をめぐって争っている大蔵種章と同一人ではなかろうか。[41] 種章の妻は大目伴信明嫡女とあるが、同年の信明の女、伴三子の妹への譲状が延時氏に伝えられているのもかかる事情によるものであるまいか。[42] 伴、大蔵、平氏は互いに姻戚関係があり、したがって所領の相伝も複雑になっている。文永九年（一二七二）から正和四年（一三一五）に至る延時氏と若松氏の延時名瓦田村の領知権をめぐる相論[43]も原因はそこにあった。

「国人目録」にみえる8串木野太郎忠道は「来由記」に12串木野三郎忠道、平姓、「頴娃郡司忠永か息男成枝薩摩六郎忠直か三男忠道、嫡子太郎忠行、其子平次郎忠秀」とある。承久二年（一二二〇）忠道の冠岳霊山寺への寄進状には「串木野村領主平忠道」とある。(44)正応元年（一二八八）の文書にみえる薩摩国御家人串木野太郎忠行はその嫡子である。(45)

牟木太郎（7—0—9—0）

明らかでないが、治承元年（一一七七）の新田宮検校僧静秋去状に相伝従女を牟木次郎貫首に去り渡すとある牟木次郎と関係があると思われる。(46)また、貞応二年（一二二三）の関東下知状や、(47)前掲寛喜三年平忠友譲状に薩摩郡成枝名の中、牟木浦の名がみえ、さらに寛元元年（一二四三）の五大院主迎阿譲状の中、本免田一五丁九反内に牟木三郎丸一丁とある。(48)「図田帳」高城郡の中に13在庁種明の所領として三郎丸名一〇丁とある三郎丸名が、或いは牟木三郎丸名でもあろうか。(49)このようにみてくると牟木氏は薩摩、高城郡の何れかに属すると思われるが、或いは在庁官人大蔵氏一族かとも思われる。

「国人目録」にみえる10**上野**平次郎忠頼は「来由記」によれば13上野太郎忠宗、上野とは「薩州百次なり」とし、薩摩忠友の弟なりとある。平姓。正中元年（一三二四）以降、島津道慶と給黎院内藤弁以下に関し争っている上野平九郎入道禅意はこの後であろう。(50)禅意はさらに元徳二年道慶と伊集院土橋名一分警固用途につき争っている。(51)

「国人目録」に11**国分**左衛門（尉）友成、「来由記」に14国分左馬介友久、惟宗姓、新田宮執印左馬康友の二男とある。「図田帳」にみえる23鹿児島郡司前内舎人康友は後述する如く執印職、五大院院主職を有したが、子息康兼にこれを与え、次子友久は国分寺沙汰職を領知した如くである。友久は建保五年（一二一七）山田村名頭職を押領せりとして訴えられている右近将監友久と同一人であろう。(52)友久の嫡子が友成であるが、友成は康兼の後家で友久の室となった迎阿から寛元元年（一二四三）、一期の後は三男康秀に譲り、康秀の所帯は友成子息に譲与するという条件で執印幷五大院院主職を譲渡されている。[53]別に国分寺沙汰職も父友久の跡をつぎ、国分左衛門尉、或いは国分寺沙汰人左衛門尉と称して所役を勤仕している。この職は以後友員―友兼と相伝された如くであるが、執印兼五大院院主職は前の譲状の条件により、友成の後、康秀（重兼、道教）が襲い、康秀は永仁二年（一二九四）一旦八幡宮造営用途犯用の科で所職を改易されたものの、同五年（一二九七）幕府の後盾によって還補され、[54]同年これを子息重友（道厳）に譲り、[55]重友はさらに子息友里（教忍）に伝えた。ただ、康秀の以前の所帯は寛元元年の譲状では友成の子息に伝えるべきこととされていたが、当の子息友教の死後、その遺領をめぐり義弟の忠兼と友員の子友兼との間に相論が行われた。[56]共に御家人を称し、関東御口入地の相論であったが、忠兼は本所を、友兼は幕府をそれぞれ後盾として動いているようである。[57]

8宮里八郎（8―14―12―16）

「図田帳」に宮里郷郷司正家とあるのと同一人か。「来由記」には16高江六郎正信をあげ、忠久の代の高江城主とある。紀姓。正信と正家の関係について「島津国史」巻之五に「宮里孫之進系図、宮里氏之先、出自武内宿禰、宿禰数十世之孫曰河内判官兼遠、兼遠謫於薩摩、伝五世至信経、信経二子、長曰薩摩新掾信章、是為高城郡司祖、次曰正信、領宮里郷、是為宮里氏祖、建久図田帳有宮里郷司紀六大夫正家、即正信子」とある。建仁四年（一二〇四）正家は郷内鎮守社に修理料田を寄進しているが、その文書に宮里郷地頭紀正家とある。[58]建保三年（一二一五）の守護大番催促状には宮里八郎とあり、[59]建長六年（一二五四）の同覆勘状には宮里郡司、弘長二年（一二六二）の同催促状には宮里郷郡司名主中とある。[60]宮里氏のその後の系譜は明らかでないが、正安三年（一三〇一）守護代兼当郷三分二惣地頭代官本性と和与している宮里郷郡司八郎正有とは正家の後であろう。延慶二年（一三〇九）の鎮西裁許状によれば正有と河田次郎入道道円子息正景と郡司職―収納得分以下につき相論するところがあったが、河田氏は宮里氏の一族であろう。(61)また、同年の新田八幡宮雑掌申状にみえる宮里郷鶴王丸名名主草道太郎正平（道恵）子息七郎正時も支族であろう。(62)

権執印も紀姓、宮里氏同族である。古文書には延応元年（一二三九）以降永慶の名がみえ、永仁六年（一二九八）以降妙慶の名がみえる。妙慶は永慶の子息である。

9

「国人目録」に13**入来**又五郎頼宗、「来由記」に17入来院又五郎頼宗、島津忠久入国の頃入来院を知行、藤原姓とある。また、長和二年の入来院本地頭藤原朝臣頼孝寄進状あり、頼秀は此苗裔なりとある。この入来氏については史料がなく明らかでないが、建長三年（一二五一）の入来院堺注文に連署している藤原光貞、藤原光平と何らかの関係があるかもしれない。(63)

「図田帳」によれば、入来院に11在庁道友（大前氏）は本郡司職を、13在庁種明（大蔵氏）は下司職、本地頭職を有しているが、その後の伝領については明らかでない。嘉元元年（一三〇三）大前則道は入来院書生得分事についても和与しているが、(64)これは大前氏の所領が入来院に存在したことを示すものであろう。大前、大蔵と並ぶ旧族伴氏も入来院に所領を有しており、宝治元年（一二四七）新来の渋谷定心に起請文を捧げ、(65)建長二年（一二五〇）名主職の進止権をめぐり争い敗訴した塔原名主寄田弥太郎信忠等もその一族であろう。(66)信忠は大目伴信俊の子で、その重代の所職であり、「当国御家人雖不帯御下文、知行所領之条、為傍例」として塔原名主職の知行を主張したが、遂には改易されて終わっている。単に名主職をもつ程の弱少御家人はその身分も曖昧で、新地頭に改易されないまでも隷属を余儀なくされた者は少なくない[67]。

10

「大番交名」にはみえず、「図田帳」に22**牛屎院院司元光**とある。「国人目録」に14牛屎薩摩四郎元衡とあり、「来由記」には18牛屎左衛門尉元包をあげ、「其根本太秦姓より出る、実ハ平姓也」とし、平清盛の子孫とする。しかし、清盛の子孫とすることは年代的にみて明らかに誤りであることは早く伊地知季安の述べているところである[68]。牛屎系図によれば元衡は元包の弟でその猶子とし、その子を基（元）光としている[69]。元光は安元元年（一一七五）の右近衛府牒[70]、同三年（一一七七）の右近衛府政所下文[71]に牛屎郡相撲人太秦元光とあり、牛屎院（郡）司であった。また、文治三年（一一八七）には小城八郎重道と所職を争い、弟後平二元能と共に鎌倉に至って上訴し、五月頼朝の安堵下文を得ている[72]。その居処から大平とも称している。かくして牛屎氏は本下文を有する御家人といえよう。その後、文永二年（一二六五）元光の孫元兼は関東下知状を得て牛屎郡司幷十一箇里名主職を安堵され[73]、さらに元兼の後は元尚がつぎ、元亨元年（一三二一）幕府の安堵を受けている[74]。

「大番交名」9**萩崎五郎**は、文保元年（一三一七）の御家人交名の中、牛屎院に萩崎入道跡とあるから牛屎院の御家人と推定される。建武四年（一三三七）二月十日の篠原一族交名注文に「同萩崎小次郎入道良意」とみえ、篠原氏一族（檜前姓）と推定される（『南北朝遺文　九州編』八四七号）。

「図田帳」に光武名主として24九郎大夫国吉があり、これは前掲安元三年の右近衛府政所下文にみえる牛屎郡司元光と係争のあった国吉と同一人と思われる[75]。伊地知季安は「建武三年ノ頃、牛屎院ニ篠原孫六国道ト云アレバ、国吉カ後裔ナラン」といい、篠原氏はこの後ならんとしている[76]。篠原文書幷系図によれば篠原氏同族に**光武氏**あり檜前姓としている。[77] 恐らく光武名主国吉の後が篠原氏同族武光氏であろう。元亨頃、光武名主に光武孫九郎国題があり、牛屎郡司元尚と篠原名田薗につき相論、和与している。[78]

11

「来由記」に19小川小太郎を載せ、貞久時代の甑島本地頭、日奉姓としている。「図田帳」によれば甑島上村の本地頭は11在庁道友、下村の本地頭は10高城郡司薬師丸とあり、その後と思われる高城太郎信久が前掲の如く小河宮内左衛門太郎季張と建長六年、甑下島郡司職につき争っているが、その関東下知状に双方の言分をあげ、「宝治元年為新補之地頭、令混領之条無其謂云々、如季張申者、前地頭代々進止之間、私所成下文也」とあり、結局「凡常胤以後代々地頭之時、不帯各別証文之間、為地頭進止之条無異儀」として地頭の郡司職進止を承認している。[79]『薩隅日地理纂考』所引小川氏系譜によれば、もと武蔵国に住し、将軍実朝の時、小川右衛門尉直高相模国二宮を領し、さらに承久の乱の功により小川小太郎季能、甑島及び肥後益城郡内を与えられ、「其子小太郎季直始テ甑島ニ下リ」とある。[80]『旧記雑録』「小川氏文書」に建暦三年（一二一三）日奉直高を二宮社地頭職に補すとあるのはその傍証となしえようか。[81] とすれば東国御家人の西国下向の一例であろう。

12・17

「大番交名」に15**伊作平四郎**、「国人目録」19、「来由記」28に伊作和田八郎親純がある。伊作本領主相伝系図によれば親純は良通の後、嫡女並びに三女を経て伊作庄を相伝している。[82]「来由記」によれば平四郎良通本地頭にしてその嫡女の後夫和田八郎親純その跡を継ぐとある。藤原姓とあるがこれは平姓であろう。相伝系図によれば親純の後、則純—実純—忠純とあるが、この中、「大番交名」にみえる伊作平四郎は則純であろう。[83] また弘安二年（一二七九）

以降、雑掌勝道と共に新地頭島津久長と相論をつづけている伊作庄下司に平正純がある。[84]なお、同系図によれば親純と並んで重純があるが、重純は重澄で文治四年（一一八八）伊作庄、日置北・南郷を島津庄に寄進しているその人であろう。[85]伊作庄下司職については重純、則純の間に相論があり、これに乗じて惣地頭島津氏が久しく領知していた如くであるが、有純は文永六年（一二六九）その回復に成功している。[86]

相伝系図によれば日置庄（北郷内弥勒寺領）下司平弘純は重純の後で建治三年（一二七七）の起請文によれば「一、奉違背領家、寄事於御家人、不可訴申関東事」とあるから御家人であったことは明らかで、[87]この弘純が争って一旦所職を奪われるに至った当の敵人、平有純とは前掲の伊作庄下司有純と同一人であろう。日置北郷弥勒寺庄下司真忠と同郷地頭宗久との吉利名に関する相論について元徳元年（一三二九）、鎮西下知状が下されているが、[88]それに載せられている真忠所進の文書の中に、守護の大番役覆勘状をあげ、「如遣真忠曾祖父弘純、建長四年五月六日当国守護人大隅守忠時法師法名道仏状者、京都大番役六箇月勤仕畢、於帰国者可任意云々」とある。また弘純及び子息日置兵衛太郎頼純（真忠祖父）の文永九年（一二七二）より永仁五年（一二九七）に至る間の数通の守護の異国警固番役覆勘状をあげている。しかしまた、同文書には弘安八年（一二八五）の関東下知状を載せ、「日置庄領与弥勒寺為各別之由所見也、随而如宝治以後守護人忠時同代官等状者、弘純為弥勒寺庄下司之間、宛其身令勤仕大番以下公事之条、無異儀歟、加之、日置者島津庄也、其内弥勒寺者八幡宮領也」とあり、日置庄に島津庄と弥勒寺領と別個にあり、弘純以下は後者の下司として御家人役を勤仕したとしている。弘純以下は後述する弥勒寺領下司小野氏の跡を相続したものであろう。

弥勒寺領を除く日置北郷は島津庄で「図田帳」によれば小藤太貞隆、本郡司とある。その後はしばらく所見がないが、正和三年（一三一四）の鎮西下知状に伊作庄・日置北郷地頭島津久長と相論している同郷下司の日置弥太郎忠純の名がみえる。[89]忠純は前掲系図の忠純と同一人と思われ、前掲伊作庄下司正純は年代からみて或いは有純の後、忠純の前に来るべきなのではあるまいか。地頭、雑掌ともに伊作庄、日置北郷兼帯であり、下司も例外ではなかったと思われる。

小野太郎家綱（10—26—15—20）

「来由記」によれば、もと大江姓とし、「右大将家の御時、薩摩国日置庄地頭職に補せられ下向す」、また江田氏の祖なりとある。前掲元徳元年の鎮西下知状によれば、文治五年（一一八九）の藤内遠景の下文があり、それには「当庄地頭大江家綱」の訴訟による万楊房覚弁と新田宮神人等の非法（家綱を追却する）を停め、家綱の安堵を令している。また同じく元久二年（一二〇五）の関東御教書は「薩摩国住人日置江太家重、当時雖無訴申之旨、入鎌倉殿見参訖云々」とある。家重は家綱の後であろう。しかしこの文書について探題は「無論所名字之上、難称御下文」として、いわゆる御家人の第一証拠たる本下文とは異なるものとして取り扱っている。しかし、小野氏が御家人であることは明らかであり、これも西国御家人は本下文を持たないのが大部分なりとする御家人の一例であろう。また、同下知状に「日置者惣名字也、其内北郷吉利弥勒寺古垣山里以下名々、家綱跡庶子等于今知行之上」とあり、下司職が平姓に移った後も（彼らは家綱を先祖としているが）その子孫として所領を知行するものがあったことを思わせる。南北朝時代活躍した江田入道良心等もその一人であろう。

13南郷万楊房（11—0—16—21）

「国人目録」に覚斎とあるが、「来由記」には覚弁とあり、「其根本紀氏よりいつる、古伊集院四郎時清入道迎清か三男桑波田阿闍梨源知嫡子万楊房覚弁と号す、当郷郡司也、建久八年内裏大番御触状にも見えたり」とある。前掲文治五年天野遠景の下文に日置庄小野家綱の訴状として「万陽房覚弁不帯一紙状、恣相語新田宮神人等、令追出庄内事」とある。

14

「大番交名」に12満家郡司、「図田帳」に27院司業平、「来由記」には22満家四郎長平、23比志島上総法橋栄弁をあげ、前者は大蔵姓、大番交名の当人とし、後者は源姓、村上頼重、信濃より下向し長平聟となる。その嫡子即ち栄弁なりとする。大蔵氏については建保六年（一二一八）の厚智山掛仏銘に当院司大蔵幸満、同宗頼の名がみえるが[90]、早く承安二年（一一七二）「本領主入道西念」は「字八郎大蔵義平」等子息に院内相伝所領を分与している[91]。（永）長平はこの義平の後であろう[92]。永平の女菩薩房の後、上総房栄尊（前の栄弁は栄尊であろう）が相続し[93]、寛元二年（一二四四）院内比志島・西俣・河田・城前田・上原薗の五ヵ名につき「雖不帯本御下文、進覧度々御教書案上、如守護人島津大隅前司書状者、当知行無相違云々、此上不及異儀歟」との関東御教書を受けている[94]。以て本下文所持の御家人に準ずべきものといえよう。以後、**比志島氏**を称するが、大蔵姓より源姓に変わるのは菩薩房の夫の源姓なるによるものであろう。建長五年（一二五三）栄尊は五ヵ名の惣領職及びその他五ヵ所を嫡子祐範に譲り[95]、別に代官職をそれぞれ他の子息に分与した。河田・西俣・前田・辺牟木の諸氏はこの四人の庶子から発している[96]。祐頼の跡は時範―義範と五ヵ名惣領職は相伝され、河田・西俣等の庶家は所領に応じて公事を分担し、また代官として異国警固番役以下を勤仕している。しかし、次第にこれら庶家は惣領の羈絆を脱して独立的傾向を強め、惣領と所領について争い、或いは配分の公事を対捍する等、惣庶の係争を展開するに至っている[97]。

なお、宝治元年（一二四七）栄尊が守護＝惣地頭に対し起請文を進め、関東御教書の下付を受けたことについて釈明し、守護＝惣地頭に異心なきことを誓約しているのは[98]、比志島氏のその後の守護島津氏への服属性を予測せしめるものとして興味深い。

15

「大番交名」に13伊集院郡司、「図田帳」に28院司清景、「国人目録」に17伊集院四郎入道迎清、「来由記」には26伊集院四郎時清入道迎清、「忠久公御代伊集院の郡司也、其本紀姓より出る」とある。この清景と時清の関係は明らかでないが、恐らく同一人か親子兄弟の近い間柄であろう。その他「図田帳」に伊集院内の名主として30紀四郎時綱、32紀平二元信等、何れも紀姓で同族であろう。また、建長五年（一二五三）の文書に院内中河名主兵衛尉時村がみえるが、明らかでない。ただ、同文書に「件兵衛尉乍為御家人、仮神威、恣擬割取関東御領之条、奸謀甚、何事如之」とあり、御家人であることがわかる[99]。

16

「大番交名」に14市来郡司、「図田帳」に33郡司僧相印、「国人目録」に18市来拾郎家房、「来由記」に27市来十郎郡司家房とあり、大蔵姓、宝亀年間以降郡司なりとする。僧相印は或いは家房と同一人であろうか。家房世嗣なく、所職は後家道阿の手より外孫千与熊丸に伝えられた[100]。父は国分友成、母は平氏である。国分氏は惟宗姓であるから以来市来氏は惟宗姓となる。寛元二年（一二四四）千与熊丸即ち政家は道阿の譲状に任せて安堵の下文を得ている[101]。弟二郎丸即ち家忠は大蔵性を称え、同じく宝治元年（一二四七）祖母道阿の譲を得て市来院内河上名名主職を得、弘安五年（一二八二）その安堵を幕府に請うている。その文書に薩摩国御家人橋口次郎大蔵家忠とある[102]。正和三年（一三一四）家忠は政家の子市来孫太郎家貞と領家年貢の事について相論している[103]。恐らく市来家貞は惣領で、橋口（後に河上）は庶家であろうが、各別の安堵を求めていることからみてもその独立性は次第に強くなったように思われる。

なお文永元年（一二六四）守護の国分左衛門尉（友成）宛大番役請取状に「京都大番事、被勤仕候之由承候畢、同市来院分父子相共以同前候、今者可有帰国候也」とあるのは国分友成の子市来政家が父子同時に勤仕したことを示すものであろう。(104)

18

「国人目録」に20阿多平次郎宣澄、「来由記」に29阿多平次郎権頭忠景、30阿多平四郎宣澄をあげている。忠景は平氏の時代勢威を国内にはり、追討を受け、貴海島に走っている。宣澄はその女婿で或いは前掲伊作庄の平重澄と同一人であろう。(105)建久三年（一一九二）幕府は宣澄を謀反張本なりとして追却し、地頭佐女島四郎を阿多郡地頭幷八箇所名主職に補任した如くである。(106)「国人目録」21にその名がみえ、**鮫島**四郎宗家とある。藤原姓。本領は駿河の東国御家人である。宗家は地頭職を二分して北方を嫡子家高に、南方を宗景に譲った。南方は宗景―時景と相伝したが、北方の家高は「来由記」にみえる31鮫島刑部丞家高（行願）で、寛元四年（一二四六）の神主面破損等、新田八幡宮領に対する非法により改易され、(107)建長元年（一二四九）その跡を（**二階堂**）隠岐常陸前司入道行久が幕府より与えられている。(108)文永三年（一二六六）行久は後家（忍照）、及び二女にこれを譲ったが、(109)まもなく蒙古襲来、その後の警固役の強化に伴い、忍照は所領の保持をはかるため子息泰行を阿多に下向せしめ、(110)永仁二年（一二九四）幕府より阿多北方年貢（鎌倉御所用途）の免除を受けている。(111)阿多北方の惣領職は泰行（道忍）の後行雄（行存）が相伝したが、庶子との間に御所用途の配分をめぐり係争があった。(112)

19別府五郎忠明（16—36—22—33）

「来由記」によれば忠明、平姓、川辺平次郎道房四弟、三男弥平五信忠、別符の祖なりとある。しからば「図田帳」にみえる郷司弥平五信忠は「大番交名」の別府五郎（忠明）の子息であろう。忠明は永万元年（一一六五）の寺家政所下文に「仰下三箇条」の中として「一、可早停止字別府五郎忠明地頭政所職事」とあるのと同一人であろう。[113]

益山太郎兼澄（17—34—23—0）

平姓。「大番交名」に益山太郎、「国人目録」に23同兼澄とある。県史は益山太郎を谷山太郎の誤りとする見解をとっているようであるが賛同しがたい。[114]加世田別符内に弥勒寺領益山庄のあることは「図田帳」にみえるが、以後の史料は加世田別符（益山庄）の住人として益山太郎の存在を明示している。前掲別符郡司代平氏と益山庄内上野原につき争った際、文暦元年（一二三四）、その由緒を明らかにするため、それまでに下付された御教書等の目録を書上げているが、[115]それによると建保二年（一二一四）益山太郎召符案をはじめとして数通の文書目録をあげている。「図田帳」の益山庄下司は塩田太郎光澄であるが、益山太郎兼澄はその子息であると思われる。[116]

20川辺平次郎道平（18—37—24—34）

「大番交名」「国人目録」に川辺二郎（道平）、「図田帳」「来由記」に川辺平太道綱とある。平姓、川辺郡司。「来由記」によれば伊作平次郎良道の嫡子平次郎道房（川辺先祖）、その子平次郎道平、嫡子平太道綱とあり、「大番交名」に親の名が、「図田帳」に子の名が記されていることがわかる。平太道綱は文治二年（一一八六）貴海島に渡航した旨が「吾妻鏡」にみえるが、[117]揖宿氏系図によればその子兵衛太郎久道の時、承久の乱に際会し宮方に属したため所領を没収され、その子信道の代になって復したとある。

21知覧郡司（19—38—25—36）

「図田帳」には忠益、「国人目録」「来由記」には知覧四郎忠信とある。揖宿氏系図並びに「来由記」によれば、伊作平次郎良道の子頴娃三郎忠長、その三子知覧四郎忠信、以後忠信—忠益—忠家—忠光—忠合—忠世と代々郡司職を相伝している。平姓。「大番交名」の知覧郡司は忠信または忠益であろう。

22頴娃平太（20—39—26—37）

「大番交名」「国人目録」に頴娃平太、「図田帳」に下司として頴娃二郎忠康（郡司は在庁種明であるが、その後については明らかでない）、「来由記」には頴娃三郎忠長をあげ、平姓、川辺平次郎道房次弟、頴娃・指宿・薩摩・知覧・給黎等の本地頭、其子太郎忠高、其子忠次、孫平次郎子無きにより益山太郎兼純の子忠澄を養子として後を継がしめるとある。「指宿文書」に後継の揖宿忠秀と開聞神領について相論している頴娃平太忠継の名がみえるが、[118]「大番交名」の頴娃平太はこれと同一人であろう。「図田帳」の忠康はその兄弟（系図に忠保とあり）と思われる。なお、「来由記」38頴娃久純はこの時代末期にみえる。

23指宿五郎（21—40・41—27—39）

「国人目録」に指宿五郎忠元、「来由記」に指宿五郎忠光をあげる。忠光は頴娃三郎忠長の子で、揖宿系図では揖宿本地頭次郎忠光とある。「大番交名」にみえる指宿五郎は系図に忠光の子としてみえる指宿五郎忠村のことか。「国人目録」の忠元は或いは忠村か。忠光の後が「図田帳」にみえる社領下司忠元、公領下司忠秀であろう。忠元の子忠秀は文暦の頃、地頭島津忠綱の代官と争って殺害されたが、嘉禎元年（一二三五）幕府はその所領揖宿郡郡司職以下を弟忠成と養子重秀に半分宛領知せしめている。[119]しかし、その後は忠成の子孫が忠通—忠篤（成栄）と相伝している。

25

「来由記」に41谷山兵衛尉忠光をあげ、「別府五郎忠明か孫子也」とある。元徳二年（一三三〇）の谷山五郎入道覚信代教信の申状によれば、谷山氏の祖は谷山郡司信忠（資忠＝覚信曾祖父）で郡司職以下を建仁三年（一二〇三）関東下文を得て知行し、以来忠光、忠能、資忠と相伝したとある。(120)この谷山郡司信忠とは「来由記」にもある如く、前掲「図田帳」36の加世田別符郷司弥平五信忠その人であろう。なお、郡司資忠（覚信）と地頭山田氏との間で弘安二年（一二七七）以来所務をめぐる相論がつづけられることになる。その相論の一つに走湯山造営役、新造御所持仏堂渡廊用途等御家人役賦課に関するものがあった。(121)

26

「大番交名」に23鹿児島郡司、「図田帳」に23郡司前内舎人康友、但し本郡司は平忠純とあり、「国人目録」に29矢上左衛門尉盛純、30長谷場鹿児島五郎家純とある。「来由記」には42矢上左衛門尉盛純をあげ藤原姓としている。矢上氏同族「長谷場系図」も藤原姓としているが恐らく平姓であろう。(122)平忠純にかわって前内舎人康友が郡司職を襲ったものの、忠純の後、忠重と郡司、弁済使両職に関し相論を続け、建仁元年（一二〇一）、一旦幕府はその職を康友にあたえている。(123)康友は惟宗姓で早く文治五年（一一八九）奥州出軍にも参加しており、(124)建仁三年（一二〇三）新田宮執印職幷五大院主職等を安堵されている。(125)承久の乱に際し、康友は伊予攻めに加わり上洛しているが、これに反し忠重等は康友の孫康弘の訴によれば宮方に属したとされ、幕府より召喚されることがあった。(126)しかし忠重の後、矢上三郎盛澄がかわって貞永・天福・嘉禎の頃、郡司職につき康弘及び康兼と相論している。盛澄没後も、その後家と康兼の子、鹿児島中務次郎康邦との間に相論は繰り返されている。弘長三年（一二六三）幕府は盛澄後家代官の参向を令しているが、その結果については明らかでない[127]。しかし、弘安九年（一二八六）の恩賞受領者名の中、臼木七郎兵衛尉氏家子息等以下九人に、薩摩国鹿児島郡司職、矢上孫三郎（泰継）跡を十分一宛分与していることや[128]、正応元年（一二八八）の文書に鹿児島（西方）郡司矢上弥五郎とあることからみて、郡司職は矢上氏が相伝したものと思われる[129]。さらに正中二年（一三二五）の文書には鹿児島郡司貞澄とあるが、これも矢上氏であろう[130]。なお康友の後は新田宮執印職等を相伝したことは前に述べた。また「大番交名」の鹿児島郡司については当時郡司職は係争中であり、また大番役の賦課は必ずしも現領主に宛てず、本領主に宛てられる場合が少なくなかったし、さらに大番交名の一つが長谷場氏の文書中にあることからみて、本郡司忠純跡に宛てられたもので康友ではないのかも知れないが断言はできない。「長谷場系図」には朝純が勤仕したとあるが如何であろうか。因みに「国人目録」の30長谷場家純は系図によれば朝純の子となっている。

27

「大番交名」に24**江田四郎**とある。「図田帳」に12江田（一本に沼田）太郎実秀、得末名名主、肥後国住人とあり、「国人目録」に31江田太郎[四]とある。「大番交名」の江田氏と同じか否か、また如何なる関係があるかわからない。「来由記」は日置北郷の大江姓小野氏を薩摩江田氏の祖としている。しばらく未詳の部に入れ、後考を竢つ。

以上、鎌倉時代初期以降、「大番交名」をはじめとして諸史料にあらわれてくる薩摩国御家人についてその大体を郡・院・郷別に略述したのであるが、初期の御家人交名たる「大番交名」と領主交名たる「図田帳」の領主名とを対比する時、前者二四の中、二〇まで後者と同一人か親子子弟の関係にあると推測され、後者四一の中同様にして二〇が前者と同一人か親子子弟の関係にあると推測される[131]。この場合、親族関係まで拡げればさらにその数の増加することはいうまでもない。しかも後述する如く大番交名以外の御家人もいたのであり、その後の史料で御家人と推定される者まで挙げれば、「図田帳」の領主交名は若干の不明分を除いて大半が御家人交名と等しいといえよう。「大番交名」はその御家人の所在が国内全体に及んでいることや、大番役の性質等からみてこれが当時における薩摩国御家人の大半であることには相違なかろうが、その全部でないことは、たとえば牛屎院の御家人牛屎元光が交名の中にみえていないが、前述の如く元光はすでに文治三年（一一八七）頼朝の下文を得て紛れもない御家人であったことからもわかる。恐らく「大番交名」に若干を加えた数が、即ち三〇前後の数が鎌倉時代初期の薩摩国御家人人数といえよう（この場合、御家人とは各別の御家人で独立していないその子弟は含んでいない）。しかし、その後それぞれの家から庶家が分かれ、それがまた御家人を称して行く。御家人人数の増加は当然の成り行きといえよう。

註

（1）『鹿児島県史料　旧記雑録前編』（以下、本書では『旧記雑録前編』と表記）一―一七五～一七七号　建久八年一二月二四日　島津忠久内裏大番役支配注文案。
（2）同一―二一〇号　文保元年七月晦日　薩摩国御家人交名注文案。
（3）「島津家文書」一―一六四号　建久八年六月　薩摩国図田帳。建久図田帳の信憑性については水上氏前掲論文一四頁。私もこれに賛同したい。既に鎌倉時代中頃からそれが証拠文書として取り扱われている。
（4）県立図書館本　宝暦三年「薩隅日三州他家古城主来由記」。「御家五代他家古城主来由記」。『入来文書』―「入来関係文書」八号　薩摩郡国人目録。
（5）『旧記雑録前編』一―一四九八号　嘉暦三年　新田宮国分氏相論証人交名注文案。

(6)「島津家文書」一―一一号　建久八年一二月三日　前右大将家政所下文。
(7)『旧記雑録前編』一―一三四号　文治五年二月九日　源頼朝下文。
(8)たとえば前者にみえる国禰五郎左衛門は後者に国分左衛門友成とあり、この方が妥当と思われる故改めた。
(9)『旧記雑録前編』一―三六〇号　寛喜元年十月六日　六波羅施行状。
(10)同一―六七八号　文永二年五月七日　関東御教書案。
(11)同一―九五三号　正応五年四月七日　和泉保道譲状。
(12)同一―一一二六号　延慶二年一〇月二日　鎮西探題裁許状。なお、前の「大番交名」について一言すれば、後掲鹿児島郡司の項に述べるように給黎郡司とは直接には本郡司平姓給黎氏を指称しているのかも知れない。
(13)同一―一五九号　建久四年九月四日　将軍家政所下文案。
(14)同一―二〇八号　建仁三年一二月二八日　北条時政下文。
(15)同一―二四四号　建保五年三月五日　平秀忠譲状。
(16)同一―二四五号　建保五年五月二九日　平秀忠名簿案。
(17)同一―六七五号　文永元年六月一三日　将軍家政所下文案。
(18)同一―七五八号　建治元年七月二三日　平氏女譲状。
(19)同一―一〇四四号　正安二年六月一五日　藤原家泰譲状。
(20)同一―一〇四六号　正安二年六月一五日、一―一一七一号　正和三年三月一〇日　藤原家泰沽却状。
(21)この点県史の記述は明瞭でないが、文書の上からみてかく解するのが妥当であろう(『鹿児島県史』一　三二〇頁)。
(22)『旧記雑録前編』一―九一三号　新田宮雑掌重申状。
(23)同一―七八七号　建治三年九月七日　関東御教書案。
(24)『鹿児島県史』一―一八一号　三八四・三八五頁。
(25)『入来文書』―「入来院家文書」二二四号　武光氏系図。しかしこれに確証はなく、建久九年の文書に高城新郡司豊津友安とあり

(『旧記雑録前編』一―一八一号　建久九年三月　新郡司豊津奉免状)、高城郡司を武光氏以外に求めることも可能であろう。

(26)『鹿児島県薩摩郡高城村沿革史続編』(高城村史実保存会、一九三三年)五五頁　高城氏所蔵文書　建長六年正月二〇日　関東下知状。なお、この相論について沿革史では「現状維持に帰し、信久の勝訴たりしものの如し」としているが、少なくとも文字通り解すれば反対で信久の敗訴であることは明らかであろう。

(27)『旧記雑録前編』一―一二一五号　延慶二年八月二〇日　郡司藤原・地頭代源連署下文。「島津国史」巻之五所引後掲宮里系図によれば、高城郡司、宮里郡司は同族で宮里氏祖正信の兄信章が高城郡司祖であり、前述武光三郎高信の父に当たることとなる。しかし、高城郡司、武光氏共に紀姓を称えることはない。

(28)『旧記雑録前編』一―四九七号　建長四年六月三〇日　関東裁許状案。その中で師永は「以土民之身、猥地頭構謀書之由称申之条、難遁罪科、然則改易師永所職」云々ときめつけられている。以て在国御家人の地位の低さと不安定さを示すに足りよう。

(29)同一―一一五一・一一五二号　応長二年六月一七日　武光法忍同日一筆譲状。

(30)或いは「図田帳」の在庁道友、滝聞太郎道房は大前道助の後と思われ、「国人目録」の祁答院時吉又太郎道秀もしかりであろう。道友と道秀との関係等はわからないが、道秀は建保四年神馬三〇疋を新田八幡宮に寄進している祁答院郡司大前道秀と同一人であろう(『入来文書』「祁答院旧記」二　建保四年六月二八日　大前道秀寄進状案)。これと「図田帳」の本郡司熊同丸との関係は不明だが、熊同丸の所領が富光名であり、後にあらわれる富光氏(大前氏支族)は或いはこの後でもあろうか。また「大番交名」の在国司は「国人目録」の東郷在国司太郎道明と密接な関係があると思われる。「来由記」はこの在国司を道氏に宛てているが、道氏はさらに年代が下ってみえており、当たらない。

なお、「島津国史」巻之五に在国司系図として田代上田屋敷百姓主膳所蔵系図を引いている。

(31)寛元三年の新田八幡宮権執印僧永慶と在国司友光との相論に対する寺家公文所下文案(『旧記雑録前編』一―四二九号　寛元三年八月五日)に「永慶所進久安二年五月八日道助所出之丹勘状云々」とあって「時吉道助仮名名田内云々」とある。これにより時吉の名は道助の仮名から出ていることがわかる。なお、在国司友光とは大前氏以外と思われ、この点、在国司が必ずしも大前氏と断定はできない。

(32)『入来文書』「祁答院旧記」三　康治元年三月一日　大前道助譲状案。
(33)『旧記雑録前編』一―七五号　寿永二年八月　大前宿祢某下文案。
(34)同一―三六三号　寛喜三年二月一九日　平忠友譲状。同一―四三七号　寛元四年一二月一一日　関東御教書。
(35)『鹿児島県史料　旧記雑録拾遺　家わけ六』（以下、本書では「旧記雑禄拾遺」を省略）「延時文書」七号　弘長二年八月一一日守護大番催促状。
(36)同八号　弘長四年正月一三日　守護大番覆勘状。
(37)同一一号　文永九年四月三日　平忠恒・忠俊連署譲状。
(38)同三二号　正慶二年閏二月五日　沙弥覚念譲状。同三六号　建武四年一一月二一日　平忠村譲状。なお、未見であるが、薩摩郡司古系図によれば、

忠直――忠友┬忠持┬忠国
　　　　　　├湛西├忠継
　　　　　　├忠恒（平三郎改師忠、領成岡名）└忠重（若松四郎）
　　　　　　├忠秀
　　　　　　└忠俊

の如くであるという（浜田亀峰『川内郷土史　上』三二八頁所引）。これは概ね私見と一致している。
(39)『鹿児島県史』一　三〇八頁。
(40)『旧記雑録前編』一―一九五号　建仁三年五月二七日　平忠直譲状。
(41)『旧記雑録前編』一―一二〇号　文治三年七月　大蔵種章解。

(42)「延時文書」一号　文治三年一〇月一五日　伴三子譲状。
(43) 同一〇号　文永八年五月二〇日　沙弥見仏譲状（『旧記雑録』に文永四年とあるのは誤りである）。同二五号　正和四年一〇月二〇日　平忠兼等和与状。
(44)『旧記雑録前編』一―二六七号　承久二年八月　平忠道寄進状。
(45) 同一―八九六号　正応元年六月　串木野忠行後家尼申状。
(46) 同一―五九号　治承元年一二月一三日　僧静秀去状案。
(47) 同一―三二〇号　貞応二年四月　関東下知状案。
(48) 同一―四一五・四一六号　寛元元年八月一〇日　五大院主迎阿譲状。
(49) 嘉禎四年の文書に牟木三郎丸名がみえる（同一―三九九号　嘉禎四年一二月　八幡新田宮権大宮司大蔵種良陳状）。現在、高城郡中に麦之浦があるが、これが牟木浦に当たるのかもしれない。
(50)『旧記雑録前編』一―一三九五号　元亨四年三月二〇日　鎮西下知状。
(51) 同一―一五六八号　元徳二年一一月一六日　鎮西下知状。
(52) 同一―二四七号　建保五年八月　源宗久解。
(53) 同一―四一五・四一六号　寛元元年八月一〇日　五大院主迎阿譲状。
(54) 同一―一〇〇七・一〇〇八号　永仁五年六月　二条兼基御教書。
(55) 同一―一〇一八号　永仁五年一一月一一日　執印道教譲状。
(56)『鹿児島県史料　家わけ十』「新田神社文書」二三号　正応二年一〇月　国分友兼重申状案。同七四号　年月日欠　国分友兼重申状案。
(57) この相論の経緯については『鹿児島県史』一　三四七・三四八頁に詳しい。同じ御家人を称しても、友兼は申状にも述べている如く「為嫡孫、帯関東御教書御返事等、令勤仕御家人役之仁」であるのに対し、忠兼は康秀の庶子で友教の義弟となったものらしく、前者に比して御家人としての立場ははるかに弱いようである。

(58)『旧記雑録前編』一―二二二号　紀正家寄進状。
(59)同一―二四一号　年欠一一月二一日　島津忠久書状。同一―二四〇号　建保三年一〇月四日　関東御教書案。この時の京都大番役は、薩摩・日向・大隅・壱岐島御家人の勤役で翌年五月より七月一五日迄であった。閏月がある場合、勤番期間は前番と後番で一五日宛余分に勤仕するのであった。四月二〇日迄に参洛すべきことを令せられている。
(60)同一―五一九号　建長六年四月八日　守護大番役請取状。同一―六四一～六四五号　弘長二年八月一一日　守護道仏書下。
(61)『鹿児島県史料　家わけ六』「有馬文書」二二号　延慶二年一一月二日　鎮西裁許状案。
(62)『旧記雑録前編』一―一二三〇号　鎮西裁許状。
(63)同一―四八三号　建長三年三月　入来院堺注文案。
(64)同一―一〇七〇号　乾元二年八月一〇日　大前則道和与状。
(65)『入来文書』―「入来院家文書」八一号　伴信俊・信忠・信資連署起請文。
(66)同八二号　建長二年四月二八日　関東裁許状。
(67)これについては、西岡虎之助「中世前期における荘園的農村の経済機構」(『荘園史の研究下巻2』岩波書店、一九六六年)七七〇頁以下に詳しい。入来院の他、同じく地頭渋谷氏の入部をみた高城郡、祁答院、東郷別府における武光氏、大前氏等の場合も基本的には同じことがいえる。しかし、郡司級の豪族大前氏については、その抵抗が次代にかけて熾烈であった。
(68)玉里文庫「太泰姓来由」(『鹿児島県史料　旧記雑録拾遺　伊地知季安著作史料集六』〈以下、本書では「旧記雑録拾遺」を省略〉)。季安はまた、同様のことが大隅国御家人祢寝氏についてもいえると述べている。
(69)同「古文書写」牛屎系図。
(70)『旧記雑録前編』一―五四の一号　安元元年八月　右近衛府牒。
(71)同一―五四の二号　安元三年四月　右近衛府政所下文。
(72)同一―一一六号　文治三年五月三日　源頼朝下文。
(73)同一―一六八五号　文永二年一二月二七日　関東下知状案。

(74)同一―一二九二号　元亨元年一〇月一一日　同。
(75)これについては、石母田正氏の興味深い論考がある。即ち、同氏はこの両者の対立を郡司系領主と平安末期新興の名主系領主との対抗として把握している（「内乱期における薩摩地方の情勢について」『古代末期政治史序説　下』未来社、一九五六年、五〇一頁以下）。
(76)前掲「太秦姓来由」。
(77)『鹿児島県史』一　三一八頁。
(78)『旧記雑録前編』一―一三一〇号　元亨二年一〇月二六日　太秦元尚和与状。
(79)註（26）参照。
(80)『薩隅日地理纂考』（鹿児島県地方史学会、一九七一年）。
(81)『旧記雑録前編』一―二三八号　建暦三年九月七日　留守所下文。
(82)「島津家文書」一―五三九号　薩摩伊作庄幷日置郷下司系図。
(83)「来由記」に実純とするが年代の上からみても当たらない。則純は伊作平四郎を称し年代的にも妥当である。
(84)「島津家文書」一―四九七号　正応二年一一月一七日　薩摩伊作庄領家雑掌地頭代等和与状。
(85)同一―五四一号　文治四年一〇月　伊作庄立券状案。
(86)この事情及び伊作・日置両庄をめぐる諸問題については、西岡虎之助氏の詳細な論考がある（「中世荘園における地頭領主化の契機としての下地中分」『荘園史の研究下巻2』（岩波書店、一九六六年）七九五頁以下）。
(87)『旧記雑録前編』一―七八二号　建治三年七月　平弘純起請文案。
(88)「島津家文書」一―五五五号　元徳元年一〇月五日　鎮西下知状。
(89)同一―二〇四号　正和三年七月一六日　鎮西下知状。
(90)『旧記雑録前編』一―三四六号　建保六年九月　厚智山掛仏銘。
(91)同一―四七号　承安二年一二月八日　入道西念譲状案。

(92) 年代の上からみて、「図田帳」の業平は永平の前か或いは同一人ではなかろうか。
(93)『鹿児島県史料　旧記雑録拾遺　諸氏系譜三』（以下、本書では「旧記雑録拾遺」を省略）「比志島文書」二九号　寛元二年七月一五日　藤原義祐書状。義祐は税所介、大隅国御家人、義祐の後は篤秀、篤胤と継ぎ、郡司職を領知したものの如くである。
(94) 同三一号　寛元二年一二月一一日　六波羅御教書案。
(95) 同四八号　建長五年七月一〇日　栄尊譲状案。
(96) 同四九号　年月日不詳　栄尊配分状。
(97) 一例をあげれば、同九二号　源（西俣又三郎）久盛和与状。なお、これらの問題を検討した論考として伊奈健次「鎌倉時代に於ける薩摩国御家人比志島氏の経済生活」（『歴史学研究』一一二、一九四三年）がある。
(98) 同三六号　宝治元年六月二三日　栄尊起請文。
(99) 同四四号　建長五年五月　栄尊申状。
(100)『鹿児島県史』一　二九五頁。
(101)『旧記雑録前編』一―四二四号　寛元二年八月　関東下文（県史には領家下文とあるが、前後の事情から関東下文と推定した）。
(102) 同一―八三八号　弘安五年三月一二日　大蔵家忠申状。
(103) 同一―一一七六号　正和三年八月五日　鎮西御教書。
(104) 同一―六四六号（文永元年）正月三〇日　守護京都大番役請取状案。
(105) 西岡前掲論文　七九一頁。
(106)「島津家文書」一　建久三年一〇月二二日　関東御教書案。『旧記雑録前編』一―一六二号　建久五年二月　関東下知状。
(107)『旧記雑録前編』一―四四六号　宝治元年一〇月二五日　関東下知状案。
(108)『鹿児島県史料　家わけ一』「二階堂文書」三号　建長元年八月九日　関東御教書。ここでは、「永福寺修理用途事、雖可被付雑掌、可為人々煩之間、所被仰付薩摩国阿多郡北方地頭職也、所役之注文遣之、任状可被致其沙汰、終彼役之後可被付他役也」とある。永福寺とは鎌倉二階堂である。

(109) 同一三号　文永三年六月一〇日　沙弥行日譲状。同一五号　文永四年四月二四日　関東下知状。
(110) 同一六号　正応五年一二月七日　関東御教書。
(111) 同一七号　永仁二年一二月二七日　同。
(112) 同三九号　元徳三年八月二〇日　鎮西下知状。註 (108) の史料にみる如く、阿多北方地頭職は幕府への特定の所役勤仕の所領であり、後に毎年将軍御所用途一五〇貫文所進と定められていたものらしい。これが永仁二年免除され、正和三年の置文で忍照はこの中、高橋郷にあたる分七五貫文を同郷知行の庶子それぞれの分限に応じ、惣領方得分として納入すべきことを定めた。しかし、後に庶子はこれを対捍し、行雄の訴訟となり、探題はなお対捍する庶子については所領を没収することとしたのである。
(113) 『鹿児島県史料　家わけ十』「新田神社文書」一〇五―1号　永万元年七月　石清水八幡宮寺政所下文。
(114) 『鹿児島県史』一　二七五頁「郡院郷別表」。
(115) 『旧記雑録前編』一―三七五号　天福二年五月二七日　薩摩益山庄文書目録案。
(116) 「島津国史」巻之五は、指宿与左衛門系図によるとして益山氏の系譜を伊作良道―女子（彼杵久澄室）―塩田秋澄―光澄―兼澄（益山氏祖）としている。
(117) 「吾妻鏡」文治三年九月二日条。
(118) 『鹿児島県史料　家わけ十』「指宿文書」二号　年不詳七月二七日　武蔵守（北条泰時）書状。
(119) 前掲「指宿文書」一号　文暦二年八月二八日　関東下知状。なお、揖宿系図によれば忠秀は忠光の弟、忠元の叔父に当たる。
(120) 『旧記雑録前編』一―一五七〇号　元徳二年一一月二五日　谷山五郎入道代重訴状。
(121) これらの問題について、既に幾つかの論考を得ている。たとえば、鈴木鋭彦「中世に於ける領主権確立をめぐっての一考察―薩摩国谷山郡の場合―」（『史淵』五四、一九五二年）。
(122) 『鹿児島県史』一　二二四頁以下。『姓氏家系大辞典』も平姓ならんとしている。
(123) 「新田神社文書」二五―3号　建仁元年一一月二二日　北条時政奉書案。
(124) 『旧記雑録前編』一―一四七号　文治五年一一月二四日　関東御教書案。なお、「祢寝文書」（『鹿児島県史料　家わけ一付録　月

報12』所収）年未詳　建部清忠解状断簡に、平家与力人として鹿児島郡司有平の名がみえる。
(125)『旧記雑録前編』一―二〇二号　建仁三年一〇月二六日　北条時政下文。
(126)同一―三五三号　嘉禄三年一二月二四日　関東御教書案。
(127)同一―六六五号　弘長三年九月三日　同。
(128)同一―八七八号　弘安九年閏一二月二八日（恩賞受領者交名）。
(129)同一―九〇〇号　正応元年七月二五日、同八月一五日　薩摩守護代本仏打渡状案。
(130)同一―一四五四号　正中二年一〇月二五日　鎮西御教書。
(131)個々についいては前にみたが、要約すると御家人交名二四の中、重複すると思われるもの一、領主交名にないもの四、同一人と思われるもの六、領主交名の父と思われるもの三、子と思われるもの一、同一人か子弟等近親関係と思われるもの九である。「図田帳」が当時の領主名をあげたと思われるのに対し、「大番交名」はむしろそれ以前の御家人名（領主名）をあげていると思われ、領主交名の父に当たる名が多いのは当然といえよう。

二、鎌倉時代末期

第一群の史料の検討を終えて第二群の史料の検討に移ろう。表5は「新田宮観樹院文書」文保元年（一三一七）七月晦日　薩摩国御家人交名注文により前例にしたがって作製したものである。(1)同文書末尾に「右太略注文如此、此外相漏人々者可致注進之状如斯」とあり、そのすべてではないにせよ、所掲郡・院・郷において御家人と称されているものの大部分であると思われ、鎌倉時代末期の薩摩国御家人交名を示す好史料といえよう。しかし、記載のあるのは

表5 「新田宮観樹院文書」より

番号	氏　　名	対照番号	番号	氏　　名	対照番号
1	下司図書入道	1	23	篠崎入道跡	〃
2	兵衛五郎入道跡	〃	24	曾木入道弁済使	〃
3	郡山名主	〃	25	永羽名主	〃
4	和泉杉左衛門二郎入道	〃	26	小川小太郎入道跡	11
5	孫五郎入道	〃	27	同太郎三郎	〃
6	井口入道	〃	28	比志島孫太郎	14
7	知色入道	〃	29	西俣又三郎	〃
8	鯖渕名主弁済使	〃	30	川田右衛門太郎	〃
9	郡司鮫島孫次郎	2	31	大丸犬一丸	〃
10	市来崎兵衛五郎入道	〃	32	中俣弥四郎入道跡	〃
11	郡山名主	〃	33	山口入道	〃
12	郡司彦太郎	3	34	厚地座主収納使	〃
13	遠矢入道	〃	35	式部孫五郎入道	25
14	地頭御代官	10	36	同彦七	〃
15	牛屎二郎左衛門入道	〃	37	谷山五郎入道	〃
16	羽月右衛門入道	〃	38	矢上又五郎左衛門尉	26
17	同兵衛入道	〃	39	同舎弟彦五郎	〃
18	牛屎五郎左衛門	〃	40	伊敷領主	〃
19	永竹二郎入道	〃	41	田上領主	〃
20	篠原孫三郎入道	〃	42	上山領主	〃
21	同又太郎	〃	43	荒田庄弁済使并収納使	〃
22	同弥三郎入道跡	〃			

1和泉、2山門、3莫禰、10牛屎院、11甑島、14満家院、25谷山郡、26鹿児島郡の八郡・院・郷にとどまり、全郡・院・郷の三分の一に満たない。

勿論一様ではないが、大雑把にいえば他の郡・院・郷にもほぼ同数の御家人があったと思われ、たとえば表6は嘉暦三年（一三二八）新田八幡宮（権執印）が国分氏と相論の際、証人として書上げた交名（ほとんどが領主であろう）を表記したものであり、証人交名の性格上そのすべてを網羅しているとはいえないが

表６「御家人交名」より

番号	氏名	対照番号	番号	氏名	対照番号
	当国守護代酒匂平内兵衛入道		30	郡司九郎入道	
	子息兵庫允		31	益富松本入道	
	高城郡	4	32	弥五郎入道	
1	地頭代大蔵左衛門入道		33	又三郎入道	
2	温田地頭代衛門次郎入道		34	又太郎入道	
3	観音丸地頭代青砥		35	又二郎入道	
4	収納使太郎兵衛入道		36	弥四郎入道	
5	在国司兄弟等		37	三郎二郎	
6	武光弥三郎入道（経兼）		38	弥六入道	
7	舎弟伴三郎入道（兼治）		39	禅理房	
8	上村六郎入道		40	安養寺院主鶴王丸性仙	
9	舎弟三郎入道		41	高江石塚三郎入道	
	（東郷別府）	5	42	同又太郎入道	
10	東郷三郎左衛門入道		43	同平七入道	
11	子息左衛門入道		44	同小四郎入道	
12	烏丸在国司四郎入道		45	同三郎四郎	
	薩摩郡	7	46	同四郎入道	
13	一分地頭代本田民部入道		47	六三郎入道	
14	一分地頭小田原弥二郎入道		48	五郎太郎入道	
15	郡司吉富又太郎入道		49	紀平三入道	
16	成枝領主上野四郎太郎		50	紀藤五入道	
17	舎弟三郎四郎		51	長崎寺浄観房	
18	成富太郎		52	源朝房	
19	同舎弟彦三郎		53	正永三郎五郎入道	
20	山田九郎入道		54	堀切六郎太郎入道	
21	延時		55	了性房	
22	富長		56	六郎二郎入道	
23	赤佐木性仙			渋谷人々（入来院）	9
24	光富又二郎入道		57	新平次入道（入来院重基）	
25	白浜三郎入道		58	弥平三入道（為重）	
26	同五郎入道		59	車内又二郎入道（重幸）	
27	同孫六入道		60〜63	副田・北尾・寺尾・中村地頭	
	宮里郷	8	64〜66	副田・山口・楠本地頭代	
28	地頭式部孫七			（市来院）	16
29	三分二地頭高崎二郎入道		67	市来弥太郎（時家）	

（相手方及びその加担者の交名は当然欠落しているであろう）、やはり所掲郡・院・郷の大部分の領主名をあげていると思われ、しかもその大半が御家人を称したと思われる。その記載は４高城郡、５東郷別符、８宮里郷、９入来院、16市来院の五郡・院・郷で六七名に及んでいる。以上を勘案して、文保元年の御家人交名（以下「御家人交名」とよぶ）の人数を薩摩国全体におし及ぼして推測を下す時、鎌倉時代末期の国内御家人人数は少なく見積もっても一〇〇を越えるであろう。

さらに、ここで表5を補足しうると思われる史料が鹿児島大学附属図書館、玉里文庫架蔵の「古文書類」の中に見出されたので、以下これについて紹介してみよう。この史料は前掲文保元年「薩摩国御家人交名注文」と同時に注進されたと思われるもので、同じく「観樹院文書之内」との朱書があり、史料記載の順序も両者相並んでいる。即ち次の如くである。

　　薩摩国地頭御家人交名注文
万得　武光掃部左衛門　地頭治部三郎入道跡
上村　高城六郎　草道兵衛跡
宮里　執行入道　太浦（輔カ）入道
市来院　郡司孫太郎　河上橋口次郎跡
　　本弁入道　益満伊作田入道
　　又太郎大進房　正家房跡
伊集院　郡司　土橋入道　太田入道跡

河俣入道跡　野田入道　上総五郎入道
宗太宮司　権執印正富名主　新原入道
知覧郡　地頭大隅式部又三郎　郡司入道
同庶（彦）太郎　木村入道　深見入道
○山田家二代忠真、式部太郎三郎、
式部少輔、大隅守

玉里文庫本はおおむね明治初年の書写にかかり、誤脱箇所が少なくないので、本史料についても充分注意しなければならない。事実不審な箇所も一、二に止まらないようである。しかし前掲「薩摩国御家人交名注文」所載の郡・院・郷とは異なる高城（一部）・宮里・伊集院・知覧の郡・院・郷の地頭御家人氏名を収載している点からみて、同時に注進されたであろう幾つかの御家人交名注文の一つと考えてよいのではなかろうか（この注文は数ブロックごとに注進されたものらしい。右の二史料にみえない郡・院・郷についても今は伝わらないが、恐らく作成されていたのであろう）。記載されている御家人名の中、市来院の郡司孫太郎、河上橋口次郎とあるのは、文保元年に先立つ三年前、市来院領家年貢につき争い、鎮西探題より対決すべく命ぜられている市来孫太郎家貞と橋口次郎入道家忠のことであり、これによってもこの史料が文保元年の御家人交名注文であることを推測させる（なお、市来院の又太郎大進房、正家房跡、伊集院の宗太宮司、権執印正富名主は宮里からの混入ではあるまいか）。

万得と知覧の項にそれぞれ地頭の名がみえるが、前者は高城郡地頭渋谷（高城）氏であり、後者は知覧院地頭島津氏であろう。なお、知覧の項に○印を付して山田家二代忠真云々とあるのは後の書き入れで地頭大隅式部又三郎の説

表7

番号	郡・院・郷	地頭及び地頭代	御家人	計
1	和泉郡		8	8
2	山門院		3	3
3	莫禰院		2	2
4	高城郡（一部）	1	3	4
8	宮里郷		6	6
10	牛屎院	1	11	12
11	甑島		2	2
14	満家院		7	7
15	伊集院		7	7
16	市来院		4	4
21	知覧院	1	4	5
25	谷山郡	2	1	3
26	鹿児島郡		6	6
	合計	5	64	69

明であろうが、これは該当しないのではあるまいか。しかし、ともかく右の史料によって八郡・院・郷についてのみしか知り得なかった文保元年の御家人数が他の五郡・院・郷についても知り得たことになる。今これを表記すれば、表7の如くである。

しかし、ここで注意すべき事は以上掲出した御家人交名が第一史料の「大番交名」と比較して次の二点において著しく異なっていることである。第一は、大番交名は上から下へ示達し、御家人交名は下から上へ注進する史料であることから、前者の御家人名がすべて幕府が公認しているものであるのに対し、後者の御家人名は自ら御家人を称しても、すべて幕府公認のものか否か疑わしいことである。第二は、その交名をみるとき前者がそれぞれ独立の御家人（惣領）と思われるのに対し、後者は惣領と並んでその子弟一族（庶子）の記載の多いことである。以上挙げた如き史料の性格の相違が、前者が二四であるのに後者が一部のみで四四もあるという数の相違になってあらわれていると思われ、これを以て、ただちに同基準の上にたって御家人人数が時代の下ると共に倍増していると軽々に結論を下すことはできない。この問題については、さらに検討を加えてみる必要があろう。ま

表９

対照番号	証人（領主）交名	大番交名
4	地頭代 1 温田地頭代 1 観音丸地頭代 1 収納使 1 在国司 1 武　光 2 上　村 2	高城郡司 1
5	東　郷 2 在国司 1	在国司 1
7	一分地頭代 1 一分地頭 1 吉　富 1 上　野 2 成　富 2 山　田 1 延　時 1 富　長 1 赤佐木 1 光　富 1 白　浜 3	薩　摩 1 牟　木 1
8	地　頭 1 三分二地頭 1 郡司（宮里）1 益　富 8 紀 2 正　永 1 名　塚 8 源 1 堀　切 1 その他 5	宮　里 1
9	渋　谷 10	
16	市　来 1	市　来 1
計	67	6

表８

対照番号	御家人交名	大番交名
1	下司 1 兵衛 1 郡山 1 和泉 1 井口 1 知色 1 鯖渕 1	和泉 1
2	山門 1 市来崎 1 郡山 1	山門 1
3	莫禰 1 遠矢 1	莫禰 1
10	地頭代 1 牛屎 2 羽月 2 永竹 1 篠原 3 萩崎 1 曾木 1 永羽 1	萩崎 1 （牛屎 1）
11	小川 2	
14	比志島 1 西俣 1 川田 1 大丸 1 中俣 1 山口 1 厚地 1	満家 1
25	山田（島津）2 谷山 1	
26	矢上 2 伊敷 1 田上 1 上山 1 荒田 1	鹿児島郡司 1
計	44	6（7）

ず、表5をさらに整理して親子子弟、惣庶の順に家別に御家人名を示し、これを「大番交名」の該当部分と対比すれば表8の如くである（括弧は一族惣庶の関係を示す）。

また、表6を同様に整理し「大番交名」と比較すれば表9の如くである。即ち、表8によれば明らかなものだけでも四四の中、二五が親子子弟、惣庶の関係で結ばれており、表9によれば六七の中、四四までが同じ関係で結ばれていることがわかる。不明分の中にも惣庶関係で結ばれるものがあると思われ、この数はさらに上回るであろう[(2)]。かくみるとき御家人人数、領主人数の増加は主として庶家の増加によると思われる。しかし、なお惣庶関係を以て律しえない御家人の存在をも認めないわけには行かない（たとえば1の知色、鯖渕等）。また、25の（惣）地頭山田（島津）、10の（惣）地頭代の名が御家人交名中に加えられていることは注意を要する。

一体、庶家の増加は第一節にも各家々についてみてきた如く、中期以降次第に増加してきたのであり、その中、明らかに幕府、守護から御家人として扱われているものも少なくない。しかし、表8の御家人交名は果たして如何なる意味をもつのであろうか。御家人の子弟が御家人に準じて扱われることは当時一般にみられることであるが、庶家についてもまた御家人を称し、その一部は幕府もまた公認していたのではあるまいか。ことに元寇を契機として一時的にもせよ、幕府の政策は御家人人数の増大を期待した如くであるから庶家の御家人化、独立的傾向（各別御家人としての公認、またはその主張）はこの時代後半に至って著しくなったと思われる。この点に関して佐藤進一氏は弘安七年（一二八四）の新令、まず五月廿日の「一、鎮西九国名主、可被成御下文事」、その具体的指令と思われる九月十日の「一、名主職事条々、父祖其身勤仕御家人役之条、帯守護人之状等者可安堵、但於凡下之輩者不及沙汰」とあるのをとりあげられ、西国御家人は所領安堵の関東下文をもたないのがむしろ一般的であったが、この指令は「九州一円の御家人に対して、丁度東国御家人の根本下文と同じ意味をもつものとして名主職安堵の下文を交付し」たものであるとされ、幕府の大幅な御家人及びその所領掌握策として捉えられている。(3)これと関連して正応五年（一二九二）の幕府の指令は「西国御家人者、自右大将家御時、守護人等注交名、雖勤大番以下課役、給関東御下文、令領掌所職輩不幾、依為重代之所帯、随便宜、或給本所領家下文、或以神社惣官充文、令相伝歟、雖為本所進止之職、無殊罪科者、不可被改易之条、天福寛元所被定置也、然者安堵所職、可勤仕本所年貢以下課役、関東御家人役之由、可相触」とある。(4)以上の史料を併せみるとき、これは主として従来安堵下文をえていなかった御家人（したがって御家人身分の不安定であった）を安堵するのであって、無制限に庶家や非御家人を御家人として安堵するというのではあるまい。しかしながらこれによって大番役、異国警固番役等の所役勤仕の者は勿論のこと、私的な守護所役勤仕の者まで御家人としての立場を主張し得る口実を与えたことになろう。文保元年の御家人交名はこのような経過をへて当時薩摩国内で御家人を自称し、少なくとも同国内において御家人として認められていた人々をあげているものと思われる。

一体、幕府は在国御家人についてどの程度にまで掌握していたのであろうか。少なくとも薩摩国においては関東下文をもつ程の若干の御家人を除いては主として守護の注進にまかせてそのまま認められていたのではあるまいか。この点甚だ不確かなものであったといわねばならない。(5)また、この御家人交名の人々がすべて独立の御家人であったのではなく、惣庶の関係で惣領の統轄下に公事等は勤仕していたものも少なくなかったと思われる。たとえば表8の14比志島氏と西俣、川田氏についてみれば、第一節にもふれた如く両氏は比志島氏の庶家で、次第に独立的傾向を強めていったとはいうものの、ついにこの時代を通じてその惣領の代官として異国警固番役を勤仕し、諸公事の配分をうけては寄合勤仕している。

　このようにみてくると御家人の定義を今、関東下文（及びそれに準ずるもの、名主職安堵をも含む）と御家人役を独立勤仕するものとにおくとするなら、鎌倉時代末期における御家人数の増加はそれ程多くにはならない。初期のそれを前節で述べた如く三〇前後とするなら末期のそれは四〇～五〇くらいであろう。しかし御家人の中に惣領と共に庶家をも含むとするなら、初期における庶家の数はきわめて少なく、中期以降その増加は顕著になると思われるから、その数は末期には三、四倍にも達し、総数は一〇〇をも超えることとなるのであろう。御家人数の増加にはこの他、非御家人領主の御家人化にも原因があろうが、その主因は庶家の増加、その独立化によるものであろう。しかも惣領の権限の縮小と庶家の増加は一御家人内部の惣庶の差をせばめ、次代において何々一族中という如き惣庶のほぼ均等な結合により行動している例[6]や、物庶各別に行動している例をみるのである。そして一方で各家々が分割相続を廃し、嫡子単独相続により家勢の維持をはかろうとする動きをこの時代末期にみるのである[7]。

註

（1）交名の配列に問題もあるが、ここでは同郡・院・郷内の順番は『旧記雑録』の記載通りとした。次表も同じ。

（2）たとえば表5の41田上領主、42上山領主とあるのも矢上氏族と思われる。

（3）佐藤進一「鎌倉幕府政治の専制化について」（『日本中世史論集』岩波書店、一九九〇年）。弘安七年令は新式目三八ヵ条の中、『中世法制史料集』一　二五二頁・二六二頁。

（4）『大宰府史料　中世編（3）』所収「島津文書」正応五年八月七日　関東御教書案。

（5）『鹿児島県史料　家わけ六』「有馬文書」一九号（元亨三年）一一月二四日　鎮西御教書。これは宮里（河田）智門房慶恵と武光四郎入道行恵との沽却地相論に関して地頭御家人をして子細を注進せしめたもので文書は欠字が多いが、今これを推測して補ってみれば、「彼地為私領歟、将亦慶（恵為御）家人否、所有不審也、早尋究地頭御家人等起請文且可（言上子）細也」となろう。もしこれが正しければ御家人実否を探題は地頭御家人に注進せしめたことになる。

（6）一例をあげれば、『旧記雑録前編』一―一九四四号　建武四年六月二七日　左衛門尉頼久催促状（和泉一族中宛）。

（7）一例をあげれば、元弘二年、牛屎元尚（恵仏）は嫡子太郎高元に「牛屎院惣領郡司職幷永松木崎両名下地」を譲与し、その他の下地を高元母、武元、元清、御房丸等に分譲し、今後「譲与于高元之地不可分与子孫、可譲于惣領一人也」と定めた（『旧記雑録前編』一―一六一一号　元弘二年一〇月一〇日　沙弥恵仏譲状）。

三、おわりに

以上鎌倉時代を通じ、薩摩国御家人人数の増加の事情をみてきたのであるが、表10はこれら同時代の史料にあらわれる在地領主の中、居処等の明らかなものを、郡・院・郷別に総括して表にしたものである。[1]

そしてこの中、御家人であることの明らかな家に（自称・他称を問わず、文書に御家人として記されているもの、御家人役の勤仕者）に〇印（関東下文及びそれに準ずる文書の受領者には◎印）を、御家人と推測されるものに△印を付して区別した。さらに、惣庶・一族の関係を示すため、その姓と、それぞれの家の史料の上にあらわれる時期区分を前（Ⅰ）、中（Ⅱ）、後（Ⅲ）期に分けて示した（便宜上、前期は承久二年まで、中期は承久三年より建治三年まで、後期は弘安元年より建武四年までを含めた）。また、（惣）地頭及び地頭代、その一族は×印を付して区別した。ただし、島津氏はすべて除外した。勿論この他、家名を一にしてその中に含まれている庶子の数は少なくない。[2]

表10

番号	氏　〔別称〕（支族）	姓	御家人	時代区分	対照番号						
1	和泉　〔井口〕	伴	◎	Ⅰ	1	36	吉　永	惟　宗		〃	〃
2	杉　　（支）	〃	○	Ⅲ	〃	37	執　印	〃	◎	Ⅰ	〃
3	知　色		○	〃	〃	38	国　分　（支）	〃	○	〃	〃
4	鯖　渕		○	〃	〃	39	宮　里	紀	○	Ⅰ	8
5	山　門	平　藤	◎	Ⅰ	2	40	権執印　（支）	〃	○	Ⅱ	〃
6	市来崎　（支）	平	○	〃	〃	41	河　田　（〃）	〃	○	Ⅲ	〃
7	本　田		×	Ⅲ	〃	42	益　富　（〃）	〃		Ⅱ	〃
8	郡　山		○	〃	〃	43	正　永　（〃）	〃		Ⅲ	〃
9	莫　禰	平	○	Ⅰ	3	44	草　道　（〃）	〃		〃	〃
10	遠　矢　（支）	〃	○	Ⅲ	〃	45	石　塚	平	△	〃	〃
11	大　平　（〃）	〃	○	〃	〃	46	酒　匂	〃	×	〃	〃
12	高　城	伴　藤	○	Ⅰ	4	47	入　来	藤		Ⅰ	9
13	武　光	伴	○	〃	〃	48	寄　田	伴	○	Ⅱ	〃
14	上　村			Ⅲ	〃	49	入来院〔渋谷〕	平	×	〃	〃
15	高城　〔渋谷〕	平	×	Ⅱ	〃	50	寺尾〔〃〕（支）	〃	×	〃	〃
16	在国司	大　前	○	Ⅰ	5	51	岡元〔〃〕（〃）	〃	×	Ⅲ	〃
17	東　郷（支）	〃	△	Ⅲ	〃	52	副田〔〃〕（〃）	〃	×	〃	〃
18	〃　〔渋谷〕	平	×	Ⅱ	〃	53	中村〔〃〕（〃）	〃	×	〃	〃
19	時吉〔祁答院〕	大　前	○	Ⅰ	6	54	牛　屎	太　泰	◎	Ⅰ	10
20	富　光　（支）	〃	△	Ⅲ	〃	55	羽　月　（支）	〃	○	Ⅲ	〃
21	斑　目	橘	○	〃	〃	56	山　野　（〃）	〃		〃	〃
22	祁答院〔渋谷〕	平	×	Ⅱ	〃	57	井手籠　（〃）	〃		〃	〃
23	鶴　田　〔〃〕	〃	×	〃	〃	58	柿木原　（〃）	〃		〃	〃
24	白男川　〔〃〕	〃	×	Ⅲ	〃	59	萩　崎		○	Ⅰ	〃
25	薩　摩	〃	○	Ⅰ	7	60	篠　原	檜　前	○	Ⅲ	〃
26	成　岡	〃	○	Ⅱ	〃	61	光　武　（支）	〃	△	〃	〃
27	若　松	〃	○	〃	〃	62	曽木（菱刈支）	藤	○	〃	〃
28	吉　富	〃	○	〃	〃	63	永　竹		○	〃	〃
29	串木野	〃	○	Ⅰ	〃	64	氷　羽		○	〃	〃
30	上　野	〃	△	〃	〃	65	郡　山		○	〃	〃
31	牟　木		○	〃	〃	66	小　川	日　奉	○	Ⅱ	11
32	延　時	大　蔵	○	〃	〃	67	小　野〔江田〕	大　江	○	Ⅰ	12
33	永　利		△	Ⅲ	〃	68	上原〔伊作田〕	藤	○	Ⅲ	〃
34	光　富	藤	○	〃	〃	69	日　置	紀	○	Ⅱ	〃
35	白浜〔渋谷〕	平	×	〃	〃	70	南郷〔桑波田〕	大蔵，源	○	Ⅰ	13

71	満家〔比志島〕	源	◎	Ⅰ	14	91	鮫　島	藤	×	Ⅰ	18
72	西　俣（支）	〃	○	Ⅱ	〃	92	二階堂	〃	×	Ⅱ	〃
73	川　田（〃）	〃	○	〃	〃	93	別　府	平	○	Ⅰ	19
74	辺牟木（〃）	〃	○	〃	〃	94	塩　田〔益山〕	〃	○	〃	〃
75	小山田（〃）	〃	○	Ⅲ	〃	95	川　辺	〃	○	Ⅰ	20
76	犬　丸		○	〃	〃	96	蒲　池	源	△	Ⅱ	〃
77	中　俣		○	〃	〃	97	知　覧	平	○	Ⅰ	21
78	山　口		○	〃	〃	98	頴　娃	〃	○	Ⅰ	22
79	厚　地		○	〃	〃	99	指　宿	〃	◎	Ⅰ	23
80	上　原	紀		〃	〃	100	給　黎	〃		Ⅰ	24
81	郡　山	大蔵，藤		〃	〃	101	〃	伴	○	〃	〃
82	吉原（大隅住人）			〃	〃	102	池　田	平		Ⅱ	〃
83	税　所（〃）	藤	○	Ⅱ	〃	103	谷　山	平	◎	Ⅰ	25
84	伊集院	紀	○	Ⅰ	15	104	矢　上	〃	○	Ⅰ	26
85	野　田（支）	〃	○	Ⅲ	〃	105	長谷場（支）	〃	○	〃	〃
86	石　谷			〃	〃	106	伊　敷（〃）	〃	○	Ⅲ	〃
87	市　来	大蔵，惟宗	◎	Ⅰ	16	107	田　上		○	〃	〃
88	河上〔橋口〕	〃	○	Ⅱ	〃	108	上　山		○	〃	〃
89	伊作〔和田〕	平	○	Ⅰ	17	109	荒　田		○	〃	〃
90	坂　本			Ⅲ	〃						

この表で判明ないし推測し得ることは次の如くである。

1．薩摩国の在地領主の中、その大部分が御家人を称するに至ったこと。

2．南薩地方においては庶家の分出が顕著にみられず、北・中薩、特に薩摩、高城、宮里、牛屎等の郡・院・郷において庶家の分出が著しかったこと。

3．関東下文等を有した御家人がきわめて少なかったこと。また、それを有したのは主として郡司級の御家人であったこと。

4．御家人数の増加は時期的に後期（Ⅲ）に特に著しいこと。

5．南薩地方に平姓（伊作平氏）が繁衍し、北・中薩地方に伴・大蔵・大前・藤原姓等在庁官人系統の領主が多く、所職を細分領知していたこと。

表11

番号	氏　名	郡·院·郷	庄公領	名	田数		種別	備考
1	右衛門兵衛尉	和泉郡	一円庄		350			△×実忠
	（島津忠久）	山門院	公　領		175	6	寄　郡	○
		莫禰院	〃		40		〃	○
		薩摩郡	〃	時吉	69		〃	○
		〃	〃	若松	50		〃	
		〃	〃	永利	18		〃	
		〃	〃	吉永	12		〃	
		〃	〃	火同丸	14		〃	
		宮里郷	〃		61	5	〃	△時久
		牛屎院	〃		360		〃	○
		日置北郷	一円庄		70			△×宗久
		日置南郷	公　領		36		寄郡・没官領	△実忠
		〃	一円庄		15			
		満家院	公　領		130		寄　郡	△×〃
		伊集院	〃	谷　口	14		〃　没官領	△×〃
		市来院	〃		150		〃	○
		伊作郡	一円庄		200			△×宗久
		加世田別府	公　領	山田村	20		寄　郡	○
		〃	〃	千与富	40		〃	
		河辺郡	社　領		10		府領社	
		〃	公　領		210		寄　郡	△（得宗領）
		知覧院	〃		30	3	〃	△×頼忠
		頴娃郡	〃		34		〃	△実忠
		揖宿郡	〃		37	7	〃	○×
		給黎院	〃		40		〃	△×実忠
		谷山郡	社　領		18		府領社	
		〃	公　領		182		寄郡・没官領	△×宗久
		鹿児島郡	社　領		7	5	府領社	
		〃	公　領		197		寄　郡	○
		計			2591	6		
2	千葉介（千葉常胤）	高城郡	寺　領	温田浦	18		弥勒寺没官領	高城（渋谷）
		〃	公　領	若　吉	36		寄郡　〃	コノ中ヨリ10丁減
		〃	〃	時　吉	18		〃　〃	
		〃	〃	得　末	2		〃　〃	
		〃	〃	吉　枝	19		〃　〃	
		〃	〃	武　光	33	5	〃　〃	
		〃	〃	三郎丸	10		〃　〃	

		東郷別府	〃		42	7	〃　〃	東郷（〃）
		祁答院	〃		112		〃　〃	祁答院（〃）
		入来院	社領	市比野	15		弥勒寺　〃	入来院（〃）
		〃	公領		75		寄郡　〃	
		甑島	〃		40		〃　〃	
		計			411	2		
3	佐女嶋四郎（鮫島宗家）	阿多郡	公領		195	4	没管領	北方、二階堂 南方、鮫島
		加世田別府	〃	村原	15		〃	
		計			210	4		
4	掃部頭（中原親能）	鹿児島郡	社領		80		正八幡宮領荒田庄	

島津氏については右表から除いたが、渋谷氏と共にほとんどすべての郡・院・郷にわたって惣地頭職を有し、これら在地領主（当初地頭を称する者が多い）の上に職権をおし及ぼしていたのである。今、「図田帳」により鎌倉時代初期の地頭の統轄範囲をあげ、併せてその後の地頭の交替を郡・院・郷別に示すと表11の如くになる。種別欄は島津庄一円領、寄郡（寄）、没官領（没）等の別を示したものであり、備考欄に○とあるのは島津忠久―忠時―久経―忠宗―貞久の惣領に伝領された場合、△はしからざる場合、×は相伝順序が忠久より忠宗まで整一でなく、庶子に渡っていることを示す。名前はこの時代末期の地頭を示す。○の場合はすべて貞久である。なお、田数欄は図田帳記載通りの田数である。[3]

右の如く島津氏にあっても地頭職は分割され、漸次庶家にも相伝されて行くのであり、渋谷氏にあっても表10にみえる入来院氏等の如く惣領の他、寺尾、副田、中村などの庶家に地頭職は分割相伝されて行くのである。今これら在国御家人と立場を異にする守護、惣地頭の御家人島津、渋谷氏等について詳述する余裕をもたないが、鎌倉時代を通じて彼らと在国御家人との対抗、服属関係については第一節において若干ふれるところがあった。惣地頭と在国御家人との相論については殆んど全郡・院・郷にわたり、ことにこの時代の後半に多くみえているが、幕府―鎮西探題の裁許が惣地頭の側に有利であったことは否定できない(4)。しかし、これらの問題についての結論は当時の幕府政治のありかたを明らかにすると共に、相論個々の検討と、なお多くの両者（惣地頭及び在国御家人）の内容分析を経なければならず、今述べる力をもたないので今後さらに各御家人について多角度から検討をした上で改めて論述したい。ただ守護＝惣地頭勢力の拡大に関して島津氏の場合、島津氏入国当初よりの被官、本田、酒匂氏等の動きを無視してはなるまい。両氏は守護代、惣地頭代等として、相論の直接担当者として活躍しており、また本田氏は山門院に、酒匂氏は宮里郷の領主としてみえている（表10）。これらについては由緒書等の他、当時の史料にみえる守護代、地頭代の動きを整理することによりある程度明らかにしうるのではないかと思っている(5)。

註

（1）14上村は甑島領主と思われるが、表６で高城郡の内に含まれているのでそれに従った。21斑目は本領出羽国斑目、異国警固のため下向し、以後代々祁答院時吉、柏原両名の内下河口村、借屋原村を相伝した。一般在国御家人とは出自を異にする。28吉富は明らかでないが表６に15郡司吉富又太郎入道とあり、惣地頭島津忠宗と成枝名について相論した平忠能の弘安九年の証状に「吉富殿と忠能と関東にしていち丶に訴訟を申候によて吉富名親類分と御下知（一紙）になりて候間、御下知を書写して裏判を加へて参らせ、正判は忠能持候所也」とあり（『旧記雑録前編』一―八七五号　弘安九年一二月一一日　平忠能証状）、永仁二年には守護忠宗の異国警固番役覆勘状の受取人として吉富二郎代がみえる（同一―九八八号　永仁二年七月晦日　警固番役覆勘状）。平忠能とは第一節でふれた薩摩郡司平忠友の子、忠茂、その子忠国の子で、同じ弘安九年の関東御教書に薩摩郡一分郡司とみえる（同一―八七四号　弘安九年一一月五日　関東御教書）。以上により吉富は薩摩、若松、成岡、串木野等と同族であることが明らかである。30上野は第一節でも触れたが、表６に16成枝領主上野四郎太郎とある。しかるに、前掲弘安九年の関東御教書に薩摩郡一分郡司孫太郎忠能代禅意が同郡内成枝名下地について惣地頭島津忠宗代と相論せる由を載せている。この禅意とは第一節であげた上野平九郎入道禅意と関係があるのではあるまいか。上野氏は薩摩郡司平氏の一族、成枝名代官職を得て後に領主を称えることになったのであろう。34光富は表6に24光富又二郎入道とあるが、これは正応三年、宮里郷地頭と新田宮執印并神官等との相論に関し実否注進を指令されている光富領主相良又二郎と同一人であろう（同一―九三二号　正応三年九月　宮里郷地頭重申状）。建武二年の大番交名一三名中、光富又五郎入道とあるのはその後であろう。80上原は能基以来税所氏代官として院司職を知行し曾孫基員に至る。基員のいうところによれば基員は一分領主上原頼念の養子、一族は篤茂以来代々関東下文を帯すという。或いは税所氏の出か（同一―一一五七号　正和元年九月一〇日　守護代沙弥本性状）。96蒲池は筑後上妻郡蒲池の領主、建久三年以来黒島・平島を知行、建武年間に至るという（『鹿児島県史』一　三二六頁。「諸家大概記」）。106伊敷は嘉暦二年の鎮西下知状に伊敷村名主四郎入道とあるのもこれか。伊地知季安は長谷場氏族ならんとしている。

（2）たとえば、二階堂の庶子については「二階堂文書」三六号　嘉暦四年九月二〇日、三七号　元徳元年一二月二五日、三九号　元徳三年八月二〇日の鎮西下知状、御教書にみえる。また、武光氏については年未詳、経兼当時のものと思われる吉枝名実検帳に庶子等分領をあげている（『入来文書』―「入来院家文書」一三四号）。

（3）水上前掲論文一九・二〇頁に、地頭の伝領につき詳細な表示、並びに考証がある。甑島については若干疑問が残るので記載しなかった。中原親能の地頭職はまもなく廃止となった。「吾妻鏡」元久元年一〇月一七日条に、これと関連した記述をみる。なお、伊集院には地頭の他に島津氏支族伊集院氏（忠国）があった。

（4）この点に関し、瀬野精一郎氏の労作がある（「鎌倉幕府滅亡の歴史的前提―鎮西探題裁許状の分析―」『鎮西御家人の研究』吉川弘文館、一九七五年）。氏は一五三通に及ぶ探題の裁許の結果を整理し、鎌倉末における幕府―鎮西探題のとった「惣領の立場を支持する政策」について論じておられる。薩摩国についても三〇近くの例を挙げられているが、これらによっても惣地頭―御家人の相論の場合、惣地頭の優位にあったことは否定できない。一族間の惣領庶子の相論については勝敗の明らかなものは島津、二階堂等一、二の例にすぎず、その他在国御家人については明らかでない。しかし本論においても触れた如く、この時代を通じ庶子の独立化の動きは広くみられたものの、惣領制は維持されたように思われる。

（5）「酒匂家由緒書」。この他、猿渡、鎌田氏等も当初よりの被官であろう。彼らの勢威の一端は正中二年、守護の国廻狩供人数の中、家子幷殿原として多数の人馬を具して守護に随従していること等からもうかがえる（『旧記雑録前編』一―一四二〇号　元亨五年閏正月二二日　国廻御共人数事）。なお、これら被官が御家人を称した史料を未だ知らないが、表5に14地頭御代官とある。表11によれば地頭は守護島津氏であり、その代官はやはり被官であろう。かくみるとき被官も国内においては御家人並に扱われたのであろうか。

本稿は専ら薩摩国御家人の表面的紹介に終始したものであり、その内容の検討と整理とは後日を期したい。引用史料は刊本の他、史料編纂所、県立図書館、鹿児島大学附属図書館玉里文庫の写本を利用させていただいた。しかし見落した史料も少なくないと思われ、また、一部を除いて県内所在の原本について一々当たりえなかったし、数多い郷土史関係の諸業績をも十分吸収する余力をもたなかった。これらについては大方の叱正をいただき、補正を続けていきたいと思っている。

第二章　薩摩国伊集院の在地領主と地頭

在地領主の語は、現在かなり広汎に古代末から中世にかけての地方中小領主について用いられているようである。鎌倉期の御家人が多く在地領主の範疇に入ることは勿論であるが、西国に地頭職を有する東国御家人が、西国に地頭領主職をもつからといって直ちにこれを在地領主とよぶことには躊躇せざるを得ない。即ち東国において地頭領主＝在地領主であっても、西国においては在地領主はむしろ地頭領主とは別個の、地頭職をもたず、郡司職、郷司職、在庁職、下司・公文職、名主職等を有し、地頭領主と在地の支配権を競合する。否、その進攻を防衛する立場にある、その土地、人民とより密着した関係にある領主をさすものと考えた方がよく、また実際にこれまでの論考も多くそのように取り扱っていると思う。但し、それは大略のところであって同じ西国でも所によってまた時代によって在地領主といってもその内容に相違があり、変化のあることはいうまでもない。したがって在地領主の概念整理が必要である一方、さらに多くの〝在地領主〟の具体例の紹介も緊要であろう。本稿はこれまでに鎌倉・南北朝期の薩摩・大隅・日向の御家人、在地領主個々の紹介を行ってきたのに引き続き薩摩国伊集院の場合をとりあげ、ささやかながら研究上の一資料を提供しようとしたものである。但し、今回は鎌倉期を中心に叙述し、南北朝期については若干の史料と私見を述べるに止めた。

一、建久図田帳

建久八年調進の薩摩国図田帳[1]に、伊集院は次の如く記載されている。

伊集院百八十町内
上神殿十八町　万得
下神殿十六町　万得
桑羽田五町　万得
野田六町　嶋津御庄論　万得
大田十五町　同御庄論　本主在庁道友　万得
寺脇八町　同御庄論　名主在庁道友　万得
時吉二十五町　名主同前　万得
末永二十五町　院司八郎清景　万得
続飯田八町　名主権太郎兼直　万得
土橋十三町　名主紀四郎時綱　万得
河俣十町　名主僧忠覚　万得

没官御領　地頭右衛門兵衛尉
谷口十四町　万得 名主紀平二元信
十万六町　万得
飯牟礼三町　万得
松本十八町

そして、この記載順には一つのきまりがあるようにみえる。即ち記載の地名の中、現在の字名等に残るものを地図の上におさえて行くと、北東から上神殿、下神殿、桑畑、野田と西へ、ついで大田、寺脇等から東に移って土橋へ、さらに南西に下って谷口、飯牟礼に、またその東南松本に至って終わっている。蛇行形に東北から南東に地名を記載しているようにうかがえる。そしてこの記載順をみとめれば、逆に現在の字名等に残らぬ図田帳記載の地名のおよその位置を推定することもできよう。即ち時吉、末永、続飯田を寺脇・大田と土橋を結ぶ間の西から東へ順次に（私見では時吉を寺脇・大田の中間付近に、末吉を字郡に、続飯田を麦生田に推定）、河俣を土橋・谷口の間に（私見では字清藤付近）、十万を谷口、飯牟礼の間にもとめるべきであろう。また谷口を除いて他はすべて万得と記されているが、万得とは大隅正八幡宮と密接な関係のある名田の呼称である(2)。そして田数の計算の結果、この中、上神殿より寺脇までと、飯牟礼、松本とは正八幡宮領と推定され、時吉から河俣までと、十万を併せた分が国衙領と推定される(3)。

前者については八名中、大田と寺脇の二名のみが在庁道友を名主と記している他、その記載はなく、後者については六名すべて名主の記載がある。前者の中、野田・大田・寺脇の三名については島津庄と領有権をめぐる相論を展開中の如くにうかがえる（即ち七九町の中二九町分）。後者の名主中、末永二五町を知行する院司八郎清景は紀姓伊集院（郡）司、同じく土橋を知行する紀四郎時綱、十万を知行する紀平二元信等もその一族といえよう。現在郡《こおり》の字名に残る郡衙（伊集院が分立する以前の日置郡のそれか）所在地推定地区に末永の字名はもとめるべく（後述する如く末永は院司の仮名によるものであろう）、院司らの居宅と共にその名田も該付近に所在したのであろう[4]。末永と対蹠的なのは谷口である。ここだけが島津庄寄郡であり、しかも没官領として地頭島津忠久が補任されている地域である。伊集院に関する限り当初の地頭知行の地はここだけということになる（もっとも野田・大田・寺脇についても地頭支配権進出の兆しはみえるが）。以下後述する如く図田帳にみえぬ地名で、のち鎌倉期の史料にみえる地名、即ち用丸・大窪・福山・石谷（名または村）等は、図田帳の記載が当時所在の名または村を殆んど網羅していると思われる伊集院の場合についていえば、何れも鎌倉期に入ってからの新開名の如く考えられる。そして、それらは主として末永及び土橋を拠地とする紀姓伊集院院（郡）司一族の手によるものといってよいであろう。そして、その後に地頭島津氏、及びその支族藤姓伊集院氏・町田氏等の開発、買得が重なり、中世の伊集院は変貌して行くのである。

註

（1）大日本古文書「島津家文書」一―一六四号（以下、「島津家文書」とあるのは同書による）。
（2）拙稿「薩摩国建久図田帳雑考―田数の計算と万得名及び本職について―」（『日本歴史』一三七。拙著『鎌倉幕府の御家人制と南九州』戎光祥出版、二〇一六年所収。以下、本書内で拙著とあるのは同書を指す）二〇九頁以下。
（3）同右二一一頁。
（4）有馬俊郎『伊集院郷土史』一七頁。なお同書によると、伊集院上谷口には末永門があり、その氏神は諏訪大明神で所在地は上谷口の平原にありとする（新訂の五万分一地図にその名が地名として記されている）。建久図田帳に末永二五町とあるのは或いはここかとも考えられるが、谷口は図田帳に寄郡没官領として地頭の所在地である点から疑問がある。私はむしろ『郷土史』の説に随い、古社九玉神社の鎮座する郡地区と推定する方がよいのではないかと考える。

二、紀姓伊集院氏

まず「古城由来記」(1)の記すところを掲げよう。

一伊集院　　伊集院四郎時清入道迎清

忠久公之御代伊集院ノ郡司也、其本紀姓より出る、孝元天皇流、武内宿禰苗裔紀貫之之孫伊集院本堂太夫紀能成と云人上古より伊集院を知行す、然るに此能成無子、仍大織冠鎌足流閑院左大臣冬嗣公より六世之苗裔、従四位上丹後守保昌之息男又太郎昌成と云る人を養子として伊集院郡司職を譲る也、昌成二代薩摩守成恒、三代薩摩兵衛尉貞恒、四代郡司貞時、五代四郎時信か息男四郎入道迎清也、是六世、七代伊集院六郎清実、豊後国於宰府遂戦死、八代左衛門尉清持、九代又次郎清充、十世伊予大拯清忠、是より末系図ニ見得す、此古伊集院か亡跡を　御当家二代之守護　忠時公之末子常陸介忠経之孫弥五郎久兼御相続有て子孫永々さかへ給ふ、御家伊集院是也、守護　氏久公御代ニ伊集院家ニ御教書を給ふ、其文ニ筑前国金隈合戦ニ父伊集院彦五郎入道迎済令打死畢、恩賞追而可有其沙汰、伊集院又五郎殿、尊氏御判と有、これハ御当家伊集院にあらす、古伊集院六郎清実か次弟八郎清景入道迎明より四代之孫彦五郎入道迎済也、此一族に中川久富家有、

即ち時清―清実―清持―清光―清忠とつづいた紀姓伊集院氏の統は絶え、代わって島津氏二代忠時の子忠経の孫久

兼が跡を襲い、藤姓伊集院氏として繁栄したという。図田帳にみえる院司清景は清実の弟でその流は紀姓伊集院氏の庶流として南北朝期に連続するという。(2) しかし、右の「由来記」に名のみえぬ紀姓伊集院氏が、郡司或いは下司として鎌倉期伊集院にあらわれる。一体紀姓の豪族は九州に少なくないが、薩隅の地方にも伊集院の他、薩摩国宮里郷郷司、新田宮権執印、大隅国桑東郷の木房氏なども紀姓である。薩摩国日置南郷の桑波田氏は「由来記」によれば紀姓伊集院氏の時清の三男桑波田阿闍梨源智の嫡男万楊房覚斎に始まるという。(3)

文永八年一二月一六日の成阿弥陀仏請文(4)によれば「薩摩国伊集院之下司持時」なるものが上神殿村の田地について訴え、これをうけた成阿弥陀仏が「件於田地、以本主清忠子細之状、多年知行無其相違、誠有殊子細者、付本主可被致其沙汰之処、今何閣根本、就末葉被致濫訴候哉」と述べており、前掲の清忠を本主とよび、自らを末葉と称しているから清忠と成阿弥陀仏の両者が惣庶関係にあることを推測させるが、別に下司持時の存在をここに確認することができよう。そして同人については「伊集院由緒記」(5)所収、寺脇円福寺の記載中、同寺所蔵寄進状八通の目録のはじめに「一壱通弘安元年九月十五日　紀時継判 紀持時判」とあるところから、後の史料に伊集院郡司としてみえる紀時継の父と推定し得るのである。即ち紀姓伊集院郡司の系統には清忠流とは別に持時流があり、これが鎌倉後半、伊集院郡司職を相伝していることを知るのである。この両統の関係は明らかでないが、その解明の手がかりとなるのは前記の持時と論争した成阿弥陀仏なる人物である。同人は文永八年六月七日慶西《きょうせい》置文案(6)によれば、慶西の妻女であることがわかる。そして、慶西は文永六年三月の所領譲状案(7)で相伝所領、内大窪《うちのおおくぼ》の田地一丁、薗三所を孫せうハうに譲っているが、その文書に連署しているのは嫡子紀時道とあるから、同人の父で紀姓伊集院氏一族であることがわかる。

また相伝所領大窪の位置、及び後年の名所属に関する係争史料、通字を時とする等のことから同流は図田帳に土橋名名主としてみえる時綱流ではないかと考えられる。さらに、建長五年五月の満家院西俣名主栄尊申状[8]によれば、伊集院中河名主兵衛尉時村なるもの、正宮領なりと号して堺を越えて西俣村に入り、満家郡司代吉元が作人たる粟畠を押領したと訴えている。その中で栄尊はいう。「件兵衛尉乍為御家人、仮神威恣擬割取関東御領之条、奸謀甚何事如之」。中河名は図田帳にはない。位置からみて土橋名よりの開発か、または上神殿のそれか。私見ではこの御家人兵衛尉時村は土橋名名主時綱の後ではないかと思う。そして慶西とはこの時村の法名ではないかと考えるのである。さらに清忠については弘長元年一〇月二八日の田地売券案[9]によれば、伊集院用丸名字原田・垣本の水田一丁二反を石谷久徳に沙弥寂澄と連署して永代売渡しているから、寂澄の嫡子かと思われ、寂澄は紀姓伊集院氏系図の清光に該当するかと考えられる。そして前掲文永六年三月の慶西所領譲状案中[10]、文永八年五月八日の証書きをしている寂然こそが清忠をさすことになるのであろう。或いは成阿弥陀仏は清忠流より出、慶西に嫁したものでもあろうか。

また寂澄（清光）の父清持から持時流は分派したとも考えられる。清持の父清実は「由来記」に戦亡とあるから代わって弟清景が襲職、図田帳にも記載され、また同年の京都大番役催促注文[11]にも勤番を命ぜられた御家人二四名中の一人として記されたものであろう。清実流と清景流は清忠流、持時流とそれぞれ密接な関係があるように思われる。しかし現段階では推測もこれ以上は困難である。今種々勘案して仮に作成した紀姓伊集院郡司の概略の系図を掲げよう（A図）。

次に隣郷満家院の郡司税所氏と名主比志島氏との関係を述べなければならない。前者は大隅国の有勢氏族、在庁御家人であるが、縁戚関係から承久の乱で没落した大蔵氏に代わって薩摩国満家院院（郡）司職を併せ、また大隅正八幡宮宮領の所職も有し、正八幡宮領の多い伊集院にも所領をもつに至ったと思われる。[12]後者は源姓ながら右の大蔵氏

（A）

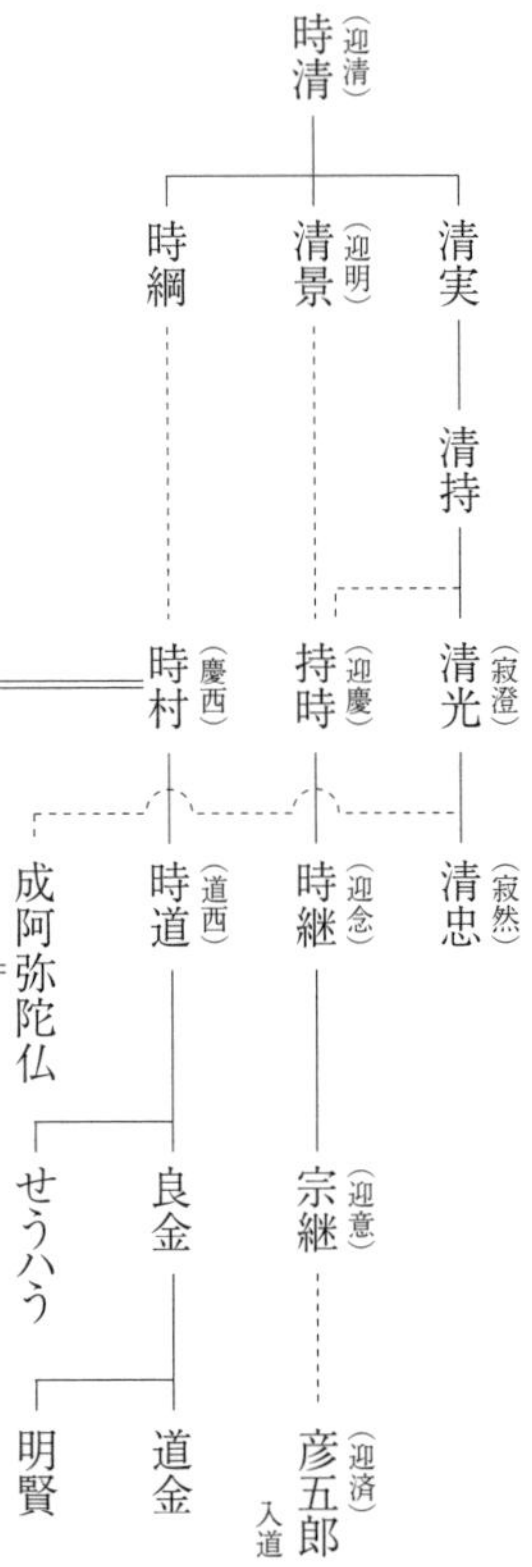

の系譜をひき、比志島名以下満家院南西部五ヵ名の名主職を相伝し、かつ郡司税所氏の羈絆を脱した独立的性格の強い在地領主である。(13) 東方伊集院に接する地は満家院西俣名で比志島氏の知行する名に当たる。文永一一年一二月一日の阿弥陀仏書状案(14)によれば、文意のとりがたいところはあるが、「(前欠)をせられて候しやうふ《上府》のあいたの事、ふんえい九年のしやうふのときハ、ひやうへたらう《兵衛太郎》にをうくほ《大窪》のくんし《公事》の事ハ、まうしつけ《申付訛》あつらへて候へく候あひた、をうくほのふんのようとう《用途》ハ、さたしまいらせて候よしうけ給はり候、さやうにハ候いしか、先ひやうへたらうをうくほのふむれう《大窪分領》のへんそ《返書》をもちて候を、あつかそ《預所》はうにあはせんとこひ候をしみ《惜》候て、かはう《苛法》のつかひをつけさせてせめさせ、又あミたふつ《阿弥陀仏》にふほう《不法》ニあたり候あひた、なかたかひ《仲違》候ぬ、いまはいかう《一向》との《殿》をこそくんしさしさうはくなに事につけても見をきて候た《給》へと申候うへハ、こんとのしやうふのをうくほのふんをハ、たま〳〵のほうせ給ひ候へハ、つとめてたひ候へし、よろつハをんこゝろへ候へし」とあって、文永九年の上府役（大宰府上番の事か）の勤仕を兵衛太郎に委嘱したところ不都合があったので今後は殿に委嘱したいとある。

前者は税所義祐と思われるが、後者については次の史料でさらに具体的になる。弘安二年七月一〇日の成阿弥陀仏

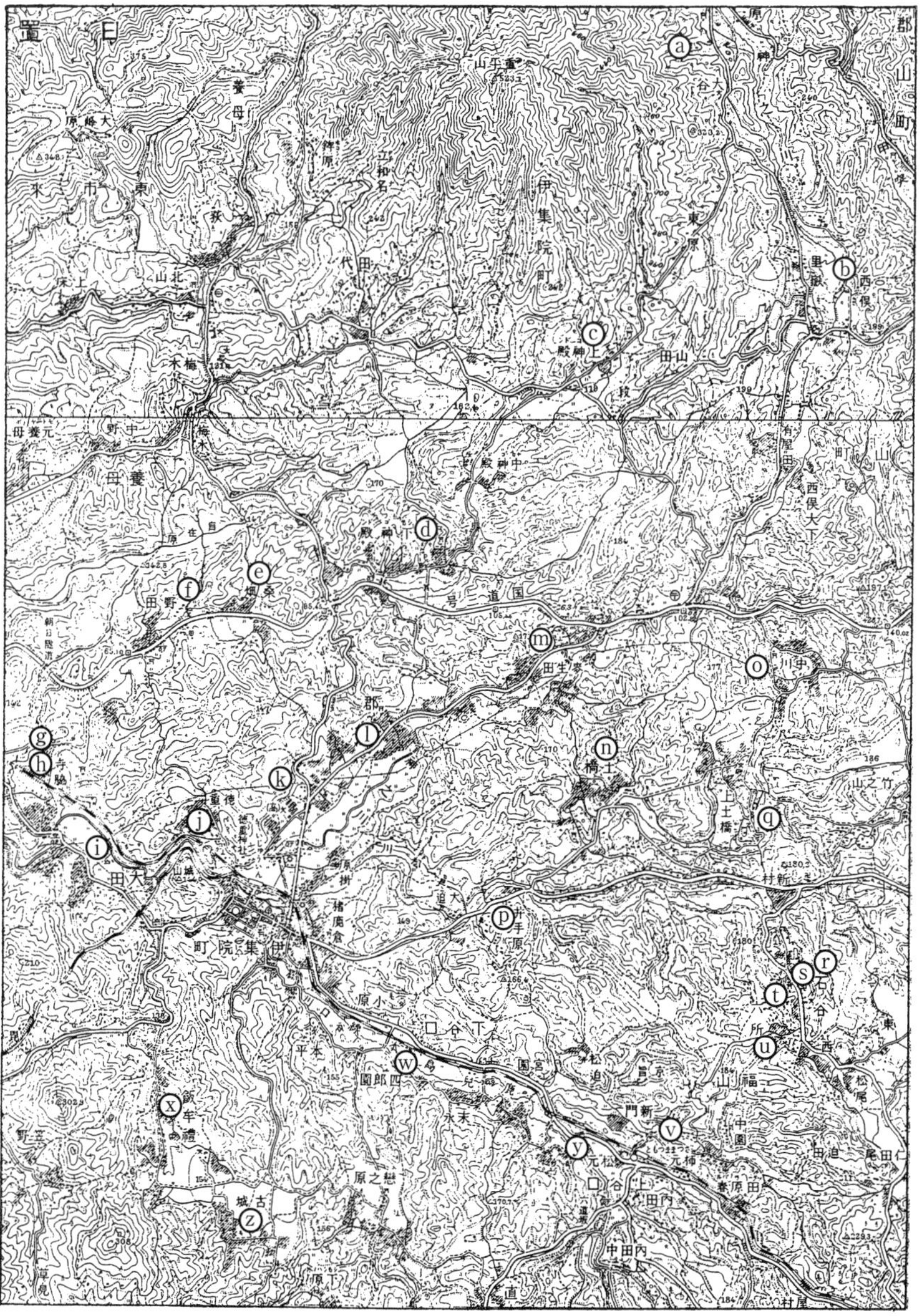

a 嶽、b 西俣、c 上神殿、d 下神殿、e 桑畑、f 野田、g 円福寺、h 寺脇、i 太田、j 徳重、k 広済寺、l 郡、m 麦生田、n 土橋、o 中川、p 清藤、q 町田、r 石谷、s 永福寺、t 熊野神社、u 大窪湯穴、v 桓元、w 谷口、x 飯牟礼、y 松本、z 古城

（B）

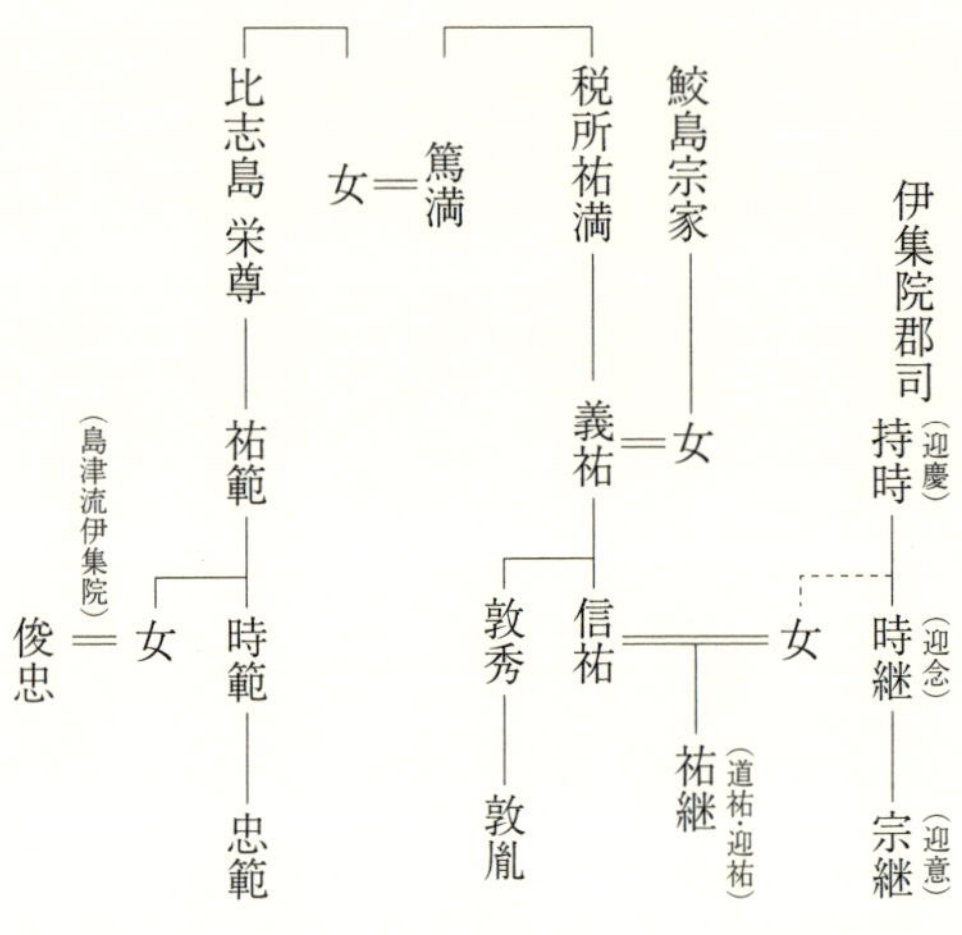

譲状案(15)である。即ち伊集院内、内大窪の所領は上総二郎殿へ後日の証文と共に永代を限って譲渡する。「せうハうも二郎との、ために、をろか《愚》なるへからす、二郎とのもせうハうにをろかにあたり給へからす、くんし《公事》のやうハこしやくねん《故寂然》のしよちやうに見へたり」とある。即ち殿とは上総二郎で、同人は比志島氏と考えられる。比志島氏の祖栄尊は上総法橋を称し、その孫時範は上総五郎二郎を称する。上総二郎とはこの時範その人ではなかろうか。

　大窪成阿弥陀仏と共に証人として連署しているのは道西（時道）である。弘安八年四月一〇日の成阿弥陀仏置文案(16)によればさらに具体的になる。即ち内大窪の所領には成阿弥陀仏の孫（せうハう）を代官としておいたところ、同人は成阿弥陀仏の命に背き不法にあたる上、当院の地頭（島津氏）の弟方に結托し今の用作田を空作にしてしまう等のことがあったので勘当し、成阿弥陀仏の死後は前約通り上総二郎入道殿に譲渡するのは勿論のことであるが、在世中の当時よりも所領知行、公事支配等について沙汰してほしいと述べている。大窪に所領をもつ紀姓伊集院氏はかくて隣郷の税所氏から比志島氏にその知行権を譲渡したのである。伊集院氏と税所氏・比志島氏との関係を示す略系図を掲げておこう（B図）。

　さて、税所義祐は税所氏系図(17)にも記載のある如く「大隅国正八幡宮正政所職已下得分幷餅田村」を子息信祐に伝え、信祐はこれを弘安三年八月二三日、子息観音丸に伝えている[18]。この観音丸こそ税所系図に「道祐久郎大夫伊集院上神殿領知之」とある人物であろう。前に上神殿村田地をめぐる持時と成阿弥陀仏の相論についてふれたが、今度は持時の子孫と税所氏の相論について述べよう。永仁六年八月一〇日の僧俊助請文案[19]によれば、上神殿次郎太郎祐継なるもの、上神殿村内田地の事について訴えるところがあった。恰も前年に出された永仁徳政令は同年六月より停止となったから祐継の掠訴は許容されるべからずという内容である。ついで嘉元四年三月一二日の沙弥迎念の和与状案[20]によると、伊集院内買得地所所田園荒野等について祐継と相論していたが、和与の上は今後互いに違乱なく領知することとし、併せて上神殿の事についても争いを止めるとある。この迎念とは伊集院郡司時継の法名であり、祐継とは法名迎祐、税所氏系図の道祐のことであろう。

	町	段	代
山下田	一	四	
下神殿内 平田（片平田）		五	
土橋内 田平田（寺田平）		六	
下神殿内 迫田（迫田）		三	
得重内原田 字六段田（六段田）		二	
同名内 樋脇（樋脇）		三	四〇
辺保木		一	二五
計	三	五	一五

山下薗
薩摩迫薗（在下谷口）
常念居薗
（　）ハ現小字名

次に文保二年三月一二日の鎮西下知状案[21]をみよう。これによると嘉元四年の和与状について迎祐は鎮西探題の裁許をもとめたので探題は迎念の請文を提出せしめたところ、迎念は和与の事実を認めながらも、自身は先年子息弥五郎宗継に郡司職以下所領を譲渡していることとて、丁度在津中の宗継の代官長賢に子細を申すべしと応諾をさけ、正和二年一二月長賢より状を呈出せしめた。ところが長賢は「迎祐号（具カ）祖父迎仏、祖母法阿及母堂紀氏等状、構出謀書、致非訴之間、迎念備進関東御下文以下証跡、相番三問答訴陳畢、而迎祐称和与之由、雖望申御下知、如所進注文案者、国郡之名字不載之上、常念居薗事、不番訴陳之処、注載之間、疑殆不少、迎祐謀書罪科顕然之上者、和与有無事非信用之限、早続整本訴陳具書等、可預裁許」と和与状を否定する挙に出た。しかし、鎮西探題は迎念が和与を認めながらそれを子息の意向にかこつけて改変したのは奸曲なりとする等、三つの理由から迎祐の言分を認め、前の和与状を守り領知するように命じたのである。この史料にあげられた迎祐の買得田は、同注文によれば上記の如くでかなり広範囲に及んでいることがわかる。また、ここで迎祐（祐継）の系譜が記されているが、これによると祖父迎仏、及び祖母法阿とあるから父は信祐で迎仏はその父義祐ということになろう。

ところで弘安二年六月二七日の院司迎慶所従譲状[22]はかつて水上一久氏が「中世譲状に現れた所従について」（『史学雑誌』六四—七、一九五五年。『中世の荘園と社会』吉川弘文館、一九六九年に収載）においてとりあげられ注目をあつめた史料であるが、氏は迎慶について「大隅正八幡宮政所職幷餅田村預所職等を有する院司沙弥迎慶」とされ、「勢大夫入道一類六人外、合計三十二人の多数の所従を譲与している点で、前掲祢寝文書、建治の所従抄帳とともに全国的に見ても類のないものである」と述べておられる[23]。筆者も旧稿においてこの説をとり、これは税所義祐から孫観音丸、即ち道《(迎)》祐への譲状と推定した[24]。しかし、その後検討を加えた結果、院司とあること、また書出に「すへなかせんそさうてんのしよしう、まこくわんのうにゆつりわたすちうもんの事」とあり、末永が伊集院の郡司名であること、「くわんのう」はやはり観音丸で道《(迎)》祐と考えられ、その祖父とすれば迎祐の母紀氏の父と推定されること、伊集院郡司時継・宗継の法名がそれぞれ迎念・迎意と類似していること等から、今は迎慶を伊集院郡司紀持時と推定している[25]。そして前述の如く迎仏こそ義祐であろう。「伊集院由緒記」に次の如き興味深い金石文の記載がある。

麦生田村今寺、一、古寺跡石塔之銘、

右志者、為当寺建立大檀那沙弥迎仏、年齢満九十、七月十一日今終、出離生死、往生極楽、頓証菩提、彫刻如件、

正応二年八月廿九日　孝子敬白

正応二年迎仏が九〇とすれば、その生年は正治二年、宝治元年で四八歳、文永九年で七二歳となる。兵衛太郎の通称は老年になってからも用いられたのであろう。

さてこれまでの記述の中で、建久図田帳にみえぬ名や村がいくつかあらわれた。中河や大窪、得重や石谷、用丸等である。これらは何れも図田帳以後の新開名として注意すべきであろう。

延応二年八月二二日の生阿弥陀仏田畠去状案[26]によると比志島氏の祖上総法橋栄尊の母菩薩房（満家院郡司大蔵永平女）とその妹生阿弥陀仏は出挙物の代償として満家院西俣名内八世井浦田畠を所当米、万雑公事等を本名主のもとに留めて石谷阿闍梨隆慶に永代避進している。同所は先に誓尾六所権現に寄進したところで、したがって隆慶には方々の祈禱をしてもらった上で領掌させようというのであった。ここにみえる誓尾六所権現とは現在伊集院、郡山境の岳に鎮座（往時は上宮岳に鎮座）する知賀尾神社で、貞観二年に出水の加紫久利社、頴娃の開聞社と並び従五位上を授けられた古社であった。そして、熊野信仰の流布と共に六所権現として伊集院における熊野社繁衍の基となったのである（『伊集院由緒記』によれば伊集院内に熊野社は一二を数え、他社に比し圧倒的に多い）。石谷阿闍梨隆慶とは伊集院の熊野六所権現の座主で、紀姓石谷氏であろう。下って前掲弘長元年十月二八日の沙弥寂澄田地売券案では寂澄・紀清忠が伊集院用丸名内字原田・垣本の水田一丁二反を永代売渡している対手は石谷久徳とある。後、石谷に久得名がみえるが、それは石谷久徳の仮名にもとづくのであろう。この石谷久徳の後と考えられるふつけう（仏教房）なる者が、建治元年一〇月三日、右の売得田をはつつる（初鶴）に永代譲渡しているのである[27]。そしてこの初鶴御前こそ藤姓伊集院氏の久親の女で、後同じく島津氏一族藤姓山田氏の宗久に嫁した人物と考えられる。ここに紀姓伊集院氏と藤姓伊集院氏、さらに隣郷谷山郡山田村の地頭、藤姓山田氏との関係が史料の上にみえてくるのである。

註

(1) 種々異本があるが、ここでは東京大学史料編纂所蔵、『纂修伊集院系譜』所収のものによった。
(2) 「島津国史」巻六。
(3) 「島津家文書」一―二九八号、建久三年一〇月二二日　関東御教書案。ここで阿多宣澄の所領として谷山郡・伊作郡・日置郡南郷・同北郷新御領等名田を没官しているが、追仰として「件所領内壱所者、可充給僧覚弁者」とある覚弁こそ桑波田万楊房覚斎に当たるのであろう。
(4) 東京大学史料編纂所蔵「島津家文書」他家文書（『鹿児島県史料　家わけ一』所収「他家文書」六号）。
(5) 天明八年藩命により作成した「由緒記」をもとにさらに詳しく伊集院郷寺社等の由緒を書き記したもの、まま現存せぬ史料等をのせ研究資料として好便。『鹿児島県史料拾遺15』所収。『伊集院郷土史』一九六頁。
(6) 『鹿児島県史料　家わけ五』「山田文書」一七九号（以下、「山田文書」とあるのは同書による）。
(7) 『旧記雑録前編』一―七一七号。
(8) 『鹿児島県史料　諸氏系譜三』「比志島文書」四四号（以下、「比志島文書」とあるのは同書による）。
(9) 「山田文書」一三号。
(10) 『旧記雑録前編』一―七一七号。
(11) 『旧記雑録前編』一―一七五号　建久八年一二月二四日　島津忠久内裏大番役支配注文案、伊集院郡司、他に南郷万楊房の名もみえる。
(12) 拙稿「大隅国御家人税所氏について」（『鹿大史学』九、一九六一年。本書第2部第三章）参照。
(13) 同「薩摩国御家人比志島氏について」（『鹿大史学』八、一九六〇年。本書第1部第五章）参照。
(14) 「山田文書」一八二号。
(15) 同一八〇号。
(16) 同一八一号。

(17) 鹿児島県立図書館蔵『地誌備考』・『備忘抄』所収系図。
(18)「島津家文書」三　他家文書一一六六—一〇号　藤原信祐譲状。
(19) 同一一六八号。
(20) 同一一七〇—二号。
(21) 同一一七〇—一号。
(22) 同一一六七号。
(23) 同論文一四頁。
(24) 拙稿「大隅国御家人税所氏について」(『鹿大史学』九、一九六一年。本書第2部第三章)。
(25) 同文書所収の島津家他家文書には伊集院関係の史料が少なくない。
(26)「比志島文書」二八号。
(27)「山田文書」一四号　ふつけう譲状案。

三、藤姓伊集院氏

島津氏流藤姓伊集院氏系図、町田氏系図はそのはじめの部分について信をおけぬ点が少なくない。流布本について略記すれば次の如くである(C図)。

忠時の子忠経、その子俊忠から伊集院氏は出、忠光から町田氏は出るとする。しかし本宗島津氏及び山田氏の代数と伊集院並びに町田氏の代数には余りにも差がありすぎ到底そのままでは認め難い。一体このころの系図には信をお

（C）

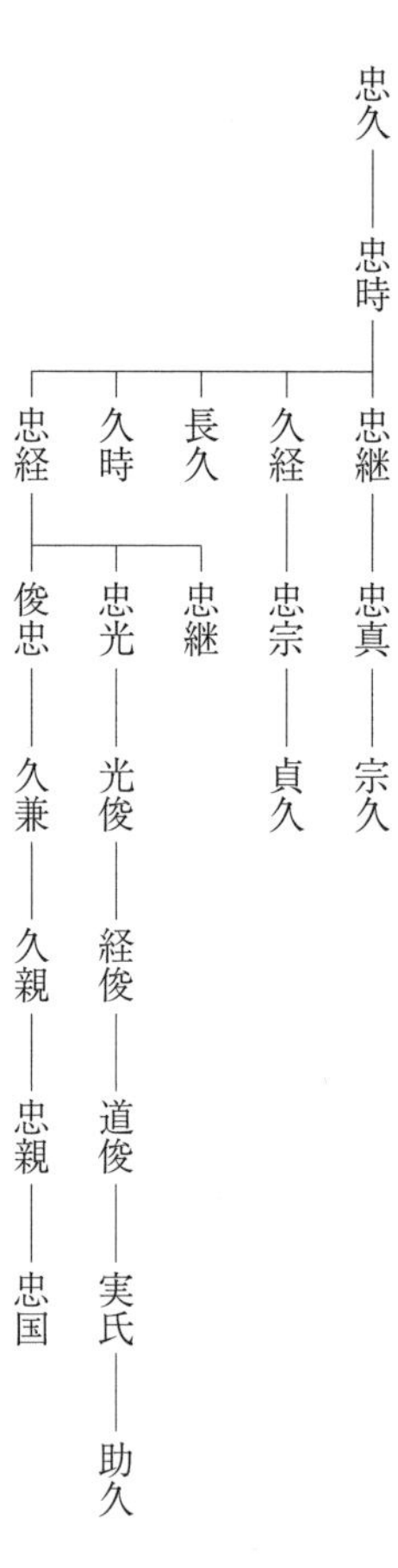

き難いものが多く、一見整って尤もらしく記されている系図ほど後作と考えられる。右の両氏系図も後年の整備を経ている感が強い（島津本宗系図そのものも、後年藩記録所等史局者の手により種々勘案の上作成されたものと考えられる）。その証拠に異本系図として左記の如きものがある（D・E図）。前者では久親は忠継の子なりとしており、後者では忠久の孫としている。その何れをも直ちにとることは出来難いが、史料の上にあらわれる名等からみて捨て難いところもある。

久親が史料の上にあらわれるのは弘安一〇年一〇月三日の関東下知状[1]で、これには「薩摩国御家人谷山郡司五郎資忠与当郡内山田・別府両村地頭大隅式部太郎忠―実字有憚子息二郎(宗久)丸代養父大隅五郎太郎久親法師法名道知相論条々」とあり、ここで久親は隣郷谷山郡山田・上別府村の地頭代として登場しているが、後の地頭宗久の養父であり、宗久はその女婿という関係の如くみえる。即ち前出初鶴御前が彼の妻である（なお宗久の母は谷山郡司忠能の女、資忠(覚信)の姉である）。

ところが、この久親は正応四年三月二三日の道智文書預状[2]によれば奥書に「谷山式部四郎殿御文書請取案」とみえ、道智即ち久親はまた谷山式部四郎とも称されたことを知るのである。ここに前出Dの系図の拠りどころがあるといえよう。さらにまた同人は、著名な『蒙古襲来絵詞』[3]にその名のみえる「いはや四郎ひさちか」かと考えられる。左にその一節をあげよう。

陣にをしよて《押寄》合戦をいたし、きすをかふり□《し》事、ひさなか《久長》のて《手》の物信濃国御家人ありさか《有坂》のいや二郎よしなか《吉長》、ひさなか《久長》のをい《甥》しきふ《式部》の三郎のて《手》の物いはや《岩屋》四郎ひさちか《久親》、はたけやま《畠山》のかくあみたふ《覚阿弥陀仏》、ほんた《本田》の四郎さゑもん
かねふさ《兼房》、これをせう《証》人にたつ、

（D）

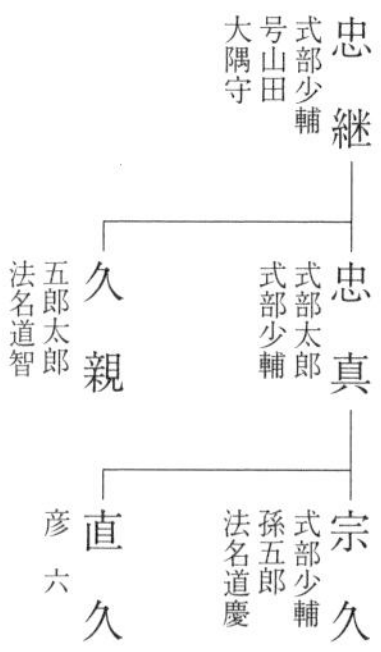

（山田文書）

（E）

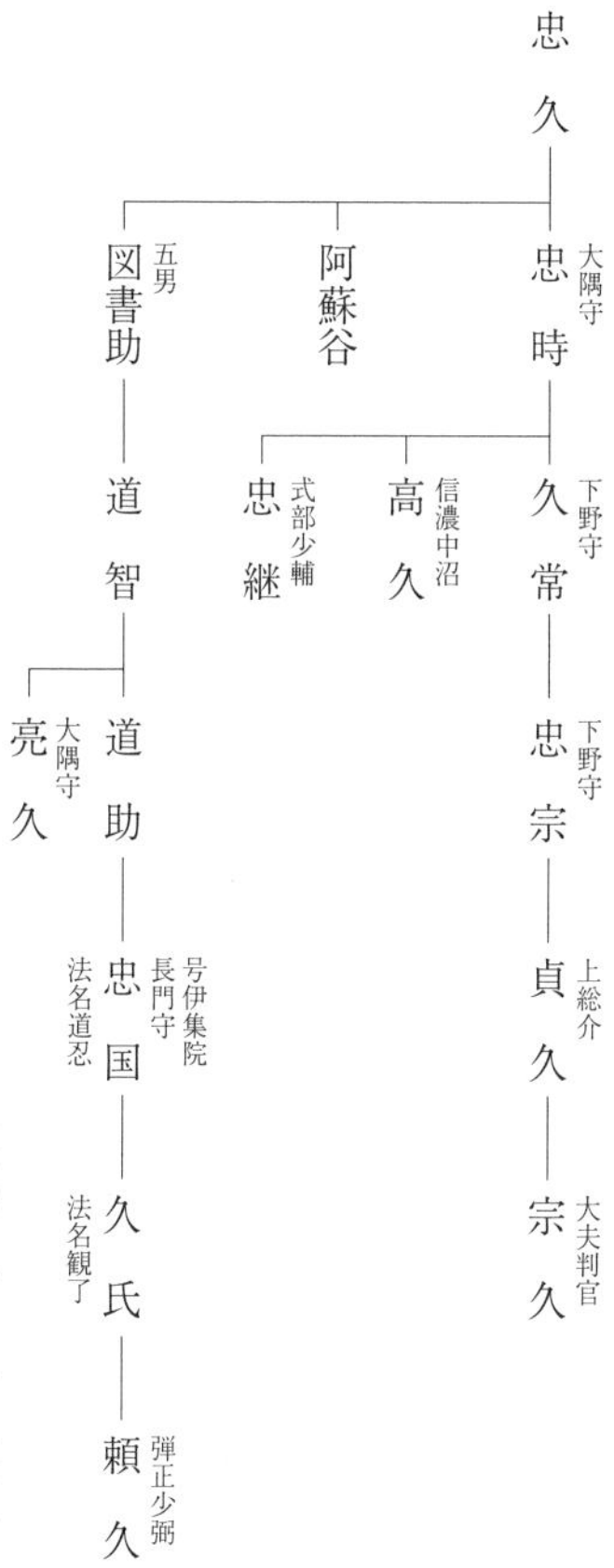

（都城島津家本田文書）

ここに「久長の甥式部三郎の手の物」とあるが、久長は島津氏系図に長久とあり、文永四年十二月三日の島津忠時譲状(4)で薩摩国伊集院・給黎院・頴娃郡・和泉庄・満家院（後家一期の後）地頭職の他、信濃国太田庄、和泉国上条郷内にも所領を譲られ、同年一二月一九日鎌倉幕府の安堵を受けている人物である。甥式部三郎とあるのは宮里郷地頭式部三郎忠光であろう。式部三郎忠光が弘安四年の蒙古合戦に参加したことは、正応三年九月、宮里郷地頭重申状案(5)の中で「忠光云異国合戦、云警固已下御公事、有忠無怠」と述べていること

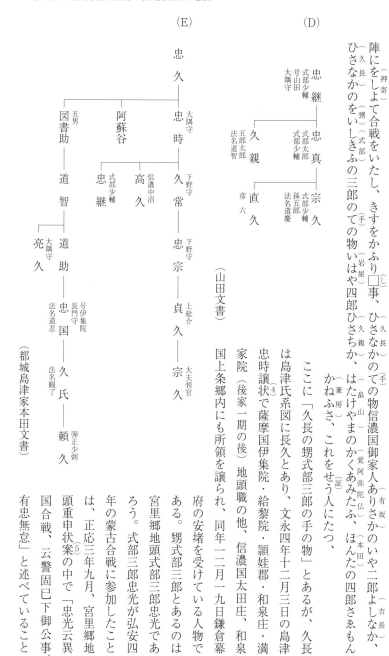

から明らかである。そして式部三郎の手の物とあるから、久親は式部三郎と共に戦ったのであろう。石谷は現在「いしだに」とよむが、石谷を古くは「いわや」とよんだのではないだろうか。その名のおこりと考えられるのは今も蛇穴としてその名称と痕跡を残す「湯穴」の存在であろう。湯穴の付近一帯の小字は岩井谷とよばれている(6)。また、右の式部三郎忠光は町田氏系図に「初号石谷、後称町田氏」とある町田氏二代忠光その人であろう。同系図にその兄忠継をあげ、「称町田氏、母伊集院郡司弁済使淡路房女」とある。忠光ははじめ石谷を領した後、兄忠継の死後その遺領をつぎ、町田氏を称したとある(7)。ここに忠継とあるのはＥの系図によれば、山田氏の祖式部少輔忠継と同人ということになる。にわかに信じ難いが、全く否定もできない。これらを勘案して史料的にみても可能性のある系図を作成すればＦ図の如くになろう。恐らく久親は忠光の弟かまたは甥かであろう。永仁二年七月晦日の大隅五郎宛、島津忠宗の異国警固番役覆勘状(8)、さらに建治二年高麗出陣催促人中に大隅五郎の名をみる(9)。この大隅五郎とは誰か明らかでないが、恐らくは忠経であろう。そして久親は大隅五郎太郎とあれば、或いは忠経の子息の一人でもあろうか。また弥五郎図書助久兼の存在をみとめるとして、久兼は即ち忠経と同一人かもしれない。

前述の如く伊集院の地頭には文永四年一二月、長久が補任されている。しかし彼の任地への下向は、惣領の久経がしかるが如く、文永の役の後、建治年間以降のことではあるまいか。そしてまた久親の伊集院入部もやはりそのころとみるべきであろう。前述の如く、建治元年一〇月、石谷仏教房が初鶴御前に用丸名原田・垣元の地を譲与しているのは新来の久親と在地領主との接触関係を示すものと考えられる。久親は或いは長久の代官として入部したのではあるまいか。そしてその任の後もそのまま土着したものではあるまいか(10)。

このころから新開発名への地頭の支配は進展して行くのであるが、右の一例もその間の事情を示しているとしてよいのではなかろうか。即ち初鶴御前は山田宗久に嫁し、したがってその所領は山田氏の有するところとなる。

正安二年一一月三日の藤原氏女契状[11]によれば、伊集院用丸内原田・垣本田一丁二反と大窪湯穴前田三反について「かた〳〵のさたと申、御ひけい（秘計）候て、あんとし候うへハ、御ゆるし候ハさらんに、しちけんにもいれましく候、な

（F）

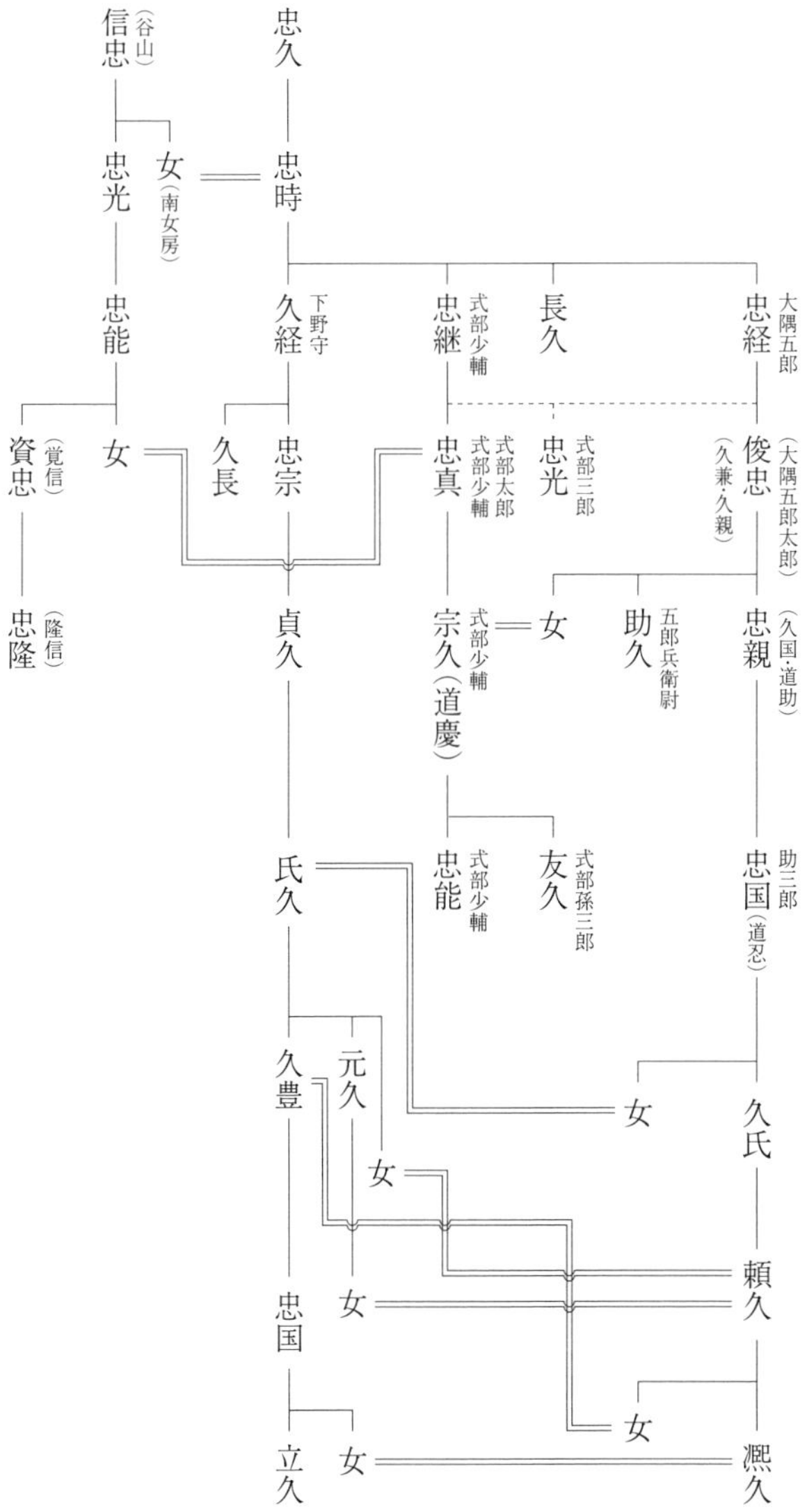

かちにうり候事ゆめ〳〵あるましく候」旨を「やまたとの丶御かたへ」申し送っているが、この山田殿とは山田忠真で藤原氏女即ち初鶴御前が自己所有の田地の進止権を山田氏に委ねたことを証するものであろう。右の所領の中、前者に関してはその後元亨三年六月一四日の莫禰成貞書状[12]、及び元亨四年一一月一五日の平為忠書状[13]、さらには元徳二年三月一四日の伊集院助久請文[14]等により、同名惣領主伊集院久親の後久国、忠国らと、山田宗久（道慶）の間で領家年貢等に関して係争が生じていたことがわかる。その際宗久を相手どって訴えている中村兵衛四郎入道了願とは、後述する中村右衛門三郎道有と同じく伊集院氏の庶流で、惣領家の代官を勤めたものであろう[15]。後者（湯穴前田地三反）に関しては、年未詳（鎌倉末期と推定）の大窪大弐房明賢陳状[16]によれば、はじめ本主時綱（第一節に記す、建久図田帳に土橋名名主としてみえる）の寛喜二年二月二八日、慶西（時村と推定、第二節に記す）の文永六年三月の置文に任せて明賢の代々知行するところとあり、その相伝の次第は慶西より道西、治部房、明賢の父子相伝ということになろう。ところが実際には大隅五郎太郎道智息女（初鶴御前、山田道慶旧妻）が石谷仏教房の手から譲得し、さらに山田道慶が当知行していたので（前出の正安二年一一月三日の藤原氏女契状をみよ）訴訟に及んだところ、道慶の側では永仁の徳政令の際、道西が一旦石谷仏教房よりの返還を求めながら、その不知行であり、当知行人は山田道慶であることから科をおそれて訴訟を止めながら、今またあらためて訴訟に及ぶは非なりとし、明賢の側ではこれを謀訴としてなお返還を求めているのである。

ともかく右様の事情から石谷をはじめ、その付近に山田氏の所領が成立するのである。久親の子は久国であり、その弟に助久がある。この助久こそが町田氏の祖である。町田氏系図の忠光の後、光俊・経俊・道俊・実氏を経て助久とするのは到底認められない。前掲Eの系図に道智の子として道助と亮久とあるのに従うべきであろう。久国の子が忠国である。共に助三郎、前者の法名が道助であるのに対し、後者は道忍を称する。このように伊集院氏はまず石谷に根拠をかまえ、さらに町田へと発展していったのであろう。

　前述の如く石谷には古社熊野六所権現があるが、これははじめ紀姓伊集院氏の祭祀するところであったらしい。それが後には藤姓伊集院氏の祭祀するところとなり、その発展に対応して同社は伊集院内の各所に鎮座せしめられることになる。以上の事実は紀姓伊集院氏に代わって次第に藤姓伊集院氏が勢力を拡大していくさまを示しているといってよいであろう。

註

(1)「山田文書」一六号。

(2)同一七号。

(3)『日本絵巻物全集Ⅸ』(角川書店、一九六四年)による。

(4)「島津家文書」一—一四一号。

(5)『旧記雑録前編』一—九三一号。

(6)『旧記雑録前編』一—七一六・七一八号　町田祖五郎光俊譜中。「文永六年三月、僧慶西及嫡子紀時道、有権現御敷地曁御造替云云之証状、慶西及時道蓋紀姓伊集院郡司之族也、其御敷地大窪今隷福山村穴湯前、即同温穴前今石谷南岩井谷田頭有土穴、濶可十畝、俗号蛇穴是也、桑迫在仁多尾、瀬戸口在前谷島廻北中牟多、疑中尾田在芋洗東、又呼神免田地在前谷中、又権現社山下曰寺之前、蓋僧慶西嫡子時道等住址之墟、当時兼主権現社神戸葺修事、其書如後」、「夫文永六年距大祖公之世未遠、而熊野神為石谷総社、則以不可不書也、因遡推之永年代、丁吾祖宗之時、於是鈔録慶西時道之証状、認石谷総社之来由、又町田大概記曰、石谷之権現、是は伊集院江被為移事、不罷成候故、石谷江古之地に宮所有之、就夫古ハ御屋形より御再興御座候、勝久公之御代迄右之通ニ而候、棟札細々有之候事」。

(7) 即ち町田氏系図に「島津忠時七男忠経三男　忠光　五郎太郎継兄三郎兵衛尉忠継跡」とみえる。

(8)『旧記雑録前編』一―九八八号。

(9) 同一―七七〇号　建治二年後三月五日　島津久時書状案。

(10) 一族親戚関係で隣郷地頭職の代官をつとめる例は少なくない。山田・上別府地頭山田道慶（宗久）は同時に伊作庄日置北郷地頭伊作久長（道意）及び宗久（道恵）の代官をも勤めていたことは、史料の上から明らかである。即ち山田・上別府地頭の道慶と伊作庄・日置北郷地頭代の道慶とは、花押の一致からみても同一人であることが確認される。山田氏が後に伊作氏の親類として注進されたり（「島津家文書」二四〇号　応安五年一〇月一三日　今川了俊軍勢催促状）、山田彦三郎忠行が山田氏の一族でありながら伊作久長の若党として記載されているのも（同五二四号　建武四年八月三日島津道恵合戦手負注文）、かかる両者の一族親戚関係にもとづくものであろう。

(11)「山田文書」二一一号。

(12) 同二九号。

(13) 同三八号。

(14) 同四八号。

(15) 松元町石谷、永福寺所蔵「町田系図」によると、「暦応三年庚辰九月十一日助久与樺山三郎右衛門尉資久・小河小太郎・酒勾久景等、撃凶徒有戦功、此時助久家族中村右衛門三郎、及中間孫三郎並被創、中村右衛門三郎法名道有、道有墓在石谷邑前谷山中、」とある。この中村右衛門三郎道有とは「山田文書」三九号、元亨四年一一月二九日の鎮西下知状に山田道慶と伊集院三小山原の堺相論の後、和与を行っている石谷右衛門三郎法師（法名道有）と同一人ではないだろうか。道有は紀姓伊集院氏庶家石谷氏とは別に藤姓伊集院氏庶家町田氏の一族で、或いは助久の兄弟叔姪の関係でもあろうか。道有は三小山原内の中原と良金知行原との堺について争っているが、結局、良金知行原は山田道慶の知行とし、中原については道有の相伝を認め、境界については「富松北中野猿走より向嶋北上の鼻崎」に定め、向後相互に異論なきことを約したのであった。良金とは「山田文書」七〇号、康永四年一〇月二一日のたうきん（道金）避状に、ふく万名内ふるさとのその二所を山田道慶に永代避進する理由として、同所は道金重代相伝の地であるが、自身及び父上野治部房良金が共に道慶の恩恵により所領の安堵を得たことを徳として、それに酬いんとしたものであることを述べているが、ここにみえる治部房良金が前述の良金であろう。

（16）「山田文書」六八号。

四、地頭と在地領主

第一節で建久図田帳の伊集院の部分を挙示したが、それをみてもわかるように伊集院の地頭といっても、その支配領域ははじめ僅かに島津庄寄郡・没官領の谷口一四町にしか過ぎない。当初の地頭島津忠久は殆んど在鎌倉ないし在京だったと思われるから、忠久がこの伊集院谷口の地に直接臨んだことは恐らくなく、専ら代官に所務を委ねていたものであろう。忠久の後、安貞元年、忠時が島津庄内薩摩方地頭職を承襲しているが、伊集院についても忠久の時と同様の支配が行われたものであろう。そして文永四年一二月三日、忠時はその譲状目録[1]の中で大炊助（長久）分として薩摩国伊集院・給黎院・頴娃郡・和泉庄・満家院（母一期の後）以下を記載している。長久の地頭職は弘安八年正月二五日の大隅大炊助入道代沙弥静信申状案[2]に満家院については郡司職をも併せて知行相違なきところ、税所氏に押領された旨記しており、正応元年六月、両者間に和与の成立したことを示す史料が残っているところから[3]、この頃はなお長久が伊集院地頭職をも有していたものとみてよいであろう。

しかし、その後満家院地頭職は再び島津本宗家忠宗の有するところとなり、正和二年には院内の名主比志島忠範と所領をめぐって係争を生じている。また嘉暦四年七月五日の鎮西下知状[4]によれば、島津氏庶家伊作宗久はこの代、嘉元年間、満家院内比志島名惣地頭職を請所として知行していることが明らかである。しかしそれが満家院の他地域、または伊集院の地にも及んでいたか否かは不明である。伊集院地頭職の移動も満家院の場合と同じ経過を辿ったものと考えてよいであろう。但し内容に関しては、当初みられたような僅か一名の所務に止まったとは考えがたく、新田の開発、新名の開創と共にその支配権は漸次強化されていったと思われ、とくに前章で推測した如く、元寇以後島津流伊集院氏の入部、土着によって従来の郡司勢力を圧する程に強まったと思われる。しかし、このことは逆に新たに交代した地頭が新規に支配体制を樹立しようとする際には障碍となる。長久の次の忠宗代の地頭支配の実態は史料がなく明らかでないが、次の実忠代の場合は幾つかの史料によってかなり具体的に知ることができる。

さて、忠宗の子実忠（忠氏初名）が地頭職をついだのはいつのことであろうか。伊集院の場合、史料にはみえないが、忠宗が嫡子貞久をはじめ諸子に所領を譲与し、実忠もまた和泉郡地頭職を譲得したのが文保二年三月とあるから[5]、恐らくこのころ伊集院（満家院も同様であろう）地頭職についても実忠は忠宗から譲られたのであろう。元亨二年九月、比志島忠範代義範重申状[6]に満家院惣地頭下野三郎兵衛尉実忠代津性とあり、比志島忠範と係争中の満家院惣地頭和泉実忠の存在を知る。また、元亨四年と推定される後欠の鎮西下知状案[7]によれば、「島津下野前司忠宗法師法名道義今者死去正中二年御逝去子息三郎兵衛実忠代明舜」と「伊集院郡司四郎兵衛尉時継法師法名迎念今者死去子息弥五郎宗継法師法名迎意・河俣弥六郎道治法師法名了導等」との「相論加徴以下得分事」について、元久元年五月四日、島津庄薩・隅・日三方の地頭代に宛てた関東下知状をひき、地頭得分は本庄の場合反別一斗、寄郡は五升を定め、用作田は日向に四〇町、薩摩に三〇町、大隅に三〇町の計一〇〇町とし、その地子米は反別一石二斗と定め、且つ三ヶ国の郡司職は領家の方から地頭に付せられると記している。恐らく伊集院地頭実忠と伊集院郡司・名主との間に地頭加徴米賦課等をめぐって紛糾を生じ、鎮西引付での召決の沙汰となったのであろう。鎌倉末期における伊集院地頭実忠の支配はかなり積極的で、伊集院郡司等在地領主の反発を受ける程の勢であったといえよう。もはやこの段階では到底院内一ヶ名の支配に止まるものではなく、支配領域は院内かなり広範囲に及んでいたものであろう。

一方、前節で取り扱った石谷を拠地として院内に勢力を扶植しつつあった島津流伊集院氏は久親（道智）の子の忠親（久国ともある。道助）・助久（町田氏祖）、孫の忠国（道忍）の代となり、その勢はいよいよ著しくなる。道助の名が史料の上にあらわれるのは、文保元年六月二三日、沙弥道助和与状[8]であり、出挙並びに預米の事について比志島忠範と和与状をとりかわしている博多代官大隅七郎忠幸とは弟の一人でもあろうか。これより前、正和三年三月一五日、沙弥某書下[9]に「伊集院寺脇内円福寺阿弥陀堂免薗壱所幷小山下田三反事」について、「件薗苧桑代地利物為検断加徴米等阿弥陀堂仁所奉免除也、但於大犯者除之、」と令している沙弥とは、文意並びに花押等からみて後述の道助ではないかと考えられる。[10]またここにみえる円福寺とは紀姓伊集院氏、及びその後を襲った島津流伊集院氏の尊崇の厚かった由緒の古い寺院で、後に同氏の発展につれ、古城の円勝寺、郡の広済寺へと発展していく。[11]忠国等の墓も今その跡に残っている。

さて道助の俗名は大隅大炊助三郎久国であることは、文保元年九月十九日、先の和与状に基づき下付された鎮西下知状[12]にみえる。系図に忠親とするのはその初名または改名でもあろうか。同じく嘉暦二年六月一〇日、比志島忠範より借銭五十貫の返弁をうけ、請取状に連署しているのは右の道助とその子大隅助三郎忠国（童名犬一丸）である。[13]忠国は翌年六月一七日付、前件につき請文を差出しているが、それには藤原忠国と署名している。[14]しかし、忠国の名がはじめて史料にみえるのは元亨四年八月二三日、沙弥某書下[15]で、それには比志島忠範を負物の件で訴えている「大隅三郎忠国」の名が記されている。元亨五年後正月二二日、島津道鑑国廻狩注文案[16]には守護島津氏一門、被官の名を多く載せているが、中に「大隅五郎兵衛尉馬七疋上下廿五人雑駄二疋」「大隅助三郎馬八疋上下廿五人雑駄二疋」とあるのは、それぞれ町田助久・伊集院忠国をさすのであろう。両者負担の人馬数が相拮抗して多いのは、当時の両者の勢力を反映しているものとして注目すべきであろう[17]。助久は元徳二年三月一四日の請文[18]に左兵衛尉助久とあり、文中「道智助久等亡父在津之時」「当名物領主大隅助三郎入道助久舎兄跡」と記しているところから、久親の子、忠親の弟、忠国の叔父に当たることは明らかであり、また鎌倉期の終わりには既に久親・忠親共になく、助久と忠国が相並んでいたことがわかる。しかし物領は勿論忠国であり、助久は伊集院庶流町田氏祖となる。建武・南北朝期の動乱にはじめ忠国が南党として活躍したのに対して、助久は北党、守護方に属して功のあったことは対蹠的であるといえよう[19]。なお久親・忠親等の死去については、建武二年二月、島津道慶申状[20]の中に、「大隅五郎太郎入道々智子息助三郎入道々助今者死去幷同女子藤原氏今者死去等跡輩知行」とあることによっても裏付けられよう。

さて、満家院比志島氏が鎌倉時代末、経済的に窮迫していたことは旧稿においても触れたところであるが、右に掲げた伊集院忠国より五〇貫文を借銭し、その返弁につき係争を生じているのもその一証であろう。建武元年五月、比志島義範申状[21]に、正和年間、伊集院忠国に二〇貫文で入置いた本物返地を、今回債務の半倍を返済した際は本主に返すという徳政令を適用させて、元通り知行致したいと申出ているのも、比志島氏と伊集院氏の経済関係を示す好史料であろう。しかし、この法令適用の問題は伊集院領において同じく伊集院氏と谷山郡山田村地頭、山田氏との間にみられたところである。即ち建武四年三月、山田道慶子息忠能申状[22]によると、伊集院土橋村内島廻田一町は道慶の本領であったが、要用あるにより伊集院忠親に本物返質地として入置いたところ、建武二年諸国一同法によって返付された。しかるに地頭代官方よりその地の作毛を点定され、以前五年分の加徴米を当作に賦課され、ついに去年は耕作することも出来ない始末であった。また、同院石谷村古里、馬渡田一町等は忠親の女北女房に入質しておいたところ、これまた同法により返付された。しかし、これについても地頭（和泉実忠）代官福崎五郎が下地を押作してしまい、何の知行の実もない等と訴えているが、右史料により、鎌倉期末、山田氏が伊集院内に所得相伝せる所領を島津流伊集院氏に入質しており、建武政府の徳政令によって本知行が認められたところで、地頭の賦課権による地頭代の実力行使、点定、押作等の事態の発生したことを知るのである。福崎五郎は先述の元亨五年守護廻国供奉人交名に「御物夫衆　福崎八郎　下二人　馬一疋」とあるのと同族と思われ、守護島津氏の被官として、伊集院地頭和泉氏の代官をも勤めることになったのであろう。しかし、先の山田忠能申状にみられる地頭代福崎五郎の伊集院内における公事徴収権の積極的行使も、ついに和泉氏、または福崎氏の在地領主権の確立をみるまでには至らず、南北朝動乱期を経て島津流伊集院氏を主とする在地領主の覇権確立がひとまず実現したわけである。(23)和泉氏がはじめ北党として、後には北党─武家方の分裂以後、南党または反守護方としてはじめの功業にも拘らず、ついには没落し去るのは注目すべきことであろう。(24)またさきの比志島、山田氏の質券が伊集院忠親・忠国等に入れられていることは、当時における伊集院氏の経済上の余裕を物語っていると考えられぬこともない。

「伊集院一流物系図」によると忠国の弟として「石原（大隅次郎四郎忠充）、久貫　門貫殿、道珍　今村殿」の三名が記されている。石原忠充は兄忠国と行動を共にせず、南北朝初期、北党の武将として守護方に属し活躍していることが史料の上にあらわれている。門貫、今村も史料にその名をみるが、南北朝期の去就については定かでない。(25)

年未詳であるが、興国三年（一三四二）の史料と思われる「御感綸旨所望輩」交名[26]には、いわゆる南党の交名を載せているが、その中、伊集院忠国の手に属した一族以下の交名は左の如くである。

一、属島津道忍手一族以下輩
島津兵衛三郎久実　同彦三郎久末　児島伊予房行明　同四郎左衛門入道々高　鳥山二郎左衛門入道成阿　村田輔阿闍梨如玄　原田又太郎入道経道　桑波田八郎宗考　野田左衛門四郎昌考　大田八郎左衛門入道蓮義
近竈彦六入道本阿

ここにみえる人名の中、島津姓の者二名を除き多くは系譜を明らかにし難いが、恐らくその名からみて紀姓伊集院氏流の者が大部分のようである。思うに紀姓伊集院氏は島津流伊集院氏の在地支配強化、拡大に伴い漸次その家臣団中に包括されていったものと思われる。

また、文保元年注進の薩摩国御家人交名[27]中、伊集院の分としては、郡司・土橋入道・太田入道跡・河俣入道跡・野田入道・上総五郎入道・宗太宮司・権執印正富名主・新原入道の九名が記されている。島津流伊集院氏の名はみえず、郡司以下野田入道迄の五名は何れも紀姓伊集院氏一族と考えられる。上総五郎入道は満家院比志島氏一族で伊集院に居を移したものであろう。宗太宮司以下三名は果たして伊集院の項に当初から記されていたものか疑問が持たれる。宗太宮司とは惟宗氏、権執印正富名主とは紀姓宮里氏一族であり、当然宮里郷の所に記載されるべきものと考えられる。或いはこの三名は宮里郷の所にあるものが誤って伊集院の項に混入したのかもしれない。はじめの五名についてみてみよう。郡司は迎念、時継のことである。土橋入道は道西、時道の後であろう。太田入道は明らかではないが、太田名主で紀姓伊集院氏一族であろう。前出文和年間の交名に大田八郎左衛門入道蓮義とあるのはその後であろう。[28]

河俣入道跡は同じく河俣名主、元亨二年八月九日に請文を出している沙弥了導がこれであろう（河俣弥六入道請取状と奥書にみえる）[29]。野田入道は如何だろうか。これまた同じく野田名主、後に、正平四年九月二〇日、一時、南党を離脱した伊集院忠国と行を共にせず、南党に属し、三条泰季の感状をうけている野田左衛門次郎や、正平一二年五月、加治木岩屋城合戦等の軍忠を報じ、泰季の証判をみている野田刑部左衛門尉等はその後であろう[30]。また前出文和年間の交名に野田左衛門四郎昌孝とあるのも同様であろう。

一体、文保の御家人交名はどの程度まで正確に実態を把握しているものであろうか。各郡院郷における不整一さは勿論のことであるが、同一郡院郷内においても全てを網羅しているとは思えない。まして各地方の在地領主の名を一々収録していることはないであろう。文保の交名になく、文和のそれにみえるものの中に原田氏と桑波田氏がある。後者については、嘉元二年三月二日の譲状[31]で桑波田郷を子息桑波田四郎三郎に譲渡している紀景氏は、同郷を「せんそさうてんのしやよりやう也」と述べている。伊集院一分領主、桑波田氏の存在は明らかである。康永元（興国三）年七月、懐良親王の拠る谷山城に伊集院忠国らと共に与力し、北党島津軍と戦ったものに、桑波田掃部允宗景、原田又四郎入道経道がある[32]。前掲「古城由来記」は宗景を「伊集院四郎時清入道迎清—桑波田阿闍梨源智—万楊房覚弁—刑部丞宗景—掃部丞久宗—宗二郎宗恒」とし、日置南郷領主覚弁の子においているが、年代的にその間数代省略があるとしなければならない。前掲景氏等と宗景の関係は明らかでないが、同族で南郷と伊集院を分知していたものか。或いは南郷に早く移り、そこに居をしめた南郷桑波田氏がなお本貫の地として伊集院桑波田郷を別に知行していたのかもしれない。南郷桑波田氏は御家人と判定しうる。原田氏も伊集院用丸名原田にその名を負う紀姓伊集院氏一族であろう。前掲交名に原田又太郎入道経道とあり、また又四郎入道ともあるが、同一人であることに間違いあるまい。

文保三年正月二三日、鎮西奉行人奉書[33]に「原田太郎入道浄法与得重五郎助道相論殺害刃傷事」とあり、市来院の御家人、河上家光に見聞の次第を報告するよう命じているが、ここにみえる原田浄法、得重助道は何れも伊集院一分領主、原田浄法は前の原田経道の父にでも当たろうか。得重助道も得重（現在の徳重）を知行する紀姓伊集院氏一族と考えられる。係争審理が守護のもとに止まらず、鎮西奉行人に及んでいるところから、原田氏或いは得重氏も御家人と推定される。

以上の如く鎌倉期、当初から紀姓伊集院郡司一族の所領支配は分散的で郡司の一族統制権は弱かったようであるが、後半に入るに及んでその傾向は強まり、院内諸名をそれぞれ支配する一分領主が、分散割拠し、郡司の惣領としての権威はあまりみとめられなかったように思われる。それに隣郷から移住して伊集院一分領主となる税所氏、比志島氏一族の如きがあり、さらには島津流藤姓伊集院氏の進出、同山田氏の所領格護等があって、伊集院の所領支配の状態はきわめて錯雑の感があった。ここに南北朝期における島津流藤姓伊集院氏の強勢を一方では現出する一因があったと思われるが、他方同氏内でも伊集院氏と町田氏の分裂抗争、兄弟ながら忠国と忠充の南北両党への分離等の事態を招く一因ともなったように思われる。紀姓伊集院氏一族は或いは郡司迎済の如く北党、守護方にあって戦うものもあり[34]、野田、原田氏の如く南党反守護方として忠国に与力して戦うものもあった。しかし観応の擾乱後、守護島津氏が足利尊氏の南朝への帰順と共に薩摩南党へ降り、一旦南党と合して日向、大隅に勢力を伸張しつつあった畠山直顕らの軍と雌雄を決する状況になると、それまで敵対していた島津流伊集院氏も本宗守護島津氏と和協し、その旗下の一大勢力として、諸所の合戦に加わると共に伊集院領内の在地支配を強化していったのである[35]。忠国―久氏―頼久の伊集院氏三代の歴史は、そのまま伊集院を同氏の一円領化する過程であったということもできよう[補註]。そして、これは古代的色彩の濃い旧在地領主紀姓伊集院郡司にかわる中世的な新在地領主藤姓伊集院氏の制覇の歴史であったということもできよう。

註

（1）「島津家文書」一—一四一号。
（2）『鹿児島県史料　諸氏系譜三』「比志島文書」一三八号。
（3）同一四一号　正応元年六月七日　藤原篤秀和与状。
（4）「島津家文書」一—五五四号。
（5）『旧記雑録前編』一—一二三六号　文保二年三月一五日　島津道義譲状。
（6）「比志島文書」一〇四号。
（7）『鹿児島県史料　旧記雑録附録』一—五六六号「藤野文書」。
（8）「比志島文書」九五号。
（9）『旧記雑録前編』一—一一七三号「広済寺文書」。
（10）円福寺は広済寺の末寺となった関係から、古文書も広済寺の所蔵となったらしい。『旧記雑録』に「円福寺文書」は「広済寺文書」として収録されている。『伊集院由緒記』の円福寺の項に「御寄進状八通」として弘安元年九月一五日の紀時継・持時連署寄進状をはじめとして正和三年、元徳二年、建武二年、貞和二年、永享六年、嘉吉元年、同二年の計八通の目録をあげている。その中弘安元年、元徳二年のものなど現在知りえないものもあるが、建武二年一一月二七日の助久寄進状の文意は正和三年のものと殆ど同じである。
（11）「広済寺文書」の中、はじめのものは（正和——建武）円福寺関係文書であり、貞治二年のものは円勝寺関係文書である（二—一三八号）。応安六年の沙弥観了（伊集院久氏）、道応（同頼久）判の文書（二—二五六号）に「竜泉庵之知行分田畠山野、開山懐聞和尚広済寺方丈景周蔵主被譲与申候上者、重代御知行不可有子細」とあるから、このときには既に広済寺は存在したわけである。以後広済寺の直接関係文書が多い。正長二年八月二二日の定山桃隠、伊集院熈久の連署置文（二―一〇九三号）に「薩州伊集院寺脇名内円福寺開山和尚譲与、先師南仲以為師資之相続、因之先孝無等以自筆証文、相加田畠等、譲于南仲、南仲任彼譲、於其崇悟、是専先考之遺愛而先師之相紹也、依有志、不残寺領一ヶ所、所譲小師聖春、凡寺院之繁興者、能紹法運禅道為最、而不論土地之多少、仍就室設禅床、以座為勤寺曰、伴道余本意也、始先考重開山道行起円福、卧開創円勝一基、後改円勝作広済云々」とあるのは、円福寺→円勝寺→広済寺の推移を示すものと考える。

(12)「比志島文書」一〇〇号。

(13)同一一五号。

(14)同右。

(15)同一〇七号。

(16)「山田文書」二八七号。

(17)拙稿「薩摩国守護島津氏の被官について」（本書第1部第八章）。

(18)「山田文書」四八号。

(19)「池端文書」建武三年六月一八日の祢寝清種軍忠状（『鹿児島県史料　家わけ一』「祢寝文書」六九四号）によれば、南党肝付氏との野崎合戦において北党側の大将の一人としてみえる大隅助三郎とは忠国であろう。忠国の南党への参加は、「比志島文書」一七八号　建武四年三月二三日の源忠経の軍忠状に「薩摩国大隅助三郎忠国以下凶徒等、以去廿二日、寄来守護町之由」とあるからその間のことになる。一方、助久は建武四年七月二八日、南党市来時家を市来院に攻める軍に軍奉行として加わり、九月一四日には来援の忠国らをむかえうち引き続き市来城の攻略に当たった如くである（『旧記雑録前編』一―一八九五号　肝付兼重伝、同一―一九四九号　川上頼久伝、町田氏系図）。『鹿児島県史料　家わけ十』「指宿文書」一六号　延元三年二月五日の三条泰季袖判揖宿成栄軍忠状によれば、南党に属した成栄は「御敵島津上総入道々鑑、一族大隅五郎兵衛尉子息孫六、顗娃三郎等」と戦い、子息次郎等を戦死させている。この大隅五郎兵衛尉とは北党に属した町田助久に他ならない。

(20)「山田文書」六四号。
(21)「比志島文書」一六七号。
(22)「山田文書」一〇七号。
(23)『旧記雑録前編』一―一〇四八号　延元四年六月の村田如厳軍忠状によれば、同年四月二一日、伊集院忠国は和泉実忠の領する給黎院上籠・網屋二城を攻略している。給黎院は伊集院に同じく地頭職は和泉実忠の有するところであった。なお、南北朝期における伊集院氏歴代の動向の概略については拙稿「続紫原雑想」（『史創』八、一九六五年）において触れたことがある。
(24)鹿児島県立図書館所蔵『出水郡地誌備考』所収、和泉氏系図によれば次の如くである。

島津忠宗二男
和泉三郎兵衛尉忠氏（初実忠後下野守）――忠直（右衛門尉）――氏儀（能登）――久親（式部大輔）┬又四郎直久(戦死)
└又五郎忠次(同)

また、「山田聖栄日記」には和泉氏のことにつき左の如く記している。

追而和泉下野守忠氏之事天下ニ無隠名仁、其比右衛門兵衛とて御所巻之時、伯父四郎左衛門時久一所ニ築地を越、御所中に入名誉候、左様之忠節を失、幷舎兄貞久同舎弟親類ニも離れ、下野守忠氏、宮之御所ニ付申、鎮西豊後迄落下、終に豊州ニ而朽畢、右衛門兵衛殿子ニ能登殿とて有、豊後ニ居住ニ依而氏久常ニ御物語ニも野州一代之事ハ宮方と申、豊後ニ落下候而彼在所ニ而被朽終候、子孫迄他国之住人となさむ事口惜次第ニ候、此旨を存候元久嗳下、一家之中ニも被置候へかしと玄久江依仰置候、能登殿江音信候則下向有り、やかて馬飼所求仁郷之内深川之内取合、百町計先被遣、志布志ニ居住候、能登殿子息又四郎と而弓馬之道達者器用他ニ為勝人有、其子に松房、黒房とて廿之内ニ而兄弟、義天之御代薩州川野辺ニおいて打死者、此末計無ニ終候、いたわしく存候、聞置書　記所也

即ち実忠（忠氏、建武三年三月、平兼政・高師泰と共に足利尊氏の奉行人をもつとめる。実忠譜には観応二年七月三日死去とある）の次は忠直であり、彼は谷山合戦に南党の谷山郡司隆信の弟祐玄を斃すなど武功をあげたが、観応の争乱では直義方につき、ついには南党として薩摩の地を追われ、豊後に去って終わっている。

(25)「島津国史」巻五　建武四年八月一四日条に「石原忠充、即大隅次郎四郎夜戦于赤崎」、二〇日条に「石原忠充与市来救兵戦」とあり、典拠を伊集院十右衛門家蔵文書としている。また九月一四日条の伊集院忠国との郡本の邀撃戦の記事の註に「拠石原忠充暦応二年七月軍忠状」とある。今村はたとえば「山田文書」六六号の「今村より」、一九一号の「今村七郎」等。門貫は「かとぬき」とよむ。その字名は今松元町（現鹿児島市）に残る（同一九〇号）。「物系図」は『鹿児島県史料拾遺Ⅴ』所収。

(26)『旧記雑録前編』一―二五八三号。

(27)鹿児島大学図書館玉里文庫「古文書類」収録。拙稿「薩摩の御家人について（補遺）」（『鹿大史学』七号）六五頁。

(28)『伊集院郷土史』には「小野家綱が日置の下司職をあづかっている頃家綱の次男家長は伊集院大田の地頭に任ぜられ、大田家長と名乗って大田を支配しました。其孫家氏の代になって、肥前国松浦荘の地頭に転任し、松浦に移住しましたので、大田は当時古城から城山に移って来た伊集院島津氏の支配するところとなりました」とあるが（二八頁）、その典拠を明らかにしていない。また「広済寺文書」応永一一年八月一二日の伊集院頼久・煕久寄進状（『旧記雑録前編』一―七三〇号）に「松脇五段久勝寄進」とある久勝は大田を称するが、これは頼久の弟で大田を領したが故である。

(29)東京大学史料編纂所蔵「島津家文書」　他家文書（『鹿児島県史料　家わけ一』「他家文書」二二号）。

(30)『旧記雑録前編』一―二九九号・二―一四号。共に正文在清水衆野田主馬とある。

(31)「島津家文書」三　他家文書一二一八号。

(32)大日本古文書「阿蘇文書」二　三四頁（康永元年）七月二二日某書状。なお懐良親王の入薩の年、及び薩摩を出で肥後に移る年の両年に展開された谷山城の攻防戦の年時等については前に些少私見をの述べたことがある。拙稿「紫原雑想」（『史創』七、一九六四年）。

(33)『旧記雑録前編』一―一二四九号　「河上文書」。

(34)同一―一九八〇号　建武四年一一月　宮里種正軍忠状に証人としてあげられている伊集院郡司四郎は勿論紀姓伊集院氏であろう。また、同一―二四〇九号　観応三年四月二五日　足利尊氏感状（伊集院又五郎宛）に「去年九月（廿）八日、筑前国金隈合戦之時、父伊集院彦五郎入道迎済令討死之由、島津上総入道々鑑所注申也」とあり、紀姓伊集院氏惣領家の終始守護方であったことを知る。

（35）文和四年四月、島津氏久は先に帰服した伊集院久孝、谷山良香らを率い大隅崎山城を攻撃しているし、翌延文元年一〇月の加治木岩屋城の戦では伊集院久氏も島津氏久の側にたって畠山直顕の軍と戦っている。したがって南党伊集院氏・谷山氏への帰属は観応の争乱後、文和年間のことと思われる。そして、忠国（道忍）の隠退と久氏の家督継承もこのころのことであろう。南北朝合一後、間もなく総州家の島津伊久は南薩の所領坊・泊の要津を伊集院氏に奪われ、以後同家は凋落の路を辿るのであるが、逆に伊集院氏は朝鮮貿易にも積極的に関与し、その富力を増大するに至るのである。そのころ家督も久氏から頼久へとうけつがれ、太守元久の没後、頼久は子息熈久をしてその所職を襲がしめようと試みている。しかし、元久の弟久豊が結局それを押えて三州守護の職につき、ここに久豊、頼久は武力によって覇を争うことになる。この間の事情は「山田聖栄自記」などに詳しい。

【補註】重複のきらいはあるが、主として「山田文書」にあらわれる伊集院内の所領の推移について些少の考察を加えてみよう。史料の上に名としてあらわれるのは用丸名、土橋名、久得名、福万名である。そして用丸名内に原田、垣本がふくまれる。大窪も或いはこの中に入るのかもしれない。土橋名には島廻、福山村（大道田、柳田、山下田、古葉田）、石谷村古里内馬渡がふくまれる。尚、これらの地については久得名であるとして、元徳二年一一月、相論が行われているが、久得名は石谷久徳に発する名であり、その中に久徳名内古江薗、桑迫、福山村等があり、錯綜していたことがわかる。恐らく土橋名内に久得名は別に生まれた新開名で、石谷村がその中心だったのであろう。他にあらわれる三小山原、福万名等もその所在地を示す名称からみて、やはりこの地方にあったとみることができよう。

次に領知権者の移動についてみよう。原田、垣本は紀清忠から石谷久徳へ、そしてはつつる御前（道智女＝山田道慶妻）へ、そして同女から山田氏の領有に帰している。前述の如く、大炊助長久の伊集院地頭職を取得するのは文永四年のことであり、島津氏の薩摩国への下向も文永役以降のことのようであるから、大体建治元年以降、島津氏一族は薩摩に入部したとみてよいであろう。久親もまたそのころ伊集院に入部したと考えられる。そして石谷久徳（仏教房）が新来の島津氏一族に所領を献じて、提携を計ろうとしたことは十分に考えられるのである。しかしその後、その所領は山田氏に移り、石谷氏から離れたが、これに大窪内の湯穴前三反が付加されることによって、所領支配権をめぐる争いがやや複雑となった。即ち永仁徳政令により、売与の所領の返還を求める本主側は、まず石谷入道に返還を求め、さらにその譲得先である伊集院道智女子跡に返還を求めるが、その地は既に山田氏の有に帰していたのである。建武二年二月、山田道慶が安堵を申請した伊集院内の領地は、翌年、地頭和泉実忠との相論の対象となる。即ち地頭加徴米の賦課等の問題についてである。この点に関しては他のところで、恐らく伊集院忠国が受けたであろう圧力を、山田道慶もまた伊集院領内において受けているからである。以上の如く、伊集院内の所領は、はじめ紀姓伊集院氏の有するところであり、そこに島津氏一族（伊集院氏、町田氏、山田氏等）の入部があり、両者の妥協、対抗がみられ、やがて建武以降、地頭和泉実忠の勢力進出に対する伊集院氏の抵抗の動きが忠国のもとに結集され、同院が南北朝抗争の一中心地と化すのである。その間、忠国の弟石原忠光をはじめ、叔父町田助久らは島津氏本宗側につき、互いに争っている。しかし、結局は伊集院島津氏は勢力を保持し、地頭和泉氏の退潮とあいまって島津氏本宗家との接近をはかり（具体的には前掲F図の如き婚姻関係がみられる）、その立場を向上させることに成功し、急速に伊集院地方の大領主として成長し、島津氏本宗の勢力をおびやかす存在になるのである。そして、それがやがて本宗島津氏による伊集院氏攻撃の原因となり、宝徳二年、頼久の次の凞久の時、伊集院島津氏は本宗島津忠国の攻撃をう受け、ついに没落し去ることになる。その後、同氏一族は伊集院以外の各郷に分散し、近世、藩政時代にはその数において薩藩屈指の家数を有する氏と称されることになるのである。

【付記】本稿を草するに当たり、史料並びに現地調査等において援助・協力を惜しまれなかった有馬俊郎・築地健吉・竹下隆二・松元町教育委員会の各位に深謝の意を表しておきたい。
　なお、本稿の一部については昭和四十年六月、鹿大史学会例会において、また昭和四二年八月、筆者もその一員である文部省科学研究費による綜合研究「鎌倉時代御家人社会の綜合的研究」（代表者安田元久氏）の研究会の席上において発表したことがある。

第三章　平安末・鎌倉初期の南薩平氏覚書

―阿多・別府・谷山・鹿児島郡司について―

一、はじめに

古代末期から中世初期にかけての南九州の歴史を取り扱った論考としては徳重浅吉氏の「鎮西島津の庄」（『日本文化史の研究』目黒書店、一九三八年所収）をはじめとして、石母田正氏の「内乱期における薩摩地方の情勢について」（『古代末期政治史序説』（下）未来社、一九五六年所収）以下、竹内理三・西岡虎之助・石井進・工藤敬一・郡山良光氏等諸先学の業績が相ついで発表されている(1)。筆者もまた「薩摩の御家人について」他数点の論文で部分的且つ個別的に些少言及したことがあった(2)。しかし、史料の不足からなお解明困難な点が少なくない。一方地方史の分野では伝承や説話、系図等により各市町村史でこの期間の歴史を述べているものが多い。これら関係論文・史料をよみ返しながらあらためて若干の私見をかきつらねてみた。勿論徹底した考究ではなく不明の分のみいたずらに多い。さらに考察を続ける際の一基点として記しておくのである。

今回とりあげたのは、古代末期薩摩を中心に南九州に武名をあげた阿多忠景にもっとも関係の深い南薩の数郡であるが、記述は主として各郡司の系譜上の問題にとどまったことを、お断りしておく(3)。

註

（1）竹内理三「薩摩の荘園―寄郡について―」（『史淵』七五、一九五八年）、西岡虎之助『荘園史の研究』下巻2、石井進『日本中世国家史の研究』（吉川弘文館、一九七〇年）、工藤敬一『九州荘園の研究』（塙書房、一九六九年）所収論文、郡山良光「寄郡制成立の社会的背景―島津荘薩摩方の場合―」（『鹿児島短大研究紀要』一、一九六八年）等。

（2）拙稿「薩摩の御家人について」（『鹿大史学』六・七。本書第１部第一章）、「中世社会と御家人―惣領制と御家人制、薩摩国の場合を中心として―」（『歴史教育』八―七。拙著所収）他。

（3）南薩平氏の系譜について古く肥前平氏との関係を説く『鹿児島県史』等の記述について考察すべきであるが、本稿においては考察の対象を薩摩来住後の状況にとどめた。

二、阿多忠景

阿多忠景の史料上の初見は、保延四年（一一三八）の郡内観音寺への私領寄進状である。[1]全文を掲げる。

阿多郡司平忠景謹辞
奉施入観音寺四方四至内相伝私領当郡内牟田上浦壱曲荒地事
立券四至
限東御堂東小谷、限南神狩蔵峯并利山、
限西船田頭野馬大路、限北不志崎長尾、
右、件山野荒地雖相伝私領、依為日羅上人建立寺仏地近辺、為不絶後代仏法堂舎、勤聖朝府国万民現世後世祈

禱料、限永年、所奉施観音寺如件、

保延四年十一月十五日　財久吉

領主郡司平忠景在判

末尾の財久吉とあるのは当時の用例で傍の領主郡司平忠景の別称に他ならない。久吉は忠景の仮名としてよいであろう(2)。このように忠景ははじめ阿多郡司としてみえるが、やがて阿多平権守を称するようになる。いつからまたどのようにして権守を称するようになったか明らかでないが、後掲の「台明寺文書」からみると保元前後には平権守を称していたようであり、「谷山系図」には忠景について「字阿多四郎、従五位下下野権守、薩摩国押領使、久安六年庚午正月廿九日任下野国、平治年己卯蒙追討宣旨、硫黄嶋落畢」の記載がある(3)。もとより系図の記事をただちに事実としてとることは許されないが、久安六年（一一五〇）頃に権守を称するようになり、また郡司の域をこえて在庁国務に関与するようになってきたことは後掲の史料にみられる忠景の動静によっても推量できるのではあるまいか(4)。

「入来院家文書」寿永二年（一一八三）八月八日の島津庄別当伴信明解によれば、薩摩郡山田村は信明先祖相伝の所領であるが、父信房の代に薩摩国住人故忠景が謀反を企て、権門領といい庄国の召物といい押取った際、忠景の舎弟忠永によって押取られてしまった、と記している(5)。忠永は忠長で「指宿系図」では忠景の兄としてみえ、薩摩郡司の祖となっている(6)。信房の山田村地頭の安堵申請は久安三年（一一四七）二月九日に出され、右衛門尉中原の外題安堵を受けているから、忠景の謀反、忠永による押領とはそれ以後のことである(7)。

次に「台明寺文書」、応保二年（一一六二）五月一五日の台明寺住僧解によれば、大隅国曽於郡住人篤房は郡司篤定の末孫でありながら、郡司職を受け継がず、私に阿多平権守忠景に訴え、彼の武威をかりて相伝の郡司をさしおき、半郡を分かち領し、多年に及ぶ寺領田を分け取る等の非法を行った。なかでも正八幡宮執印改行賢大徳が仏法紹隆のため篤房の祖父篤定や桧前篤季の田地を売得し、台明寺毎年二季の彼岸燈油料に寄進した二町六段の田地を押取したことはゆるし難い等と篤房の非法停止を訴えている(8)。ここに執印行賢の寄進燈油田とは、康治元年（一一四二）九月二〇日の行賢寄進状にみえるところで、それによれば行賢は寛治元年（一〇八七）親父惟宗朝臣在位の時に当国に下向し、台明寺に参詣して志をおこし、燈油田を買得寄進したとある(9)。応保の文書に行賢の寄進より七〇余年間他妨のなかったところとあるのは、寛治元年より数えてのことである。また篤房が半郡を分領して四五年に及ぶとあり、去々年宰府に解状を進めて篤房の先祖が宿願により国司に申請して田薗を台明寺に寄進した旨を申し述べたとあることと等から、篤房が忠景の勢威をかりて郡領を知行するようになったのは保元元年（一一五六）前後のことと思われる(10)。

久寿元・二年（一一五四・五五）には鎮西に源為朝がおり、鎮西武士の支持も得ていたことは「台記」仁平四年一一月二六日条、「百錬抄」久寿二年四月三日条によっても明らかである。後者には「源為朝居豊後国、騒擾宰府、威脅管内、仍可禁遏与力輩之由、賜宣旨於大宰府」とある。また、「保元物語」によれば「父不孝して、十三の歳より鎮西の方へ追ひ下すに、豊後国に居住し、尾張権守家遠を傅とし、肥後国阿曽平四郎忠景か子三郎忠国か婿になって、君よりも賜はらぬ九国の総追捕使と号して、筑紫を従へんとしけれは」とあり、為朝は仁平元年（一一五一）より久寿二年（一一五五）まで豊後を中心に勢力をはっていたらしい。

為朝については、その並外れた武勇が誇張され種々の説話を残した反面、実際の行動が不明となっているが、建久八年の薩摩国図田帳の末文に、文治年中のころ、豊後冠者の謀叛により図田注文が失われたという記事のあることや(11)、大隅国吉田院郡司の先祖の伝承に初代清道の母方の祖父を源為重とし、為重は為朝の第二子であるといい、一時吉田院の領主であったとする。もとよりただちに信用はできないが、薩隅地方が為朝と無関係でなかったことのあらわれとすることもできよう[12]。豊後冠者については建久五年五月の新田八幡宮所司等申状の中で「豊後冠者義実追討、人民餓死之事者、一両年之事也」とあり[13]、徳重浅吉氏は「鎮西島津の庄」の中で、「予は鎮西八郎為朝の子息上西門院判官代義実なりと信ずる」と断言しておられる。同氏はまた、「保元物語」の阿曽平四郎忠景の記事についても阿曽は阿多の、肥後は薩摩の誤聞なりとし、これを阿多忠景と源為朝の関係史料としてとられておられる。これには忠景の子忠国の存在を裏付ける史料がない点等なお疑問は残るが、忠景と為朝の関係を反映したものとしてみることは許されそうである[14]。建保五年八月の源宗久解文に前掲信房の薩摩郡山田村の領主職を忠景が謀叛を企て一国惣領の時、暫くの間押領したとあるが[15]、忠景が阿多郡司から国務に関与し、或いは庄公の押領を企てる等の行動に転じた際、為朝が何らかの役割をはたしていたと推量されるのである。

以上、保元前後を頂点として忠景の武威は薩摩から大隅にまで及ぶことになるが、保元の乱後の状勢（為朝の遠島）や、平治の乱による平氏政権への道の確立によって、忠景の国衙における影響力の大きさは中央政府にも憚られることになったのであろう。前掲系図によれば、忠景は平治元年（一一五九）に勅勘を蒙り、貴海（硫黄）島に逃去したことになっている。応保二年（一一六二）の台明寺住僧解案も、内容からみて忠景没落後のものと思われるから、その年代はほぼ当たっていよう。「吾妻鏡」、文治三年九月二二日条に貴海島渡海の先例にふれて「平家在世時、薩摩国住人阿多平権守忠景依蒙勅勘、逐電于彼島之間、為追討之、遣筑後守家貞、家貞粧軍船、雖及数度、終不凌風波、空以令帰洛」とあるが、年月については具体的に記載はない。しかし、いわゆる平氏政権樹立の後は、忠景に従属し、支持していた一族や他の在庁庄官らもその支配に服し、表面的には謀反を企てるというようなことはなかった。南九州において再び諸豪族の挙兵、武力衝突が活発にみられるようになるのは治承・寿永の平氏政権崩壊期に入ってからである。だが、その武威によって南薩平氏の惣領的立場にあった忠景の没落は、当然忠景の諸権限をめぐる同族間の争いを招来したことであろう。前掲系図にしたがえば、忠景は平二郎大夫良通の長子ではない。長子は河辺郡司の祖通房である。(16) 同系図通房の項に「為舎弟忠景被打」とあり、その子通平については「字平二郎、後改安通、父道房被打時、三歳、就母方縁豊後国落、生年廿五歳還」とある。通房は忠景に討たれ、子の通平は二〇余年他国にあって帰れなかったというのである。恐らくこれは忠景が武威をもって惣領の座を奪い、その所領を押領した事実を記したものであろう。通平の還住は忠景の没落後実現し、所領も回復したものと思われる。通平の子が河辺平太通綱で、「吾妻鏡」に文治二年、貴海島渡海の仁とみえ、建久八年の図田帳にも、また御家人交名にも名のみえる河辺郡司その人であろう。

註

(1)『鹿児島県史料　家わけ二』「二階堂文書」九一号(以下、「二階堂文書」とあるのは同書による)。なお四至の比定については、江平望「古代末期の薩南平氏」(『知覧文化』九、一九七二年)参照。

(2)久吉を忠景の仮名とする見解は郡山前掲論文、江平前掲論文等にみられる。

(3)谷山系図には数種あり若干の異動はあるが、その中でもっとも妥当と思われる記事を採録した。『谷山市誌』及び河野治雄「谷山氏関係史料」参照。

(4)(5)・(7)の史料。

(5)『入来文書』「入来院家文書」一〇二号。

（6）『薩摩国伊作荘史料』（九州荘園史料叢書5、一九六二年）所収。
（7）『入来文書』「入来院家文書」一〇三号。
（8）「島津家文書」一―一七七号。
（9）『旧記雑録前編』一―二四号。
（10）石母田正氏は前掲論文で忠景の一国惣領は保元の乱の少し前の一時期と推定されている。
（11）「島津家文書」一―一六四号。石母田前掲論文参照。
（12）拙稿「大隅国正八幡宮領吉田院小考」（『文学科論集』六、一九七〇年）参照。
（13）『旧記雑録前編』一―一六四号「権執印文書」「新田神社文書」。
（14）「薩隅日三州他家古城主来由記」によれば、「阿多平四郎権頭忠景」として「忠久公薩摩御下向乃頃御教書に三ヶ国の御家人皆忠久か家人たるべし、其内阿多壱人ハ除かるべし、其故は鎮西八郎為朝の姑なるゆへ其式体に仍而除給ふとなり、とあるは此平四郎忠景か事なり、旧記に薩摩国押領使とあり、久安六年正月二十九日下野国に任す、平治元年追討宣旨を蒙り流人と成硫黄島へ落ると有、忠景男子なく、女子二人あり、嫡女は薩摩守信澄妻、二女ハ鎮西八郎為朝の室也」とあり、前掲系図と同内容となっている。なお忠景の阿多郡における富強については江平前掲論文、高橋の長者の説話は興味深い。
（15）『入来文書』「入来院家文書」一二八号。
（16）指宿系図・谷山系図は良通を平二郎大夫と記すが、他の薩摩平氏系図に河辺平二郎大夫と記すものもある（田代町上田友朗氏所蔵系図）。

三、阿多信澄

さて忠景の跡をついだのは誰であったのか。これは本領阿多郡の領主権を継承したものであろう。谷山系図によれば、忠景には二女子があり、一は「字主殿、法名宗阿弥陀仏」で「薩摩国目代押領使信澄妻」とあり、二は「法名妙智房」とある。ここに忠景の女婿としてみえる信澄が建久三年一〇月二二日の関東御教書案に「平家謀反之時、張本其一也」とされ、所領を奪われた薩摩国住人阿多四郎宣澄であることは明らかである。その所領としてあげられた谷山郡・伊作郡・日置南郷・同北郷新御領名田は忠景から相伝したものであることは推測に難くない。しかし、肝心の阿多郡が含まれていないのは何故であろうか。それは阿多郡は宰府領であり、宣澄が所領を失ったあと代わって同郡の地頭職に補任されたのが鮫島宗家であったのに対し、それ以外の宣澄所領には島津忠久が地頭職に補任されたからである。阿多郡に関しては、「二階堂文書」嘉元三年六月の鮫島光家申状案によれば、鮫島宗家が当郡を拝領したのは建久三年八月二五日とあり[(1)]、「新田神社文書」宝治元年一〇月二五日の関東下知状案には、宗家の子阿多郡北方地頭鮫島家高（行願）の申状をのせているが、それによると家高は地頭給田その他所領の支配に関しては先例に従ったのであり、新田宮所司等のいうように神領押領の事実はない、先例については「宣澄親類并宣澄舅平権守忠景子孫多之、可被尋問歟」とある[(2)]。結局、家高は敗訴し地頭職を失うのであるが、家高は宣澄の例によったことを述べており、「宣澄之時結解状事、当国之習、目代相交之所者、称公領、不相交之所者、称不輸領、就彼状、本地頭何不致沙汰哉」とある。宣澄之時結解状とは「宣澄治承四年結解状」とあるもので、その意味するところは目代関与の所であるから公領として地頭の支配は認められるべきだというのであろう。この際の本地頭とは宣澄のことで、その跡を襲った鮫島宗家、家高の権限のよりどころとしているのであろう。(3) 右の如く阿多郡については阿多忠景—宣澄—鮫島宗家—家高と領主権の推移があとづけられる。忠景・宣澄については郡司職とよばれ、鮫島宗家・家高については地頭職とよばれてもその領主権の内容は後者は前者のそれを踏襲していて一致する点が多いのである。このことは他の忠景—宣澄の所領、すなわち谷山郡・伊作郡・日置南北郷についてもいえることではあるまいか。

次に宣《ノブ》澄と重《ノブ》澄を同一人とみるか否かの問題がある。信澄＝宣澄、重純＝重澄については異論はあるまい。重澄については文治三年三月、先祖相伝所領三ヶ所（伊作並日置北郷同南郷外小野）を島津一円庄として寄進している。それには「右、件所領田畠等者、年来島津御庄寄郡也、而天下騒動之間、公私為軍地、人民百姓併逃散畢、然間庄国両方課役、如何可令勤仕哉、於于今者、令寄進一円御庄御領、致安堵計畢、有限於年貢所当物等者、為重純沙汰、追年無懈怠、可令運上京都之状如件、但為後代証文、於下司・郡司・惣公文職者、重澄以子々孫々、不可有相違旨、為被成下御下文、勒状以解」とある。(4) 翌文治四年一〇月伊作庄立券案によれば重澄の寄進はそのまま認められた如くである。(5) ここに島津一円庄伊作郡二〇〇丁・日置北郷七〇丁・日置南郷外小野一五丁の計二八五丁は誕生する。宣澄所領はこれに島津庄寄郡等谷山郡二〇〇丁・日置南郷三六丁を加えたものであろう。

昨年（一九七二年）、江平望氏は「古代末期の薩南平氏—とくに平権守忠景と阿多四郎宣澄について—」を発表され、その中で筆者が郡山良光氏と共編で県立図書館より刊行した鹿児島県史料集第七集『薩摩国阿多郡史料』によって筆者らのとる西岡虎之助氏以来の宣澄＝重澄説を批判された。(6) 同氏の研究は史料の厳密な解釈と現地の豊富な知識による推定からなり、きわめて傾聴すべき論文であるが、宣澄＝重澄を否定される論拠には筆者はなお納得できない点が残るのでこの機会に一言ふれておきたい。

まず江平氏は、重澄＝宣澄であるとすると、建長七年一二月二五日関東下知状に「於下司者、為領家進止之処、元久二年守護人忠久、称関東御勘気、追出重純《(重澄)》、令知行下司職畢」という文言と矛盾することになるといわれる(7)。何故なら建久三年一〇月二二日の関東御教書で改易されたはずの宣澄（重澄）が、一三年後の元久二年まで下司として存在していたことになるからである。しかし、これは宣澄＝重澄の関係をむしろ裏付ける史料とはなっても否定する論拠とはなるまいと思われる。というのは幕府の裁定がただちに完全に実施に移されたとは考え難く、たとえば建久八年の大隅国図田帳に島津本庄多禰島・財部院・深川院（地頭は島津忠久）の項で謀反人平有道・有平の子孫がなお知行している旨を記しているのはこの実情を示しているものといえよう(8)。宣澄＝重澄が改易後もなお現実に保持していた下司職を元久二年に至って奪いとったとみうるのではあるまいか。その間建仁三年には比企氏の乱があり、島津忠久は縁坐により一旦所職を失うということもあったから、それによって所職の回復をはかったとみることもできよう。伊作本領主相伝系図に良通の三女（夫久純）の子、親純・垂純（澄）の後に伝えられて行く次第を記しているのもよく実情を示しているものといえよう(9)。久純は指宿系図に彼杵三郎久純とあり、肥前彼杵地方の豪族でその子信澄＝宣澄＝重澄（純）こそ阿多忠景の女婿となった阿多四郎その人であろう。

次に氏は、鮫島宗家が同じく建久三年、宣澄のあとを襲って阿多郡地頭職となったがその権限は全く宣澄の有していたものであったことを宝治元年一〇月二五日関東下知状によって論じられ、その地頭職の下に郡司、郡司代があることから、宣澄は阿多・伊作・日置南北郷・谷山郡の惣地頭的存在であったのであり、重澄は本来伊作郡の郡司にすぎなかったとされる。しかし、かかる重層的な所職の存在を考えることは問題の整理上から便利でも現実的な把握とはいい難いのではあるまいか。文治三年三月の重澄寄進状と建久三年一〇月の関東御教書にみえる所領は前者が後者の中に包含されるものと思われる以上、重澄＝宣澄の説はなお妥当のものと考えたい。

前述の如く阿多宣澄の本領阿多郡も建久三年没官の上、鮫島宗家が地頭職に補任されている。即ち阿多宣澄は宰府領の阿多郡と島津庄の日置南北郷・伊作庄（文治三年寄郡から一円庄に寄進）と谷山郡（寄郡）の郡郷下司職を建久三年まで保持していたのである。そしてこれらの所領を宣澄は阿多忠景の婿としてうけついだと思われる。かつて薩隅二国に勢威をはった阿多権守忠景はその反政府的行動を咎められて、平治元年貴海（硫黄）島に没落、追討を受ける身となったが、子孫・親類は依然残存繁衍していた。忠景没落後は平氏政権に順応し、源平交替後はまたそれに対応して領主権の確保につとめた。宣澄が忠景から相伝した所領の一部を寄郡から一円庄に寄進したのもそのあらわれの一つとみることができよう。九州は平氏の勢力残存地域として注目されたのみならず、頼朝・義経の不和、義経の失踪以来はその与党勢力の残存地域としても警戒された。文治三・四年の貴海島征討も『吾妻鏡』によれば、「今度同意予州之輩、隠居歟之由、依有御疑貽有此儀」とある。貴海島渡海は忠景逃隠の後、平家貞が試みて果たさず至難のこととされていた。鎮西奉行天野遠景も渡海には消極的であり、摂関家よりの諷諫もあって一時は延期の決定もみた(10)。しかも、なおこれが強行されたのは、そのために派遣された宇都宮信房の積極的行動と、文治二年河辺平太通綱（経）渡海以来の実績と調査の進捗の結果であった(11)。この貴海島渡海に加わったものについて、指宿系図は右の河辺道綱の項に「頼朝大将殿御時、打従貴賀島畢」とあり、忠永の孫薩摩太郎忠友の項に「依致渡貴賀島、大将殿御教書」とあり、忠吉の孫久米二郎の項に「渡貴賀島死去」とある。天野遠景は鎮西御家人が召に応ぜず、一揆せざるの間頗る無勢と嘆じているが[12]、南薩平氏はむしろ積極的に参加している様にすら見受けられる。このことは前述の宣澄の所領寄進と共通の在地領主の領主権確保の動きとしてとらえることができよう。

指宿系図によると、忠景・忠明・忠吉ら兄弟の後に嫡女と三女の姉妹をあげる。嫡女については「肥後国菊池四郎恒遠妻、伊作郡司地頭知行、養子二郎遠秀ニ譲、其後和田八郎親澄ハ彼ノ女子ニ為契之上、養子トシ親澄ニ伊作ヲ譲」とあり[13]、三女については「肥前彼杵三郎久澄女」とし、その子に塩田三郎秋澄、その子に塩田太郎光澄、その子に益山太郎兼澄をあげる。建久八年の図田帳に加世田別府一〇〇丁の中、弥勒寺領二五丁の下司は塩田太郎光澄とあり、同年の大番役支配注文には益山太郎とある[14]。塩田は肥前の地名、益山は加世田別府の地名である。益山庄ともよばれた。塩田から益山と改称するのは外来の領主が在地領主化したあらわれとみることができよう。「谷山系図」は姉妹三名をあげ一を「肥後国菊池四郎恒遠妻」、二を「藤権守妻」、三を「肥前国彼杵三郎久澄妻、信澄母」とする。

これと前掲の伊作本領主相伝系図と併せてみると彼杵久澄と良通の三女との間に親澄《(純)》、宣澄《(重純)》、秋澄があり、親澄は良通の嫡女の女子を妻として伊作郡の領主となり、これを子の則澄《(純)》に伝えた。宣澄《(重澄)》は女子を則澄の妻としている[15]。前掲建長七年一二月二五日の関東下知状にのせる伊作庄預所代浄空の申状に「文治三年則純叔父重純寄進之間、被庄号畢」とあり、同じく下司則純代孫有純の申状には「則純幼少之時、為重純之沙汰令寄進畢、重純給御下文押領之間、元久之比重純与則純於関東被召決之、則純給御下知帰国」とあり、この間の事情が明らかとなる。すなわち則純がまだ幼少の頃に重純の沙汰として一円庄に寄進したのであり、重純が領家下文を得てそのまま不当に領有していたのを、島津忠久は幕府の指令をうけて改易し、同職を忠久の知行とした。しかし、領家側としてはさしたる不都合もなかったのでそのままにしておいたところ、則純の代官として孫の有純が忠久の知行は押領である旨を訴え出、幕府の下知状を得ることに成功した。しかし、これは領家の好まぬ所で預所は有純の行為を領家違背とみなし、下司職知行は領家進止であると提訴し、幕府もその主張をいれたのである。勿論実質的には下司の職掌を有純が行使するのであるが、その独立性がきわめて制限されたものになり、幕府の下知状を否定されたのでは幕府御家人の地位もきわめて曖昧不安定なものとなってしまうのである。有純の申状によれば、元久の頃則純は重純とともに鎌倉に召喚され、則純に下知状が与えられたというが、これは元久二年守護人忠久により重純が改易されたことと関連するのであろう。前述の如く、重純は宣澄であり、宣澄は建久三年の所領没収後もなお伊作庄下司職を領有し、実際に同職を改易されたのはそれから一三年も後のことになるのである。建長七年の下知状に有純が下司職相伝の証拠として提出した「天永三年国司任符、治承元年庁宣、元暦二年外題下文」についてては明らかでない。天永三年（一一一二）の国司任符とは良通が取得したものであろう。良通（道）について、指宿系図は「平次郎大夫、伊作郡司祖」と記し、谷山系図には「母重助女、平二郎大夫、自永久年中改忠遠、最後状云、縦雖為一門於系図者輙不可許之」と記している。伊作庄の寄郡化の時期は明らかでないが、郡山良光氏の「伊作平氏の郡司補任の天永三年（AD一一一二）から間もなく、他の郡院郷の寄郡化と時期を同じくするものであろう」との見解に従いたい[16]。良通の所領の中で伊作郡司はとく重視されたものと思われ、嫡女から親澄へ、そして宣澄の再寄進、下司職の領有に至ったのであろう。

　宣澄もまた忠景と同様に武力を用いて一族を制圧する行き方を示している。次節で述べる如く、別府忠明の子忠真を討ったその弟忠綱は「為信澄被打畢」とある。忠綱の女は河辺通綱の妻とあるから、忠綱は河辺氏と結び別府氏の惣領として勢威を張ろうとしたものであろう。宣澄はこれを封じて忠綱を除き、その弟弥平五信忠をたてている。別府・谷山氏の祖である。阿多忠景の遺領をついだ宣澄はただ漫然と遺領を相続したわけではない。忠景の歩んだ道を自らも踏襲し、政治力と武力によって一族の制圧と掌握をはかったのである。

註

(1)「二階堂文書」二三号。
(2)『鹿児島県史料　家わけ十』「新田神社文書」七一号（以下、「新田神社文書」とあるのは同書による）。
(3) 江平前掲論文も同文書について詳述している。
(4)『旧記雑録前編』一―一一四号　平重澄寄進状案。
(5)「島津家文書」一―五四一号　伊作庄立券状案。
(6)『知覧文化』九、一九七二年（知覧町立図書館）。西岡虎之助「中世荘園における地頭領主化の契機としての下地中分」（『荘園史の研究』下巻2、岩波書店、一九六六年）七九一頁。
(7)『鹿児島県史料　家わけ二』「他家文書」五号。
(8) 拙稿「大隅国建久図田帳小考」（『日本歴史』一四二。拙著所収）参照。
(9)「島津家文書」一―五三九号。
(10)「吾妻鏡」文治四年二月二一日条。
(11) 同　文治四年三月五日条。
(12) 同　文治四年二月二一日条。
(13)「菊池系図」によれば、恒遠は経頼の子詫磨四郎経遠に当たろう。経遠は菊池山鹿一族で粥田経遠と称した。正木喜三郎「粥田経遠考」（『日本歴史』一七七、一九六三年）参照。
(14)『鹿児島県史』一、二七五頁の表に谷山郡の下に益山太郎をおくのは誤りである。益山氏については「島津家文書」三―一一六四号　天福二年五月二七日　薩摩益山庄内上野原文書目録案があり、別府郡司代平氏との相論に関して注進した建保二年北条義時益山太郎召符案以下の文書の目録を知ることができる。但し具体的な内容については不明である。

(15) 前掲「薩摩伊作庄幷日置郷下司系図」に、重純の女子について「字南夫則純」とある。「薩隅日三州他家古城主来由記」は伊作城に和田八郎親純をあげ相伝の事情について記している。

(16)『薩摩国伊作荘史料』はしがき一頁、及び郡山前掲論文参照。

四、別府忠明・谷山郡司・加世田別府郷司

忠景の没落後、忠景の一族で最初に史料にあらわれるのは別府五郎忠明である。系図では忠景の次弟で「字別府五郎」とのみある。「新田神社文書」永万元年（一一六五）七月の寺家政所下文案の仰下三箇条の中、第二条で「一、可早停止字別府五郎忠明地頭政所職事」として、「右、忠明所行甚以不敵也、何号政所、恣陵轢神民、損亡境内哉、旁以非常也、早停止忠明所職、以静秀可用政所職之状、所仰如件」とある。[1] 別府とは加世田別府で阿多郡から分かれて別個の行政地域となっていたものであろう。そしてその地の郡司領主であった忠明が政所職を得、職権を乱用して神領の民を苦しめるとの訴えがあったので忠明の政所職を停止し、代わりに静秀を補任するというのである。静秀については、治承元年（一一七七）一二月一三日の新田宮検校静秀去状案の静秀と同一人であろう。[2] 加世田別府には建久八年の図田帳によれば二五丁の弥勒寺領があり、益山庄とよばれているので、恐らく七五丁の公領と併せて忠明が知行し、庄民や新田神社社司との間に紛糾をひきおこし訴えられて改任されたものであろう。この異動も忠景没落後の新事態に対応する神社側のまき返しとみられなくもない。

谷山系図によれば忠明に三子あり、一は忠真、二は忠綱、三は信忠である。忠真の後については別に加世田系図があり、近世の薩藩士加世田氏はこれより出るとする[3]。しかし、その他の系図は忠真以後は記さない。そして同人の項に「為舎弟忠綱被打」とある。そしてその忠綱の項には「為信澄被打」とある。すなわち兄忠真を討ってそれに代わった忠綱は阿多宣澄によって討たれたというのである。忠綱に女子あり、「河辺平道《通》綱妻、久通母」とある。次の信忠については「字別府弥平五」とあり、また「忠景嫡子宗阿弥陀仏為養嫡子譲得十二島并散在所領之証文等畢」とある。忠真、忠綱の両兄が倒れて信忠が忠明の跡をついだことになる。それは加世田別府の郷司（郡司）職である。そして、それとは別に阿多忠景の女宗阿弥陀仏の養子としてその所領を譲得したというのである[4]。忠景の女は阿多宣澄の妻であるから、その所領は宣澄の支配下におかれていたものと考えられる。十二島とは貴海島即ち硫黄島等三島と屋久・恵良部二島、それに臥蛇島等七島の河辺十二島のことであろう。しかしこれらの島々を信忠が領知したことの明証はない。信忠が加世田別府以外に所領を有したのは谷山郡である。谷山郡については前節で記した如く建久三年までは阿多宣澄が領するところであったが、同年没官領となり島津忠久が地頭として宣澄の支配権をひきつぐこととなった。建久八年の図田帳によれば谷山郡は二〇〇丁、地頭は島津忠久、社領一八丁が府領五社内伊佐知佐（社領）、公領一八三丁は寄郡、没官領とあり、郡司・名主等の記載はない。とすればこの時点で郡司は存在しないか、地頭の中に包括されているかということになる。谷山郡司の存在が明示されるもっとも早い史料は、「山田文書」元徳二年一一月の谷山覚信代教信重申状の中にひかれる「当郡々司以下所職所帯等者、為覚信先祖開発領主、去建仁三年《一二〇三》十二月廿五日令拝領関東下文以来、代々無相違之子細、先進状等炳焉也」とあるものであるが[5]、この時関東下文を得た郡司とは覚信（資忠）の曾祖父信忠に他ならない。信忠は建久八年の図田帳に加世田別府公領七五丁の中、寄郡、千与富四〇丁の名主として郷司弥平五信忠と記載されている。加世田別府は一〇〇町でその中二五丁が弥勒寺領、残りが公領で地頭は島津忠久であるが、寄郡、山田村二〇丁の名主は肥前国住人石居入道であり、村原一五丁は没官領で鮫島宗家が地頭となっている。右によれば信忠が加世田郷の郷司領主で同郷の中心的存在であることは否定できない。また、同年一二月二四日の内裏大番役支配注文案に別府五郎とあるのは信忠の父忠明の通称であるが、実際にはこの信忠をさすのであろう。

このように加世田郷を本領とする信忠が谷山郡の郡司職を兼帯するに至った事情は何にもとめられるであろうか。それは一には前述の如き宣澄、忠景女との養子関係、さらには忠明との親子関係であり、二には宣澄のあとをうけついだ忠久との親近関係であろう。前者については宣澄は忠綱を排除しているが加世田系図では忠綱について「号谷山次郎」とある。とすれば忠景の代に既に忠明は加世田別府と共に谷山郡に関しても何らかの領知権を有し、これを次子の忠綱が継承したのかもしれない。そして宣澄は忠綱を討ってこれを併せ、妻の養子として信忠に譲ったのであろう。信忠の名も宣澄の別称信澄と関係があるのかもしれない。このように信忠が谷山郡司として正式に登場する資格と下地は既に備わっていたと想像できる。後者についてはその後、鎌倉期を通じて展開された谷山郡司と地頭の相論の中で浮き彫りにされている。前出元徳二年一一月の谷山覚信代教信重申状の中で地頭山田忠能は「高祖父豊後守忠久拝領之処、信忠《覚信曽祖》為忠久芳志令知行之条、忠光《覚信祖父》延応二年状顕然也、覚信亡(忘)父祖代々芳志之跡、捧存外推参之支状」と述べており、信忠の知行は地頭忠久の恩恵により認められたものだとする。

これに対し郡司側は「此条覚信曽祖父信忠当郡補任之条、御下文等厳重之処、為忠久之芳志令知行之由、構申不実之間、可被召証跡旨雖申之、不及出帯、以傍輩為忠久芳志当郡知行之由、載陳状之上者、偏称恩顧之由歟、争可遁其

咎哉」と述べ、信忠は忠久とは無関係に下文を与えられたのであり、忠久の芳志によって知行を認められたものではない。すなわち信忠は忠久恩顧の仁ではなく同等の傍輩であると主張する。この相論は本来地頭側が谷山郡内山田・上別府両地頭職の相続につき幕府の安堵を求めたのに対し、郡司側がその不当性をあげ反対したもので、関連して地頭・郡司職の由緒や権限・現状等が問題とされたのである。郡司側のいうところは地頭職といってもここの場合は惣地頭職であり、反別五升の加徴米を徴収するのみで下地進止権をもたない地頭職であり、むしろ実質的に地頭に当たるのは開発領主として下地進止権を有する郡司に他ならないとする。「於国領者、以郡司号地頭、至庄薗者、以下司称地頭、所謂本補地頭是也」というのである。にも拘わらず地頭側が惣地頭とことわらず、地頭職の安堵を求めるのは、名と実を併せとろうとするものであると反発するのである。地頭側としては現実的には久しく郡司の地頭職請負がつづき、下地支配権は実力において到底郡司のそれに及ばない[6]。当然過去にさかのぼって地頭・郡司の縦の関係を強調し権限の所在を自己に有利に確定させたかったのであろう。

谷山郡における地頭・郡司の抗争は弘安一〇年一〇月三日の関東下知状[7]、正安二年七月二日の鎮西下知状に詳細であるが[8]、前者に「地頭屋敷事」以下七条の相論事項中、「悪口事」がある。この中で郡司資忠と地頭忠実子息宗久代久親は「資忠則為恩顧仁之由、久親載訴状畢、為悪口之由申之、久親亦資忠先祖忠光得当郡代官職畢、何可為悪口哉之旨申之」と論じあった。ここで久親は前出元徳二年の訴状にみえる忠光の延応二年（一二四〇）状を証拠に掲げているが、それは同年七月八日付のもので「谷山地頭御方御代官職事、如元所申請也、御代官職給天候波牟間波、別御志仁代官一人立候天、時々波御送向申候天、番宿直勢佐世(候辺志)可候、暫毛候天過幾難久候波牟時波、暇於申天罷出候云々」とある[9]。これについて郡司側は案文であるから信用し難いとし、地頭側は正文は惣領が帯持しているから召出されたいと述べたが、裁決では問題の文書が請所証文であることを認め、恩顧の事実を証明する資料にはならないとしてしりぞけている。しかし、また同時にこれによって地頭側が郡司への恩恵を云々したとしてもさしたる悪口にはならないとして郡司側の主張もしりぞけている。後者は地頭宗久と郡司資忠との「弘安十年以後郡司抑留地頭得分由事」以下四一条に及ぶ長文の相論裁許状であるが、その中「郡司望補傍官上司否事」について鎮西探題は「如資忠所進九月三日付承久三六波羅状案者、兵衛尉忠光申谷山郡事、折紙副具書進覧之候、任先例成賜請所庁宣、可安堵土民之由歎申候、御計候者可宜候歟云々」とあり、また「如同所進九月四日権右中弁状者、薩摩国谷山郡司兵衛尉忠光申当郡請所事、任先例可計沙汰之由承候畢、早可成給庁宣之状如件云々」とあることにより「郡司帯彼状等之上、領家国司共以為往古請所之由令申之処、請所承伏之由、宗久陳之、為往古請所之条、宗久不論申之上、六波羅状等顕然之間、今更難称上司焉」と判定を下している。

これは、信忠のあとをついだ忠光が承久三年（一二二一）九月谷山郡請所の領家国司の安堵を申請、認可を受けている事実を示しているが、恐らく承久の乱後の変動に対処してのことであろう。これに対し地頭側は郡司としてかかる広汎な権限を取得することへの疑義を表明したものであろう。さてこれらの郡司・地頭の相論はその後も引きつづき争われたが、鎌倉幕府滅亡の前年、正慶元年一二月五日、一〇日の鎮西下知状で一応の結審をみた[10]。前者が地頭職安堵事、悪口事について、後者が地頭所務事についてである。地頭職安堵は資忠の反対をしりぞけて地頭宗久の子忠能の主張を認め、地頭所務についても資忠の主張をいれず、宗久に元通りの所務を認めた。問題の悪口の事についても恩顧の語が弘安一〇年の下知状でさしたる悪口でないと判定されたのであるから、芳志の語も過言とはいい難いとして資忠の提訴は却下されたのである。「於当郡地頭職者、為平家没収之地、忠久拝領之間、本補地頭也、覚信者、為郡司相従地頭所務、令弁勤所当公事之職也」と地頭・郡司の上下関係を主張する地頭側の見解が認められたといってよいであろう。ただ谷山郡の場合、郡司・地頭の濃密な姻戚関係が事態を一層複雑にしている。すなわち山田氏の祖谷山郡地頭は忠久の子忠時の長子であったが嫡出でないため宗家をつがなかったという。忠時の室の一人は信忠の女であるから、忠継は或いは忠時と信忠女の間に生まれた子ではあるまいか。

次に忠光の子忠能の女子、すなわち資忠の姉が地頭忠真の妻で、宗久の母であるという関係、相論の対手同士が叔父・甥の関係にあったということも最初から地頭・郡司間、島津氏と谷山郡司間の親近関係の存在を推測させるに足りる。(11) 以上の叙述から忠久より信忠へ谷山郡の領知権の推移が考えられよう。しかしここで注意しておく必要のあるのは信忠が関東下文を得た建仁三年一二月二四日の時点である。同年九月、鎌倉では比企氏の乱がおこり、島津忠久も縁坐により薩摩国守護職兼惣地頭職を失っているのである。(12) 短期間であったにせよ惣地頭島津氏の不在の間に在国の郡郷司層が従来の権限の回復とその保証を求める動きを示すことは当然の成行であろう。領家もまた地頭の支配権の抑止を望んでいる。このことは建仁三年一一月一〇日・建仁四年正月一八日の島津庄政所下文等によってもうかがうことが出来よう。(13) ただ、郡郷司等在地領主の中には幕府の下文を得て御家人としての立場を確立しようとする者も少なくなかったであろう。(14) 谷山郡司が以後の地頭との相論に際してとくに建仁三年の下文をよりどころに地頭との対等の立場を強く主張したことは看過できない。次に建仁三年の関東下文と共に谷山郡司の下地支配権のよりどころとしたのは開発領主という古代末期の忠景以来の支配の伝統であろう。左の史料はこのことを物語っているように思われる。(15)

請申　谷山郡地頭検非違所両職同事

合

御得分米佰弐拾斛　国津定

右件於御米者、加麦所当幷野畠地子一色所申請也、

唐綾漆端

右件於綾者、為申請検非違所御沙汰、所同請申也、

桑代布壱端　但六丈

苧佰伍拾両内七十五両代布参端各六丈 残七十五両者　筧苧可令進候、

色革拾枚　移花拾枚

右件於革者 本ノマヽ 、為止廻狩幷藍茜等弁所申請也、

以前、色々御年貢等為百姓安堵所申請也、然者有請所定者、追年無懈怠可令弁済候、仍請文之状如件、

貞永二年三月　日　　財　久吉在判

久吉の名がかつて阿多郡司忠景の仮名であったことは前述したが、谷山郡司忠光はその遺跡の継承者としてその名称を踏襲したのであろう。

終わりにその後の谷山郡司・加世田別府郷司について一言しておこう。信忠の後は忠光、忠光の後は忠能、忠能の後は資忠、法名覚信である。覚信は建武元年十二月死没、その後は子息平五郎左衛門入道隆信が継ぐ。隆信は法名で俗名は忠隆である。南北朝期、南朝方の武将として活躍する。同じく同時期に南朝方の武将としてみえる別府右馬権助忠香は谷山郡司左衛門尉忠高、或いは谷山郡司右馬之介忠高、谷山右馬助平忠高法名仏心と同一人かと思われ、忠

隆の子息と推定される。[16] 信忠に（或いは忠明）はじまって忠香（忠高）に至るまで谷山郡司は加世田別府郷司の兼帯であったと思われ、その間加世田別府郷司の名を知らない。本領加世田を離れて谷山郡司としての活動のみが歴史に名を残した。忠香、忠高が推定通りに同一人であるなら、それは南北朝中期以降の烈しい政治社会の動きが郡司をして本来の兼帯の在地領主の姿を浮き出させたのであろう。

註

（１）「新田神社文書」一〇五―1号。
（２）『旧記雑録前編』一―五九四号。
（３）拙稿「加世田氏系図並びに文書」（『鹿児島中世史研究会報』三一、一九七二年）参照。
（４）谷山系図。加世田市仁礼氏系図ではこの記事を忠吉の項にかけるが従いがたい。
（５）『鹿児島県史料　家わけ五』「山田文書」八九号（以下、「山田文書」とあるのは同書による）。
（６）谷山郡における郡司・地頭の抗争については『鹿児島県史』一、『谷山市誌』の他、鈴木鋭彦「中世における領主権確立をめぐっての一考察―薩摩国谷山郡の場合―」（『史淵』五四、一九五二年）、佐々木光雄「鎌倉時代末期における地頭と郡司の相剋―薩摩国谷山郡正安二年の鎮西探題裁許状をめぐって―」（『文化』二一―三、一九五七年）、小園公雄「鎌倉末期に於ける谷山郡司と山田・上別府地頭宗久との土地相論について」（『史創』二、一九六〇年）等の研究がある。
（７）「山田文書」一六号。
（８）同二〇号。
（９）延応二年状は同九〇号　正慶元年一二月五日　鎮西下知状にもひかれている。括孤内は同状によったもの。
（10）同九〇・一九五号。

(11)　同八九号　元徳二年一一月　谷山覚信代教信重申状に地頭側の言葉として「覚信者、為外戚縁者之条、無子細」とあり、郡司側の言葉として「凡不謂内外戚、対于叔父致礼節者尋常法也」とある。拙稿「薩摩国伊集院の在地領主と地頭」（本書第1部第二章）参照。

(12)　「吾妻鏡」建仁三年九月四日条。「島津家文書」一―一六八号　島津忠久願文。拙稿「薩摩国守護島津氏の被官について」（『鹿大史学』一二。本書第1部第八章）参照。

(13)　『旧記雑録前編』一―二〇三・二一〇号。

(14)　「島津家文書」一―五五五号　元徳元年一〇月五日鎮西下知状に日置北郷弥勒寺庄本主日置江太家重が元久二年「当時雖無訴申之旨、入鎌倉殿見参訖」とあるのはこれに該当する動きではあるまいか。

(15)　「山田文書」一七六号　財久吉請文。

(16)　『谷山市誌』、加世田市仁礼氏系図。

五、鹿児島郡司

阿多忠景の弟で養子となったものに忠吉《(良)》がある。指宿系図では忠明の次の弟で「号鹿児島太郎、依為兄忠景養子、号太郎譲鹿児島郡」とある。谷山系図では「忠良、字鹿児島六《(太)》郎、為忠景養子号太郎」とある。六郎は太郎の誤りかとも思われるが、鮫島系図にも六郎とあり通房から六番目の兄弟であるからあながち誤りともいえない[1]。忠吉には男子がなく女子のみであるが、谷山系図は女子について久米郡司妻と記し、指宿系図はその子に久米二郎、久米三郎の兄弟を記す。久米二郎は「渡貴賀島死去」とし、三郎は忠重、鹿児島主と記し、その子に嫡女と女をあげている。この系図の解釈は甚だむずかしいが、忠重は鹿児島郡司職をめぐって惟宗氏と争い、ついに惟宗氏の手より奪い返すことに成功している。(2) 勿論惟宗氏も執拗に争論をくりかえし、承久の乱に際して忠重は院方であったと訴え、郡司職の奪還につとめている。(3) 結局同職は矢上氏の得るところとなり、惟宗氏の目的は達せられなかった。矢上氏についても種々の説があり明らかでないが、同氏が忠重の跡を継承したことは間違いなく、恐らく忠重の縁戚という形で相続したものと思われる。(4) それはさておき建久八年の図田帳では鹿児島郡司は藤内康友（惟宗氏）であり、本宮司（郡）として平忠純の名が記されている。忠純が誰か明らかではないが、或いは貴海島で死去した久米二郎でもあろうか。『旧記雑録』に採録されている下甑島長浜村宮屋敷名頭左衛門家文書はこの点興味深い史料となっている。(5) 同文書の相伝事情については甑島に移って百姓となる前は薩摩郡高江郷の郷士であり、久米次郎の末葉かというだけで明らかでないが、家に橘氏系図と共に平姓秩父系図を伝え、中に久米二郎・三郎の名も記されている、しかし、これは文書をもとに後人が書いたものかと安永八年に当時の系図学者源盛富は考証している。しかし同文書はそれより前、宝永三年、藩記録所により召上げられ写が下付されていたのである。左にその全文及び副書を記そう。

在御判

久米乃次郎家願きかい□候き、其跡をハ子息あらハ相伝すへきに、一人の子もなきにより舎弟忠重にたふへきなり、奉公の物のあとをハ御いとをしミあるへき事にてあるうゑ、証文を以□れハたふへきなり、奉公の物のあとをハ御いとをしミあるへき事にてあるうゑ証文を以□れハたふへきなり、いまたわかき物にてものに心えぬところやあるらんとおほしめせとも、ほうこうの物のゆかりなれハかくおほせつかはすなり、当時者藤内康友知行のよし申なれハ、他所をもとらせて家願か跡をハこのたゝしけ（忠重）にたふへきなり、御下文をもな

したふへけれとも忠久かさたの所也、家願ニも御教書をつかはしてたひたりしかハかくおほせつかハすなり、と
おほせことなり、仍執達如件、

建久九年敷　　散位平

島津左衛門尉

右古写当座江差出候処、御用相成物ニ候故、本書被召上候、依之無相違令臨写被下之候也、仍如件、

御記録所

宝永三年戌九月廿二日　市早左衛門（印）（花押）

田五右衛門（印）（花押）

下甑長浜村百姓

早右衛門

右の文書は忠重の鹿児島郡司職獲得を正当化するものといえよう。久米次郎家願とある家願は法名で、俗名は前述の如く或いは忠純か。忠純は忠澄とも書くのであろう。家願は貴海島に渡って死に、それが奉公の者とよばれているのであるから恐らく文治三・四年の貴海島渡海役をさすのであろう。文治五年と推定される一一月二四日付の関東御教書案では「かこしまの藤内康友」（惟宗氏）が奥州従軍の功により申請のまま鹿児島郡司職に安堵されている。(6)恐らく家願の没後、郡司職の補任のないまま文治五年奥州出軍のことがあり、同年二月九日の頼朝が島津忠久に宛て、庄官の中武器に足る輩の参向を求めたのに応じ従軍したものであろう。(7)執印系図によれば康友はこれと前後して新田

宮執印職幷五大院院主職に補任されているが、康友の執印職就任はこれがはじめであり、以前の執印は惟宗氏ではなかった[(8)]。系図では康友の父は明法得業生友広、祖父は筑前前司友兼、曾祖父を宗大納言子知国、高祖父を若狭守忠方とし、同じ知国の子筑前介国広の曾孫を豊後守忠久として島津氏・執印氏を同族の惟宗氏としている。執印系図の信憑性については疑問があるにしても、島津忠久・惟宗康友が共に文治年間に史料にあらわれ、新来の豪族で相互に親近関係のあったことは推察に難くない。前述の如く康友は鹿児島郡司職と新田宮執印兼五大院院主職を併せもったが、前者については建久九年以降平忠重らの回復運動が活発になった。中間を欠いているが建仁元年一一月二二日の関東御教書案は「島津庄内鹿児島郡司、弁済使両職事、康友与忠重召問両方、任文書理、可沙汰付之由、先日令下知之処、件忠重不待裁許、令逃脱庄内之上、剰私用御米之条、罪科不軽之由在庁幷代官所申也、如聞者忠重所行甚以（以下欠）」とあり、両者の衝突のあったことを記しているが[(9)]、二年後の建仁三年一二月九日の北条時政御教書案では「藤内康友訴申、島津庄内鹿児島郡司幷弁済使職事、召問両方理非於庄官等、付文書道理、可令致沙汰給之由所候也」とあって既に同職は忠重の手中に帰しているようにうかがえる[(10)]。前出の如く建仁三年九月には比企氏の乱があり、島津忠久は一旦薩摩国守護職並びに惣地頭職を失い、同職は暫時北条時政に委ねられたと考えられるが、この政治的変化に在地の豪族は敏感に対応したであろう[(11)]。康友は鹿児島郡司職の確保ないし奪回になお努力を重ねるが、一方では新田宮執印職幷五大院院主職について建仁三年一〇月二六日、北条時政下文を得[(12)]、以後世襲の職として長子康兼の子孫に伝えると共に国分寺留主職についても二男友久に格護させ、その子孫に同職を世襲させている[(13)]。以上述べた如く文治年間、惟宗康友の得た所職の中、新田宮執印職等については保持し後代に伝えることができたが、鹿児島郡司職については確保できなかった。その理由は何であったろうか。勿論親近関係にあった守護兼惣地頭島津氏の一時的な失脚があったにせよ、それのみでは所職喪失の理由にはならない。むしろその領知権に優先する本職の存在があったからであろう。本郡司忠純(澄)の名が建久図田帳に記されていることにもその間の事情が推測される。一旦新来の康友に与えたのを排除してもとの領主に帰すという方針がとられたからであろう。

平姓鹿児島郡司の初見は「祢寝文書」、建部清忠解状断簡に「彼清房者、平家之与力之人、麑島郡司有平止令同意天宣旨之御使時遠於散々止射動」とある有平であるが[14]、同人は指宿系図に忠景らの兄弟として記されている多禰平次有道（或いは給黎兵衛尉有道）の子として記されており、前述の如く建久八年の大隅国図田帳には島津新立庄（多禰島・財部院・深川院）七五〇丁の記載のところで「謀反人故有道有平子孫于今知行之」とある。源平交代期に大隅・薩摩両国にまたがり郡司職を有していたこの一流が平氏滅亡後の建久年間なお在地支配をつづけていたということはこれら薩摩平氏一族の根づよさを示すものであろう。鹿児島郡司職が忠吉のあと一時甥の有平のもとに渡っていたことは明らかである[15]。鮫島系図によると宗家の子家高について「郡司、刑部少輔、母鹿児島六郎平忠良女」とある。忠良は忠吉に他ならない。建久三年阿多郡司宣澄改易後、代わって同郡の地頭職に補任された宗家が忠景の養子忠吉の一女を妻とし、その間に生まれた家高に同郡北方地頭職を譲っている。家高は法名行願、新田宮所司神官等より神王面毀破その他数々の非法が訴えられ、宝治元年一二月一五日の関東御教書により改任されている[16]。前節で述べた如く家高は忠景―宣澄の先例にしたがって地頭職に任じたのであり、系図に郡司とあるのもその間の事情も示しているのかもしれない。以上により忠景の養子忠吉の後は鹿児島郡司と阿多郡地頭に伝えられたということができよう。地頭、鮫島氏の下で郡司として活躍したものはその名からみて宣澄や忠吉の遺族ではなかったかと推量されるのである[17]。かつて水上一久氏が指摘されたように、南北朝期における鮫島氏の行動にみられる平姓南薩郡司との共通性の原因の一

つはここらにも求められよう。(18)

註

(1)『旧記雑録附録』一―二三九号　鮫島氏古系図。
(2)拙稿「薩摩国御家人鹿児島郡司について」（本書第1部第四章）参照。
(3)「新田神社文書」二五―5号　嘉禄三年一二月二四日関東御教書案。
(4)拙稿前掲論文、郡山前掲論文。氏は矢上氏を肥前出自の豪族とされる。彼杵氏と同様に外戚関係で入薩し在国御家人化したのであろう。
(5)『旧記雑録前編』一―一八二号　鹿児島市町喜代志氏現蔵文書。
(6)同一四七・三〇四号「国分寺文書」。
(7)「島津家文書」一―九号　源頼朝下文。
(8)『旧記雑録前編』一―四三号「権執印文書」長寛二年六月一日　新田宮先執印桑田信包申状。
(9)「新田神社文書」二五―3号。
(10)同二五―2号。
(11)佐藤進一『鎌倉幕府守護制度の研究』薩摩条参照。
(12)「新田神社文書」六九―1号。
(13)拙稿「薩摩国御家人羽島氏並びに延時氏について」第一編　付、執印氏と国分氏（『文学科論集』二、一九六六年）参照。
(14)『鹿児島県史料　家わけ二付録　月報12』（一九九一年）。
(15)久米郡司とは或いはこの有平かとも考えられるが確言できない。
(16)「新田神社文書」七一号。

（17）江平前掲論文参照。

（18）水上一久「南北朝内乱に関する歴史的考察―特に薩摩、大隅地方について―」（『中世の荘園と社会』所収）参照。終わりに薩摩平氏の略系図を掲げ参考にしよう。

薩摩平氏略系図（本文引用諸氏系図による）

良文―忠道―輔孝―貞時―良元┬季元―兼輔
　　　　　　　　　　　　　└良忠―良道┬道房―道平―道綱―久道―信道
　　　　　　　　　　　　　　　　　　　├有道―有平―俊平
　　　　　　　　　　　　　　　　　　　├忠永┬忠方┬忠次
　　　　　　　　　　　　　　　　　　　│　　│　　└女（兼澄妻）―忠澄
　　　　　　　　　　　　　　　　　　　│　　├忠光┬忠元
　　　　　　　　　　　　　　　　　　　│　　│　　└忠季
　　　　　　　　　　　　　　　　　　　│　　├忠行
　　　　　　　　　　　　　　　　　　　│　　├忠信―忠益
　　　　　　　　　　　　　　　　　　　│　　└忠直―忠友
　　　　　　　　　　　　　　　　　　　└忠景┬女（信澄妻）
　　　　　　　　　　　　　　　　　　　　　　└女

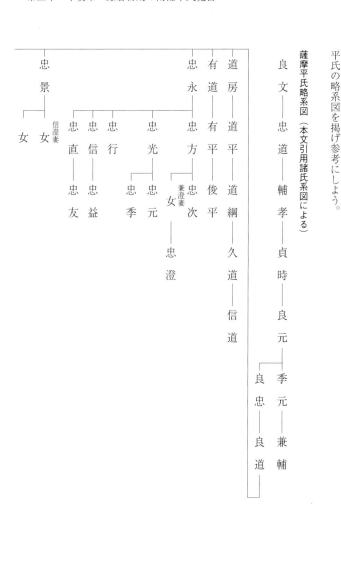

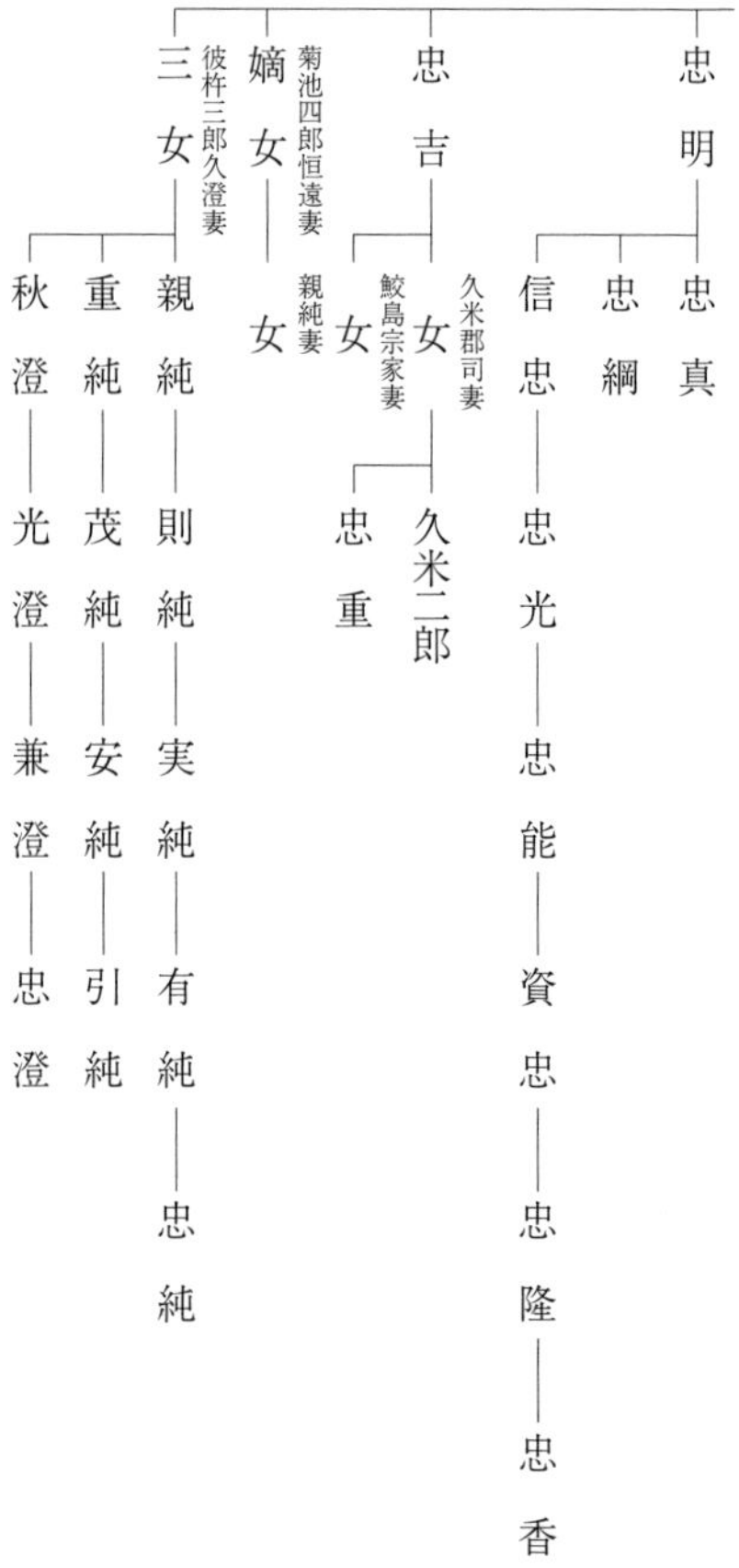

【付記】本稿は昭和四八年五月二六日鹿児島中世史研究会例会において発表した草案をもとに補足成稿したものである。

第四章　薩摩国御家人鹿児島郡司について

鎌倉幕府の御家人制度の研究は久しくその必要性を説かれながらも、今なお著しく不明の点を多く残している。勿論御家人制の究明に当たって当時の記録、法令等を中心として全体的に把握することも重要であろうが、他方さらに多くの御家人個々の研究も積み重ねなければ御家人制度の具体的解明はなしがたいと考える。筆者は先に筆者の便宜を有する薩隅の御家人について概括的考察を行ってきたが、(1)さらにその中の個々の御家人について若干取り上げてみたいと思っている。(2)本稿はその中、薩摩国御家人鹿児島郡司を取り上げたものである。既に鹿児島郡司を取り扱っている論稿として『鹿児島県史』一（一九三九年）、『鹿児島のおいたち』（鹿児島市役所編、一九五五年）等があるが、自らその記述の目的、方法等に異なる点もあるので、筆者は筆者なりの見地から若干の考察を加えてみたい。

註

（1）拙稿「薩摩の御家人について―その数と系譜」（『鹿大史学』六・七。本書第1部第一章）。同「大隅の御家人について」（『日本歴史』一三〇・一三一。本書第2部第一章）。

（2）既に取り上げたものとして以下のものがある。拙稿「薩摩国御家人比志島氏について」（『鹿大史学』八。本書第1部第五章）、同「大隅国御家人税所氏について」（同九。本書第2部第三章）、同「中世社会と御家人―惣領制と御家人制、薩摩国の場合を中心として―」（『歴史教育』八―七。拙著所収）。

一、平姓鹿児島郡司

鎌倉時代初期における薩摩国の御家人名を知る史料として建久八年一二月の大番役勤仕輩の交名がある。全部で二四名であるが、おおむね薩摩国の全郡・院・郷に及び、ほぼ郡司、院司、郷司級の在地豪族の名があげられている。その中の一人に「鹿児島郡司」の名がみえる。(1) この鹿児島郡司が誰であるかについては明らかでないが、同年の建久図田帳によると、鹿児島郡司は藤内康友とあり、本郡司として平忠純とある。(2) 本郡司とは元の郡司の意味であると思われる。とすれば図田帳作成当時の郡司は藤内康友、これは以後薩摩国一宮新田宮執印職と国分寺留守職とを世襲する惟宗氏の祖であるが、その惟宗氏ということになり、大番交名の郡司も同人とも考えられる訳である。しかし大番交名が平姓鹿児島郡司の後と考えられる長谷場氏の文書の中に伝えられていることから考えると、或いは本郡司平忠純またはその後であるとも考えられる。一体両者の交替はいかなる事由によったものであろうか。平姓鹿児島郡司の初見は「祢寝文書」にみえる平家与力人・鹿児島郡司有平である。(3) この有平は薩摩平氏系図に多禰平次有道、或いは給黎兵衛尉有道とあるものの子としてみえる人と思われ、(4) また建久八年の大隅国図田帳に島津新立庄七五〇丁の記載のところで、財部院の下に「謀反人故有道有平子孫于今知行之」とある人と同人と思われる。(5) そして、そこに財部院の下に記されているその記事は或いは多禰島の下にかかるべきか、または新立庄全体にかかるべきものと考えるのであるが――それはともかくとして、そこでもみえるように、有道、有平の子孫がなお、実際に現地を支配していたとあるが、このことは鹿児島郡についてもいえるのではあるまいか。即ち有平の没後、その後と思われる平忠純が依然在地にあって権力をもち、文治五年奥州征伐に従軍してその功を認められ、平姓鹿児島郡司に代わって鹿児島郡郡司職に任ぜられた藤内康友の支配は中々浸透しがたかったと考えられる。[6] 康友は後に「島津忠久小舎童」であったといわれているように、薩摩国守護島津氏と何らかの特殊関係があったのではないかと思われるが、はっきりしない。[7] そして平姓鹿児島郡司が間もなく再現したことは、左記の建久九年の関東御教書案によっても推測されるのである。[8]

　久米乃次郎家願きかい□ツき、其跡をハ子孫あらハ相伝すへきに、一人の子もなきによりて舎弟忠重にたふへきなり、奉公の物のあとをハ、御いとをしミあるへき事にてあるうゑ、証文を以□(マヽ)れハ、たふへきなり、いまたわかき物にて、ものに心えぬところやあるらんとおほしめせとも、ほうこうてゆのゆかりなれハ、かくおほせつかはすなり、当時は藤内康友知行のよし申なれハ、他所をもとらせて、家願か跡をハ、このたうし□御下文をもなしたふへけれとも、忠久かさたの所也、家願にも御教書をつかはしてたひたりしかハ、かくおほせつかハすなりと、おほせことなり、仍執達如件

　　建久九年九月　　　　散位平

　島津左衛門尉

ここにみえる久米次郎家願の弟忠重をして郡司職を復せしめるとあるのは、前述薩摩平氏系図一本にみえる記載とほぼ合致するのである。即ち【系図①】の如くである。[9]

かくして惟宗氏の郡司職は一時的、形式的なものに止まり、郡司職の実質は依然、平姓鹿児島郡司の手中にあったと見られるのである。建仁元年の北条時政奉書案をみても、両者の相論は長く続けられていたようであるが。[10] 郡司職

と弁済使職（鹿児島郡は島津庄寄郡であるため、郡司職と弁済職が併存するが、大体寄郡の場合は郡司がそれを兼帯したようである）の実質的権限は忠重が有していたと考えられる。そして承久の乱後、康友の後である康弘が、敵人忠重、忠光らが承久合戦の際、京方であったことをあげて、郡司職の奪回を策していることから考えても、(11) やはり郡司職は平姓鹿児島郡司の手中にあったことをみとめてよいように思われる。

【系図①】

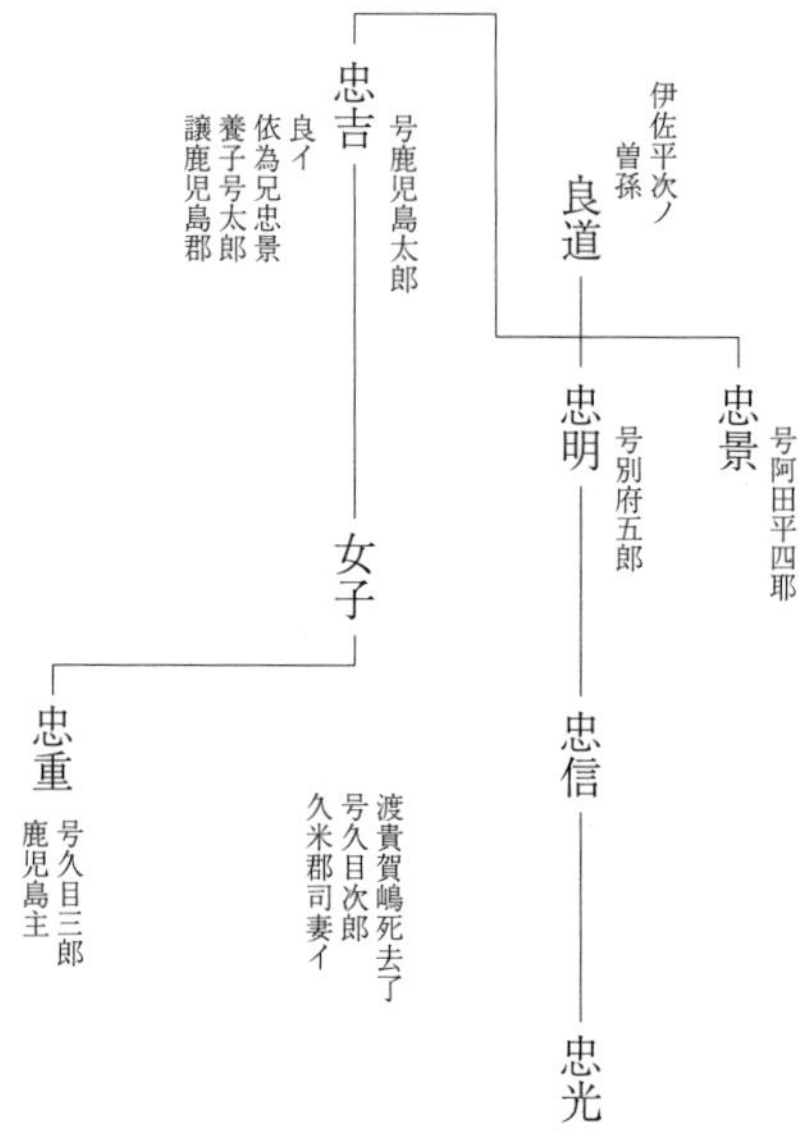

註

（1）『鹿児島県史料　家わけ五』「長谷場文書」七八号（以下、「長谷場文書」とあるのは同書による）建久八年一二月一四日　島津忠久内裏大番役支配注文案「麑島郡司、河辺平次郎、別府五郎、頴娃平太、伊作平四郎、薩摩太郎、知覧郡司、益山太郎、高城郡司（以下略）」。

　これにはほぼ同文のものが『旧記雑録前編』に二点おさめられている。一は江田源助蔵本とあるもの（一―一七五号）、一は市来与左衛門本とあるものである（一―一七七号）。右の二点は共に計二四名の御家人名をあげているが、「長谷場文書」のもののみ二名少なく二二名である。これについては前に拙稿「大隅国建久図田帳小考」（『日本歴史』一四二。拙著所収）において伝写の際の誤脱であろうと考証したことがある。なおこの鹿児島郡司について長谷場系図は朝純なりとするが、これは有馬系図に朝澄とみえる人で「吾妻鏡」寛元四年三月一三日条に有間左衛門尉朝澄と記されている人と同一人と思われ、それを建久八年の鹿児島郡司に当てることは難しい。

（2）「島津家文書」一六四号　建久八年六月　薩摩国図田帳写。

鹿児島郡　三百二十二町内　島津同御庄寄郡
寺領　三十七町五段　安楽寺　下司僧安静
社領　八十町　正八幡宮領
府領社　七町五段　下司前内舎人康友
公領　百九十七町　郡司前内舎人康友
地頭右衛門兵衛尉
但本宮（郡）司
平忠純

本郡司が元の郡司の意であろうことについては前に拙稿「薩摩国建久図田帳雑考」（『日本歴史』一三七。拙著所収）において些少の考察を加えたことがある。

（3）「祢寝文書」建部清忠解状断簡（『鹿児島県史料　家わけ二付録　月報12』）に「彼清房者、平家之与力之人、鹿児島郡司有平止同意天宣旨之御使時遠於散々止射動……」とある。

（4）薩摩平氏系図の代表的なものは揖宿系図であるが、その他種々の平氏系図が伝えられており、それぞれ若干の異同がある。揖宿系図には川辺平太道房の次に多禰平次有道をのせ、その子を有平とする。「薩隅日三州他家古城主来由記」には給黎兵衛尉有道をのせ、「忠久公御代令居城、其根本平姓より出たり、川辺次郎道房か弟也」と記している。また後掲「備忘録抄」中（鹿児島県立図書館所蔵、『鹿児島県史料集（XV）』）所収、出水士須田利兵衛本系図によれば阿多忠景の弟でその養子となった鹿児島太郎忠吉をあげ、その後に久米郡司、同忠重をあげている。今これらを折衷して一系図とすれば次の如きものとなる。参考までに掲げておく。

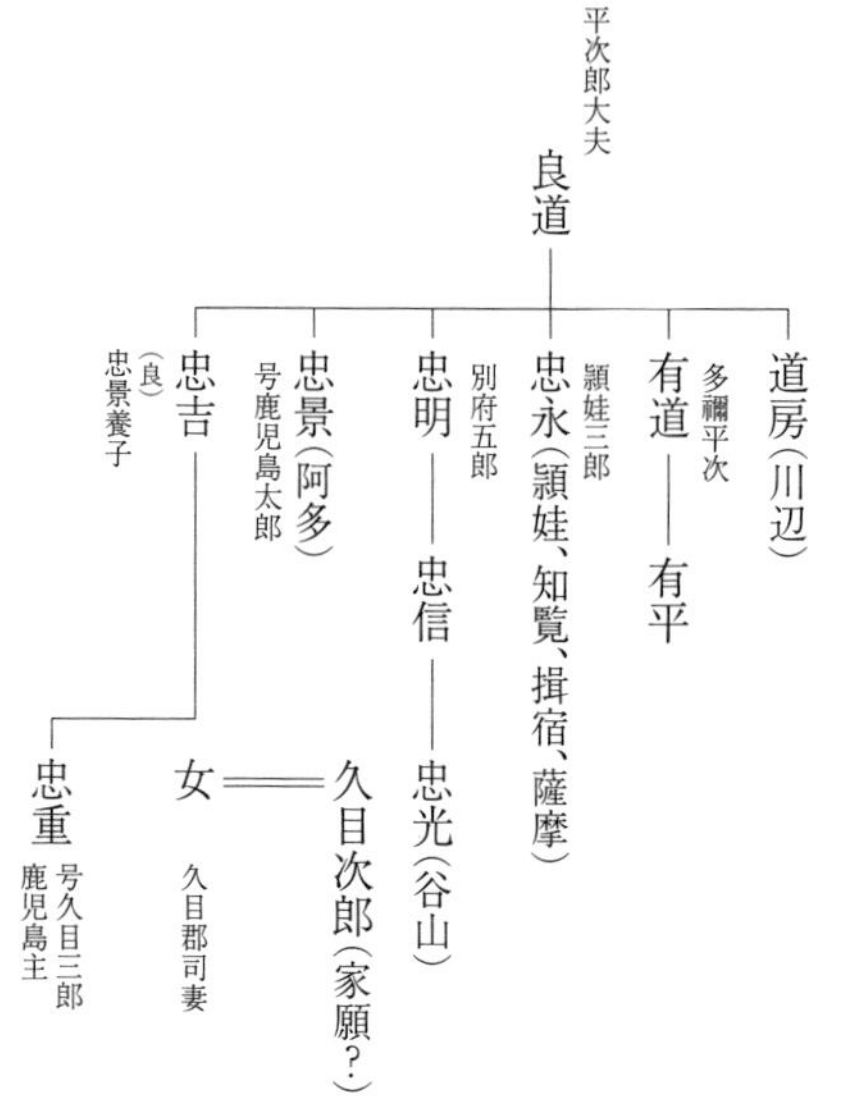

（5）大隅国建久図田帳（拙稿「大隅国建久図田帳小考」校訂本による）

島津庄　殿下御領　地頭衛門兵衛尉

新立庄七百五十丁

深河院百五十余丁

財部院百余丁

多禰島五百余丁

謀反人故有道有平子孫子今知行之

肝属氏古系図には肝属兼俊女子五人をあげているが、その一人に「多禰郡司有平妻」がある。なお「池端文書」承久三年一二月守護所下文（『鹿児島県史料　家わけ一』「祢寝文書」六七五号〈以下、「祢寝文書」とあるのは同書による〉）に多禰（種子）島に

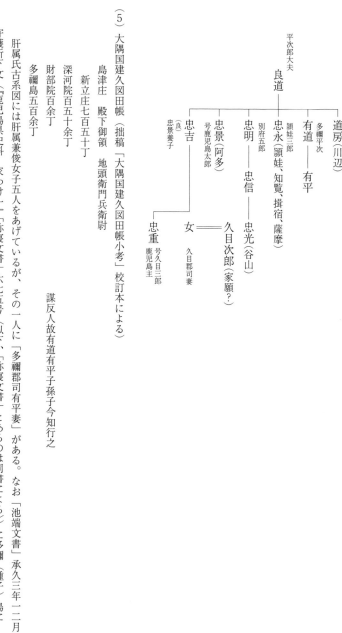

所領を安堵されている御家人見和平次有光とあるのもこの子孫ないし一族であろう。

（6）『旧記雑録前編』一―一四七号　写在国分平次郎　関東御教書案

（頼朝判）

薩摩国かこしまの藤内康友ハ、奥州へ御共して給暇、所令帰国也、かつハかこしまの郡司職もとより知行さうゐなきよし申、

可存其旨、依仰旨如此、仍執達如件、

文治五年十一月廿四日　　　　　　盛時奉

伊豆藤内殿

新任の郡司藤内康友は薩摩国一宮社新田八幡宮の執印であり、同時に牛屎院木崎名一五丁の名主職をも有している。藤内康友は惟宗姓であり、彼の所領の惣地頭職を有する島津（惟宗）忠久との間に直接の関係ありとする執印氏系図、惟宗系図等の記載はにわかに信じがたいとしても、文治五年の奥州出軍に従軍し、頼朝より鹿児島郡司職安堵の下文を得ていることからみて、いち早く惣地頭島津氏との関係の下に鎌倉幕府と関係を結び、平家与力人であった前郡司平有平―忠純に代わって鹿児島郡司職を獲得することに成功したものであろう。

（7）『鹿児島県史料　家わけ十』「新田神社文書」七一号（以下、「新田神社文書」とあるのは同書による）宝治元年十月廿五日の関東下知状案によると、「一、両方悪口事」として「右、如行願訴状者、行願還俗之身、不可参侍所之由、師久令弟□（畢カ）、可被糺明也云々、如師久陳状者、師久祖父為島津豊後前司忠久小舎童之由令申畢、尤可被糺也」とある。

師久の祖父とは即ち内舎人藤内康友のことである。阿多郡地頭鮫島行願（家高）が師久と相論した際、互いに悪口を述べたが、行願の悪口とは康友がかつて忠久の小舎童であったと述べたことであった。これは康友の所職が地頭島津氏の進止下にあったことを誇張した発言であったといえよう。

（8）『旧記雑録前編』一―一八二号　下甑島長浜村農夫物兵衛所蔵文書（現在、薩摩郡下甑島村長浜、宮氏所蔵）「備忘録抄」中にもこの史料が収録されているが、年月の記載は建久九年歟とあるのみである。形式、内容、宛名等から疑問の点もないではないが、後考を挨つこととして一応全文を掲載した。文意必ずしも明らかでないが、およその意味は「久米次郎家願の死後、子息なきため、

舎弟忠重に相続せしめることにする。奉公の者の跡はとくに愛惜する方針につき、忠重はまだ若年ではあるが、配慮を加えることとする。しかし藤内康友が当知行者であるので、これには他の所を与え、忠重をして家願の跡を安堵せしめることにする。只その所領は忠久の沙汰するところであるので、とくに忠久にその仰せを伝える次第である」というのであろう。この忠重が、惟宗康友と鹿児島郡司幷弁済使両職を争った忠重と同一人なのであろう。ここで忠重の兄とある久米次郎家願の出自については明確にしえない。久米の地名は肥後球磨郡にあり、早く「相良家文書」に久米氏がみえるが、その関係は詳らかでない。ただ久米氏とあるところから伴氏との親近関係が考えられ、また文書の伝存状況からみて後にその子孫の衰微したこと等が推測される。建久図田帳にみえる本郡司平忠純と久米家願とがいかなる関係にあるのか明らかにしえない。或いは同一人であろうか。とにかくこの文書にしたがえば、忠重は図田帳作成後間もなく鹿児島郡司職を復したと思われる。しかし当然惟宗康友の反発が考えられ、しばらく両者の争いがつづくのである。

(9)「備忘録抄」中　出水士須田利兵衛本系図。註（4）参照。

(10)「新田神社文書」二五―3号　建仁元年一一月二二日　北条時政奉書案。

島津庄内鹿児島郡司、弁済使両職事、康友与忠重召問両方、任文書理、可沙汰付之由、先日令下知之処、件忠重不待裁許、令逃脱庄内之上、剰私用御米之条、罪科不軽之由、在庁幷代官所申也、如聞者忠重所行甚以（後欠）

右文書は後欠のため明らかでないが、文体等からみて正式な裁決文ではなく、忠重の所行を戒め、厳正な調査を令したものではあるまいか。県史がこの史料により、一旦所職を康友に与えたとするのはいかがであろうか。同二五―2号　建仁三年一二月九日の北条時政雑掌奉書案によると、なお鹿児島郡司幷弁済使職について守護所に命じて両方の理非を在地の庄官等に尋問せしめているところからみて、一旦忠重に不利な判定が行われたとしてもそれは最終的決定であったのではなく、結局両職は忠重に安堵されたものであろう。

(11)「新田神社文書」二五―5号　嘉禄三年一二月二四日　関東御教書案

薩摩国御家人甑島小太郎康弘申御郡司職事、訴状遣之、如状者、論人忠重・忠光等承久合戦之時、為京方云々、為被糺明実否、可令召進彼両人也、明年四月以前、可参着関東、若違其期者、就訴状可有御成敗也者、依鎌倉殿仰、執達如件、

一方惟宗康友は幕府方に属している。『旧記雑録前編』一―二九四号　承久三年七月二〇日　藤原某書状案。これによると康友は上京の途次、伊予攻撃の軍に加わらんとしたが、早く河野氏が降伏したので急ぎ上京して泰時等の見参に入ったもののようである。執印氏系図にしたがえば康弘は康友の孫となる。この訴論の結果については明らかにしがたいが、恐らくその責を問われ、忠重は所職を失うに至ったのではあるまいか。

二、鹿児島郡司矢上氏

このように承久乱後、鹿児島郡司職をめぐる平姓鹿児島郡司と惟宗氏との争論の後に、新たに鹿児島郡司として登場したのは惟宗氏ではなく、矢上氏である。そして爾来惟宗氏はさらに今度は矢上氏を相手として郡司職をめぐり論争を続けるのである。はじめは矢上三郎盛澄を相手とし、(1)ついでその後家を相手として郡司職幷弁済使職の奪回を企図している。(2)しかしこれは成功をみず、以後この時代を通じて鹿児島郡司職は矢上氏の有するところであった。それならこの矢上氏とは一体いかなる系譜を有するものであったろうか。これは実は明らかでないのである。太田亮氏の『姓氏家系大辞典』は二説をあげ、一をさきの平姓鹿児島郡司と同じ薩摩平氏の一流とし、一を肥前有馬氏の族矢上氏とし、その氏名は肥前矢上の地名を負うた如くにしている。(3)一体、薩摩平氏の系譜は何れも肥前伊佐平氏との関係に縁故をもとめており、これは薩摩地方一帯に繁衍した在地の豪族が伊佐氏の勢威を慕い、或いは何らかの縁戚関係により平氏同族を称したのであろうが、矢上氏の場合もその例にもれないと思われる。(4)恐らく矢上氏も平姓鹿児島郡司同族で、忠重らの没落に代わり、その縁故関係によって郡司職を襲ったものと考えたい。そして、矢上の氏名は同

【系図②】有馬系図

冬嗣1——長良2——遠経3——良範4——純友5——直澄6——諸澄7——永澄8——清澄9——遠澄10——幸澄11——経澄12——朝澄13——家澄14——連澄15——貞澄16

【系図③】長谷場系図

冬嗣1——長良2——遠経3——良範4——純友5——直純6——師純7——永純8
- 永純8
  - 清純9
  - 遠純10——行純11——経純12
    - 朝純13
      - 家純14——資純15
        - 国純16——宗純17（覚純・覚阿）
          - 純連18（純阿）——久純19——則純20
          - 秀純（中村）
        - 国秀（矢上）——忠良（高純）
      - 連純（有馬）
    - 時純

【系図④】矢上系図

純友——直純——（三代略）——盛純（右衛門尉）（矢上を称す）——時純（五郎）——頼純（五郎）——貞純（又五郎）——義純（左衛門尉）——高純（左衛門五郎）

族長谷場の氏名が現在鹿児島市内に字地として残っているように、矢上の字名も残っており、やはり鹿児島郡内の地名を負ったものと考えられる[5]。矢上氏に関する系譜として同族長谷場氏系図が伝えられているが、これはその最初の部分（一四代迄）は全く肥前有馬氏の系図と同じである。掲げた二系図【系図②③】を比較してみれば明らかであろう[6]。そして長谷場系図によると矢上氏は一六代国純の庶兄国秀にはじまるとしているが、これは何ら裏付けとなる史料がなく、この系図は疑わしい点が多いのである。

「薩隅日三州他家古城主来由記」と

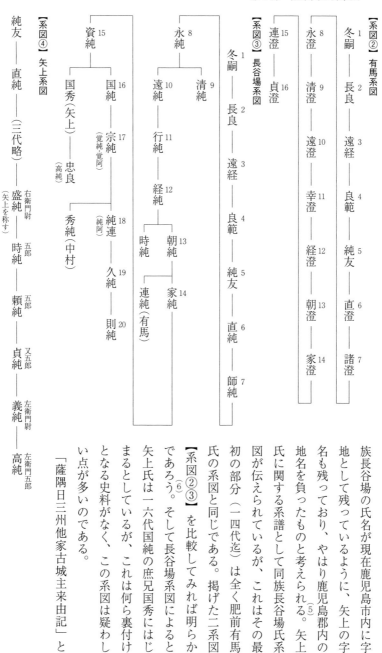

いう近世初期の編纂にかかる資料には矢上氏の略譜が記されているが、これによると長谷場系図六代直純の四代の後胤を盛純とし、以下図にあらわせば【系図④】の如く記されている。(7)

そしてこれは関係史料によっておおむね正しいことがわかるのである。今、両者を併せて一系図を作成すれば【系図⑤】の如くになる。

次に、長谷場氏については左の二史料により明らかに矢上五郎時純より分出した矢上氏庶家であることがわかる。(8)

（一）　沙彌阿妙譲状

譲与　字乙房丸所

薩摩国鹿児島郡長谷場村内田薗等譲状事

在水田壱町内長谷場森田参段内崩下弐段、但自坂下路東限

大田壱町内伍段

在はせはの薗内自山口溝限西方

右、於彼水田薗者、自時澄手譲得之、阿妙重代相伝所領也、しかるあいた字乙房丸仁限永代譲与ところなり、何子孫たりといふとも、またくいらんをいたすへからす、但ちとうまい《（地頭米）》已下公事等ニをいてハ、分けん《（限）》ニしたかて、惣領新五郎相共その

【系図⑤】

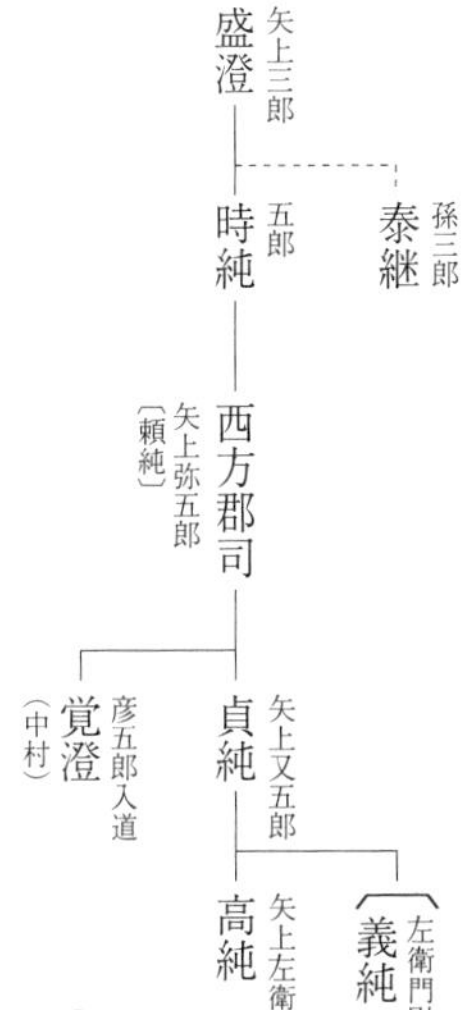

（点線、〔　〕は推定）

弁をいたすへし、仍為後日、自筆をもて譲状如件、

元応弐年八月三日　　沙彌阿妙（花押）

（二）沙彌純阿譲状

譲与　兵庫允久純所

早可令領知薩摩国鹿児島郡内田薗等事

在水田壱町内

坂本名長谷場伍段（西七杖井尻加藤九郎入道作ヨリ山下限焉）

甘子木村内比牟田伍段矣

在長谷場薗弐ケ所内山口谷下溝ヨリ西限

右、於水田薗者、以矢上五郎時澄、阿妙、阿実譲状、純阿重代相伝所領也、而久純為次男之間、相副阿妙状所譲与也、然早全知行、兄弟成水魚之思、地頭米藍佃公方役、随分限可令勤仕、仍為永代相続、以自筆譲状如件、

貞和六年二月十五日　　沙彌純阿（花押）

（傍点筆者。以下同）

そして、同氏が建武以降所領を日向国南郷、飫肥北郷等にもち、惣領矢上氏及びその他の庶家が鹿児島郡にのみ所領を保持して、南党として守護島津氏に抗し、衰退していったのに対して、終始武家方として畠山氏、島津氏の側にたってその所領を全うし、早く活動の舞台を日向地方に移し、野辺氏などの日向の諸豪族などと連繫してその勢力の維持強化につとめたのであり(9)、かくして後世、庶家長谷場氏が惣領家である矢上氏に代わって、元鹿児島郡司の名を称し、その系図もまた前掲の長谷場系図のように惣庶逆に記述するようになったのではあるまいか(10)。

註

（1）「新田神社文書」二五—6号　貞永元年閏九月八日　関東御教書案「甑島中務丞康兼訴状如此、郡司職事、為対決、可被召進矢上三郎盛澄之状、依仰執達如件」、同二五—7号　天福元年六月二八日　関東御教書案、同二五—8号　文暦二年九月一六日　関東御教書案、同二五—9号　仁治元年七月三日　北条泰時書状案。何れも訴人が惟宗氏であり、論人が矢上氏である。この際矢上氏が既に郡司職に就任していたであろうことは、同二五—10号　年不詳一二月二二日　山田忠継請文案に「郡司矢上」とあることからも推定しうる。また訴論の結果も矢上氏が郡司職の保持に成功したであろうことはその後の推移に徴して明らかである。

（2）弘長年間に、康兼の子鹿児島中務次郎康邦と矢上盛澄後家とが鹿児島郡司并弁済使両職をめぐり再び争っているが、これは盛澄の死後、惟宗氏が両職の奪還をはかったものであろう。その結果を直接示す史料はないが、その後も郡司職は矢上氏が相伝した如くであるから、惟宗氏の企図は恐らく失敗したのであろう。同二五—11号　弘長元年四月五日　北条時茂問状案「薩摩国御家人甑島中務次郎康邦与矢上左衛門尉盛澄後家相論、当国甑島郡司并弁済使両職事、散状披見了…」、同二五—12号　年未詳七月一二日　山田忠継請文案、同二五—13号　弘長三年九月三日　関東御教書案

（3）太田亮氏の『姓氏家系大辞典』によれば「此の矢上氏（肥前）の出自については、管見未だ之を明かにせずと雖も、若し有馬と同族なりとすれば、薩摩矢上高純もその系図に見ゆる如く、有馬氏の一族にして、肥前より移りしものか、然らば鹿児島郡司の裔といふ如きは信ずるに足らざる也」とし、さらに肝付氏との関係についてふれ、「当国矢上氏を大友純友の子孫、有馬右馬介行澄の二男矢上右衛門尉盛純の裔とするは頗る味ふべし、純友は藤原也、しかるに大友としたるは、後者が当国の著姓にして、彼の有名なる肝付氏の如きも、大友姓なれば、両者を混同せしや明か也、思ふに矢上氏は肝付氏の族にて大友姓なりしを後に有馬の系を混じて、大友純友の裔とするに至りしにあらずや」としている。有馬氏とあるのは同じく『姓氏家系大辞典』によれば肥前有馬氏で高来郡有馬よりおこり、古くは平氏といい、近世藤原氏を称すとある。肥前矢上氏は有馬氏が高来郡有馬（間）の地名を負えるが如く、西彼杵郡矢上の地名を負い有馬氏と同族であろう。ただ、鎌倉時代肥前矢上氏の動静を知る史料は乏しく、「嬉野文書」（佐賀文書纂）に元徳二年一二月一六日の鎮西下知状があり、矢上次郎法師（法名念戒）と宇礼志野六郎通直とが伊佐早庄内矢上村内女子分田地事について和与している史料があるくらいである（瀬野精一郎氏の御教示による）。

(4) 薩摩平氏の系譜に関しては『鹿児島県史』一、二二一頁以下に詳しい記述がある。県史はまた「肝属、長谷場等は元来同族にして此の地方の豪族であったのではなかろうか」としている。
(5) 長谷場、矢上とも現在鹿児島市坂元町内の字地名として残っている。長谷場は福昌寺墓地付近、矢上は西境を伊敷と接する（催馬楽）城付近である（地図参照）。矢上氏が他より移り来たったという伝承は薄く、むしろ古来鹿児島郡司の末とする伝承が強いことや、その後の矢上氏の在地性の強さなどからみて、同氏が後来の豪族でなく、在地豪族平姓鹿児島郡司の一流とした方が妥当のように思われる。即ち矢上盛澄は平忠重、忠光の後で（同族関係）肥前矢上との関係は肥前平氏と薩摩平氏との関連づけの上に設定された説ではなかろうか。
(6) 有馬系図は『姓氏家系大辞典』及び「寛政重修家譜」所収のものによる。長谷場系図は長谷場純故旧蔵「長谷場氏略譜」（『鹿児島県史料　家わけ五』所収）、串木野長谷場家編纂「長谷場家系譜」による。なお長谷場系図において一々、各代毎に付記している「長谷場家系図」「長谷場口碑」等の註記はとりがたいものが多く、到底そのまま認めがたい。たとえば行純のところでひかれている「長谷場家系図」の記事に「永長元年嗣立日州飫肥南郷北郷弁済使収納使也、従鹿児島日向国飫肥両郷者、掛而申付候処也、鹿児島郡ヲ領有スル前代ノ如シ」等とあるのはその誤れること明らかで、「長谷場文書」によれば、長谷場氏が日向国に所職所領を有するようになるのは少なくとも建武年間以前に遡りえぬことは明らかである。また経純のところで「家系図」の記事に「保延元年嗣立鹿児島郡ヲ領有シ、日州飫肥両郷ヲ宰ス、此時代肥州高来之被仰付郡司弁済夫取納使是同従鹿児島懸テ加下知也」とあり、経純の代に及んで肥前に所領をもつに至ったとしているが、恐らくこれは逆で、長谷場氏系図は肥前有馬氏の系図によって関連づけているのであろう。また朝純のところで「家系図」の記事に「承安元年嗣立此時迄モ日州飫肥、鹿児島、有馬（高来郡有馬庄）共ニ以テ任御内書致下知候処也」とあり、「口碑」に「源頼朝ノ征夷大将軍タルニ及ヒテ朝純ノ忠勤ヲ賞シ特ニ諱ノ一字ヲ賜フ、朝純ノ名此ニ由ル」とし、「長谷場文書」建久八年の内裏大番催促人交名をあげているが、この鹿児島郡司を朝純とすることには前記したように年代的に難点がある。
(7) 県立図書館所蔵　宝暦三年「薩隅日三州他家古城主来由記」。
(8) 「長谷場文書」二号・三三号。（一）は時澄《(純)》の手より譲得した重代相伝所領、鹿児島郡長谷場村内田薗等を阿妙が字乙房丸に永代譲与した文書で、そこにみえる惣領新五郎とは矢上氏の嫡系ということになろう。恐らく、貞純に当たるのではあるまいか。乙房丸は何人に当たるか明らかでないが、(二) によれば久純は次男であるから阿妙の状を副えて譲与するとあり、或いは阿実、または純阿に当たるのではないかと思われる。(一)、(二) 記載の所領は恐らく同一物件であろう。純阿―久純は長谷場村田薗を相伝するに至り、以後長谷場氏を称するに至るのではあるまいか。即ち長谷場氏は鎌倉時代の末期に矢上氏より分立したと考えた方が妥当と思われる。

(9) これについては拙稿「日向国図田帳小考」(『日本歴史』一四八。拙著所収) において若干私見を述べた。「長谷場文書」四号　建武四年四月二九日　長谷場久純軍忠状、同七九号　建武四年八月六日　足利直義感状。建武四年、鹿児島郡司矢上高純が南党として活躍している一方で、長谷場久純、同幸純は北党の畠山直顕の側に属して軍忠を尽くしている。恐らく長谷場氏はこのころには新たに所領を日向に有し、惣領矢上氏とは別個に行動していたようである。同二八号　貞和二年一〇月五日　一乗院領飫肥郷諸士契状に小野 (野辺) 氏と共に名を連ねている沙弥純阿、藤原実純、藤原久純等は前記の長谷場氏一族で、しかも何ら矢上氏と一致した行動をとってはいない。

(10) 前掲長谷場系図では朝純の孫、資純の二子国純と国秀とがあり、国純の後が家督として長谷場氏をつぎ、国秀は庶腹の出で矢上を称したといい、これを矢上氏の祖とするが信じがたい。恐らく没落した矢上氏に代わって鹿児島郡司嫡流の地位を自他共に認めることになったのであろう。

三、その後の矢上氏

矢上氏については、その後「比志島文書」所収の弘安九年閏一二月二八日の関東式目案に付属した勲功賞受領者交名丼所領注文に鹿児島郡司職矢上孫三郎泰継の名がみえ、この史料によると鹿児島郡司職は何らかの原因によって、

（或いは前年の弘安霜月騒動と関係があるのかもしれないが明らかでない）郡司職を失い、その所職は蒙古合戦の恩賞として筑後、肥前等の北九州の御家人達九名に一〇分一宛支給されている[1]。これについては明らかでないが、恐らくその内容は郡司得分の支給にすぎず、在地にあって実質的に郡司職に伴う権限を把握したというのではないのであろう。矢上泰継については明らかにしがたいが、恐らくその後と思われる矢上彌五郎はそれから二年後の正応元年、鹿児島郡司、また鹿児島西方郡司として史料にみえている。鹿児島郡郡司職が東西に分かれていたことは、永仁元年の史料にも「鹿児島東方分」とみえるから疑いないが、これは一時的のことで、間もなく旧に復したと思われ、自然前述した北九州御家人の分有した鹿児島郡司職も他所に移されたのであろう[2]。鎌倉時代後期の御家人名を知る恰好の史料として文保元年の薩摩国御家人交名があるが[3]、その中、鹿児島郡については次の如くである。

　　矢上又五郎左衛門尉　舎弟彦五郎
鹿児島　伊敷領主　田上領主　上山領主
　　荒田庄弁済使取（収）納使

この中、矢上又五郎左衛門尉とあるのは惣領鹿児島郡司矢上貞澄（純）のことと思われ、舎弟彦五郎とあるのは中村覚澄（純）のことであろう。また田上領主、伊敷領主とあるのも矢上一族であることに間違いはないようである[4]。他の二名、上山領主と荒田庄弁済使収納使は明らかでないが、まず矢上氏ではあるまい[5]。とすると鎌倉時代後期、鹿児島郡所在の御家人六名中、四名が矢上一族ということになる。即ち矢上氏は矢上、長谷場の他、中村、郡本、伊敷、田上等の当時にあって鹿児島郡内の枢要の地に所領をもち、そこに一族を分け直して、惣領矢上氏が長谷場氏を除く庶家を統轄しつつ、その郡内支配を行っていたということになろう[6]（地図参照）。

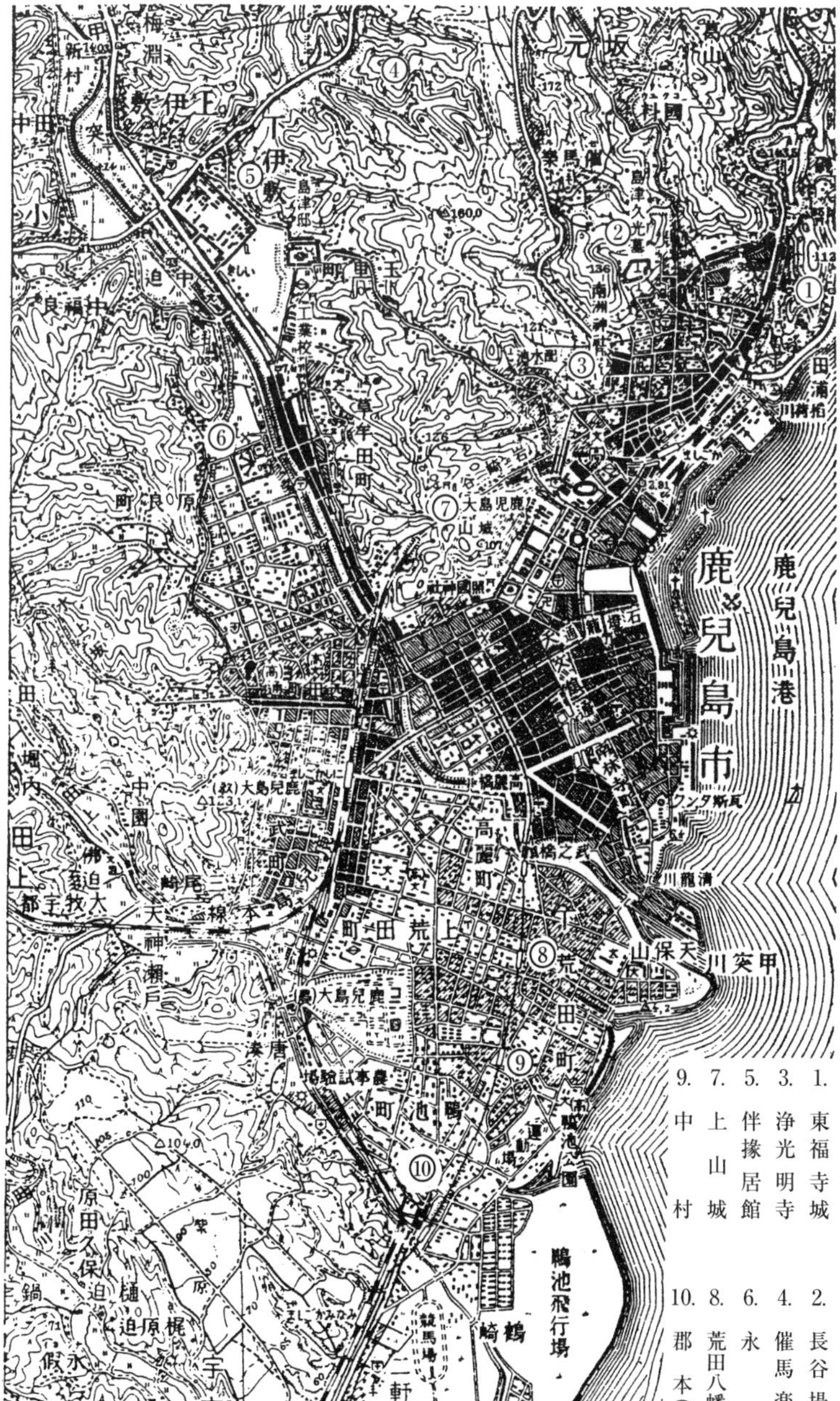
1. 東福寺城
2. 長谷場城
3. 浄光明寺
4. 催馬楽城
5. 伴掾居館
6. 永吉
7. 上山城
8. 荒田八幡社
9. 中村
10. 郡本(元)
鹿児島市
鹿児島港
鴨池飛行場

次に掲げるのは『旧記雑録』文和四年六月一日条に併載されている御感綸旨所望輩交名であり、『大日本史料』の編者はその年次について疑問をもたれているが、その交名自体否定すべきものとは考えられない。(7)

一、属矢上高純手一族以下輩

矢上四郎左衛門尉宗純、同彦五郎入道覚澄、同弾正左衛門尉秀純、同兵庫允政純、同左京進兼純、同鶴熊丸

漆池六郎左衛門入道蓮池、同彦五郎重近、吾平藤九郎入道蓮道、久米又次郎光純、尾上新兵衛尉泰実、同四郎左衛門尉高実、内田七郎助実、同九郎英実、河辺縫殿允重通、上野平八貞通、小木彦三郎家秀、智覧平三郎惟幸、大浦犬童丸、

物領矢上高純以下南党として活躍した矢上一族並びにその縁族の交名とみてよいであろう。この中で久米とあるのは、さきの薩摩平氏系図一本にみえた久米郡司の系統と思われ、内田とあるのは鎌倉時代後半、郡司矢上氏の代官としてみえている。(8)その他鹿児島郡外の地名を負ったものも多くみえるのは、族縁的結合にプラスした地縁的結合の状態を示すものであろう。(9)

註

（1）『鹿児島県史料　諸氏系譜三』「比志島文書」一三九号（以下、「比志島文書」とあるのは同書による）、相田二郎氏「蒙古襲来の研究」二六八頁以下参照。

一、為宗人々

（略）

河辺次郎　肥後国簗瀬宮禔矢上孫三郎泰継跡

次同勲功賞
臼木七郎兵衛尉氏家子息　同前十分一
米生又三郎種盛子息　薩摩国鹿児島郡司職内十分一矢上孫三郎跡　同前十分一
田尻次郎種宗子息　同前十分一
同三郎子息　同前十分一
同四郎種継跡　同前十分一
米生九郎種有子息　同前十分一
矢俣兵衛尉跡信成子息　同前十分一
野中左衛門三郎宗通法　同前十分一
香西又太郎定慶跡　同前十分一
（略）

簗瀬宮禔職については明らかでない。鹿児島郡司職については九名に一〇分一宛の配分とすれば一〇分九であり、残りの十分一郡司職はいかがになったのであろうか。矢上氏がそれだけは維持したのであろうか。明らかでない。また矢上孫三郎泰継の郡司職喪失は弘安八年の岩門合戦に連累したものか、或いは他の理由によるものか詳らかでない。何れにしても北九州の御家人達の得た郡司職とは恐らく郡司得分米等の得分権のみで、在地の支配権は依然矢上氏の手中に残されていたのであろう。矢上氏は間もなく郡司職を回復しているので、彼らは恐らく短期間に若干の得分米を得たに過ぎなかったのではあるまいか。

（2）長谷場家系図によると鹿児島郡二四村を一四村と一〇村に分かち、前者を惣領長谷場氏が領有し、後者を庶家矢上氏が領有したとするのも、たとえそれを庶家中村氏と惣領矢上氏に入れかえたとしても疑問の多い説であるが、『旧記雑録前編』一―九〇一号「水引権執印文書」正応元年八月一五日の本仏書下に新田宮造営用途のことについて訴えられ、参対を命ぜられている鹿児島西方郡司（矢上）弥五郎があり、「比志島文書」一八号　正応六年四月一二日の筥崎石築地破損検見注文には「一丈　鹿児島東方分」とあり、他に鹿児島郡関係では「一丈　荒田庄分」がある。このころ鹿児島郡が西方と東方に分かれていたことは明らかであり、前記系図の文もこの関係を反映している記述ととれないこともない。東方、西方といった場合、大体鹿児島郡の郡域を東西に二分してその管轄区域としたことによると思われるが、郡内の村数二四とあるのは近世の対数と大むね一致しており、実際のこの時代の村数はさらに少なかったと思われる。西方郡司はまた『旧記雑録前編』一―九〇〇号　正応元年七月二五日　本仏書下に単に鹿児島郡司ともみえ、その後の鹿児島郡司（西方郡司ではない）の系統もこの矢上弥五郎の後であるから、この方が本流と思われる。或いは弘安九年、何らかの事に坐して鹿児島郡司矢上孫三郎泰継がその所職を失った後、郡司職を東西に分かち、一時的に西方分のみを同族（或いは兄弟か）の矢上弥五郎が領有し、後にいく程もなくして再び東方分を復したものであろうか。

（3）『旧記雑録前編』一―一二一〇号「新田宮観樹院文書」文保元年七月晦日　薩摩国御家人注文。

（4）註（7）参照。

（5）荒田庄弁済使幷収納使については全く史料がなく、明らかにしがたいが、恐らく矢上一族ではあるまい。上山領主については若干史料が伝えられている。即ち『旧記雑録前編』一―一三九五号「上山寺文書」正平七年閏二月一〇日、同二―五号「桜島上山氏文書」正平一二年二月一一日の向《桜》島の上山右衛門五郎宛、ひのかわ《簸川》の後家尼、上山堂地居屋敷譲状があり、これによれば上山堂地として鹿児島郡西田村の居屋敷、田六反、薗三所を譲るとして四至を記している。上山城は現在の鹿児島市内城山に当たるといわれているが、この四至も大体そのことを示している。そして、右文書を天文元年に書写して上山寺の住侶に送っているのは「桜島住大神　上山大右衛門惟栄」とあるから、この上山氏は伝承にもあるように豊後大神（緒方）氏の一族ということになろう（『鹿児島のおいたち』、一九七頁参照）。とすれば矢上氏とは同族関係ではない。なお、上山城は東福寺城合戦と関連して南党の攻撃目標となったらしいが、早く島津氏が要地として押えていたようである（「比志島文書」一九二号　年未詳五月二三日　島津貞久書状〈比志島彦一宛〉）。従って上山氏が島津氏に服属し、上山の地を去って向島（桜島）に移ったのは鎌倉時代の末から南北朝時代のはじめ頃までの間ということになろう。かくして文保元年の御家人交名中、上山領主と荒田庄弁済使幷収納使は矢上一族でないとしてほぼ間違いなかろう。

（6）鎌倉時代後半の鹿児島郡は郡司一族、即ち惣領矢上氏をはじめ各庶家が田上、伊敷、中村、郡本《元》等の諸村を領し、その間に上山、荒田庄弁済使等の他姓の在地領主が介在していたということになろう。しかし郡の枢要部は郡司矢上氏一族で押えており、強固な在地支配を行っていたものと思われる。しかし同時に、同族の中、三名の庶家が御家人を称していることは惣領による強固な統制ではなく、惣領を中心とした同族団結合の色彩の濃さを感じさせるし、後の文和年間の交名にみられるような結合への過渡的形態を思わせる。前にもみたように一族の長谷場氏が本貫の地における同族的結合から離脱し、他国（日向）の所領において新たに野辺氏等の近隣の武士団と地縁的結合関係を結ぶようになったのも注目すべきことであろう。

（7）『旧記雑録前編』一―二五八三号　文和四年六月一日条に併載する御感綸旨所望輩の交名（写在日当山之士谷山右近）に「一、持一城輩并親類手物注文」に「矢上参河権守高純」とあり、「一、属矢上高純手一族以下輩」として一九名の名をあげている。他に「谷山隆信手一族以下輩」一三名、「智覧忠元手一族以下輩」三七名、「別府忠香手一族以下輩」一〇名、「揖宿成栄手一族以下輩」一七名、「島津道忍手一族以下輩」一一名等をのせる。この『旧記雑録』の編者が文和四年と推定した文書が果たして当時のものか否かについては、さらにこれを採録した『大日本史料』の編者が「本交名ハ此時ノモノナリヤ否ヤ疑ナキニアラズト雖モ、姑ク薩藩旧記ニ従ヒテココニ掲グ」といっているように疑問があり、（『大日本史料』六―一九、七九八頁）少なくとも矢上氏に関する限り、矢上高純の没落以前、即ち貞和三（正平二）年より前にかけるべきであろうと考える。しかし人名その他については傍証史料もあり、この文書全てを否定し去る必要はないと思う。

（8）この中、矢上彦五郎入道覚澄は文保元年の御家人交名に矢上又五郎左衛門尉（貞澄）の舎弟彦五郎とある人と同一人と思われ、鹿児島郡内中村の名（領）主として中村を称している。後述するように貞和三（正平二）年の史料には中村彦五郎入道覚純、或いは矢上一族中村入道等とみえている。また同弾正左衛門尉秀純はこれと同様に暦応三（興国元）年東福寺城によっている中村秀純のことであり、両者は恐らく親子の関係ではなかろうか。次に矢上四郎左衛門尉宗純は長谷場系図によれば覚澄と同一人物ということになるが、これは明らかに誤りで、別人でなくてはならない。矢上氏は史料及び系図の上にみると代々嫡流は「三郎」、「五郎」を襲名しているようであるから、「四郎」も或いは代々の襲名とも考えられ、『旧記雑録前編』一―一四八七号「藤野氏文書」嘉暦二年閏九月二〇日の鎮西探題下知状に薩摩国雑掌明尊により国検を打止め、済物を抑留したかどで訴えられ、召文違背の結果、敗訴している伊敷村名主四郎入道の後ではないかと思われる。『旧記雑録』の編者伊地知季安は同文書を引用した後で「今伊敷ノ四郎カ迫戸ト云アリ、此名主四郎カ居所ヨリ呼ヘル遺号ナラン、義天公ノ時伊敷弥次郎忠純ト云者アリ、此名主カ孫子ニモ当ルカ、忠純ハ長谷場六郎久純カ二男ト云、養子ニモ為シカ」と述べている。その後半部については疑問が残るが、伊敷にその地名のあることは前掲の「上山文書」にもみえている。肝属氏系図によると伴掾大監兼行、はじめて鹿児島郡神食（上伊敷）村に居り、その曾孫兼俊に至り、大隅国肝属郡弁済使となり、長元元年彼の地に移るとあり、その当初の居館は伴掾館とよばれて長く伝えられ、前記の伊敷弥次郎忠純の居処でもあったといわれている。前述したように鹿児島郡司の系譜が平氏とも伴氏とも伝えるのは両者の複合とも考えられ、伴氏の跡を襲って平姓鹿児島郡司がその所領を支配し、庶家に領有せしめたと解釈することもあながち不当ではないであろう。

　このように考えて前出文保元年の御家人交名に「伊敷領主」とみえるのは郡司矢上氏一族（庶家）としてよいであろう。この他同交名に田上領主とあるのは先の交名にみえる何人に当たるのか明らかでないが、兵庫允政純、左京進兼純、鶴熊丸の中の何れかであろう。「島津家文書」二五三号　文和三年五月二五日の一色範氏の島津貞久への宛行状には「鹿児島郡々司職、同郡内中村、郡本、田上村各郡司庶子等跡」を勲功賞として与えるとあるから、田上領主の郡司矢上氏の一族（庶家）であることは疑いない。その他一族以下輩についてはそれぞれ地名を冠しているが、その地名は鹿児島郡内のものでなく、郡外の地名が多いようである。中に久米とあるのは前掲、建久九年九月の関東御教書案に鹿児島郡司忠重の兄（或いは姉婿）として久米次郎家廟の名がみえ、同系図に久米郡司、久米三郎忠重とあり、また内田とあるのは「比志島文書」一一〇号　正中二年一〇月一五日の鎮西御教書に満家院郡司税所氏代官の上原三郎基員と下人のことについて相論している「薩摩国鹿児島郡司貞澄代内田右衛門太郎実澄」があるが、恐らく郡司矢上氏一族でその代官職をつとめていたのであろう。

(10) 鎌倉時代の後半より庶家の分出が著しくなると共に惣領、庶子の結合関係はそれぞれの一族内において新たに編成し直され、姻戚関係からその一族内に一員として編入されるもの、被官的色彩を濃厚にして他の一族の成員となるもの等、南北朝の動乱期に入ってますます地縁的要素を加えながら各武士団の再編成が進められていったものと思われる。「何々手一族以下輩」とあるこの交名には矢上氏のみならず、他の諸氏についてもかかる南北朝動乱期の族縁的結合の姿を示しているように思われる。即ちその構成員は血縁者と姻戚関係のものと、それに地縁的関係により加わっているもの等々である。

四、鹿児島郡地頭職

次に鹿児島郡の地頭職についてみてみよう。鹿児島郡の地頭職が島津氏の薩摩国惣地頭職補任以来、その手中にあったことは疑いない。このことは建久図田帳によっても明らかであるが、その後、忠久―忠時（義）―久経と相承され、文永六年一〇月二三日の関東下知状では久経が去年一二月一三日父忠時の譲状にまかせ領掌すべきことを認承している。(1) 久経は忠宗に譲り、文保二年三月一五日、忠宗は貞久にその他の所領と共に「かこしまのこほり《鹿児島郡》　同なかよし《永吉》」を譲り、同月二三日、幕府の安堵外題を受けている。(2) 元徳三年八月九日の嫡子宗久宛、貞久の譲状には譲渡すべき所領目録の中に「かこしまの郡　同なかよし母一期ののちちきやうすへし」とみえ、同一二月五日、同じく幕府の安堵外題を受けている。(3) また年月未詳の島津氏所領注文には「麑島郡地頭職　同永吉村女子一期分」とある。(4) ここに鹿児島郡、同永吉とあるのは厳密にいうと永吉を除く鹿児島郡全部と郡内の永吉村の地頭職ということになる。このように永吉のみが別個に取り扱われたのは弘安二年五月一〇日、鹿児島・莫禰・薩摩郡等を新田宮造営に宛てることについての亀山上皇院宣案に「鹿児島郡永吉名事、先例各別知行之上、可為国衙沙汰」とあり、別名であることから理解できる。(5) とにかく永吉村の特例を除くと鹿児島郡は島津氏嫡流（惣領）が地頭職を有したところであったと認められる。このことは島津氏が鹿児島郡を重視していた一つの証拠と考えてよいであろう。嫡流島津氏がその居処（城）としたのははじめ山門院本牟礼城であり、のち南北朝時代に入って薩摩郡碇山城、ついで鹿児島郡東福寺城と移っている。

しかし、島津氏と鹿児島及び東福寺城との関係はそれ以前に遡る。「島津譜」によると「（建久）七年丙辰是歳創建浄光明寺於鹿児島、迎宣阿上人於鎌倉、以為寺主」とあり、[6]「久経公譜」には弘安七年閏四月三日の浄光明寺鐘銘を収め、「大願主前下野守藤原朝臣久経」、「島津庄内薩摩方鹿児島郡造立梵字、名浄光明寺」、先祖の霊を弔うとある。[7]以上の史料はそのままとりがたいとしても、「安養院文書」文保三年二月五日の島津忠宗禁制には「鹿児島東福寺事、山臥三川房時、差四至堺、条条令禁断処、近年有違犯輩云々」として、

一草木採用事

一放入牛馬事

一殺生禁断事

右、御内被官之輩内、於恩足者、可被分召所領三分一、無足之仁者、百日止出仕、可令停止鹿児島経廻、至下部者捺火印、可流遣硫黄島、於郡内甲乙人等者、可為三貫文過怠也者、守此旨、堅可令禁制之状如件

とあり、[8]守護島津氏と鹿児島並びに東福寺との特殊関係を推考し得る。安養院は即ち東福寺であり、御内被官とあるのは島津氏の被官であり、鹿児島経廻を止むとあるからは、東福寺の近傍はほぼ鹿児島郡の中心地域に当たったのであろう。さらに同文書、元亨三年一二月一一日の某禁制には「鹿児島東福寺々中幷山野草木採用及殺生禁断大犯人等以下条々事、去応長元年、文保三年故殿御下知訖、任彼状、不可有違犯之儀、若不拘制法之輩者、可被処重科之状如件」とある。[9]長谷場家系図によると永純の項に「寛仁四年ノ頃初メテ城郭ヲ構へ東福司城ト称ス」とあり、資純の項に「寛元二年嗣立父ノ職ヲ襲ヒ三郡ヲ領有ス、此代鹿児島郡内二十四ヶ村ノ内拾ヶ村被譲与他服嫡子国秀、其外十四ヶ村居城（東福司城）並ニ長谷場之居屋敷共ニ重代ノ文書相加へ家督ノ分トシテ差渡候也」とあり、また国秀の項に

「此代鹿児島西原（催馬楽）ニ在城也、是ニ十箇村被相付事、雖為嫡子、他腹之故家ノ不成惣領」とあり、東福寺（司）城は早く長谷場氏の先祖以来の居城であり、催馬楽城は庶家矢上氏が後によった居城なりとしている（実際は長谷場氏が支族、矢上氏が惣領であることは前節で述べた）。しかし、東福寺城の名は明らかに寺名に由来していると思われ、後に城塞化したものではないかと考える。とすれば守護、惣地頭島津氏と縁故の深い寺域に、郡司が居城を構えるのも納得しがたく、郡司矢上一族（中村氏）が東福寺の天険を利用してそこを城塞としたのは建武以降の争乱期に入ってからのことと考えられる。むしろ、矢上氏惣領矢上高澄の居城であった催馬楽城の方が郡司本来の拠地として自然のように思われる。

　次に守護、惣地頭島津氏の鹿児島郡内における支配形態、及び郡司との関係についてはそれを具体的に示す史料は全く残されていない。寄郡の通例として地頭は反別五升の加徴米（地頭米）取得権の他、若干の地頭名をも領有していたと思われるが、それがどこにあったかも明らかでない。前記した永吉名も地頭名であったという証拠を残していない。しかし、島津氏が鹿児島郡に相当深い関係を有していたであろうことは先にあげた浄光明寺、東福寺の史料や、建武以降の島津氏の動向からも十分に推測しうる。地頭、郡司間の紛争も南北朝の争乱に激しく敵対し合った両者の関係からおしてもそれが皆無であったというのではなく、たまたま史料が欠失して明らかにしえないまでと考えた方が自然であろう。建武二年二月三〇日の内裏大番役交名注文によると「内裏大番自三月一日可致勤仕薩摩国地頭御家人交名事次第不同但当参分」として島津氏三名、渋谷氏四名の他、矢上左衛門二郎、知覧四郎、光富又五郎入道、指宿郡司入道、朝岳強三郎、比志島彦太郎の計一三名をあげている。[10] 矢上左衛門五郎は時の鹿児島郡司矢上高純（澄）で当参とあるから上京中であったのであろう。そして建武四（延元二）年以来、矢上高純は南党として足利方の島津氏の軍と屢々戦うことになる。即ち同年阿多郡高橋の合戦に加わり[11]、島津方の比志島氏の居城を攻め[12]、大隅に出軍する等々であった[13]。暦応三（興国元）年、高純は催馬楽城により、中村秀純は肝属兼重の軍と合流して東福寺城により、島津氏の軍と激戦を繰り返した[14]。東福寺城は翌暦応四（興国二）年についに落城したが、催馬楽城は容易に陥落せず、康永二（興国四）年に至り遂に落城した[15]。

さて高純は降伏したとあるが、長谷場家系図には「肥州高来有馬之郡司、依為親類、頼リ被打登候」とあり、同口碑には「高純ノ来ルニ及ンデ澄純ノ後ヲ襲ハシム、之ヲ大村家ノ祖トス」とある。もとより付会の説であろう。また「島津国史」は「按催馬楽城主矢上氏結局不詳」としている。貞和三（正平二）年、先に降服してそのまま浜崎城（東福寺城支城）の警備を委ねられていた中村彦五郎覚純は南党と通じて東福寺城の奪回をはかり、一時は勢いが盛んであったが、ついに敗亡に及んだ[16]。覚純については「和泉実忠譜」には「覚純本姓矢上、蓋高純別族、居中村、因以易氏」とあり[17]、同年七月四日の伊勢国河西兵庫入道道現軍忠状には「矢上彦五郎入道覚純」とあり、同じく七月一八日の恵良惟澄宛の令旨には「矢上一族中村入道一城主参御方候了」とみえている[19]。ともかく東福寺城は要害の地として両軍の激しい争奪の的となっている。島津貞久はここに子の氏久（大隅国守護職を譲る）をおき、師久（薩摩国守護職を譲る）を碇山城において鋭意領国の経営に当たらせたのである。

以上の如く鹿児島郡司矢上氏が建武以来南党として守護兼物地頭島津氏に執拗な抵抗を示したのも、一般的にいって他の郡司級の薩南平氏と利害関係を一にしたことにあろうが[20]、また南党の根拠地谷山郡に隣接し、さらには島津氏の鹿児島郡に対する関心と欲望が強烈であったればこそ、それに対する反発と抵抗も熾烈であり、強靱であったのであろう。そして平姓鹿児島郡司、矢上氏らの相伝した郡司職が単なる得分権の取得のみならず、在来の郡司の有する所領（名主職）をもほとんど併有して根強い勢力をはっていたのに対して、はじめこれと争った惟宗氏の郡司職は一時的にその得分権を取得したに止まり、ついに根をおろすことはできなかったように思われるし、かつて平忠純、平忠重らが郡司職を失った場合でも、彼らは単にその得分権を喪失したにすぎず、郡司名（郡司支配の名）の下地進退の権限等はなお保持しつづけていたものと考えられるし、その役を受けた矢上氏の郡司職も同様であったと思われる。要約すれば鹿児島郡郡司職は直系相伝ではないにせよ、一貫して薩摩平氏、鹿児島郡司氏の相伝するところであり、その在地性の抜きがたい強固さが南北朝時代、守護島津氏に久しく敵対しえた原因であったとも考えられるのである。

なお矢上氏の勢威失墜後、代わって鹿児島郡を名実共に支配するのは島津氏であり、島津貞久は観応二（正平六）年頃、一族佐多忠光に伊敷村を領せしめ、[21] 文和元（正平七）年には伊地知季匡（元）をして田上村半分代官職に任じ、[22] 文和三（正平九）年には既述の如く一色範氏から鹿児島郡司職、中村、郡本村、田上村等矢上一族の旧領を恩賞として与えられている。また延文元（正平一一）年以降、新たに鹿児島東福寺城の近傍の地に勧請した諏訪社に郡内諸所の田園を寄進しているのも、島津氏の鹿児島郡支配が次第に達成されつつあったことを示すものであろう。そして、南北朝合一後の応永元年には島津氏は郡内長谷場の地を領主長谷場久純に求め、同地に島津氏の菩提寺福昌寺を建立するのである。[23] しかし矢上氏は完全に滅亡し去ったというのではない。支族長谷場氏が早くより島津氏の側に立って、矢上氏に代わって鹿児島郡司の称号をついだ他に、なお島津氏に帰服して矢上氏を称するものもあった。応永二一年七月二五日の「鹿児島郡内宮地田畠幷御得分事」の中に「一所七百文　かは（樺）山との御かりや、一所七百文　いち、（伊地知）との、めんの分」についで「一所六百文　やかミとの、御せん」とあるのはその事を史料の上で示しているといえよう。[24]

以上四節にわたり薩摩国御家人鹿児島郡司についてその系譜等を中心に瑣末な考証を行ってきたが、郡司矢上氏本来の史料が伝わらず、肝心のその所領経営の問題や、守護兼惣地頭島津氏との対立関係等をついに明らかにしえなかったのは遺憾である。しかし鎌倉時代における薩隅の御家人について考察する場合、鹿児島郡司の存在を無視しえぬので不十分ながらあえて愚考を申し述べた次第である。

註

（1）「島津家文書」一―二八号。

（2）同一―三九号。

（3）同一―二九九号。

（4）同一―三二四号。

（5）『旧記雑録前編』一―八〇六号。永吉の地名は薩隅地方の各処にみえ、地頭と郡司、弁済使の相論の対象になっている所が多い。たとえば『鹿児島史料　家わけ五』「山田文書」二〇号　正安二年七月二日　鎮西下知状によれば「当村（谷山郡山田村）内永吉名者、地頭名也」とあり、『旧記雑録前編』九七三号「末吉検見崎文書」正応六年四月三日　名越道鑑下知状によれば、永吉名等のことについて地頭代と肝属郡弁済使とが和与しているし、『鹿児島県史料　家わけ六』「有馬文書」九号　正安四年八月一八日鎮西下知状によれば、（宮里郷）郡司並びに名主が永吉田六町を和与により惣地頭方に避進しており、これらの例から永吉名はすべて地頭名であるかのようにみえ、水上一久氏も「南北朝内乱に関する歴史的考察」（『中世の荘園と社会』吉川弘文館、一九六九年）二九二頁（註）16において、薩摩における永吉名は地頭名とされている。しかし永吉名は必ずしも地頭名とは限らない。またその一般名的称からみてこの名が仮名による名ではなく、祥号的名称と思われ、かかる名称のつけられた名が、特殊の名として取り扱われる場合が多かったということなのであろう。問題の鹿児島郡永吉名の場合もしかりと思われる。天文二年、島津忠良が日置南郷を攻略した後、その郷名を永吉と改め、現在にいたっているのも、そのような祥号的名称を以て改名した例と思われる。現在、永吉の地名は鹿児島市の町名の一つとして残っているが、近世末の史料と思われる内閣文庫所蔵「薩摩国郷村石附帳」には永吉郷として小野村・犬迫村・田上村・西田村・原良村・永吉村の六村をあげており、かなり広範囲を包轄した地名のようにも思われる。

(6)『旧記雑録前編』一—一六六の1号。
(7)同一—八五一号。
(8)同一—一二五〇号。
(9)同一—一三八四号。
(10)同一—一七二七号。
(11)同一—一九五〇号　建武四年八月三日　島津久長合戦手負注文。
(12)同一—一九七六号　(建武四年)一〇月一九日　沙弥誓念軍忠状。
(13)「比志島文書」一八四号　建武五年二月　比志島彦一丸代頼秀軍忠状。
(14)「祢寝文書」四六〇号　暦応四年後四月　祢寝重種軍忠状、同六四一号　祢寝清増軍忠状、同六九九号　祢寝清種軍忠状。
(15)県史の記述によれば両城は暦応四(興国二)年一旦落城し、さらに康永二(興国四)年再度落城したこととなる。県史一、四五六・四六五頁。しかし引用史料によれば、前者の場合、催馬楽城は陥落せず、後者の場合、東福寺城は既に拠地となっていたと解すべきであろう。『旧記雑録前編』一—二一七八・二一八〇号　康永二年九月、同年一一月一〇日　新田宮権執印代子息三郎次郎俊正軍忠状「鹿児島郡催馬楽城為退治、大将御発向之間、最前馳参之処、可警固東福寺城之由、被成御奉書之間、自去九月十二日参彼城、迄子今月七日夜催馬楽城没落之期、令警固」、「比志島文書」一九七号　康永二年一一月比志島彦一丸軍忠状「右自今年九月十二日、押巻催馬楽城、致合戦、迄于十一月七日夜没落之期、抽忠節訖」。
(16)『旧記雑録前編』一—二二五一号　貞和三年六月十七日　島津貞久感状、同一—二四二五号　同年五月一八日　同書状。
(17)同一—二二五三号。
(18)同一—二二五四号。
(19)『南北朝遺文　九州編』二三四七号。

（20）前掲水上論文参照。
（21）「島津国史」。なお『鹿児島県史料　家わけ六』「太秦文書」三号　建武三年五月一四日　足利尊氏袖判下文に「牛屎一族等交名注文在別帋可令早領知大隅国深河院地頭職幷薩摩国鹿児島郡司職事　右以彼一族等、為勲功之賞所宛行也、任先例可致沙汰之状如件」とあり、また同二〇号　元中元年一月　牛屎元息所望の所領目録に「牛屎河内入道望申所々事　日向国深河八十町　同国岩河八十町　大隅国菱刈院頭職三百町　同国祢寝地頭職三百町　薩摩国鹿児島院郡司分七百町　同国山門院三百五十町」とあり、この文書にしたがえば牛屎氏が鹿児島郡司職を有したこともあったらしいが、他に傍証史料はなく、事実としても、もとより実質の伴わない郡司職所持であったろう。
（22）『旧記雑録前編』一―二四二六号「伊地知文書」正平七年五月二二日　島津貞久宛行状。
（23）「島津国史」八　応永元年一二月一五日条、応永二年一月一八日条。
（24）『旧記雑録前編』二―九二九号。なお末吉郷士永田家は旧姓矢上をはばかって改姓し、幕末維新ごろ再び矢上に復したという（『末吉郷土史』一五九頁）。

【付記】本稿は昭和三六年度秋季西日本史学会日本史部会において発表した研究報告草案に若干加筆補訂を加えたものである。なお本稿を草するに当たって種々御教示いただいた築地健吉、矢上吉久、有馬純男の諸氏に深謝の意を表したい。

第五章　薩摩国御家人比志島氏について

従来、薩摩国御家人比志島氏を取り扱った主な論考としては『歴史学研究』一一二（一九四三年）所収、伊奈健次氏の「鎌倉時代に於ける薩摩国御家人比志島氏の経済生活」及び『鹿児島県史』一（一九三九年）、二九七頁以下がある。これらは共に二〇余年も以前に作成されたものであるが、寡聞にしてその後同氏を主として取り扱った論考のあることを知らない。前者に関しては鎌倉時代の御家人生活について幾多の問題を提起された点、後者に関しては史料に忠実によられた実証面において、何れもすぐれた業績であることはいうまでもない。しかし、薩摩国御家人の実態をより具体的に把握せんとする仕事の一環としてこれらの業績を再び検討し直してみることも必要なことと思われるので、ここに筆者は筆者なりの観点から関係史料を再検討し、それによって薩摩国御家人比志島氏についての若干の考察を試み、且つ前掲の論考と対比しつつ、私見を述べ、大方の批判をまつこととした。

一、比志島氏の出自について

近世も中頃に編纂された「薩隅日三州他家古城主来由記」とよばれる史料の中、大隅加治木城の項、加治木八郎親

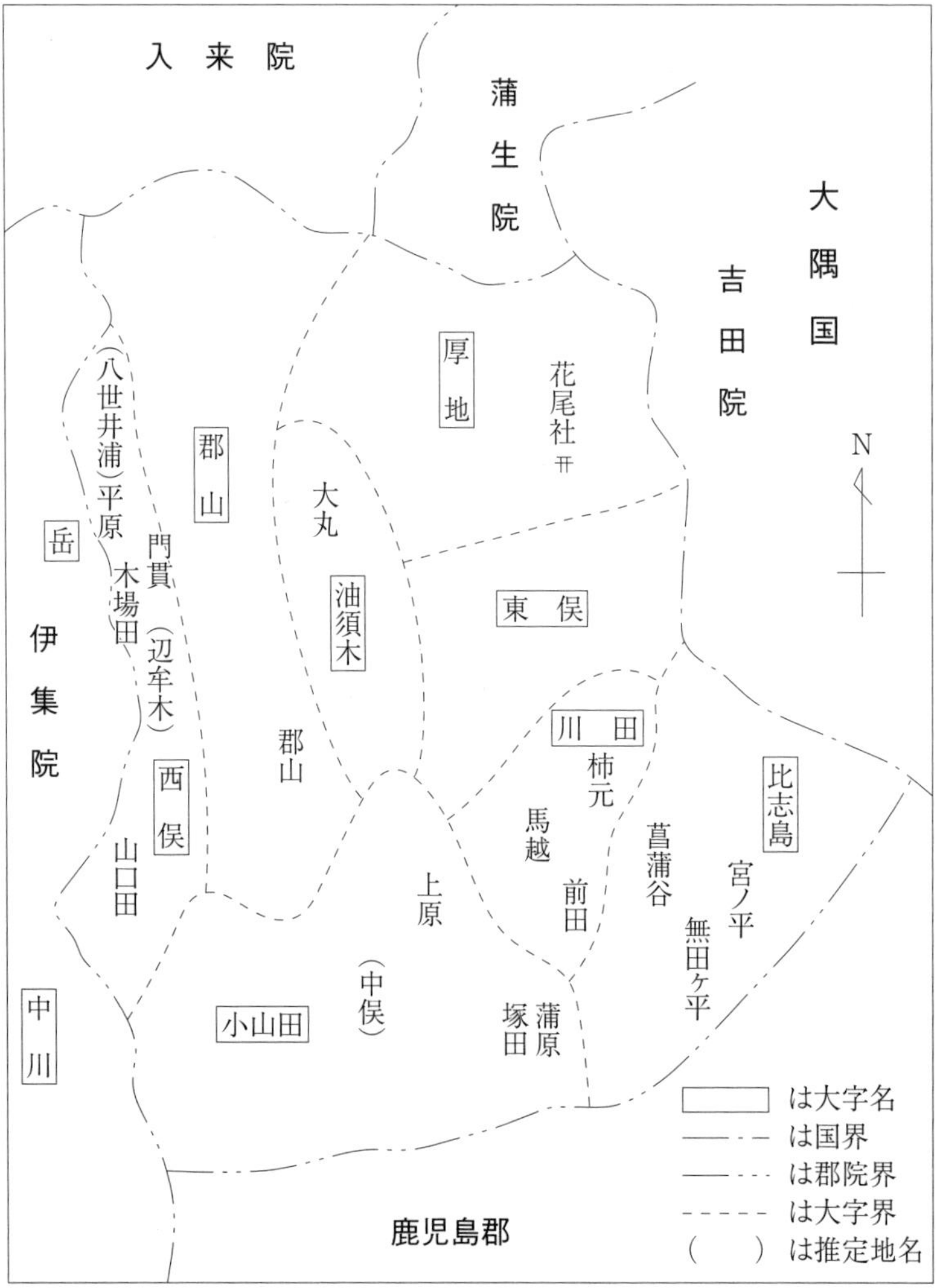
入来院
蒲生院
大隅国
吉田院
N
厚地
花尾社
郡山
大丸
油須木
東俣
岳
(八世井浦)平原
門貫
木場田
(辺牟木)
伊集院
西俣
郡山
川田
柿元
比志島
馬越
菖蒲谷
宮ノ平
山口田
上原
前田
無田ケ平
(中俣)
中川
小山田
塚田
蒲原
鹿児島郡
は大字名
は国界
は郡院界
は大字界
(　　)は推定地名

満家院概略図

平をあげ、「忠久公薩州御下向の時節居城の人也、本大蔵氏の苗裔なり」とあり、また「七代加治木八郎親平文治四年戊申加治本郷を給ふ、建久六年六月廿三日薩摩国満家院安堵の御下文右大将家より給るとなり」とある。さらに「八代六郎恒平、次の弟三郎信経是より本田家いつる、三男七郎顕平是より平田家初る、四男左近将監資宗是より満家の家いつる、五男五郎太夫元平是より別府の家出る」云々とある。これらを図示すると次の如くになる。

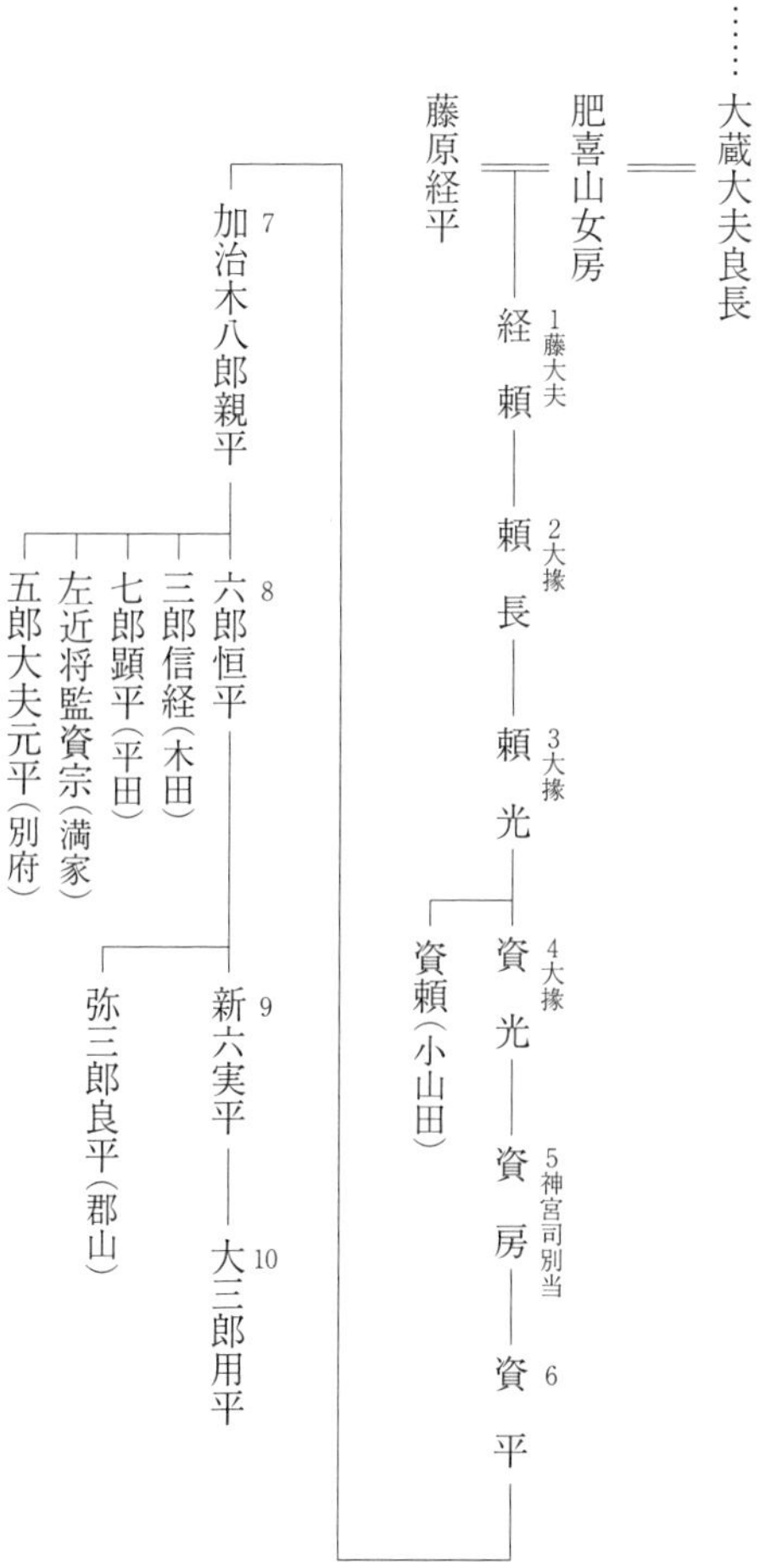

これによると、薩摩国満家院の院司職は大隅国加治木郷郡司職と共にこの大蔵氏が有したことになる。大蔵八郎親平とあるのは、建久図田帳に加治木郡司大蔵吉平とある人と思われ[1]、図田帳の作成された建久八年の段階では「妻所知」とあるから、既に死去していたのであろう。承安二年一二月八日、入道西念より満家院内の地（西半）を譲られている字八郎大蔵義平とは恐らく同一人であろう[2]。しからば同じく建久図田帳に薩摩国満家院院司としてみえる業平との関係はいかがであろうか。これも推測になるが、業平の名からみて当然、前記大蔵姓

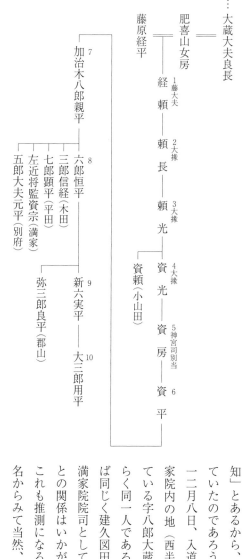

加治木氏族と思われるが、時代的にみて前記系譜にみえる左近将監資宗とはあるいはこの業平と同一人なのではあるまいか。業平については前掲「来由記」満家院の項に満家四郎長平をあげ、「忠久公の比居城す、其根本源家より出る　清和天皇より九代六条判官為義三男志田義憲、次男村上三郎左衛門尉頼重と号せし人信州の守護たりしか、故有りて浪牢と成り、満家院郡司長平か聟と成て満家院を知行す、頼重嫡子栄弁これなり」云々と記し、同じく、満家院の項に比志島上総法橋栄弁の名をあげ、「忠久公御代令居城、其本大蔵氏より出たり（中略）建久の比御廻文に満家郡司と、此人なり」としるしている。長平は永平で、業平と同一人であろう（或いは、ノリとよむのであろうか）。延応二年八月二二日、満家院西俣名内八世井浦田畠を出挙物の代償として石谷阿闍梨に避進している比丘尼生阿弥陀仏、及び比丘尼菩薩房とはその附箋の字句にしたがえば、前者は「大蔵氏永平ノ二女梅北某ノ妻、菩薩房妹」であり、後者は「比志島元祖上総法橋栄尊ノ母、父ハ満家孫太郎大蔵ノ永平娘」である。(3) 前掲「来由記」にみえる上総法橋栄弁とはここにみえる栄尊であり、長平（永平）＝業平の孫にあたる。「来由記」の記事に建久の比、御廻文（これは建久八年、守護島津忠久大番役催促状所載の薩摩国御家人交名中(4)、満家郡司とあるのをさすのであろう）にその名がみえるとあるのはこの栄尊でなく、当然祖父の業平をさすのであろう。栄尊は寛元五年三月一一日、母比丘尼菩薩房より正式に満家院内比志島・河田・西俣・城前田・上原薗の五ヶ所名主職等を譲渡され(5)、宝治元年八月一一日、守護島津忠時の承認を得(6)、同一〇月二九日には右の所領知行承認の関東御教書を得(7)、翌宝治二年一月一七日には六波羅探題の施行状を得ている(8)。栄尊はこれより前、菩薩房の代官として、実務にあたり、所領の保持に種々努力している。この栄尊以下が源姓を称することになるのは、前掲菩薩房の夫、即ち栄尊の父、村上頼重の源姓なることによるものであろう。

さて建保六年九月の厚智山掛仏銘によれば、七体の中、守護・地頭・領家・預所・弁済使等の寿命長息を祈念した

銘文のものの他に、次の如きものがある。(9)

薩州満家院厚智山御正躰七躰内、右志者、為正朝外朝御願成就、別為当御庄領家預所御願円満、且当院司大蔵幸満幷紀氏、為大蔵宗頼幷宗形氏息災延命、且為法界衆生平等利益、造之如右、

建保六年九月　日　　　　勧進僧永金

これにしたがえば満家院々司職は大蔵業（永）平の後、大蔵宗頼等大蔵氏の襲職するところであったらしい。その相互の関係は明らかでないが、親子でなくても同族であろう。

しかしこの院司（郡司）職は間もなく大隅国の豪族税所氏の手に移ったもののようである。(10)この移行が何によったものか明らかでない。或いは単に隣国の有勢在庁御家人としての立場がしからしめたものか、或いは栄尊以下（後に比志島氏を称す）が父系の関係で源姓となったように、又前記掛仏銘記載の紀氏、宗形氏（恐らく院司大蔵氏等の夫人であろう）等のように、大蔵氏と姻戚関係で結ばれた数氏が院司大蔵氏をめぐって存在したと思われるが、税所氏にあってもそのような関係で院司（郡司）職を大蔵氏の手より相伝するに至ったものかもしれない。

註

（1）拙稿「大隅の御家人について」（『日本歴史』一三〇。本書第2部第一章）では吉平・親平の関係を親子と推定したが、むしろ同一人とみた方が矛盾の点が少ないので一応旧稿を改めた。

（2）『鹿児島県史料　諸氏系譜三』「比志島文書」一二二号　入道西念譲状案（以下、「比志島文書」とあるのは同書による）。

（3）同一八号　生阿弥陀仏等田畠去状案。

（4）『旧記雑録前編』一―一七五〜一七七号　建久八年一二月二四日　島津忠久内裏大番役支配注文案。

(5)「比志島文書」三五号　菩薩房譲状。
(6)同三八号　前大隅守藤原某（島津忠時）下文案。
(7)同三四号　関東御教書案。
(8)同三三号　六波羅探題施行状案。
(9)『旧記雑録前編』一―三四六号　厚智山掛仏銘（玉里本「島津世家」一にもあり）。
(10)税所氏は大隅の御家人で、その系譜については前掲拙稿同四二頁参照。なお郡司税所氏の初見は「比志島文書」二五号　天福元年一〇月二日　僧智弘等三人契約状にみえる満家院惣領主藤原義祐であるが、この頃既に満家院郡（院）司職を有していたものであろう。

二、比志島氏の所領について

比志島氏の基本的な所領は前節でも述べた比志島以下五ヶ名の名主職であるが、その由緒を示す史料は天福元年一〇月二日の僧智弘等三人契約状である。(1)今その全文をあげよう。

満家院内比志島・西俣・城前田・上原薗（但八郎入道屋敷也）於此所々者、先日大御前被奉付候了、而今上総殿依有被仰旨、為存公平又河田村ヲハ上総殿可奉付給之由、智弘・実範・道房三人同心シテ、入道殿幷女房兵衛太郎殿各奉向及心程者、教訓可申候也、而彼人々背各之教訓、件河田村ヲ上総殿不奉付給者、於自今以後者、至此三人者、（仮脱カ）令兵衛太郎殿事ニモ入道殿事ニモ、雖何所領所職、敵人也、相向一口之問答、不可申候之状如件

天福元年十月二日　　　　僧智弘（花押）

僧実範（花押）
紀道房（花押）
為証人執筆　大中臣資用（花押）
をの〳〵をや候ニよて、かわたのむらニをいてハ、又かつさとの二まハらせ候了、
ふちはら
よしすけ（花押）

ここに大御前とあるのは菩薩房、上総殿とあるのは栄尊、智弘・実範・道房とあるのは道房が紀姓であること等からみて、前節で記した大蔵氏の縁類であろう。兵衛太郎殿とあるのは末尾に署名している藤原義祐（佐）で税所氏であり、入道殿並女房とあるのはその先に当たる税所兵衛入道及び同夫人をさすのであろう。即ち文意は満家院内の「比志島・西俣・城前田・上原薗但八郎入道屋敷（八郎入道とは既述、大蔵八郎義平のことであろう）」の四ヶ名は先に菩薩房に譲渡されたが、今また栄尊の申出により河田名をも譲渡されるように惣領主・院司（郡司）である税所氏に智弘等三名の者が同心して説得にあたり、万一聞かれぬ場合は税所氏に敵対するというのであり、この申入にしたがって税所義祐が河田名を上総法橋栄尊に譲渡する旨承認したものである。大隅国御家人の税所氏が満家院の院司（郡司）職・惣領主職を有するに至った事情については既述の如く明確でないが、今またその領主権の一部を実質上旧に復したことになろう。

寛元二年七月一五日の義祐の栄尊宛の書状には「満家院内比志島・西俣・河田・城前田・上原薗但八郎入道屋敷也此所々任和与之儀、互無相違御知行候上者、別令賜安堵御下文給候事、不及左右候、但公事配分之事者、如先例、可有御沙汰候

也」とある。[2] 即ちここで栄尊は惣領主税所氏の羈絆を離れ、独立名主として各別の六波羅御教書をうけるべく運動していたことがわかる。この運動は成功し、寛元二年一二月一一日付の左の如き六波羅御教書を受け[3]、

薩摩国満家院内比志島・西俣・河田・城前田・上原薗已上伍箇所事、雖不帯本御下文、進覧度々御教書案上、如守護人島津大隅前司書状者、当知行無相違云々、此上不及異儀歟者、依仰執達如件、

さらに翌寛元三年一二月二三日付六波羅探題施行状の発出をみている。[4] この菩薩房――栄尊の独立名主、関東御家人化は当院司（郡司）惣領主税所氏の承認（前掲寛元五年三月一一日の菩薩房譲状に、「右、件五箇所名主職者、任相伝、菩薩房当知行也、其子細兵衛太郎義佐（祐）之契状明白哉」とあるのはこのことを示している）の他に惣地頭島津忠時の承諾を得てはじめて発効したようである。一体、満家院の（惣）地頭職については建久図田帳に「満家院百三十町　同（島津）御庄寄郡　院司業平　地頭右衛門兵衛尉」とあって、当初島津忠久が（惣）地頭であり、その後忠時がこれを襲職していた。栄尊は菩薩房より正式に譲渡された五ヶ名名主職について関東御教書を受けるに際し、宝治元年六月二二日忠時（大隅前司）に起請文を提出し、その了解を得ている。[5]

満家院内栄尊知行名田等に付て、関東の御教書を申給□（候事者）、惣領主兵衛太郎若ハ末葉ニいたり候ても、自然の□（不思議出）来て候はん時、其咎ニひきまとはされ候はしのために、申給候ところ也、且当院没収の地と候しきさミ、御得□（分）米五十石、惣領ニ打はふきてまいらせ候し、其内配分の名々に随てまいらせ候事、いまに無対捍候、而没収のとこ□（ろ）を、別御教書を申給ハ、地頭・守護をひきはなちまいらせて、別納ニ申たてんするかのよし、御とかめをかふり候事、尤其謂候之間、不然之由の起請文を書進候ところ也、か様に御教書を給て候へハとて、しかのことき の御召物をもまいらせ候はすして、御方を忽緒しまいらせ候事あるましく候、すゑ〳〵にいたり候て

も、或別納ニ申なし、或ハきんたちの御よにも忽緒しまいらせ候事候ましく候、若此条偽申候は、、日本鎮守八幡大菩薩、くまの、権限の御罰を栄尊可罷蒙候状如件、

ここに惣領主兵衛太郎とは前記税所義祐であり、栄尊はこの義祐よりの独立の理由を記し、各別の関東御教書を受けても地頭守護（惣地頭島津氏）より離れて別納を主張せんとするものではなく、従前の如く惣地頭に得分米以下を上納する旨を誓約しているのである。文中「当院没収の地と候しきさミ」とあるのは、明らかでないが、建久九年二月二二日の関東御教書に薩・隅・日三国にまたがる七箇所の島津庄内郡司弁済使等名田の知行を島津忠久に付与しているが[6]、その中に満家院郡司名田がみえるので、恐らくこのことをさすのであろう。

郡司（院司）職は既述の如く、大蔵――税所と伝えられたが、郡司名田は早くより惣地頭の管掌するところとなり、したがって郡司得分米も本来の郷司（院司）の手に入ることなく、惣地頭島津氏の取得するところとなったらしい。しかし、これについては明確に固定したものではなかったようで、この得分米の取得権をめぐって、その後郡司（院司）税所氏と惣地頭島津氏との間に係争が行われた。即ち宝治元年一二月一九日の税所義祐の請文によれば[7]、税所兵衛後家くぼた尼との相論が解決して安堵せることを述べた後、「それニよて、ミつゐ《満家》のあひた、ことにせんれいをそむき、御はうをこんそ《忽諸》しまいらする事あるましく候、かきり《限》候五十石のよね《米》、いまにけたい《懈怠》候ハぬうへ、すゐさまにもたいかん《対捍》申こと候ましく候」と記し、五〇石の郡司得分米の地頭方への上進を請合っているが、それから約四〇年後の弘安八年一〇月二五日の大隅大炊助入道（惣地頭長久、忠時の子）代沙弥静信の申状には[8]、「於満家院者、大炊助入道帯親父忠時之譲状、知行無相違之処、為税所篤秀《義祐の後》当院郡司職幷郡山以下村々掠申之所押妨也、然者早被召出於右大将家建久九年御下文、賜御注進、為令言上関東、恐々言上如件」とあり、郡司職（郡司の所領及び得分）をめぐる

紛争が発生したことを示している。これに先立って、弘安三年七月二一日の守護島津久経の書状に「満家沙汰事、具書共をゑり候へとも、あまりに怱々候て悉も不撰出候、郡司職ハ豊後前司入道給て候事、御下文顕然候」云々とあるのも[9]、この相論と関係があるのであろう。この係争に関しては、その後和与の成立をみ、正応元年六月七日の和与状が残されている。今これを引くと[10]、

篤秀重代相伝領薩摩国満家院内郡山・中俣以下六箇村下地事、就于惣地頭方訴訟、雖及数通訴陳、相互令存隠便儀、奉和与事

一、郡司得分米伍拾石事、院内村々配分状在之、任彼状可致其弁、但自今年件米可弁之矣

一、七箇所請新小袖三両可奉弁之

一、厚智寺巻誦用途参貫文可奉弁之

一、塚田・蒲原事

右、件所々者、奉辞地頭方畢、此外於自余対々者、任先例、相互不可申違乱候、仍和与之状如件、

正応元年六月七日　　　藤原篤秀在判

とある。これによって惣地頭島津氏と郡司税所氏と相互の権限を明確に分かとうとした訳であり、郡山・中俣以下六ヶ村下地については、請料を地頭側に出すことにより、郡司の進上と定め、塚田・蒲原については地頭進上とし、その他の諸村に関しては先例にしたがうこととしている。また郡司得分米五〇石については、院内村々への配分状にしたがって、各村々より支弁（恐らく地頭方へであろう）せしめることと定めている[11]。かくして合法的とはいえないまでも一時は実質上、郡司職の実益を領有してきた税所氏も惣地頭島津氏の進出に押されて実益の大半を譲歩し、僅かに

形式化せる郡司職を保持するに止まったといえよう。しかし、税所氏は不完全ながらその後も満家院郡司（院司）職を保持しつづけたようであり、建武四年一二月一二日散位某の奉書によれば[12]、税所介敦直（篤秀―篤胤の後）は「祖父正恵遺領薩摩国満家院郡司職幷名田畠山野以下等安堵事」を請い、これにより一色範氏は比志島孫太郎（範平）に領有の実否を具申せしめている。

なおこれより先、弘安七年八月左の如き満家院郡務職補任の史料がある[13]。

大府宣　大宰府在庁官人等

定補薩摩国満家郡々（務カ）司職事

御前勾当法橋重賢

右以人為彼職、可令執行郡務之状、所宣如件、府官等宜承知、勿違失、以宣、

この法橋重賢は系譜にしたがえば、栄尊のこととなるが、栄尊がなお当時生存していたとは考えられず、実際には当時の相続者をさすものかもしれないが、なお疑問が残る。単なる名目上の補任状か、また別個の所職を認めたものか、明らかではない。しかし、ともかく鎌倉時代を通じて郡司（院司）職は多分にその形式的名目的な面において大蔵氏―税所氏の有するところであり、その実質的権限は漸次惣地頭島津氏の掌握するところとなっていったとみてよいであろう。名主職（名の知行）に関しては、前掲正応元年の史料でもみたように郡司税所氏の領知にかかるものとして、郡山・中俣等七ヶ村があげられているが、これらと比志島氏の知行する比志島・西俣・河田・城前田・上原薗等諸名との関係は如何になるのであろうか。右の五ヶ名は比志島氏惣領の根本所領として中世末期に至るまで譲状に記載されていくのであるが、そのことと実際に知行していたか否かは自ら別個の問題である。事実、右の五ヶ名の中、

城前田・上原薗の二ヶ名については早く比志島氏の管掌下より脱した如くである。即ち城前田については建長五年の栄尊所領配分状によれば、庶子乙次郎（義永・栄秀）が代官職を宛行われたのであるが[14]、正和元年以前より惣地頭下野前司入道（守護島津忠宗）方の押領する所となったらしく、時の惣領比志島孫太郎忠範は度々鎮西探題にその非法を訴えている[15]。上原薗に関しては建長五年の配分状にすらその名はみえず、恐らく後述する如く、税所氏代官上原氏の早くより知行するところで、比志島氏の名主職は名目的なものとなっていたのであろう。

しからばこれら諸名の割合及び田数は如何程であろうか。正和六年四月二五日の沙弥了恵の状によると[16]、比志島・西俣・河田三ヶ名負担の正八幡宮造営役の配分は、満家院に対する割宛の中、比志島名一〇分の一、西俣名一〇分の一、河田名一六分の一となっている。既述の如く、当時実際に比志島氏の管掌下にあったのは前記五ヶ名の中、これら三ヵ名であり、その合計一〇分の一＋一〇分の一＋一六分の一＝四分の一強が、満家院の中で当時比志島氏の管掌下にあったといえる。またこれより先の建治三年一月二七日の比志島太郎（祐範）宛、守護島津久時の石築地役覆勘状によれば、「筥崎役所築地事、満家院内比志島・西俣・河田・前田以上四ヶ名分、伍丈壱尺肆寸被勤仕了、仍之状如件」とあり[17]、当時石築地役の負担が隣国大隅の場合、大略丁別一尺の割合であったから、これを薩摩国の場合にも適用して、以上四ヶ名の賦課田数を五一丁四反と一応概算してみる。前田は城前田で、当時は未だ比志島氏の知行するところであったらしい。この前田については前記正八幡宮造営役負担配分の際は除かれているので、他の三ヶ名との比率を知りえぬのであるが、便宜上、今これを河田名と同率として考えてみると、右の田数の四ヶ名の配分は比志島・西俣それぞれ約一六丁、河田・前田約一〇丁となる。これは、図田帳の満家院の田数は一三〇丁であるが、その後の増加を考慮に入れ、かつまた、前田を加えた時の比志島以下四ヶ名の田数が満家院全田数の約四分の一～三分の一であることからみて満家院の全田数は約一五〇丁～二〇〇丁となり、大むね妥当するように思われる。この中、比志島名については嘉暦三年一二月二〇日の「注進　満家院比志島名水田地頭御方目録」があり(18)、それによると、

見作田拾捌町玖田部内《(ママ)》　不河成三反部　損田三町二反部

得田　拾伍町三反卅部内

除田　壱町玖段卅内

山王田　二反

大日田　一反

御　佃　一反部

新加用　三反

小地頭用　二反廿部

算　失　壱町

定得田　拾参町四反部内

追損田　玖段部

分米　六石弐斗伍升

田米　壱石弐斗五升

とあるから、これも右の推定を裏付けるように思われる。なおここで分米六石二斗五升とあるが、これを定得田より追損田を差引いた田数一二丁五反で除すると反別五升となり、この分米は平均反別五升の地頭加徴米であることが推

定できる。田米一石二斗五升とあるのは地頭給田（御佃）一反の佃米であろう。地頭加徴米について薩摩国の他の例をみれば、薩摩郡成枝名で反別五升[19]、知覧院で反別八升[20]、谷山郡で反別四升である[21]。また「藤野文書」によれば「如遣島津庄三方地頭代之元久元年五月四日関東御下知者、地頭得分事、本庄者段別壱斗、寄郡者段別五升、任領家御注文可徴納、用作田百町所免給也、日向方四拾町、薩摩方参拾町、大隅方参拾町、段別壱石弐斗、地子可徴納」とあり[22]、寄郡では反別五升が原則であったのであろう。また同文書に「三箇国郡司職者、自領家所被付地頭」とあるのが後欠で真意を把握しがたいが、惣地頭島津氏が郡司職（その得分）を兼併するのは、単に満家院、宮里郷のみに止まる特殊例でないことを示しているようである（勿論この文書が伊集院郡司と地頭とのその職権をめぐる相論に際し、地頭側が引いている文書であることには留意しなければならないが）。

以上要するに比志島氏の鎌倉時代を通じて確保し来たった所領は主として比志島・河田・西俣の三ヶ名であり、他に権限を侵害された形で、或いはほとんど名目の上だけで、城前田・上原薗の二ヶ名を相伝したと思われる。そしてこの二ヶ名を実質上知行したのは、前者が地頭島津氏、後者が郡司税所氏代官上原氏であろう。郡司税所氏はその郡司の実質的権限を漸次、惣地頭島津氏に奪われていったとはいうものの、尚この時代を通じて満家院惣領主としての形式的権限を保持したものの如く、またその領知にかかる名々も前述の如く郡山・中俣以下七ヵ村に及んでいる。この七ヵ村とは何処何処であろうか。関係史料等により推定すると或いは郡山・中俣・油須木・厚地・東俣・小山田・上原薗の七ではあるまいか。しかし税所氏は大隅の御家人であり、その居所も勿論大隅にあったと思われる。即ち不在郡司、不在名主というべきであろう。上原氏が税所氏の代官であったというのも、満家院の旧族紀姓上原氏にその職務の代行を委ねたことによるものであろう。したがって右の諸名の実質的権限、名主職の知行は、それぞれ在地領主の行うところであったらしい。たとえば中俣の中俣氏（税所氏一族）、小山田の小山田氏（比志島氏一族）、上原薗の上原氏（紀姓、税所氏代官）、郡山の郡山氏（大蔵姓、加治木氏支族）等の如くである。このように税所氏の満家院における権限は形の上では同院の惣領主という広汎なものでありながら、当初より在地に基盤をもたぬ脆弱性を有し、それ故この時代を通じて、比志島氏等の在地領主の独立化の動きや、次第にその権限の拡張につとめる惣地頭島津氏の進出に、執拗な抵抗をみせることなく、退いていったのであろう。

一方、惣地頭職は島津忠久・忠時の後、一時守護の兼帯を離れ、忠時の庶子大炊助長久が領したが、その死後再び守護忠宗が相続し、伊作宗久がこれを請所とすることがあったが、後さらに忠宗の庶子和泉実忠が相伝した。[23]その間にあって在地には惣地頭代、又代等があってその権限を次第に拡張していったようである。満家院の惣地頭職の場合、他の郡・院・郷と違って、前掲建久九年二月二二日の関東御教書によっても知られるように、宮里郷と共に、早くより郡司の権限が大幅に惣地頭の手中に帰していたらしい。[24]即ち一般的な検断権、得分徴収権の他に郡司名田の領知権（具体的には郡司得分米五〇石の取得権）をも有していたらしい。[25]さらに地頭は間接的な得分の徴収のみにとどまらず、下地の直接支配についてもその拡大をはかっている。前記相論についての正応元年の和与では、新たに蒲原・塚田の地をその直務としているが、その他既述の比志島氏の所領城前田の押領等もこの事を示しているものと思われる。

満家院内における所領等をめぐる相論は、鎌倉時代末期になって多く史料の上にあらわれてくるが、これを類別すると、（1）比志島氏と惣地頭との相論、（2）比志島氏と他氏との相論、（3）比志島氏一族内の相論の如くになる。

（1）については前記の城前田に関する係争があるが、その訴論はこの時代を通じてつづけられた。嘉暦四年七月五日の鎮西下知状は比志島忠範と惣地頭職を請所知行せる伊作宗久との相論について忠範の訴訟を棄損しているが、これも右の訴論と関連があるのであろう。忠範の訴える宗久の非法とはたとえば「宗久令請所比志島名惣地頭職致所務、去嘉元四年正月廿七日、差遣数百人大勢於仏念許、押取稲参佰七拾余束、米佰三拾余石、銭拾三貫文、小袖十八、其外色々資財物、刃傷下人藤四郎男、令打擲太郎以下所従等」の如きものであった[26]。

（２）については（イ）正応四年、中俣介祐秀との所領相論[27]、（ロ）同年、大隅国住人吉原俊平との所領相論[28]、（ハ）元亨三年、大隅国住人蒲生宗清との下人の所属をめぐる相論[29]、嘉暦元年〜元徳元年、入来院地頭代貞雄との下人所当米についての相論[30]、嘉暦二・三年、伊集院忠国（大隅助三郎）との負物用途五〇貫に関する相論[31]がある。中でも吉原俊平との相論はその訴えによって、比志島氏（忠範）が「院内比志島・西俣以下村々事、可注申知行由緒」ことが令せられているのであり、吉原氏が満家院と縁故の深い大蔵姓加治木氏族であることから何らかの由緒を院内に有したであろうことを推測させる。なお（３）については次節でふれることにしよう。

註

（１）「比志島文書」一一五号。
（２）同一一九号。
（３）同三一号。
（４）同三二号。
（５）同三六号　栄尊起請文。
（６）同一二三号　関東御教書案。
（７）同一三〇号　義祐請文案。

（8）同一三八号。
（9）『旧記雑録前編』一―八一九号。
（10）同一四一号。
（11）県史は地頭より郡司方への支弁と解している（三〇〇頁）が、不自然ではあるまいか。尤もこの史料の文意は必ずしも明らかでなく、他の条項で地頭への上進については「奉」字を入れているのに、郡司得分米の条項だけそれがないのは疑問の残る点である。しかし、この相論について地頭側は郡司職に対する押妨を訴えているのであるから、この条文もそれに対する結論を示しているものとみるべきであろう。とすればこれは地頭方への得分米支弁の規定と解した方が自然と思われる。即ち郡司得分米五十石を分担する諸名＝郡司名中、既に比志島名等の如く郡司税所氏の覊絆を離れた名もあり、それらを除いた分の支弁を約している訳である。
（12）「比志島文書」一七四号。
（13）同二七号。しかし、当時惣地頭と税所氏との間には郡司職をめぐる相論があり、惣地頭側では税所氏の郡司職を非合法のものとみている。かかる補任状の発行の根拠は或いは郡司職兼帯を主張する惣地頭側が税所氏以外の比志島氏を以て得分米徴収、その他の実際の郡務に当たらせようとしたことを示すものではなかろうか。
（14）同四九号。
（15）同八二号　正和元年六月十日　僧栄秀申状、同八四号　同二年七月十七日、同八五号　同二年十一月二〇日　鎮西御教書等。
（16）同九四号。
（17）同五七号。
（18）同一六〇号。
（19）『旧記雑録前編』八七四号　弘安九年一一月五日　関東下知状。
（20）同一―一三九〇号　元亨四年三月八日　平忠世和与状。
（21）同一―一〇五〇号　正安二年七月二日　鎮西下知状。
（22）『旧記雑録附録』一―五六六号　鎮西下知状。

(23) 水上一久「南北朝内乱に関する歴史的考察」(『中世の荘園と社会』吉川弘文館、一九六九年) 二八四頁。なお伊作宗久の請所職については「島津家文書」一―五五四号、嘉暦四年七月五日。鎮西下知状。

(24) もっとも島津氏の惣地頭職は建仁三年、比企氏の乱に坐して没収されたから、両院・郷の郡司名田の知行権も一旦喪失したことになる。薩摩国の惣地頭職は間もなく復されたが、これらについては如何であったろうか。しかしその後の争論に際して惣地頭側はこの建久九年の関東御教書を楯にとってその合法性を主張しているのであるから、何れにしても惣地頭側としては同じく復権したものとみなしていたようである。

(25) 満家院諸名の負担については明らかでないが、比志島氏の所領の場合、その負担はおおむね領家方に対するものと地頭方に対するものとの二つであったようである。即ち延応二年八月二二日の生阿弥陀仏田畠去状案（「比志島文書」二八号）によれば本名主の負担として所与米・万雑公事・臨時課役、免除を受けるべきものとして御加地子・地頭米をあげているが、恐らく前者は領家方への負担であり、後者は地頭方への負担であろう。建長二年一二月及び建長三年二月の西俣名主栄尊申状（同四二号・四三号）に、西俣辺牟木山の所当・地利物・万雑公事についてそれぞれ地頭の免許、収納使の免許を求めているのは、それらについて地頭方・領家方の両方へ負担する建前であったからであろう。また嘉暦年間、満家院雑掌が比志島孫太郎忠範の所務年貢（所当米）抑留を訴えているが、（同一一一号・同一一七号）これは領家方への年貢の滞納を意味するものであろう。

(26) 「島津家文書」一―五五四号。かかる比志島氏が惣地頭島津氏の強い干渉をも受け容れながら接近していった当初の動機には、郡司、惣領主税所氏よりの完全独立達成の目的があったと推察される。

(27) 「比志島文書」五六号　正応四年三月一八日　鎮西御教書。

(28) 同一四六号　正応四年五月二七日　鎮西御教書、同九四〇号　正応四年六月四日　守護書下。

(29) 同一〇五号　元亨三年一一月二五日　鎮西下知状、同一一六号　嘉暦二年八月二九日　鎮西御教書。

(30) 同一一三号　同　嘉暦元年一〇月　比志島忠範代義範申状。

(31) 同一一五号　嘉暦二年六月一〇日　伊集院忠国請取状、同一一八号　嘉暦三年六月一七日　伊集院忠国請文。

三、比志島氏の惣庶関係

建長五年七月、栄尊より祐範に譲られた所領、即ち比志島名以下五ヶ名、その他の惣領職はその後、祐範の孫忠範（時範は早世か）、義範と伝えられた[1]。この中、栄尊の後、惣領比志島氏の直接支配したのは主として比志島名であり、他の諸名は祐範の弟、盛忠・盛佐・栄秀・栄慶がそれぞれ主として西俣名・川田名・前田名・西俣名内辺牟木の代官職を領知した[2]。ここに代官職とはあるが、事実上その領知は委譲されたのであり、実質的には分割相続に他ならない[3]。

さて、その後の右の惣庶関係についてみると、当時の一般的趨勢として庶子の惣領に対する所役の対捍、所領相論がみられたが、ここでも惣庶間の係争は史料に屢々あらわれてくる。今これを時代順に列挙すると、（イ）嘉元四年正月二八日、比志島氏宛守護代本性書下に、比志島氏の分担たる「比志島石築地裏加佐幷破損事」について庶子が惣領の命に対捍し、惣領が立替ていることがみえるし[4]、（ロ）正和二年一一月二一日の源氏女の和与状によれば、比志島忠範（惣領）と河田佐清女、源氏女との間に河田名内かきもと（柿元）田一町幷薗一所について相論のあったことが知られるし[5]、（ハ）同年一二月の源久盛の和与状によれば、同じく比志島忠範と西俣久盛との間に西俣名の公私大小公事、警固石築地役、惣地頭沙汰さいつ（在津）用途について相論のあったことが知られる[6]。以上の相論の一つの原因となった所役負担の配分に関しては、御家人たる比志島氏にとって幕府より賦課される御家人役がとくに重要であったろう。今、比志島氏の勤仕せる御家人役（広義の）役を列挙すれば次の如くである。

（a）京都大番役[7]、（b）筥崎役所石築地役[8]、（c）異国警固番役[9]、（d）筥崎石築地修理役[10]、（e）造勝長寿院幷建長寺唐船勝載物京都運送兵士役[11]、（f）正八幡宮造営役[12]、（g）宇佐弥勒寺用途幷米等[13]。

以上の賦課は物領に宛てられ、庶子はその配分を実質的には分限の多少により割宛てられたものであろう[14]。しかし前述の如き庶子の対捍もあって、物領の庶子に対する所領の分割は爾来この時代を通じて一、二みられるのみであり[15]、所領の減少はつとめて避けられているように思われる。このことはそれぞれの庶家についてみても同様であろう。ただ庶家の中、前田は既述の如く惣地頭島津氏の押領により一時没落したものの如くである。

文保元年七月晦日の薩摩国御家人交名注文には、満家院の分として、

比志島孫太郎　西俣又三郎孫太郎

川田右衛門太郎　大丸犬一丸

中俣弥四郎入道跡　山口入道　厚地座主収納使

の名がみえる[16]。

以上は当時における院内御家人の殆んど全てを挙げているものとみられるからこれについて検討を加えてみよう。この中、比志島孫太郎は比志島氏惣領忠範であり、西俣又三郎は西俣盛忠の子西俣名代官の久盛であろう。孫太郎とあるのは不詳であるが、西俣氏のみ二人の名をあげているのは納得しがたく、これは恐らく比志島孫太郎とあるものの衍であろう。川田右衛門太郎は川田盛佐の子、川田名代官の佐清（入道道教）であろう。また中俣弥四郎入道跡とあるのは正和元年上原三郎基員と相論している中俣弥四郎入道道証（成能）の後であろう（中俣氏は『旧記雑録附録』一所収「鮫島古系図」によれば税所氏一族である）。その他は不詳であるが、推測を下せば山口入道とあるのは、比志島

祐範の末弟栄慶（義隆）か、またはその後ではあるまいか。前掲栄尊の譲状に「辺牟木之木場山口田五反者、乙万可領知」とあり、栄慶（乙万）は西俣名辺牟木、山口田を知行したことが知られる。これは子孫に相伝され、辺牟木氏となるのであるが、この交名に辺牟木氏の名はみえず、或いはこの山口入道が該当するのかも知れない(17)。断定できないが、一案として掲げておく。大丸犬一丸の大丸は当然地名と思われるが、現在郡山町大字由須木に大丸の小字名があり、或いはこれを負ったもので比志島氏一族かと思われるが明らかでない。同じく厚地は郡山町の大字名でその内に厚智山権現がある。厚地座主とはその管掌者であろうが、税所氏系図（玉里文庫「古文書写全」所収）に税所義祐の所職をあげている中で、厚地座主知行の事がみえるから恐らく税所一族であろう。収納使の語は厚地座主兼収納使とつづくのか、収納使だけ独立して別人をさしているのか明らかでない。しかし、とにかく収納使は寄郡である満家院において領家側にたって庄園領主のために年貢・公事を徴収する役であり、地頭側の年貢・公事徴収を行う地頭代と並ぶ立場にあった(18)。

以上、右の交名は当時満家院内における在地領主で御家人であるものの殆んど全てを網羅していると思われるが、なおこの他に右の一族や御家人でないにしても在地領主の主なるものとして当然名を連ねるべきものが若干あった。それらは前節でも掲げた上原氏・郡山氏・小山田氏等である。上原氏の来歴については、正和二年九月一〇日の上原三郎基員と中俣弥四郎入道道証（成能）の下女相論についての守護代沙弥本性の裁許状によってかなり具体的に知りうる(19)。その中で基員は証拠書類として「当院正地頭大隅禅門御下知幷税所介篤秀・篤胤等状」をあげ、それによれば「能基基員曽祖父為義祐代官、知行当院郡司職之時、依地頭代非法事、令訴申之刻、宛能基身、預正地頭下知状畢、随義祐・篤秀・篤胤三代之間、自能基至基員代々雖有数通状、郎従之礼儀無之」であり、又「上原三郎入道頼念為養子譲得上原屋敷一所（中略）称頼念者、当院一分名主也、基員自幼少被取養、彼頼念譲得屋敷之条証文顕然之上、一族輩中篤茂以来代々給関東御下文畢、為彼子孫等、于今院内現在」であるのに、道証はその基員を以て税所介郎従なりとするのは、過言悪口であると訴えたのである。しかしこれについての守護代沙弥本性の裁決は「基員先祖為無足不知行」久しとし、「為税所介代官之条、無異論」というのであった。これによってみるとき上原氏は元来郡司税所氏の代官であり、しかもこのころになるとその羈絆を脱し、独立せんとする傾向を強めていたことが知られる。このことは次の元亨二年五月三日の上原基員の契状によっても推測される。(20)

郡山安堵事者、税所殿御書有之間、就御教書被進御請文候之条、自是不及悦申候、自分上原薗安堵事、同被成御教書於御方候、云当知行之段、云幼少養子之篇、無子細候之上、税所殿御放状御見知之候之上者、無相違被進御請文候之条、生前悦入候、向後者相互成親子兄弟之思、悦歎共以我身之大事と存、更不可有腹黒害心候、縦住所者雖隔遠近境、互用事無隔心可申承候、

しかし、上原氏がこの時代を通じて、尚郡司税所氏の代官、ないしは惣庶の関係にあったことは、正中二年一〇月二五日の税所介宛、鎮西御教書によってもうかがわれる。(21)その御教書の内容は、「鹿児島郡司（矢上氏）貞澄代内田右衛門太郎実澄が上原三郎基員の下人拘惜の非について訴訟中の所、基員の承諾により、訴訟をとり下げる旨申出があった。よって此上は異議のない旨、基員に触れられたい」というのであった。即ち上原基員に対する指令の伝達を税所介に委ねているのである。このことは明らかに上原氏の税所氏に対して代官ないし庶子の立場にあることを示すものであろう。また上原氏の名が前掲文保元年の御家人交名の中にみえないのも、これを裏書きするものであろう。また上原氏は応長元年閏六月、院方・殿下（荘園領主近衛家）方に舎人饗料を負担しているが、それには右衛門尉紀

基員とあり[22]、紀姓であることを知る。しかるに前掲建保六年九月の厚智山掛仏銘によれば、満家院司大蔵氏の縁類として紀氏の名がみえる。恐らく上原氏も源姓比志島氏と同じく、前満家院院司大蔵氏を中心とした縁族集団の一つであるのであろう。

上原氏と比志島氏とが深い関係を有したであろうことは、前述、正和元年の上原三郎基員と中俣弥四郎入道道証との相論で、基員が証人として比志島孫太郎（忠範）、西俣又三郎をあげようとしたのに対し、道証が彼らは敵方であるからといって忌避した事実や、建武二年三月二七日の良舜（荘預所か）契状に満家院之内郡名・小山田・油須木・東俣幷比志島等年貢の請人として上原三郎久基・比志島彦太郎義範の両名をあげている点[23]、またくだって貞和四年二月三〇日の比志島貞範の契状に「院内比志島名を□（惣領）ようせう（幼少）の間、上原殿ならひに義範後家とのゝ両人の御はからいとして、比志島名水田山野三分いち、貞範にわけあたゑ給候」云々とあること等から明らかで[24]、両者の関係が時代の下るにしたがって政治、経済上の点からも深まっていたことを示しているように思われる。そして、この関係は源姓比志島氏と大蔵姓郡山氏等との場合についてもいえるのではないだろうか。惣領比志島氏を中心としてその支族、川田・西俣・小山田氏等の他、他姓の上原氏・郡山氏等を含めて一つの共同集団が形成されていったように考えられる。上原氏の名は上原薗に由来するのであろうが、上原の地名は現住、大字小山田の他に同油須木にも上ノ原があるが、上原薗は恐らくその前者に該当するのであろう。上原薗は比志島氏の相伝所領五ヶ名の一つであり、久しく後まで譲状に必ずその名が記されているが、前述の如くそのことと実際に知行していたか否かは別問題であり、恐らく上原薗は城前田と共に現実には早く比志島氏の手をはなれ、税所氏代官上原氏の知行するところとなっていたのであろう。前掲栄尊の譲状によって惣領比志島祐範の他、その弟（庶子）達が川田・西俣・城前田の諸名代官職を相伝しているのに、上原薗については所見のないことも、この事実を暗示しているものではないだろうか。

以上要するに、比志島氏の惣庶関係は、まず惣領よりの庶子の独立化がみられたということが一応いえる。しかしその後の推移は所領五ヶ名につき、惣領一、庶家四がそれぞれ領主権を確立していくという型通りの姿をとる訳ではない。鎌倉時代後半より南北朝時代にかけて惣領比志島氏の他、庶家川田・西俣・前田・辺牟木の諸氏の間にはそれぞれ盛衰があり、それらと他名知行の庶家小山田氏や本来他家であった上原氏・郡山氏等をも包含して一つの地縁的結合（縁族集団でもある）を形成し、南北朝の動乱胡には「満家院一族中」として守護島津氏と結び、おおむね一致して行動しているのである[25]。そしてその中心は惣領比志島氏である。比志島氏は血縁＋地縁結合の中心としてそれぞれ盛衰変動のある院内在地領主層の代表者として擁せられていたといえよう。爾来比志島氏はその立場を次第に強化し、一族川田氏と共に、守護島津氏との連携をますます強めながら、その家臣団の有力成員として転身していくのである。そして自余の諸氏は或いはその家臣となり、或いは他氏の家臣となる等変転の道を辿っていくのである[26]。

註

（1）「比志島文書」六三号　弘安七年一一月一九日　沙弥導願譲状、同七四号　正安元年八月　源忠範譲状。
（2）同三九号　年月日未詳関東御教書案、同四九号　栄尊所領配分状。
（3）今、分割相続せる物庶の関係を『旧記雑録』・「島津国史」等により系図で示せば次頁の如くである。
（4）「比志島文書」七六号。
（5）同九〇号。
（6）同九二号。

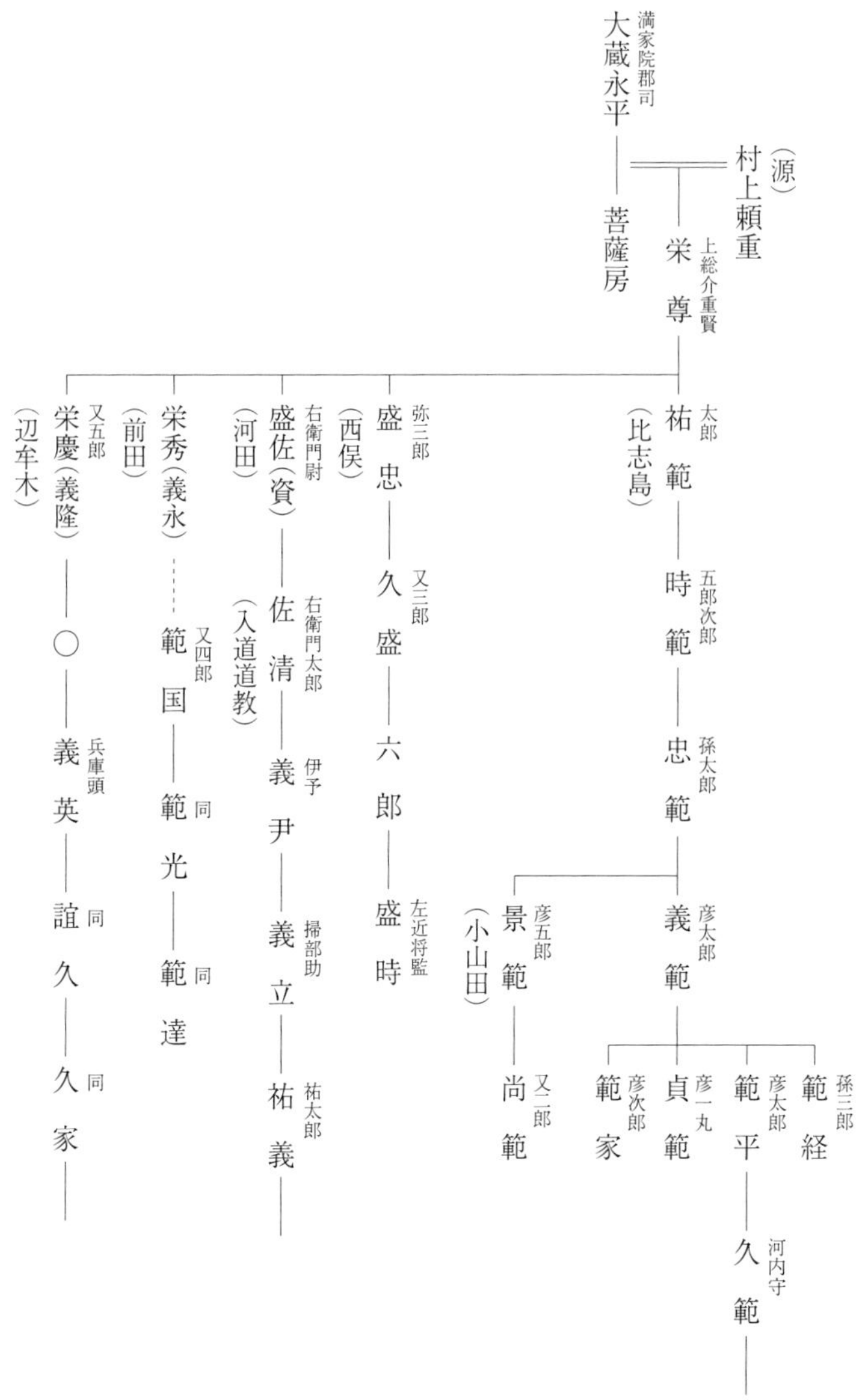
（源）村上頼重
満家院郡司 大蔵永平
菩薩房
上総介重賢 栄尊
太郎 祐範（比志島）
五郎次郎 時範
孫太郎 忠範
彦太郎 義範
孫三郎 範経
彦太郎 範平
河内守 久範
彦一丸 貞範
彦次郎 範家
彦五郎 景範（小山田）
又二郎 尚範
弥三郎 盛忠（西俣）
又三郎 久盛
六郎
左近将監 盛時
右衛門尉 盛佐（資）（河田）
右衛門太郎 佐清（入道道教）
伊予 義尹
掃部助 義立
祐太郎 祐義
栄秀（義永）（前田）
又四郎 範国
同 範光
同 範達
又五郎 栄慶（義隆）（辺牟木）
○
兵庫頭 義英
同 誼久
同 久家

（７）同一三六号　弘長二年七月　関東御教書案（京都大番役催促状）、同五一号　弘長二年八月十一日　薩摩守護道仏書下、同五二号弘長四年一月二日　島津道仏京都大番役覆勘状。
（８）同五七号　建治三年ヵ正月二七日　島津久時石築地役覆勘状等。
（９）同五五号　弘安三年四月一日　筥崎番役覆勘状等。なお弘安四年の蒙古襲来の際には比志島時節及び河田盛佐が地頭長久に従い壱岐島合戦に加わっている（同五九号　弘安五年二月　源時範軍忠状、同六〇号　同五年四月一五日　中沼大炊助長久証状）。
（10）同七六号　嘉元四年正月二八日　守護代本性書下等。
（11）同一一二号　嘉暦元年九月四日　同。
（12）同九四号　正和六年四月二五日　沙弥了恵書状。正八幡宮修造役の負担については郡司＝税所氏がその配分に関与しており、比志島・河田・西俣三氏は連合して負担配分の増大を警戒している（「比志島文書」）。
（13）同九九号　文保元年九月一四日　守護代本性請取状。
（14）異国警固番役の庶子代官の勤仕例は多い。比志島氏庶家河田氏・西俣氏の勤仕を示す史料が数通残されている（同一四三号弘安四年五月一日　守護代信蓮覆勘状、同五九号　弘安五年二月　源時範軍忠状、同六四号　正応二年一二月一五日　守護島津忠宗覆勘状、同六八号　正応四年一二月二三日　守護代覆勘状、同七二号　年未詳七月二五日　守護代覆勘状等）。また惣領より庶子への配分を示す史料としては同七六号　嘉元四年一月二八日　守護代本性書下。
（15）同七五号　正安元年八月　源忠範置文、同九六号　文保元年六月二三日　同譲状。
（16）『旧記雑録前編』一―一二一〇号　文保元年七月晦日　薩摩国御家人交名注文。
（17）現在、大字西俣の小字名に辺保木・山口田・木場等が隣接して存在する。これらは或いは当時の地名を伝えるものか。
（18）「比志島文書」四三号　建長三年二月　収納使左兵衛尉大江外題、同五三号　文永一一年四月一一日　収納使法橋外題。
（19）同八九号。
（20）同一五〇号。
（21）同一一〇号。

(22) 同七八号　清国等請取状、同八〇号　府生二郎家弘書下。
(23) 同一七〇号。
(24) 同一七五号。
(25) たとえば、同一八八号　暦応五年一〇月一六日　守護島津貞久書下の宛名に「満家院一族中」、同一九〇号　貞和二年二月十二日同書状の宛名に「比志島一族御中」、同一九八号　貞和二年六月一日　同書下の宛名に「満家院人々御中」等とある。
(26)「本藩郷里史薩摩国一」によれば西俣氏について「西俣弥三郎郡山之内西俣を領す、後に伊集院氏に奪はれて臣となる。又後に蒲生氏の臣となる。弘安年中蒲生氏没落の後、入来院氏の臣となり入来に住す」とある。

四、伊奈氏論文の疑問点

終わりに、前掲伊奈氏の論文について筆者の疑問とする諸点の中、主要なものを列挙し、且つ若干、私見を記して大方の批判を仰ぐこととする（括孤内の頁数は伊奈氏論文の頁数を示す）。

(1) 伊奈氏は比志島氏の本家である満家氏を満家院の地頭とし（五六頁）、比志島氏の祖栄尊の母、菩薩房を満家院の地頭であったとされるが（五七・五九頁）、如何であろうか。前者は正しくは満家院の院司（郡司）であり、同様な例で他に地頭と呼ぶ所もあったにせよ、ここの場合、地頭の呼称は惣地頭島津氏及びその代官を指しているとみるべきであろう。[1]

(2) なおこれに関連してかかる解釈の誤りが、かなり重大な意味をもってくるのが、日吉上分稲五〇束の償務の件についてである。この日吉上分稲というのは恐らく比志島名内に鎮座せる山王社に名主が進納する稲のことと思われるのであるが、伊奈氏は如何なる理由か、これを延応二年八月、栄尊の母菩薩房等が満家院西俣名内、八世井浦田畠を石谷阿闍梨にその代償とし避渡している出挙物と同一のものとし、この「日吉上分稲出挙の返済の負担は比志島氏の生活に影響して来るもの」とされ（五六頁）、これを以て鎌倉時代後半における比志島氏の経済生活の困難化の有力な原因とされている。

成程当時、比志島氏の経済生活の困難化は事実だったであろうが、これは別の箇所で述べたように　当時一般の分割相続制に基づく所領の細分、貨幣経済の浸透等による御家人一般の窮乏化と同様にみるべきものであって、右の日吉上分稲五〇束の負債をとりあげて説明されるのは誤りであるといわねばならない。何故なら日吉上分稲五〇束の負債というものはなく、これは栄尊が農料として収得すべきものを惣地頭代大輔房浄尊が刈取ってしまい、それを比志島氏が訴えたのに対して、嘉禎二年九月惣地頭（島津氏）より、惣地頭代に対して反別三束宛の返済が命ぜられているのであり、(2)その返済が行われるままに、やがて浄尊は死去したので問題は解決せず、再び栄尊の訴訟となって、惣地頭（島津氏）が惣地頭代紀二郎左衛門尉に再審を命じているのが、宝治元年一一月二二日の島津忠時下文なのである。(3)今、これをあげると次の如くである。

為満家院地頭後家尼、可弁済由、上総法橋訴申日吉上分稲元五十束事、具書等遣之、子細具于状、所詮如後家陳申者、為大輔房沙汰、所令勧濃（農）之作毛、法橋苅取上者、不能弁済云々、件作毛苅取実否、両方被糺明、可令注進申給之状如件、

伊奈氏は満家院地頭後家尼とあるのを栄尊の母、菩薩房とされ、「債務返済の義務が、菩薩房と栄尊の何れに決定

すべきか訴訟の結果、惣地頭に一任せられた」（六七頁）といわれているが、疑わしく、文意からみても前満家院惣地頭代大輔房浄尊の後家尼と考えるべきであろう。地頭代を地頭と称するのは当時の通例であるし、この方が妥当のように思われる。またこの日吉上分稲五十束を延暦寺の私出挙の債務と解され、さらにこれを石谷阿闍梨に返済すべき出挙稲と解されるのにには承伏し難い。

（3）伊奈氏は正応六年六月一三日の比志島忠範の着到状によって「如此末期に於ける経済生活の不安は比志島の行動にも動揺を来たしてゐるかに考へられる節がある」として、関東早馬下着について比志島氏が動揺したのは経済生活の不安の増大に基づくと説明されている（六九―七〇頁）。この早馬事件を伊奈氏は全然不明とされているが、これは永仁元年五月の平頼綱誅伐事件の通報であることは明らかであり、この時多数の鎮西御家人が博多に参着して北条兼時の証判を受けたと思われ、(4)これを直に比志島氏の内部事情の説明に用いられることは首肯しがたい。

（4）伊奈氏はまた建武二年三月二七日の良舜契約状をあげ、「建武二年三月以降郡名・小山田・油須木・東俣の諸名田が従来の比志島名等の外に加増せられたことは比志島氏の経済生活を次の時代へと更生せしめた輸血的作用をなしたものであらう。此の頃に於ても輸血的作用によつて再生し得たのであるから元寇戦後暫くにして恩賞施行をなしてゐたなら矢張り効果があったであらう」と述べておられる（七〇―七一頁）。しかし、前述の契約状で有限年貢の上納を請負ったのは上原三郎久基と比志島彦太郎義範であり、「満家院之内郡名・小山田・油須木・東俣幷比志島等御年貢」とあるから、これについては一概に比志島氏の所領増大と見做すことはできない。即ち諸名のうち、郡名とあるのは郡司名のことと思われ、(5)それが郡山名のことか、或いは郡司名である小山田以下三名のことをさすのか問題がある。しかし、何れにしても比志島名とそれからの諸名とは区別されている。恐らく前者が比志島義範の主として請負であり、後者が上原久基の主として請負つたところであると思われる。上原久基は前掲上原基員の後と思われ、上原基員は既述の如く税所氏と郡司正員・同代官、乃至惣庶の関係にあったらしく、また上原薗の名主でもあつた。当時郡山・小山田・油須木・東俣の諸名は何れも比志島氏の管掌下にはなく、なお郡司税所氏の管掌下にあったもののようであるから、元来その代官であつた上原氏がその年貢の徴収を請負うことは納得しうることのように思われる。また既述の如く上原氏は比志島氏とも親縁関係を結ぶようになったらしいから、広い意味では伊奈氏の如くいえるかも知れないが、これについてはさらに検討を加える必要があるように思われる。

（５）また伊奈氏は比志島氏負担の年貢諸役をあげられた中で（六〇頁）〔Ｉ〕年貢として、宝治元年六月二二日付の栄尊の起請文をとりあげ（伊奈氏はこの起請文が惣領主兵衛太郎及び其の末葉に対して捧げたものであるとし、また別に惣領主は島津大隅前司であるとされているが、これは誤りで、この起請文は惣地頭島津大隅前司忠時に差出されたものであり、惣領主兵衛太郎とは満家院郡司職を称する税所藤原義祐のことで、栄尊はその羈絆を離れ、幕府より各別安堵を受けるのに際し守護兼惣地頭の了解を得ているのである）、「禾五十石（籾のま、ならん）の負担であるから一段に付一斗の負の負担であつて税率は所謂籾の斗代であり、玄米によれば五升代である。当時五升より一斗を上納するのは各荘領を通じて普通的のものであつた。之が惣領主島津大隅前司に貢納せられねばならなかつた」とされているが、禾五十石とあるのは御得分米五十石の誤読と思われ、籾ではなくやはり玄米であろう。したがって氏の行われた計算は納得し難くなる。さらに五一町四反に対し五〇石とされるが、五〇石は満家院全体の負担であり、五一町四反は建治年間の比志島・河田・西俣・前田四名の石築地配符における負担、五丈一尺四寸よりの逆推による田数なのであるから、その当たらないことは明らかである。既述の如く満家院全体の田数は図田帳によれば一三〇丁であり、それより若干増加したとして、比志島氏管轄下の田数は全体の三分の一程度と考えられる。とすればこの郡司得分米五〇石の負担は町別三斗余となる。勿論除田損田等もあろうから、それを三分の一とみて、一〇〇丁につき五〇石とすれば、反別五升であるが、これとほぼ同額の負担が郡司得分米の名目で割宛てられたものと思われる。(6)

註

(1) 惣地頭とあって、その実、惣地頭代である例としては「比志島文書」四一号　宝治元年一一月二一日　島津忠時下文の宛名に「惣地頭紀二郎左衛門尉」とあるが如し。

郡司を地頭と称することについては、『旧記雑録前編』一―一五七〇号　元徳二年一一月　谷山五郎入道覚信代教信重訴状に「於国領者、以郡司号地頭、至庄園者、以下司称地頭」とある。

(2) 「比志島文書」一三三号、また同一三四号の仁治三年七月六日並びに同三年七月一二日の中公書状案は、これに関連して惣地頭代の非法を訴えた栄尊の書状に対する惣地頭側の回答書であろう。

(3) 註(1)引用史料。

(4) 『旧記雑録前編』巻一〇。この前後に鎮西御家人の同様の着到状が数多く収載されている。

(5) たとえば建久図田帳に、「入来院　郡名分二〇丁、本郡司在庁道友」とあるのは郡司名のことであろう。

(6) ここでは断定する史料がないままに、郡司得分米と地頭加徴米とは一応別個のものとして取り扱った。しかし、両者が同一のものでないとははっきり否定できない。千葉常胤が島津庄寄郡五ヶ郡郡司職(惣地頭職に他ならぬ)に補任されたことや(『旧記雑録前編』一―一〇五号　文治二年八月三日　源頼朝下文)、谷山郡郡司が同郡山田・上別府地頭と地頭得分抑留のことで争っている事実(同一―一〇五〇号　正安二年七月二日　鎮西下知状)等の史料からみても、この時代の惣地頭は従来の郡司職の得分をおのれの得分として吸収する場合がかなりあったように感ぜられる。そしてその場合、従来の郡司はその名義と実質上は郡司代の地位、下地の進止権が留保されたように思われる。或いはここの郡司得分米も地頭加徴米の他にあるものでなく、同じものかもしれないが、明確にしえない。敢えて記して後考を俟つ。

以上、四節にわたり薩摩国御家人比志島氏について若干の考察を行ってきたのであるが、その経済生活の面については既に伊奈氏も述べられている如く、他の諸御家人との比較によってはじめて正鵠を得た報告をなし得ると思われるので、これらについては、他の諸御家人の考察を行って後、改めてとりあげることとし、今は概括的叙述に止めておいた。

【付記】不敏にして成稿後、県立図書館所蔵「地誌備考」上（大隅国囎唹郡）に税所系図の収載されていることを知った。今その全文について検討する余裕をもたないが、その記載中、税所氏と比志島氏との関係等を示す一部を抄録して責をふさぎたいと思う。即ち同系図には義祐の父を祐満とし、その箇所に「大隅国税所職・押領使職、国大専当職、止上大宮司職、曽於郡内恒次名・重武名、桑東郷松永名・重武名、栗野院恒次・恒山・重武名等、薩摩国満家院郡司職村々田畠山野等、依和田左衛門尉追討勲功拝領同院内厚智山座主職、川田氏由緒記、比志島元祖重賢姉税所太郎篤満ニ嫁ス、篤満、重賢ヲ追出シテ満家院ヲ奪、因テ重賢為僧トアリ」と記している。

第六章　新田宮執印道教具書案その他

一、新田宮執印道教

道教は薩摩国新田八幡宮執印惟宗重兼の法名である。重兼ははじめ康秀といい、同じく薩摩国国分寺留守惟宗友久の子で兄友成のあとをうけて新田宮執印兼五大院院主となった。同職は文治年間惟宗康友が補任されて以来、子の康兼に伝えられ、康兼の死後、はじめ友久の妻として友成・師久・康秀らの子をもうけ、後に康兼の後妻となった迎阿に伝えられ、迎阿から友成、そして康宗と伝えられたのである。(1)康秀は康兼の家跡をつぐことにより重兼と改名し、寛元元年八月一〇日の新田宮執印兼五大院院主迎阿大間状にもとづき、同職の相伝とひきかえに既に譲得していた所領は友成の子孫に譲与したのである。(2)重兼の執印職補任の時期については明らかでないが、その在任期間は文永・建治・弘安・正応・永仁年間にかけて、永仁五年一一月子の重友に譲与するまで約三〇余年の長きに及んでいる。ただ在任期間が長かっただけではない。この時期は恰も再度にわたる蒙古の襲来があり、それにつづく警固役の励行等、鎮西の在地領主にとって負担の強化がみられ、他方守護・地頭等東国より下向の武士と郡司・下司等在来の国武士との間の領主権をめぐる争いや、地頭・在地領主自体の惣領・庶子間の賦課の配分をめぐる抗争も次第に激化しようという難しい時期であった。(3)この時期に道教が新田宮執印として処理すべき課題は多種多様であった。

新田宮は承安三年不慮の火災により正殿以下門廊等を焼失、翌年再建の日時勘文まで出されたが、従来山麓にあった社殿を山頂に移すべきか否かについても占をたて、安元二年山頂に移建と定められたが、歴代の国司も造営の功をあげぬままに交替し、仮殿も朽損して神事も滞りがちになったという(4)。鎌倉時代に入って社殿の造立は執印惟宗氏の最大の責務とされていたが、実施は中々困難で、実現をみぬまま執印も重兼の代となった。一体、新田宮は鎮西古社の一として、肥後国の藤崎宮や筑前国の香椎宮のように造営の際は役国を定めその費用にあてることとされていたらしい。しかしその国の決定をみぬまま推移し、新田宮所司神官等は屢々解状を提出してその実現方を要望している(5)。文永一一年の蒙古襲来は新田宮の社殿造営に有利な状勢をもたらした。神官等は神王面虫損の実情を述べ、神慮恐るべしとして造営の実行を求めたのである(6)。これにより社殿造営の計画も次第に現実化し、国衙領と神領の経費の配分や、役郡の指定等が問題として取り上げられるようになり、やがて社殿の造営も逐次実施されるようになった(7)。しかしその間神領の支配をめぐる地頭・郡司間の争いや、名主の対捍・未納等のこともあって所司神官を統率する立場の執印重兼の苦心は容易なものではなかったであろう。彼が再度にわたり造営不法の科で領家から執印の座を追われ、しかも所司神官ら在地勢力の支持を得て程なく復任しているのもこの事実を物語るものであろう(8)。

神領をめぐる相論の中、彼が関与したもっとも代表的なものは、正応二年の宮里郷地頭大隅式部三郎忠光との争いである。正応二年八月二日の関東下知状によると、新田宮所司神官等の言い分は当宮の竪義御供料と二月二日の御祭の饗膳料等の免田は従来宮里郷に割りあてられていた。ところが地頭忠光はその免田を押領し、剰え神領に使者をいれ、身代を押取り沽却してしまった。そこで訴訟に及んだところ、忠光は度々の催促にそむき請文も提出しないという。そこで幕府もその科は免れがたいとし、問題の免田は元通り宮里郷に割りあて、押取した身代は忠光の責任で返還させることにし、忠光の狼藉の科については別に鎮西寺社修理用途を賦課することにしたのである。(9) ついで正応三年九月、今度は宮里郷地頭大隅忠光の方から新田宮執印重兼入道と新田宮社司神官らの非法を重ねて訴えているが、その内容は執印・社司神官等が幕府の下知を隠して地頭職を付けられたと自称し、何百余人の神人を差遣して地頭所に押寄せて地頭忠光を追放し、居宅を焼払い、資材を奪うなど不法の限りをつくしたというのであり、「抑重兼入道為御家人之由、募申歟、然者何可被自由出家哉、是又属京家、替面奉掠関東之条、罪科難遁」と述べ、重兼は御家人を称しながら自由出家をするなど矛盾する行為があり、領家についたかと思うと幕府にも色目をつかうなど二面性が著しいと非難し、忠光自身については「忠光云異国合戦、云警固已下御公事、有忠無怠之処、依件重兼非拠之濫吹、被押領地頭職、忽及佗傺之条、希代之愁訴也」と功ある身としてしかも窮境にあることを嘆じている。(10) この大隅式部三郎忠光が異国合戦に従軍したことは、後掲の国分友兼重申状にもみえ、また「蒙古襲来絵詞」にもみえるところで、彼は宮里郷地頭のみならず、一時は薩摩国守護代でもあったらしい。(11)

執印重兼が所司神官等の支持を得て島津氏一族の地頭・守護代を敵に廻し、しかもこれを圧倒する勢をしめしたことは注目に値する。ここで相手側から指摘されている重兼のもつ二面性とは、彼が新田宮執印として領家に属して神領を保持し、また御家人として幕府に属して武家役を勤め、しかも在地領主として勢力を堅持して行く上の必須条件であった。重兼はこれを巧みに使いわけ、神領の保持と執印職の確保に成功したといえよう。

二面性の行使は、重兼（道教）の子忠兼（のち道恵と号す）が一族の国分友兼と大中島の知行権をめぐって争った際にもみられた。正応三年と推定される年月日欠の国分友兼重申状案に詳細であるが、この中で忠兼は、同領は本所一円領であり、自分は「本所進止の仁」なりとし、その知行権を主張し、友兼は、同領は御家人領であり、自分は御家人として知行権のあることを主張し、共に新田宮或いは国分寺の本所に属する身であり、同時に御家人であり、そのどちらに優位性をおくかで対立しているのである。[12] 重兼（道教）はこの他にも同時期に幾つかの相論に関係していた。以下その中の二、三を列挙すると、（一）弘安三年八月渋谷重峯は執印重兼以下所司神官らが同国住人在国司道氏に語らわれて、重峯が神人を打擲刃傷したと不実の訴えをした上、訴人の身として参対せず、沙汰を延引せしめたと逆に訴え出ている。重兼の子重友は在国司道氏の聟となっており、執印氏は在国司大前氏と縁戚関係にあった。[13] 在国司道氏はこれより前弘安元年九月、執印の後援を得て紀姓権執印妙慶兼帯の新田宮五大院政所職について相論をおこし、結局は名田の割分を得て、同職は元のまま権執印妙慶の領知を認める旨の和与状をとりかわしている。[14]（二）正応元年六月の串木野太郎忠行後家尼如阿の申状によると、新田宮所司神官らが庸菟料所である当（串木野）村の年貢を苛責するのを止めて欲しいと訴えており、[15]（三）正応二年八月一七日の鎮西奉行奉書によると、薩摩国上野太郎忠樹以下の輩が新田宮夏越鎮斎を破る等、神事に対する狼藉の停止を在庁に命じている、[16] 等々の事件が継起している。

その他、開聞社との一宮争いもこの時期に始まっている。幕府は異国警固の観点からも鎮西の有力社寺に対する所領保護政策をとるに至ったが、とくに諸国の一宮に対して異国降伏祈願の報賽を行うため、薩摩についても一宮を決定する必要が生じてきた。重兼は弘安元年一〇月、新田宮の由緒を書き上げ、開聞社に比して一宮たるにふさわしいことを訴え、守護島津忠宗もこれを採り、開聞社の反論を押えて、一宮の最終決定は保留のまま、ひとまず新田宮を一宮に準ずるものとして、異国降伏祈願のための剣・馬を同宮に進めることとしたのである。[17] しかしこれより前、開聞社の雑掌から、守護と執印が共謀して御剣・神馬を押取したとして訴えが出され、鎮西奉行人から執印に対して、正応五年二月五日付の召喚状が出されている。[18] 歴史的にみて開聞社の方が古く、新田宮の新しいことは明らかであるが、新田宮は八幡宮として時流に乗り、この時期には前者を圧倒して勢威をはるに至ったのであろう。その在地における中心的存在として執印重兼（道教）の果たした役割は大きかったものと推定される。

註

（1）「新田神社文書」（『鹿児島県史料集』Ⅲ）執印氏系図、伊地知季安「諸家系図」五、惟宗姓執印氏正統系譜。

（2）『鹿児島県史料　家わけ十』「新田神社文書」二二号　新田宮執印兼五大院院主迎阿大間状。右によれば康秀の譲得分は五大院之内、大中島水田薗等、本免一丁宮里、新免五丁（二丁宮里、三丁牛屎）、用作二丁六反内（五大柳田八反、同橋口六反、同蔵町四反、中島柳田八反）等であり、友成一期の後、友成の有する新田宮執印職、五大院主職等を相伝する代わりに、それらの譲得分は友成の子に譲ることになっていた。しかしその後、東郷大中島の名主職の領有をめぐって康秀（重兼）の子忠兼と友成の孫国分友兼との間に係争がつづいた。

（3）本稿の執筆に当たっては一々典拠はあげないが、相田二郎『蒙古襲来の研究』（吉川弘文館、一九五八年）、川添昭二『注解　元寇防塁編年史料』（福岡市教育委員会、一九七一年）に負うところが多い。

（4）「神代三陵志」所収文書　建長八年四月　新田宮所司神官等解文（『鎌倉遺文』七九九三号）、同　文永五年正月　新田宮所司神官等解文（『鎌倉遺文』九八四六号）ほか。「後日之式条」所収文書　承安三年一一月一一日　菅野季親日時勘文案（『平安遺文』補遺一二〇号）、同　安元二年一〇月一四日　新田宮本所下知案（『平安遺文』補遺一二三号）ほか。

（5）「後日之式条」所収文書　文永五年八月　新田宮所司神官等解状案（『鎌倉遺文』一〇二九七号）ほか。

（6）「神代三陵志」所収文書　文永一二年　新田宮所司神官等解文（『鎌倉遺文』一一八八六号）。

（7）『旧記雑録前編』一―七八八号　建治三年一一月七日　雑掌某書状案、同一―八〇六号　弘安二年五月一〇日　亀山上皇院宣案ほか。『鹿児島県史料　家わけ十』「新田神社文書」五号　正応四年六月一七日　鎮西奉行施行状。

（8）弘安七年・永仁二年の二回、『鹿児島県史料　家わけ十』「新田神社文書」八号　永仁三年七月一一日　左衛門尉朝員奉書に「道教犯用造営用途、依令抑留年貢、自去年五月被改易候了、仍被補任時経之処、諸司神官等令違背時経、同心道教、不従度々下知云々」とある。

（9）『旧記雑録前編』一―九一八号。

（10）『旧記雑録前編』一―九三一号　宮里郷地頭大隅忠光重申状案。

（11）大隅式部三郎忠光については、石井進「竹崎季長絵詞の成立」（『日本歴史』二七三、一九七一年）に詳細な考証がある。筆者も「薩摩国伊集院の在地領主と地頭」（『荘園制と武家社会』所収。本書第1部第二章）において忠光を山田忠真の弟とし、かつ町田系図に忠経の子忠光とされる人物であろうと推定したことがある。

（12）『鹿児島県史料　家わけ十』「新田神社文書」二三―1号、忠兼と友兼の相論については、拙稿「島津庄日向方北郷弁済使職並びに図師職について」（『日本歴史』一七〇、一九六二年）において若干ふれたことがある。また「薩摩国御家人羽島氏並びに延時氏について」（『文学科論集』〈鹿児島大学法文学部紀要〉二、一九六六年）において『鹿児島県史』の記述を訂正し、重友の法名を道恵とし、忠兼の法名を道厳としたが、今は本稿註（1）の伊地知季安の執印氏正統系譜にしたがい旧稿を改めて重友を道厳とし、忠兼を道恵と改める。したがって新田宮執印職の相伝関係は、

①友成――②康秀（重兼）（道教）―┬―③⑤重友（道厳）――④友里（郷）（教忍）――⑦友雄――⑧友躬――⑨友令
　　　　　　　　　　　　　　　　└―⑥忠兼（道恵）

となる。

（13）『旧記雑録前編』一―八二一号　平重峯申状。

（14）『旧記雑録前編』一―八〇〇号　弘安元年閏一〇月二二日　某下文。

（15）『旧記雑録前編』一―八九六号。

(16)『旧記雑録前編』一―九二一号。
(17)「神代三陵志」所収文書(『鎌倉遺文』一六二二八号)、『鹿児島県史料　家わけ十』「新田神社文書」六号　正応四年三月六日、同七号　正応六年四月二〇日　島津忠宗施行状、同七三号　異国降伏祈祷剣馬等進献文書案、『旧記雑録前編』一―九五〇号　鎮西奉行奉書。
(18)南北朝期に入ると新田宮は一宮を称するに至っている。『鹿児島県史料　家わけ一』「二階堂文書」四五号　暦応元年一一月　新田宮執印友雄重申状。

二、端裏書のある一巻

筆者は昨年来、川内郷土史編さん委員会の委嘱で、先年鹿児島県立図書館より刊行した『鹿児島県史料集(Ⅲ)薩摩国新田神社文書』を増補訂正の上、『新田神社文書(一)・(二)』(川内市、一九七一・一九七二年)として再刊する仕事に関係してきた(1)。その間、既刊の史料集の中に多くの誤りを見出し、出来得る限り訂正を加えたことは勿論であるが、今回さらに関係史料数点が発見され、新たにこれに付け加えることが出来た。しかもその内容が単に新田神社関係史料としての域にとどまらぬものと考えられたのでここに機会を得て紹介し、大方の批正を仰ぎたい。

以前『出水郷土誌』を編集執筆されたことのある鹿児島県維新史料編纂所課長田島秀隆氏は、最近、出水市武本大野原八田スエノ氏所蔵の資料(八田知紀歌書関係)の中に混在していた数点の古文書を見出され、筆者に意見を求められた。以後、文書の解読・再調査・先学友諸氏との検討会などを経て、ここに一応の整理を終えたので以下同文書の意義等について私見を述べてみたい。

同文書の中、主たるものは「隈之城」の裏書のある二巻の文書であるが、その中の「道教所進」の端裏書のある一巻（A）には八点の文書をのせ、端裏書のない一巻（B）には五点の文書をのせている。まず（A）を左に掲げよう。

（A）　（二五cm×一七二cm）

（端裏書）「到正応五五廿一　　（裏書、異筆）「隈之城」
　道教所進也

関東御教書　神社仏寺本所一円御領等致異国警固由之事幷守護所催促状等案文」

（1）

条々被仰下内
一本所一円地事
警固無対捍可令勤仕之処、無沙汰由有其聞、早可令注進也、
　正応元年七月十六日　武蔵守在判
　　相模守在判
大宰小弐入道殿

（2）

異国警固事、正応元年七月十六日付関東御教書、急可被向役所由雖令催促、于今不被参勤候云々、何様事候哉、所詮今月廿日以前不被致警固候者、任被仰下候旨、可令注進関東候、仍執達如件、
　正応二年二月三日　左衛門尉忠宗在判
薩摩国地頭御家人幷本所一円地及収納使
　御中

（3）

鎮西警固事、蒙古異賊明年春可襲来云々、早向役所、厳密可致用心、且守護御家人等依所務論、無一同之儀歟、甚不可然、御家人以下軍兵等者、随守護所命、可致防戦忠、守護人亦不論親疎、注進忠否、可申行賞罰也、於背此仰輩者、永可被処重科、次本所一円地間事、可催促之由先日被成御教書畢、早存此旨可令相触薩摩国中之状、依仰執達如件、

弘安六年十二月廿一日　　駿河守在判

相模守在判

（4）

鎮西警固事、所下給之去年十二月廿一日関東御教書案如此、子細見状、所詮任被仰下之旨、近日中向役所可被致警固也、此上猶以有緩怠之儀者、不忠由可令注進関東候、仰執達如件、

弘安七年正月廿三日　前下野守在判

薩摩国地頭御家人并本所一円地及収納使御中

（5）

条々内

本所一円地事、

不差下代官、不従守護之催、不致合戦者、可被補地頭旨、可経　奏聞之間、被仰六波羅了、且可注申之由可相触守護人、

一鎮西所領知行輩事

関東要須仁者可下遣子息親類、其外者自身可下向由被定了、而未不下向之輩有之云々、可注進由可相触守護人也、

弘安九年閏十二月廿八日

（6）

条々内

一本所一円地事

築地以下警固役等事、若有被致緩怠之所々者、可補地頭之由先度□□(仰下カ)候了、沙汰何様候哉、分明可被注申也、

弘安十年三月十一日

(貼紙)「万延元申年まで凡五百九拾四年」

（7）

異国警固事、可為平均役之条、公家・武家之御沙汰厳重也、而本所進止之社寺庄公并地頭補任之関東御領等、各募権威、背守護催促、対捍課役之由、普有其聞、所存之企招罪科歟、薩摩国中有如然所々者、早可令注進交名状如件、

建治三年九月十九日　相模守在御判

（8）

(端裏書)「道教所進具書　道教初度陳状具書 正応五五廿一所司到来」

(端書)「□(領)家御教書案　造営不法被聞食披由候」

在御判

下　薩摩国新田宮

定補　執印并五大院々主職

綾小路女子分等事

散位惟宗重兼

右、重兼或可違背本所内成一味、相語悪党、或致御造営不法之旨、有其聞之間、申下　院宣、申副武家施行、雖

被改替、不実之条、依被聞食披、所被還補也、委子細被載前々下文了、然者守彼状、無相違可令相伝領掌者、所司神官等宜承知、勿違失、故以下、

弘安七年七月八日

今は一巻に貼り合せてあるが、(8)のみは別に一枚であったらしく、別記の如く端裏書・端書の記載がある。やや難解な点もあるが、執印幷五大院院主職等について、重兼が本所違背の者に一味し、悪党を語らって社殿造営に不法を行ったとして、院宣により改易されたが、無実であるという弁解が認められて還補され、相伝領掌が認められたというのである。造営不法というのは新田宮の社殿造営が中々はかどらず、責任者である執印の怠慢として咎められたのであろう。端裏書に道教初度陳状具書とあるが、いつ、どのような陳状であったか該当の史料が現存しないため明らかでない。ただ推定すれば、具書の一つが右の如く弘安七年七月八日の領家下文案であり、その内容が惟宗重兼（道教）の執印幷五大院院主職の還補を令したものであり、その理由が端書にみられる如く「造営不法被聞食披由」であることや、その他の具書(1)〜(6)については端裏書に「関東御教書」等でその内容は「神社仏寺本所一円御領等致異国警固由之事幷守護所催促状等案文」とあることから、執印道教（重兼）が再び領家から造営不法等について嫌疑を蒙むり、雑掌の提出した訴状にもとづきその陳弁を求められた際のものであろう。そして正応五年五月二一日に右の具書は道教のもとから新田宮神官所司のもとにとどけられたのであろう。道教が造営用途犯用、年貢抑留の科で改易されるのが永仁二年五月、すなわち具書が所司のもとに到来してから二年目のことになる。(2)しかし道教は所司神官等の支持を得て、新任の時経の執務を困難にし、幕府に訴えて永仁五年六月再度還補されている。(3)そして同年一一月一一日「新田宮執印職幷五大院々主職内田畠幷免田等」の譲状を作成しているのである。(4)宛名は記していないが一子重友

であることは疑いなく、「神代三陵志」所収、永仁七年三月の所司神官等申状には執印惟宗重友の署名がある。[5]
（1）から（7）までは端裏書の記す如く神社仏寺本所一円領に対する異国警固役勤仕の督促であり、守護の施行二通以外は幕府の指令で条々の中、関係箇条の本所一円地事を抄出したものである。何れも従来知られなかったものであるが、（5）については一部「比志島文書」に収められており、『中世法制史料集　第一巻　鎌倉幕府法』にも採録されている。[6]比較のためそれをあげれば、「□□要□之仁者、可□遺子息親類、其外者自身下向之由定了、而未下向之輩有之云々、可令注申之由、同可相触守護人」とある。一見して（5）の一部であることがわかる。すなわちこれは鎮西に所領をもつものについて定めたもので、幕府で重要な職掌を有するものは代わりに子息親類を下向させ、その他は自身が下向すべきこととされ、下向せぬ者については守護に注進させることにしたのである。ところがその前文に本所一円地に関する条項があり、代官を差下さず、守護の催促に従わず、合戦をせぬものについては地頭を補任されるよう朝廷に申し入れるべきことを六波羅に命じたと述べ、守護に該当者の注進を令しているのである。むしろこの条々では前文の方が問題なのであり、その主旨は他の（1）～（7）にも共通している。

年代順にいえば、（3）（4）（5）（6）（7）（1）（2）となるが、（3）では後段で本所一円地についても催促すべきことが先に定められたので、その旨薩摩国中に周知させるようにと記してある。（3）はその前半が「大友文書」弘安三年十二月八日の関東御教書と酷似している。[7]その相違点は「明年四月中」が「明年春」に、「近年守護御家人、或依所務之相論、或就検断之沙汰、多以不和之間、無用心儀之由、有其聞、挿自身之宿意、不顧天下大難之条、甚不忠也」が「且守護御家人等依所務論、無一同之儀歟、甚不可然」の如く文章が簡略化されていることで、後段に新たに本所一円地の規定が挿入された恰好になっている。弘安三年は蒙古襲来の前年で、はたして翌四年六月、予想よりやや遅れはしたものの現実の事態となってあらわれたが、弘安六年は既に襲来後二年を経過している。しかし、幕府は弘安の役の後も三度目の蒙古襲来を必至とみて警備を一層厳重にしているから、弘安六年の指令は単に弘安三年の指令の繰り返しとしてみるべきではなく、むしろ後段にみられるような幕府の本所一円地への軍勢徴集権の拡大による警備体制の強化をはかったものとみるべきであろう。(4)はそれを受けて薩摩国守護島津忠宗が国内の地頭御家人と併せて「本所一円地及収納使御中」に施行を令したもの。(6)は欠字があり、必ずしも明らかでないが、恐らく欠字は傍註の如くであり、大意は石築地以下警固役等のことにつき、もし緩怠をする本所一円地には地頭を補任する旨、先度仰せ下されたが、依然催促に応じないところがあるのはどうしたことか、はっきり注進すべしというのであろう。この本所一円地に地頭を補任すべしとする幕府の方針は既述の如く(5)の弘安九年閏一二月二八日の条々にみられるところで、(6)の条々がそれをうけていることはいうまでもない。

既に先学の指摘された如く、「壬生官務家日記抄」弘安四年七月六日条に異国警固により、鎮西九国並びに一部西国の国衙領家本所一円地の年貢を点定し、兵粮料等にあてるべき旨、幕府よりの申入れがあったことがみえ、閏七月九日、同二一日条に「諸社職掌人警固本社、幷本所一円地庄官可向戦場」との宣旨が幕府の申入れによって出されることになり、蒙古軍撃退の報が入った後も、遡って九日の日付で手続きが行われた旨記されていて、幕府が弘安の役を契機に従来支配権をもたなかった本所一円領、非御家人に対して一層支配権を強化した事実が注目されてきた。[8]本文書は既に知られているこれらの史料との関連で、弘安の役後の幕府の本所一円領に対する権限強化の方針を示すものといえるのではあるまいか。やや特殊な例ではあるが、「興福寺略年代記」によれば、永仁五年大和国興福寺一乗院領に信忠罪科の事により武家敵対と称して地頭を補任した例もある。[9]なお、(6)の貼紙に万延元年とあるのはこの文書の調査が行われた年代かと思われ、「隈之城」の裏書が付されたのも同じ年代ではあるまいか。[10]（7）は異国警固が公家武家共通の平均役であるのに本所進止領や関東御領等で権威をかさに守護の催促に背き、課役に対捍する等のことが多くあるのを戒め、薩摩国中に該当する所があれば交名を注進せよというのである。（1）も本所一円地について警固役を対捍なく勤めさせるべきところ、応じない者があるということである、早く注進させよ、というのであり、（2）はそれを受けて薩摩国守護島津忠宗が国内の地頭御家人と、併せて「本所一円地及収納使御中」に宛て正応二年三月二〇日以前に役所に出向し、異国警固の任につかねば幕命に従い鎌倉に注進すべしと令しているのである。

裏書によれば「神社仏寺本所一円御領等致異国警固由之事」の関東御教書と守護所催促状等案文からなるとあるが、（1）（3）（5）（6）（7）が前者であり、（2）（4）が後者である。それなら何故この種の文書が正応五年五月二一日道教所進の具書に加えられたのであろうか。これは同じく同年月日道教所進の具書である（8）の弘安七年七月八日の領家御教書案と併せて考察すべきであろう。後者については、前述の如く道教（重兼）が新田宮造営の不法について嫌疑をうけ、一旦執印職を罷免されたものの不実として弁疏が認められ再任された時の文書である。これと（1）～（7）の文書が併せて相論の陳状の証拠書類として提出された意図は何であったのだろうか。やはり（1）～（7）は（8）の補強資料として用いられたものと考えられる。すなわち、本所一円領としての新田八幡宮領の在地領主である新田宮執印が、幕府の指令と守護の催促をうけて異国警固役を勤めるべき立場にあったことを示したものである。勿論、執印惟宗氏は御家人でもあったのだが、領家に対しては本所一円社領の執印、在地領主として勤仕する立場にあったのである。道教としては異国警固役を御家人役の勤仕としてではなく、武家公家平均の公役として勤仕しているのであり、それによって新田宮造営の役をゆるがせにしているわけではないことを強調したかったのであろう。このように解釈すれば一見無関係に思える二つの具書案が一つの目標の下に揃えられたものであることが理解されよう。

以上の考察の結果、道教具書案は正応五年、新田宮雑掌が道教の不法を訴えたのに対して、その陳状にそえる証拠資料として整えられたものであると推測したい。

註

（1）新田神社文書の刊行は昭和一八年高坂好編集、永上一久監修の新田神社発行のものが最初であったが、戦災その他の事情で少部数しか残らずほとんど知られなかった。昭和三八年、鹿児島県立図書館刊行のものは同本を底本に補筆訂正を加えたものである。
（2）『鹿児島県史料　家わけ十』「新田神社文書」八号　永仁二年七月一一日　左衛門尉朝員奉書。
（3）『鹿児島県史料　家わけ十』「新田神社文書」一〇号　永仁五年六月　左衛門尉朝員奉書。
（4）『鹿児島県史料　家わけ十』「新田神社文書」六三号　執印道教譲状。
（5）「神代三陵志」所収文書（『鎌倉遺文』二〇〇一一号）。
（6）『旧記雑録前編』一―八七八号、『中世法制史料集　第一巻　鎌倉幕府法』追加法六〇三条　要人之外自身可下向事。
（7）『同』追加法四八三条　鎮西警固事。
（8）前掲『蒙古襲来の研究』『注解元寇防塁編年史料』『中世法制史料集　第一巻　鎌倉幕府法』等。
（9）『続群書類従』二九下　永仁五年六月一四日、八月二一日条。
（10）隈之城の郷名は中世末にあらわれるが、その範囲は宮里郷と同郷に接する薩摩郡の一部を包含したものと考えられる。

三、端裏書のない一巻

さて、もう一巻の方の文書（B）を示そう。

（B）　（二八cm×七六cm）

（1）

散位藤原朝臣在御判

逐仰

若背先例対捍輩出来者、可令注申交名給候、

明年内裏大番事、自五月至于七月上旬十五日、以薩摩国御家人等可令勤仕之、兼又日向・大隅并壱岐島可寄合
也、可令（以脱カ）此旨下知給之状、依鎌倉殿仰執達如件、

建保三年十月四日　　図書允清原在判

謹上　島津左衛門尉殿

（2）

ふんことの、さいそくのしやう

明年の五月より七月の十五日ニいたるまて、たいりの大番薩摩国御家人をもて、つとむへきよしおほせくたさるゝところ也、いそきしやうらくして、明年の四月の廿日よりうちに、京とにてけんさんニいらるへき也、かつハたいかんのともからあらむニをきてハ、けうミやうをしるし申すへきよし、おほせくたさるゝところ也、みけうそくたしつかハす、一けんの、ちにハ、かへしつかはすへきなり、大番やくのおくたしふミおなしくくたし

つかハす、ほうをまいらせらるへきなり、いそきけんさんニいれむかためなり、あなかしこ〳〵、

十一月廿一日　　　在判

みやさとの八郎殿

（3）

大番《を、すみとの、うけとり》已被勤仕候畢、其上者被帰国之条、不及子細候歟、仍執達如件、

建長六年四月八日　在判

宮里郡司殿

（4）

京都大番事、催具薩摩国御家人等、自明年七月一日到同十二月晦日、可令勤仕之状、依仰執達如件、

弘長二年七月十日

武蔵守在御判

相模守在御判

（5）

島津大隅前司入道殿

京都大番《大隅殿さいそくの状》勤仕事、御教書案文遣之、早任被仰下之旨、可被参勤候、但寄事於老耄出家、被立代官事御誡候也、可被存知其旨之状如件、

弘長二年［八月十一日］　　沙弥在判

宮里郷郡司名主御中

以上は一見してわかるように薩摩国宮里郷郡司宮里氏の京都大番役の催促状・覆勘状で、何れも『旧記雑録』に収録されているものである。[1] 欠損部分（括孤内）が多く『旧記雑録』によって補わねばならない。これは『旧記雑録』採録後の腐損であろう。（1）は『旧記雑録』によれば忠久公御譜中写、（2）は忠時公御譜中、（3）は忠時公御譜中、

写在隈之城衆有馬休右衛門、(4)は在忠時公御譜中、国分氏文書、写在指宿助左衛門尉とあり、(5)は同文で宛名が薩摩郡平三・満家比志島太郎・国分左衛門尉等とあるものが採録されており、何れも忠時公御譜中とあるが、国分左衛門尉宛のものについて国分氏文書とあって、傍に「同文同日宮里郷郡司名主御中ト宛アリ」とあるのがこれに当たろう。以上の中、(3)に「写在隈之城衆有馬休右衛門」とあることから、この宮里郡司大番役関係文書写一巻(B)が隈之城郷士有馬家旧蔵文書であったことが推測されるのである。

『旧記雑録』に収録されている隈之城衆有馬休右衛門家文書は右の文書のほか、左の四点である。

イ　(仁治三年)七月二日　島津忠時請文　在御譜中　正文在隈之城衆有馬休右衛門

ロ　正安三年一二月一一日　物地頭代本性去状　在忠宗公御譜中　在隈之城衆有馬休右衛門

ハ　正安三年一二月一一日　物地頭代本性和与状　在忠宗公御譜中　在隈之城衆有馬休右衛門

ニ　暦応二年八月一五日　酒勾久景注進状　水引観樹院蔵　道鑑公御譜中正文在隈之城衆有馬休右衛門

イは新田宮所司神官等が神王面破損の下手人の事について訴え、それによって八幡検校法印状や訴状の廻付をうけた守護忠時が守護代清秀に子細を尋問し、その陳状を進上した旨を伝えたものであり、ロは惣地頭代本性が宮里郷永吉田六丁の明細を書上げ、郡司や名々領主がそれらを惣地頭方に避渡す上は郡司職以下下地のことにつき永く訴訟を取止める旨を記したものであり、ハも同田地に関する本性の和与状である。ニは暦応二年六月二二日薩摩国の南党と渋谷一族が碇山城に押寄せ危機におちいった際、新田宮の山から鏑音が二、三度響き、寄手の中に入ったところ、神慮の故か味方の軍勢が勢いを得、寄手の敵軍を撃退した旨をのべ、奉行所に新田宮の神徳を注進したものである。以上、有馬休右衛門家文書は新田宮及び宮里郷に関係する文書であることがわかる。右の中、ロ・ハに連続する文書が

同じく『旧記雑録』に収録されているが、それには、

宮里郷郡司名田等事、被和与之由承候了、恐々、

正安三十二月十一日　道義在判

当郷地頭代

朱カキ
右裏有之

為後証奉行人所加判形也、

正安四年八月十八日　左衛門尉光景在判

左衛門尉直兼在判

隈之城

とあり(2)、末尾に「隈之城」と記されている。これも有馬休右衛門家文書であろう。同様に「隈之城」とのみ裏書のある文書が他にも『旧記雑録』に収録されている。前出の正応二年八月二日の関東下知状案である。同文書は在山出式部三郎忠彦譜中とあるが、内容は既述の如く新田宮所司神官等と宮里郷地頭大隅式部三郎忠充（光）との相論の裁許状である。これも有馬休右衛門家文書であろう。さらに裏書等の記載はないが、内容の類似性からみて同じく前出正応三年九月の宮里郷地頭大隅忠光重申状案も同様に隈之城有馬休右衛門家文書の一つとしてみることができよう。以上により「隈之城」とあるのは文書の裏書で、その記載は有馬休右衛門家文書であることを示しているものといえよう(3)。かくして筆者は問題の二巻の文書（A）（B）が何れも「隈之城」の裏書があり、内容が宮里郷、新田宮に関するものである点等からみて、隈之城有馬休右衛門旧蔵文書であることにほぼ間違いないと推定するに至った。

しからば同文書が八田家文書として相伝されるに至った理由は如何。幕末・明治初年の歌人八田知紀の弟子でその女子を妻とした阿久根成麿は明治初年鹿児島神社その他の神職を勤める傍ら諸家系譜の考証、作成等も行っていたから、地方の古文書蒐集等にも関心を有していたのであろう。成麿の子知意が八田知紀のあとをついで八田姓を称していたが、知意も先年物故、その未亡人が八田スエノ氏である。恐らく右文書は阿久根成麿時代の蒐集であろう。八田文書の中に美濃半紙九葉に古文書を書写したものが残されている。

（C）あわせて一七点の中、はじめの一三点は前に紹介したもので残りの四点は(1)正中三年卯月廿二日権執印妙慶譲状（莫禰故大尼房屋敷）、(2)（天文年間）八月日飛鳥井雅敦蹴鞠伝授状（阿久禰豊三郎宛）、(3)天文二年七月日飛鳥井雅敦蹴鞠伝授状（阿久禰豊三郎丸宛）、(4)嘉暦二年後九月廿八日鎮西御教書（莫禰郡司宛）で、(4)は正文が「寺尾文書」の中にあるからその写であろう。[4] (1)〜(4)についても確言はできないが他家文書からの写とみてよいであろう。蒐集文書に阿久根（莫禰）氏関係文書の写を加えて整理したものであろう。その書写年代は各文書の年号の傍に「何年余ニ成ル」と朱字を入れているから逆算して明治二〇年頃であることがわかる。このことからみても阿久根成麿の手にかかるものであることは間違いあるまい。但し前半の一三点の文書は阿久根氏と直接の関係はない。しかし、阿久根氏の先祖とされている莫禰院郡司平姓莫禰氏は所領が新田宮所在の高城郡・薩摩郡・宮里郷に近接し、新田宮権執印氏との間に縁戚関係のあったことが(1)によってもうかがわれる。宮里郷郡司家と権執印家とはもと同祖で、紀姓の旧族であり、執印惟宗氏より古い伝統をもつ。[5] 権執印氏は神宮寺五大院政所職を世襲し執印の併せもつ五大院院主職が必ずしも世襲の職とされなかったのと対照的である。[6]

中世、新田宮の所務一般の職掌は五大院政所の有するところで、訴訟・所領知行に関する書類もその管下の公文所に集められていたものと考えられる。現在、新田神社に残されている古文書は第一号から第七号まで七巻九一点の文書があり、これは主として執印家に伝えられていたものと考えられるが、他に権執印家に伝えられていたものと考えられる一巻二九点があり、それには「権執印文書古写七（自元亨四年八月至元弘三年八月）二十七通」の題簽が付されている。[7]とすれば権執印文書古写には元亨四年七月以前の文書を収録した巻一から巻六までと、元弘三年九月以降の文書を収録した巻八以後の数巻があったものとみねばならない。『川内郷土史』によれば権執印家には一五巻の厖大な古文書が残されていたが、明治八年示達により県庁に移送されたところ、明治一〇年の西南の役で灰燼に帰したという。[8]『旧記雑録』には勿論焼失前の採訪により権執印文書九〇余点が収録されているが、前出の現存文書古写の大半はこれには載録されていない。[9]新田神社関係文書の残存事情についてはさらに検討を加えねばならないが、ここではこれ以上立ち入らない。ただ、概していえば執印文書に比して権執印文書の方に訴訟、所領に関する文書が多く伝えられているのは前述の如く権執印家が五大院政所職を兼帯していた事情にもとづくものであろう。そして権執印の近隣在地領主との同族、縁戚関係により、関係文書がこれら他氏文書の中にも散在してみられるのであろう。　以上、八田文書の相伝事情について推察を加え、併せて新田神社文書の残存状況についても一言ふれた次第である。[10]

註

（1）拙稿「鎌倉御家人の番役勤仕について（一）」（『史学雑誌』六三―九。拙著所収）、川添昭二「覆勘状について」（『史淵』一〇五・一〇六、一九七一年）、なお、拙稿には数箇所の誤読のあったことをおことわりしておく。

（2）『旧記雑録前編』一―一〇六二号。

（3）宮里郡司関係の他の「有馬文書」については、拙稿「有馬家文書（一）（二）」（『鹿大史学』一二・一三、一九六四・一九六五年）参照。なお、「島津家本旧記雑録」には隈之城所在文書として他に上村勝吉文書をあげているが、これは年代が下り、上掲文書と直接の関係はない。
（4）『鹿児島県史料　家わけ六』「寺尾文書」一一号。
（5）拙稿「薩摩の御家人について」（『鹿大史学』六。本書第1部第一章）小園公雄「新田宮権執印氏について」（『史創』七、一九六四年）参照。「地誌備考」所収宮里郡司系図、入来宮里系図。
（6）『旧記雑録前編』一―二三号　保延元年一〇月二五日　院主石清水権寺主大法師某下文に「於院主者有任替限、於政所者、永代不朽人也」とある。
（7）『鹿児島県史料　家わけ十』「新田神社文書」九〇号。
（8）『鹿児島県川内郷土史　上』一九六四年、三七頁。
（9）その他、「後日之式条」「神代三陵志」所収文書等もほとんど『旧記雑録』に採録されていない。これらがどのようにして伝存されたか明らかでない。
（10）八田文書はその後、八田スエノ氏及び関係者の好意と理解によって鹿児島大学図書館に研究資料として譲渡保管されることになった（『鹿児島県史料　家わけ六』「八田文書」）。

【付記】本史料の紹介にあたって文書旧蔵者の八田スエノ氏、現蔵者の鹿児島大学図書館、調査に協力援助を惜まれなかった田島秀隆・阿久根ケイ・石沢茂徳・北御門純夫・黒神嘉樹氏、解読に際して助言を与えられた桑波田興氏ほか鹿児島中世史研究会会員諸氏、それに発表を慫慂された佐藤進一・川添昭二氏等の御好意に対して謝意を表しておきたい。

第七章　薩摩の在国司

在国司については近年、関幸彦氏の論考があり（「在国司に関する一考察」『学習院史学』一四、一九七八年）、研究史、定義、具体例、問題点等の指摘がなされている。すなわち在国司を在地国司と解し、有力在庁の中から国司によって補任されるとする。また在国司の名称のみえる国とみえぬ国の相違とか、みえぬ国の場合、他の何職がそれに該当するかとか、職務内容、その変遷等なお検討の余地を多く残している興味ある課題であることを明示された。

南九州の場合、日向と薩摩に在国司の名がみえ、大隅にみえない。日向ははじめ日下部（草部）氏の世襲であったが、のち土持（田部）氏に代わっている。保安四年（一一二三）在国司職に補任された権介日下部宿禰久貞をはじめとして同尚守、盛平と相承補任されている。しかし、文治三年（一一八七）盛平は田部栄妙（土持冠者、信綱）を養子として同職を譲与、以後土持氏の世襲となった。そして、かつてその継承をめぐって盛平と争ったことのある盛俊の孫光盛が承久三年（一二二一）再び土持氏と争っているが、奪回に成功しなかったようである。右の推移はそのまま古代日向在庁の有力者日下部氏に代わって中世の鎌倉御家人土持氏の在庁進出の事実を反映しているように思われる。（西岡虎之助「古代土豪の武士化とその荘園」『荘園史の研究』下巻一、岩波書店、一九五九年所収、拙稿「日向国那珂郡司について」『豊日史学』一三三、一九六一年、「日向の御家人について」『文学科論集』〈鹿児島大学法文学部紀要〉七、一九七一年。「日向の御家人について」は本書第3部第一章に収録）

薩摩の場合は如何。薩摩在国司大前氏については既に江平望氏等の論考があり（鹿児島中世史研究会『鹿児島県中世史料考証』第七論文、一九七六年）、重複のきらいはあるが、筆者なりにその概略を要約してみよう。

建久八年（一一九七）六月注進の図田帳末尾の連署は「権掾藤原朝臣、権掾伴、大目大蔵、権掾大前、目代前右馬允藤原」となっている（江平前掲書第一論文「喜入肝付家々譜所収薩摩国建久図田帳について」による）。目代以外の四名はそれぞれ在庁家弘・師高・種明・道友であり、郡院郷司・名主等でもある。そして掾大前道友こそ同年一二月の内裏大番役支配注文中の在国司その人であろう（『旧記雑録前編』、以下ことわらぬ場合すべて同史料による）、また、大治六年（一一三一）の在国司大前道助請文案（『平安遺文』四六九四号）の道助がその先（祖父と思われる）であることも勿論である。道助は康治元年（一一四二）重代相伝の所領祁答院中津河名を孫の師道に譲与しているが（新田神社文書）、久安三年（一一四七）の勝暹（勢万名主）解状（寛元三年八月五日寺家公文所下文案所収）には「時吉道助仮名名田」とあって一二世紀の前半には時吉名主として川内川流域を中心に多くの名田を所有していたことがわかる。図田帳によって時吉名をあげれば、高城郡に一八町、東郷別符に二五町七段、薩摩郡に六九町、祁答院に一五町、やや離れて伊集院に二五町等となっており、その他の宮里郷・入来院・甑島の分を合すれば道友の所領は二二五町余となって在庁の中で種明と共に群をぬいて大きかったことがわかる。他に祁答院富光名の本郡司熊同丸や倉丸名の本主滝聞太郎道房とあるのも大前氏であろう。このように、大前氏は平安時代より鎌倉時代にかけて薩摩屈指の豪族として国府（高城郡にあり）付近を中心に勢威をはっていたことが明らかである。中でも高城郡より分出した東郷別符には時吉名が二名あり、在国司大前氏の開発私領の趣がある（道友の後に在国司大前氏の統としては友光、道定、おおくまみちひさ等の名がみえる）。しかし、大前氏は南北朝時代の中頃、戦乱の渦中にあって地頭渋谷氏らの勢力拡大に押されて急速に没落したようで、祁答院の大前氏等を除き、以後の文献にほとんど名がみえない。したがってよるべき系図も伝わっておらず、わずかに伝存する関係系譜の何れも省略、脱落、作為があってとり難い。ところが、早くからその盛衰を物語る数々の伝承が同地方にはあったようで、江戸時代に編纂された「三国名勝図会」や「西藩野史」等に右の東郷地頭渋谷氏と在国司大前氏との凄絶な抗争の説話が紹介されている。主役は東郷渋谷氏三代重高の孫重親で、在国司道超の勢威に圧倒されて憂憤の余り、後事を弟の氏重（重幸・重清・覚禅）に託し、自らは土穴に入って命を絶ったとある。説は説を生んで怪奇譚となり、怨念は通じて道超は病死、東郷は地頭の領有に帰したという。淵脇山の入定窟、重親の霊を祀った親大明神、在国司の居館跡といわれる司野や、斧淵城、城跡に残る古城殿とよばれる大前氏の古石塔、渋谷氏の氏神と思われる五社等、関連史跡にはこと欠かない。

しかし、在国司道超の活躍期は南北朝時代で重親の憤死したという徳治三年（一三〇八）には合わない。そのころの在国司は道雄であった。道雄は年代からみて道嗣の法名であろう。道嗣の名の初見は正安元年（一二九九）一二月一七日の鎮西御教書で「薩摩国御家人在国司道嗣」とある。弘安九年（一二八六）正月二一日、幕府の指令をうけ、藤原久氏（島津久経弟守護代か）と連署して重ねての田文注進を新田宮社司等に令達している大前道調も道嗣の先か或いは同一人かもしれない。道雄を称してからは延慶三年（一三一〇）五月四日、関東御教書をうけて異国降伏祈祷の精励と巻数の注進を国分寺留守宛に令達しているし、九月四日には延時三郎入道に宛て、新田宮より訴えのあった神拝供米抑留の件につき請文の注進を令達しており、その結果一二月五日同人より請文陳状の提出のなかった旨を回報している。元亨三年（一三二三）八月の薩摩国御家人国分友貞の陳状によれば、舎兄友任は父より義絶された身でありながら在国司入道道雄同一族等と語らって多勢を引率して昨年一一月国分寺領に押寄せ乱妨を行ったとして訴えられている。

国分寺留守は惟宗氏、新田八幡宮執印と同族で、鎌倉時代はじめ鹿児島郡司職に補任された惟宗康友代以後、子孫が二流に分かれ、一が新田八幡宮執印職を、一が国分寺留守職を世襲、それぞれ御家人執印氏、国分氏として高城郡を中心に勢威をはっていたのである。共に一国の公社寺としてその祭礼仏事に在国司の職掌がら関与する点も少なくなかったであろう。この一件も在国司が国分氏一族内の相論に介入している事実を示すものであろう。また翌四年一二月一六日の鎮西下知状によれば、永利如性と山田道政（道能）の薩摩郡内石上村草帳（原）名堺論に際して、道政は問題の地は時吉内草帳名であって本公験は時吉名惣領主在国司入道道雄の所持するところであると述べている。これらによっても道雄代における在国司の同族、他氏に対する有勢ぶりがうかがえよう。さらに執印氏との密接な関係は道雄の先代或いは先々代と思われる道氏代にさかのぼり、弘安三年（一二八〇）八月の平重峯申状により明らかとなる。ここに重峯とは渋谷東郷系図に異国合戦で恩賞地を得たという前出の重高のことであろう。「峯」の名乗は「たか」である。また重峯の訴えている敵手の重兼とは法名道教、新田宮執印として神社の権威、神領の増大に腐心し成果をあげた人物である（拙稿「新田宮執印道教具書案その他」『日本歴史』三一〇、一九七四年。本書第１部第六章）。在国司道氏はその重兼と連絡をとり、協力して東郷地頭重峯（高）を翻弄したかのようにさえうかがえる。執印と在国司とは職掌上の緊密な関係もあろうが、それに加えて縁戚関係にあった。重兼の子重友は道氏の聟であった。重峯は道氏が地頭の恩に預かりながら、地頭の命に従わず、重兼らの助力を得て逆に濫訴を企てたとして非難しているのである。地頭側からすれば恩恵を与えているとする自負があったのかもしれない。またこれよりさき道氏は新田宮五大院政所職をめぐって権執印妙慶と争い、結局弘安元年（一二七八）九月、妙慶領知の名田を道氏が割分知行することで和与が成立している。

しかし、在国司の栄光を担った最後の人物が前述の道超であったことは疑い無い。すなわち、暦応四年（一三四一）七月二九日の足利幕府御教書には、建武二年（一三三五）以後の正税について宮里郡司、薩摩郡司らの弁済方を訴えている在国司入道道超代道之の名をみる（二階堂文書）。道之は道超の子であろう。そして、その翌年から南朝方に加わって各地に奮闘する道超の名を武家方の軍忠状等に見出すことができる。文和二年（一三五三）三月五日の島津師久注進の薩摩国凶徒交名注文に東郷蔵人と並んで在国司次郎入道同一族の名がみえる。そしてこの年五月、足利義詮下文で在国司入道道超跡は島津氏久に与えられている。しかしなお道超の抗戦はつづき、文和四年（一三五五）六月一日の島津師久注進状では在国司次郎道久は佐殿方に属したが、祖父道超は宮方として頴娃氏の城に楯籠ったとあり、一一月五日の注進状でも在国司入道らが一〇月二七日師久の城郭に攻め寄せてきたことを記している。しかし、その後は在国司も道超の名もみえなくなる。

またこの時期、道超とほぼ同一行動をとっている東郷蔵人道義は、鎌倉時代末在国司道雄の代官をつとめた東郷在国司三郎道弘（興）の後であろう。在国司に東郷の地名を冠するのは、嫡流から分出した庶流であることを示すものであろう。嘉暦三年（一三二八）の新田宮沙汰証人交名注文によれば、高城郡に「在国司兄弟等」をあげ、別条に「東郷三郎左衛門入道」「鳥丸在国司四郎入道」をあげている。地頭の渋谷氏も四郡（高城・東郷・入来院・祁答院であろう）の総地頭所の所在地名車内を付してよばれたが、東郷の名称はほとんど用いていない。地頭渋谷氏の東郷氏を称するのは東郷在国司没落以後久しい中世末のことである。

なるほど国衙の所在地は高城郡にあったから在国司の居所は一応高城郡として記されたのであろうが、その本領は東郷にあったとみるべく、庶子についてはそのまま東郷の在地領主となって東郷を称したのであろう。何れにしても後代在国司や大前を氏名とする者のなかったことは、その早期の没落を物語るものといってよいであろう（東郷・時吉等の氏名は残る）。

前述した重親憤死の説話は時代や人名の相違、誇張はあるにせよ、全くの作り話とは考えられず、中世における在地支配者の勢力交替の歴史を反映しているように思われてならない。

以上、微々たる一地方の歴史の動きを紹介したが、それが広く一国の、さらには九州の、日本全体の歴史の流れと如何にかかわりあっているものか、『南北朝遺文　九州編』は地方在住の研究者にさらに視野を広げて、それぞれの地方の歴史を再検討する機会を与えてくれるであろう。その刊行によせる期待は大きい。

第八章　薩摩国守護島津氏の被官について

一、はじめに

題名について正確にいえば鎌倉時代のとすべきであろう。しかし、今これを略したのはそれだけの理由があるからである。一般に島津氏は薩・隅・日三州の守護として知られているが、その守護職は中世を通じて一様に保持していたわけではない。即ち島津氏が三国の中、薩・隅の守護職を有したのは、建久八年一二月三日の内裏大番役の催促等を令した前右大将家政所下文等により明らかとなるが、同種の史料が日向については伝えられていない。しかし「吾妻鏡」建仁三年九月四日条に比企能員誅戮に関係して「島津左衛門尉忠久被収公大隅薩摩日向等国守護職、是又依能員縁坐也」とみえ、忠久の有した薩・隅・日三国守護職が建仁三年九月に至り、忠久が能員の縁戚であった関係で没収されたことを記しており、また建久八年六月の日向国図田帳に惣地頭の第一として忠久の名がみえるところから、やはり島津氏は薩・隅二国とほぼ同じ頃、日向国についても守護職に補任されたと考えられる。そして前記比企能員の縁坐として奪われた守護職（惣地頭職共）は薩摩国については程なく回復したものの、他の二国についてはその時失われたまま、鎌倉時代を終わっている(1)。島津氏が再び三国守護職に復するのは鎌倉幕府滅亡以後のことである。したがって本稿の題名を薩摩国守護島津氏云々としたのは、同氏がその時代を通じて概ね薩摩国一国の守護として止まった鎌倉時代に限って述べることを示している。

一体、鎌倉時代の守護職については佐藤進一氏らの精密な研究があるが、[2]具体的な問題、たとえば守護所の機構等については従来あまり明らかにされるところがなかった。例を薩・隅・日三国にとってみても、意外に不明の点のみ多い。また守護そのものの存在が明らかであっても、守護代が誰であったか、それと守護との関係が具体的に如何であったかということも明らかでない点が多い。このことは地頭職の場合についてもいえることである。右の三国の場合、守護は同時に国内大半の惣地頭職を兼帯したようであるが、[3]その代官職が誰か、守護と如何なる関係にあるものか、惣地頭職をさらに細分した一分地頭職の代官が誰で、地頭との関係が如何であるか等についても、考えてみれば明らかでないことのみ多い。そこでこれらの点について薩・隅・日三国の中、比較的史料に恵まれている薩摩国の場合について些かでも明らかにすることは出来ないかと考え、ここに守護島津氏とその被官との関係を中心としてとりあげ、以下若干考察を加えることにしたわけである。

註

（1）『鹿児島県史料　家わけ二』「他家文書」五号、建長七年一二月二五日関東下知状によれば、比企の変の二年後、元久二年には薩摩国守護職に復していたことが推定される。
（2）佐藤進一『鎌倉幕府守護制度の研究』。
（3）後述の如く大隅の場合、名越氏は守護職を失った後も、島津庄大隅方惣地頭職を有していた。

二、建武元年島津荘日向方謀叛人交名

守護、惣地頭とその被官、国内御家人との結びつきはどの程度のものであったろうか。その例証として鎌倉幕府倒壊後、建武年間、九州各地に蜂起した北条氏余党の乱についてみてみよう。九州では建武元年、豊前国元守護糸田貞義同じく肥後国元守護規矩高政が北九州において叛乱をおこし、相当数の在地領主が与党としてこれに加わっている。その他、南九州でも北条氏一族、与党の蜂起があった。これに関する史料は『旧記雑録前編』一―一七〇一号、建武元年七月三日の「島津庄日向方南郷濫妨狼藉謀叛人等交名人等事」であるが、交名人三四名中、遠江掃部助三郎、同舎弟助四郎は名越氏で、島津庄大隅方惣地頭名越氏一族と考えられる（名越氏は文永九年、大隅国守護職を失った後も島津庄大隅方惣地頭職は保持したものと思われる）。又布施四郎兄弟（高家家人）、肥後兵衛次郎入道浄心（同家人）とあるのは名越氏の被官であり、さらに栗屋毛八郎左衛門尉（守時家人）、久所十郎兵衛入道（同家人）、救仁郷源太（守時家人）とあるのは北条氏の最後の執権守時の被官である。又守時は北条氏の遺領目録（建武以後足利氏領となる）に日向島津庄（地頭）とみえ、島津庄日向方の惣地頭であったことが推定される。とすると、この叛乱の中心となったのは島津庄大隅方惣地頭と思われる名越氏一族、並びにその被官と、同日向方惣地頭と思われる守時の被官らであるということになる。そして以上の七人を除く二七人は一々考証は省略するが、日向南郷（島津庄日向方の中心地）、大隅肝付郡（島津庄大隅方の中心地）、並びにその周辺の在地領主（御家人、非御家人）であることがわかる。(1) 水上一久氏は

これについて日向、大隅に守護職を有した北条氏の支配力の名残りがかかる蜂起の一因をなしていることを指摘されているが、蓋し首肯すべき見解であろう。(2) しからば鎌倉時代を通じ、一貫して島津氏が守護職を世襲し且つその国の大半の地域に同氏が惣地頭職をもって臨んでいた薩摩国においてはなおのこと、同時代の末頃にはその支配力はかなり浸透していたとみるべきであろうが、いかがであろうか。

註

（1）島田宏三「島津庄日向南郷に於ける建武元年北条氏残党について」（『史創』五、一九六二年）参照。肥後氏と布施氏（門貫氏）は当初よりの在地領主で、のち北条氏の被官化したものか（何れも地頭代）、当初北条氏被官として下向し、地頭代職を勤め在地領主化したものか速断できないが、肥後氏が後種子島氏等として有勢の在地領主に成長したことは注目すべきであろう。

（2）水上一久「南北朝内乱に関する歴史的考察―特に薩摩・大隅地方について―」（『中世の荘園と社会』吉川弘文館、一九六九年）参照。勿論不在守護・地頭であった北条氏の支配力は実質的にはその代官である被官在地領主に負うものであった。この蜂起の基本的原因としては鎌倉時代を通じてそれぞれ領家地頭（幕府）を後盾にその権限の維持発展に務めてきた在地領主が領家勢力の衰退と地頭勢力（幕府）の没落の事態と、新政府の樹立に伴う新勢力（北条氏に代わる）の進出にそなえて共通の利害の下に結束した事情を考えるべきであろう。

三、島津忠久下向時の被官

ここで守護被官の称を用いたが、勿論その称呼が当時一般に用いられていたというのではない。薩摩国では守護の家人をよぶのに当時、守護代、地頭代等の職名の他に或は守護祗候人、扶持人等の称もあり、普通家人、家子等とよばれていた。しかし鎌倉時代、将軍の家人である御家人と並んで北条氏家督（得宗）の家人を御内人とよび、これを一般に得宗被官と称しているから、守護の場合も右にならって国内の地頭御家人に対する守護の家人の意で被官の称を用いることとした。そして得宗被官が北条氏の盛衰に大きな役割を果した如く、薩摩国守護島津氏の被官たちも又、鎌倉時代以降の島津氏の勢力拡大に寄与するところが極めて大きかったと思うのである。島津氏の系譜については明らかでない点が多く、その入国の時期等も不詳であるが[1]、島津氏任国下向の事情を説明する際に引かれる一資料に、「西国下向騎馬衆書上」というものがある。これは「備忘録抄」にも収録してあるが、玉里文庫本では「忠久公御下向御供之衆」という表題であり、「承久三年辛巳六月朔日、異本ニ文治二年とも相見ゆる也○忠久公鎌倉を被遊御立西国へ御下向之時騎馬にて○先陣之衆（略）○御供之衆（略）」という様になっている。これは又「古今要用之記」に平田純正筆とみえている。平田純正は慶安頃の藩記録奉行の前身文書奉行であるから、近世初期には既にこの種の書上があらわれていたことになる。県史に貴久もこれを少年時代、読習したとあるから、さらに早く知られていたことがわかる。先陣之衆は佐々木以下三二氏、御供之衆は鎌田以下一一五氏であるが、その氏名は鎌倉時代の有勢豪族の間に広く及んでいる。しかしその中で先陣之衆として酒匂・本田・猿渡・中条の諸氏が、御供之衆として鎌田・山門・東条・愛甲の諸氏がみえるのは、後述する如くこれらが島津氏被官の面々であるところから多少注目される。即ちこれら被官衆が忠久入部の際、鎌倉より随従し来たったものの末裔であることが近世初期には認められていたということがわかるのである。しかし所謂島津氏創業伝説は中世末期より近世初期に至ってその形を整えたと考えられ[2]、これもその一資料であろうから、もとより信憑性については疑わしいとすべきであろう。

註

（１）朝河貫一「島津忠久の生い立ち」（『史苑』一二―四、一九三九年）が島津氏創業伝説の成立事情をもっともよく解説している。
（２）文明年間の作「山田聖栄自記」は現在の島津家の歴史記述の祖形をなしている。

四、守護代・惣地頭代

これら被官達の中、主たるものの職掌は守護代または地頭代であったと思われる。前述の如く島津氏は薩摩国守護兼惣地頭として国内郡院郷の大半の地頭職を有していた。初代忠久の時以来鎌倉時代を通じてのその変遷を表示すると表１の如くである（併せて関係系図をあげよう）。これらのそれぞれについてその地頭代として種々係争等の際、矢面に立ったのは一族の場合もあったが、多くはその被官達であった。今各郡院郷の地頭代について一々その名をあげることは省略するが、史料に現われる守護代及び惣地頭代についてのみ年代順に掲げれば表２の如くである。これによっても明らかな如く忠久の代の守護代・惣地頭代は不明で、忠時以後史料にあらわれてくる。しかしこの代の大輔房浄尊、紀二郎左衛門尉、沙弥西念、善心等の出自は明らかでない。

次の久経の代には、はじめ弟の久時が守護代として現地にあったが、権威を誇り我意の振舞があり、在地の地頭御家人と折合わず、市来政家と系図相論をおこして紛糾し、剰え久経に代わって薩摩国を押領しようとしたのでついに久経によって所職を改易されたという。島津正統系図に「久時号阿蘇谷大炊助為薩摩州守護代奢権威、恣雅意、与市来太郎政家争家ノ高卑」[1]とあり、「山

表1

1	和泉郡	忠久→忠時→長久→忠宗→実忠
2	山門院	忠久→忠時→久経→忠宗→貞久
3	莫禰院	忠久→忠時→？
4	高城郡	千葉氏→渋谷氏
5	東郷別府	（同上）
6	祁答院	（同上）
7	薩摩郡	忠久→忠時→久経→忠宗→貞久
8	宮里郷	忠久→忠時→久経→忠宗→忠光・時久
9	入来院	千葉氏→渋谷氏
10	牛屎院	忠久→忠時→忠真→？
11	甑島	千葉氏→小河氏
12	日置北郷	忠久→忠時→久経→久長→宗久→親忠
13	日置南郷	忠久→忠時→久経→忠宗→実忠
14	満家院	忠久→忠時→長久→忠宗→久長→実忠
15	伊集院	忠久→忠時→長久→忠宗→実忠
16	市来院	忠久→忠時→久経→忠宗→貞久
17	伊作郡	忠久→忠時→久経→久長→宗久→親忠
18	阿多郡	鮫島氏→（北方）二階堂氏・（南方）鮫島氏
19	加世田別府	忠久→忠時→？
20	河辺郡	忠久→忠時→（得宗）
21	知覧院	忠久→忠綱→忠景→忠宗→頼忠
22	頴娃郡	忠久→忠時→長久→忠宗→実忠
23	揖宿郡	忠久→忠綱→？
24	給黎院	忠久→忠時→長久→忠宗→実忠
25	谷山郡	忠久→忠時→忠真→宗久→忠能
26	鹿児島郡	忠久→忠時→久経→忠宗→貞久
27	河辺十二島	忠久→忠時→久経→忠宗→貞久

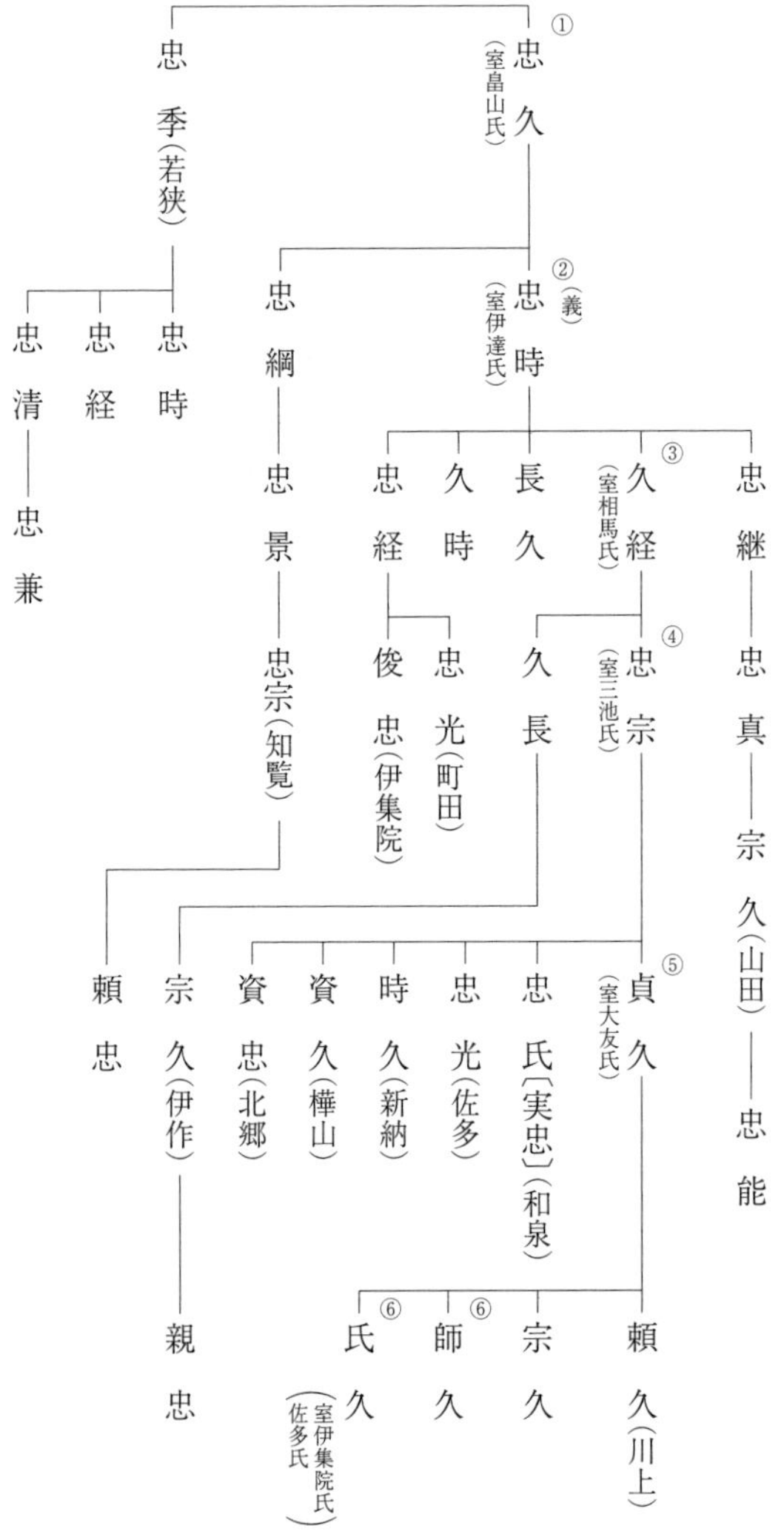

関係系図

田文書」一二冊本所収、文化九年、山田八郎右衛門久柄筆写とある蘆王尊神御由来記には、「久経之法名道忍之御代、薩州ノ守護代ニ六番目之御舎弟阿蘇谷殿被置候処、国ヲモ雅意ニ計、地頭御家人ニモ無礼ニ候中ニ、市来政家之儀ニ島津殿ト申モ我等カ家ヨリコソ御出候ト被申候、左様之儀ニ付テ文注所殿所ニ両方系図被出候、忠久之時ヨリ氏ハ藤原姓ニ成、惟宗氏被改候畢、仍久時国ヲモ雅意計被成、如押領被企候、依テ久経御下有テ守護代ヲ被取返候畢」とあ

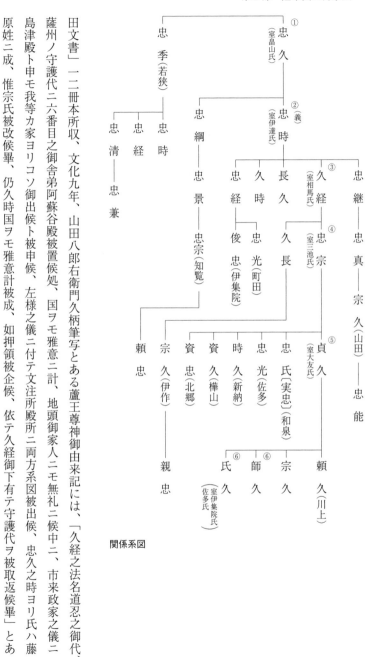

表2

〔忠　　時〕	安貞1	(1227)	——
	嘉禎 4.5	(1238)	惣地頭兼守護所僧（大輔房浄尊）
	延応 1.11.9	(1239)	惣地頭兼守護所代僧
	寛元 4.2.8	(1246)	惣地頭兼郷地頭左衛門尉
	宝治 1.11.22	(1247)	惣地頭紀二郎左衛門尉
	文応 1.10.5	(1260)	守護代沙弥西念
	弘長 3.11.12	(1263)	惣地頭代善心
〔久　　経〕	文永2	(1265)	——
	文永 2	(〃)	大炊助久時
	文永 11・9	(1274)	惣地頭兼守護代
	弘安 4・5・1	(1281)	守護代左衛門尉
〔忠　　宗〕	弘安7	(1284)	——
	弘安 9.11.5	(1286)	惣地頭代本性（酒匂）
	正応 2.10	(1289)	守護代式部三郎忠光
	正応 4.12.23	(1291)	（守護代）本性
	正安 1.10.20	(1299)	（　〃　）〃
	正安 3.12	(1301)	惣地頭代　〃
	嘉元 3.11.11	(1305)	守護代
	〃　3.⑫.29	(〃)	（　〃　）　〃
	徳治 1.1.28	(1306)	（　〃　）本性・阿仏
	延慶 2.11.26	(1309)	〃　　〃
	延慶 2.12.19	(〃)	守護代兼宮里郷三分二惣地頭代沙弥本性
	延慶 3.12.15	(1310)	（守護代）本性
	応長 1.⑥.24	(1311)	守護代平内兵衛入道
	正和 2.9.10	(1313)	〃　沙弥本性
	正和 3.10.3	(1314)	〃　沙弥阿忍
	文保 1.9.14	(1317)	（〃）本性
	元応 2.10.30	(1320)	（〃）〃
	元亨 2.12.11	(1322)	（〃）〃
	〃　3.8	(1323)	（〃）酒匂殿
	〃　9.11	(〃)	（〃）本性
	〃　4.12.16	(1324)	〃　阿忍
〔貞　　久〕	正中2	(1325)	——
	嘉暦 1.9.4	(1326)	（〃）本性
	〃　3	(1328)	守護代酒匂平内兵衛入道
	元徳 3.10.10	(1331)	（〃）本性
	〃　10.29	(〃)	（〃）〃

る。[2]次の忠宗代になってはじめて酒匂氏が守護代として現れてくる。そして一時宮里郷地頭の大隅式部三郎忠光が守護代としてみえることもあるが、殆んど鎌倉時代の末期は酒匂氏の独占するところであったといってよいようである。酒匂氏はまた同時に惣地頭代を兼ね、島津惣領家の地頭職を有する郡院郷の地頭の職務を代行していたと考えられる。なお建武以降は守護代として酒匂久景が著名で、後に大隅地方に勢威を振るった本田氏と共に、薩隅二州の経営に島津氏の手足となって活躍している。

註

（1）鹿児島県立図書館蔵。
（2）東大史料編纂所現蔵「島津家文書」。閲覧の便宜を与えられた同所の方々にお礼申上げる。

五、元亨五年島津貞久国廻狩供人注文

鎌倉時代後期の島津氏被官を知る好史料として、元亨五年閏正月二二日の守護島津氏巡狩供奉人交名がある。[1]今これを表記すれば表３の如くになる。またその巡狩の順路については「御国廻狩御入所宿次事」として１薩摩郡、２宮里、３串木野（御狩の為）、４南郷、５日置庄、６伊作庄、７知覧院、８頴娃郡、９給黎院、10谷山郡、11鹿児島郡とあるが、これは北から南へ、南から北へ、島津氏惣領庶家の地頭職を有する郡院郷に限って辿っている。勿論その

表3

一御分	御力者	24人	御廐者	12人	御馬	10疋
御□夫□						
福崎八郎	下	2人			馬	1疋
田中入道	〃	1			〃	1
乙鶴御前御舎弟	〃	3			〃	1
市来御前　〃	〃	3			〃	1
殿原						
東条藤二郎	上下	3			〃	1
鳥羽孫七	〃	3			〃	1
鳥羽右衛門二郎	〃	3			〃	1
鳥羽弥六	〃	2			〃	1
御中間						
御弓袋差	下	1			〃	1
永田太郎	〃	1			〃	1
宗　五　郎	〃	1			〃	1
一惣家子并殿原　次第不同						
式部彦七（山田）	上下	27	雑駄	3疋	乗馬	6
小田原入道	〃	10	〃	1	〃	3
式部□□						
今村七郎	〃	7	〃	1	〃	1
酒匂兵衛入道（称阿）代	〃	30			〃	11
弾正左衛門尉兵庫允						
本田孫二郎（兼阿）	〃	25			馬	11
益山入道	〃	8			〃	3
中条六郎	〃	25	〃	2	乗馬	7
本田藤内左衛門尉（道観）	〃	6	〃	1	〃	1
直木彦二郎	〃	20	〃	2	〃	7
本田新兵衛尉	〃	10			馬	10
仲　四郎	〃	10	〃	1疋	乗馬	2
市来崎彦六	〃	4			馬	1
本田四郎兵衛尉	〃	6			〃	2
源右衛門尉	〃	8	〃	1	乗馬	1
本田又四郎	〃	5	〃	1	〃	1
井　入道	〃	5			馬	1
高水彦九郎	〃	5			〃	1
執行殿	〃	4	白拍子	1人	〃	1

一泉殿御分	御力者	2人	御庖者	5	御馬	3
	御雑色	2				
松房御前御分	〃	1	〃	3	〃	2
又三郎殿	上下	5			〃	3
殿原分						
新田又四郎	下	2			馬	1
式部源四郎	〃	1			〃	1
本田又六	〃	3			〃	1
石塚平三郎	〃	1			〃	1
谷口二郎三郎	〃	2			〃	1
一大隅五郎兵衛尉（助久）	上下	25	雑駄	2疋	〃	7
一大隅助三郎（忠国）	〃	25	〃	2	〃	8
一猿渡新左衛門尉	〃	11	〃	1	〃	3
一猿渡藤三郎	〃	11	〃	1	〃	3
一姉崎八郎	〃	7	〃	1	〃	2
一猿渡藤四郎	下	3			〃	2
一伊藤入道	〃	2	〃	1	〃	1
古庄縫殿允殿人数事	上下	10			〃	2
脇殿	下	1			〃	1

すべてではないが、これは地理的条件等によるものであろう。また薩摩郡にはじまり、鹿児島郡に終わるのは、共に惣領の地頭職を有する所でもあり、両郡の島津氏との特殊関係を反映しているものと考えられる。即ち当時の守護所の所在地は忠久以来の山門院とも考えられるが、薩摩国衙の所在地（現在の薩摩川内市）に近接し、後、鹿児島に移る以前の守護の居所、碇山城が薩摩郡にあったことから考えて同郡の守護島津氏の管国経営にしめる役割はきわめて大きかったと思われる。鹿児島郡と守護島津氏との特殊関係については別に検討を加えたことがあるから省略する。(2) さて交名の記載は間々欠字があり、また原本を失っているため不明の点が少なくないが、その内容は守護貞久に供奉した一門、家子、家人の交名とその負担にかかる随従人馬数等の書上である。その構成ははじめに（一）守護貞久並びに扶養の親族及び格式の低い家人、（二）一族（山田氏）並びに

守護代等の格式の高い家人、(三)一門(和泉実忠等)並びに家人と大別されよう。

以上の家人の中、系譜の明らかでないものも多いが、著名なものを抽出すれば(一)では2東条藤二郎、(二)では3小田原入道、4酒匂兵衛入道、5本田孫二郎、6中条六郎、7本田藤内左衛門尉、8本田新兵衛尉、9市来崎彦六、10本田又四郎、(三)では11本田又六、12猿渡新左衛門尉、13猿渡藤三郎、14猿渡藤四郎、15古庄縫殿允殿、16脇殿ということになる。この中、4酒匂氏は守護代であり随従人馬が特に多いのが注目される。5・7・8・10・11本田氏は酒匂氏と並ぶ譜代家人の双壁で、12・13・14猿渡氏らと共に忠久以来の島津氏被官といわれる。次に3小田原、15古庄、16脇等の諸氏は何れも豊後国に出自を有する豪族の出で、貞久の夫人が大友氏の出であるところから後に薩摩国に移住し、その家人になったと思われる。さらに9市来崎氏は山門院院司山門氏の一族であり、国人衆で守護島津氏の被官化したものと考えられる。このように一口に島津氏の被官といっても、(a)島津氏譜代の家人、(b)縁族並びに縁家の家人、(c)国人(弱少御家人)の如くその出自によって分類できよう。以下その別にしたがって些少の考察を加えることにする。

註

(1)『旧記雑録前編』一―一四二〇号。以下、引用史料は特に断らぬ限り同書。
(2)拙稿「薩摩国家御家人鹿児島郡司について」(本書第1部第四章)。

六、島津氏譜代の家人・縁族並びに縁家の家人・国人（弱小御家人）

（a）主として忠久に供奉して入国したという伝承をもつ諸氏である。（Ⅰ）酒匂氏はその由緒書に「酒匂氏ハ忠久公御誕生之前より丹後局ニ被相附、御誕生被遊候てより御守役相勤、夫より御入国御供仕候」とあり、また「備忘録抄」（『鹿児島県史料集（XV）』所収）に「朝景初奉仕于　頼朝公、賜相州酒匂庄、称酒匂、終奉仕于　忠久主、公補薩隅日守護職、文治二年八月一日下向于薩州山門院、子景貞亦従下着ス」とあり、朝景、景貞を始祖とするが、その後の系譜は明らかでない。『姓氏家系大辞典』は桓武平氏梶原氏流とする。守護代として鎌倉時代後半よりその名の現われることは前に記した如くである。島津氏創業の事情を解明する一資料、酒匂安国寺申状等の伝存等から考えて、酒匂氏と島津氏との関係は古く、且つ緊密で島津氏創業伝説の成立にも同氏は少なからぬ役割を果したと推測される。

（Ⅱ）本田氏の系譜も鎌倉時代の前半においては不明の点が多い。加治木本田氏系図一本に従えば、

（上総介忠常四代の孫）
親幹――恒親――親恒┬貞親（静観）┬久兼（兼阿）
　　　　　　　　　│　　　　　　└親保┬重親
　　　　　　　　　│　　　　　　　　　└氏親
　　　　　　　　　└女
　　　　　　　　　　‖―――女
　　　　　　　　　畠山重忠　‖
　　　　　　　　　　　　　島津忠久

となる。しかしこの系図についてはそのまま認め難い点が少なくない。貞親と久兼との間にはかなりの省略があると思われ、「山門文書」によれば久兼の父は親兼（道観）であることは明らかである。また同系図別本に「建久三年六月朔日、忠久公鎌倉ヲ立給テ西国下向之時、親恒致供奉、同八月廿三日、薩州山門郡ニ下着」とあるが、これは都城島津家旧蔵本田系図の記載と同じである。『姓氏家系大辞典』には「丹治姓、武蔵国男袋郡本田邑より起る。畠山重忠配下の将に、本田次郎近常ありて、一に本多親恒に作る」とある。彼は畠山重忠一の郎従として武州二俣川で重忠と共に戦死しているが、畠山重忠の女を忠久が娶っている関係から（これについては疑問もある。しかし文暦二年閏六月二九日の忠時宛、北条泰時書状に畠山重忠との近縁関係を述べているから、島津氏と畠山氏との縁戚関係は認めてよかろう）、畠山氏の近縁のその一族が島津氏に依附して譜代の家人となったものであろう。本田氏は史料の上では早く宝治二年、宮里郷地頭代本田五郎兵衛尉がみえ、その後嘉暦三年、薩摩郡内一分地頭代本田民部入道がみえ、元応二年、薩摩郡地頭代本田暁道がみえ、また正安二年、山門院院司相伝の山門院内針原村田畠を永代売得している。前掲酒匂氏が同じく薩摩郡、宮里郷に所職を有しているのも、この両者が島津氏被官の有力者としてその居所附近の郡院郷に勢力を扶植したことを示すものであろう。延文四年四月五日の島津貞久置文は本田兼阿について「為年来仁上、自幼少至于今、都鄙令随逐之間、存不便者也、兼阿一期之程、恩給地等不可有改動之儀」との特恵を与えている。

（Ⅲ）猿渡氏の嫡家は近世に入って罪科のため廃絶し、その相伝系図幷文書は記録所に移管されることになった。このことは「島津家文書」（六番箱一一六）正徳四年一一月の記録奉行宛の覚書によって明らかである。「備忘録抄」所収、猿渡系図に「高望王七代猿渡藤三郎信元」について「叔父比企能員カムホンニ依テ猿渡庄ヲ落テ薩摩ニ下ル」と記し、その子「信景太郎、於小御所打死」「実信藤四郎」について「文治二忠久公御供、ケン之役ニテ山門院下向、頼朝公御感有テヲン旗ヲ給故、幕旗之紋ニ引ニ定ル、摂政殿基通ヨリ藤原氏ヲ給」と記している。もとよりその記載に信はおきがたいが、同じく「備忘録抄」所収、永禄三年書出の「忠久御下向之人数代々役人之事」には「本田御幡奉行・酒匂御釼役人・猿渡御釼役人・東条・西条・鎌田・山田」を掲げ、中世末には猿渡氏は酒匂・本田氏と共に島津氏譜代の家人と考えられていたことがわかる。『姓氏家系大辞典』には藤原北家、相模国足柄郡猿渡邑より起こるとある。

（Ⅳ）鎌田氏は「備忘録抄」に「政佐鎌田小藤二　修理亮　当頼朝公之治世、以薩隅日三州島津庄畀忠久主時、三州御家人等可為　忠久主人云々、因茲忠久主文治二年丙午六月一日発駕関東、八月一日下着薩摩山門院、政佐供奉」とあり、（Ⅴ）東条氏は『姓氏家系大辞典』に藤姓、「近衛殿より相添へられ罷り下り候」とある。

（b）前出の島津氏系図にもみえるように初代忠久から五代貞久までその夫人は畠山・伊達・相馬・三池（大友氏同族）・大友等何れも東国に出自を有する有勢御家人で、その一族、家人で夫人の輿入に伴って来属し、島津氏の被官となったものは少なくなかったと思われる。（a）の諸氏も所伝は島津氏本来の家人ではなく、縁戚関係から縁家の一族、家人が後に島津氏の家人となったと説くものが多い。したがって東国出自の武士が多い。大友氏は島津氏よりも早く、豊後の守護、鎮西奉行として管国経営に本腰をいれ、その一族、家人が国内諸所に地頭職等の所職を有していた。（Ⅰ）小田原・（Ⅱ）高崎・（Ⅲ）古庄・（Ⅳ）脇等の諸氏は何れも大友氏一族で、嘉暦三年の新田宮国分氏相論証人交名注文案に薩摩郡の一分地頭（代）として小田原弥二郎入道、宮里郷の三分の二地頭（代）として高崎二郎入道の名がみえる。恐らく貞久代から島津氏被官として（a）の酒匂・本田氏等と共にこのころから本格化する島津氏の領国経営に活躍したものと考えられる。

（c）島津氏が薩摩国守護兼惣地頭に補任された当時、国内郡院郷にはそれぞれ一郡を支配してきた伝統的な有勢御家人（郡司・惣地頭に対する小地頭）も少なくなかった（南薩地方）。他方それらより分出した庶家や、在庁諸職、庄官諸職等を分有する弱小御家人も国衙近在の北・中薩地方にかなりみられた。守護島津氏との間に緊密な関係を有し、被官化する傾向を示すのは後者に多かったということができよう。

（Ⅰ）市来崎氏は山門院院司庶家、山門院院司は後鮫島氏から入って平姓から藤姓に代わったが、市来崎（現山門）氏はつづいて平姓を称している。「比志島文書」建保五年五月二九日のその先祖平秀忠名簿案には「右、于島津左衛門尉殿、依奉成志深、所令書進如件」とあって、早くより山門院院司―市来崎氏が守護島津氏との間に被官関係を結んだことを示している。この場合山門院が守護所の所在地であったことも考慮すべきであろう。（Ⅱ）宮原氏は「山門（市来崎）文書」文保二年十一月二日の鎮西探題下知状に「下野前司入道道義扶持人宮原太郎入道蓮心」とみえる。旧説はこれを宮里とよみ、宮里郷郡司の被官化と解するが、これは誤りであろう[1]。（Ⅲ）比志島氏は源姓を称えるが、実質的には満家院院司大蔵氏の末といえる。承久の乱の結果、院司大蔵氏の没落に代わって大隅国在庁御家人税所氏が登場したが、比志島氏は院内比志島名以下五ヶ名の名主職を保持し、惣地頭島津氏との関係を緊密化することによって院司税所氏の羈絆から脱した。明確に島津氏の被官となった訳ではないが、その後の推移はその傾向を次第に顕著にしている[2]。

註

（1）前掲水上論文三一五頁。
（2）拙稿「薩摩国御家人比志島氏について」（『鹿大史学』八。本書第1部第五章）参照。

七、おわりに

薩摩国守護島津氏は忠久・忠時の二代は専ら鎌倉にあって殆んど任国に滞留することはなかったらしい。三代久経もまたはじめは専ら鎌倉に在ったが、元寇によって幕府の命をうけ鎮西に下向した。久経の九州下向は建治元年のこととされる(1)。久経は翌年築かれる石築地の薩摩国分担地区筥崎役所において異国警固番役を勤仕する同国御家人を統率し、弘安の役でも一族、御家人と共に奮戦している。四代忠宗も大宰府、筥崎または薩摩国にあって、鎮西引付衆にも列し、少弐・大友氏と共に在九州の守護として、次第に管国経営にも本腰を入れるようになるのである(2)。前述の文永二年、久経の代、弟久長が守護代として在国の御家人と紛争をおこし改任されたとする説は、当時の守護島津氏と国内御家人との関係を示しているように思われる。守護が在国せず代官に庶務を委ねる間接支配から（物地頭としては得分米の徴収）在国守護による直接支配（物地頭としては土地人民の直轄領域の増大）への推移は元寇を契機としていることは明らかである。在国御家人の抵抗を排除し、相論を繰り返しながら次第に島津氏の勢力を国内に浸透させて行くのは容易の業ではなかったであろう。守護代・地頭代が専らその衝に当たったわけであるが、元寇以後その中心的立場にあったのは酒匂氏及び本田氏であった。彼らの出自については前述したが、かかる譜代の被官が島津氏が管国内に勢力を扶植し、守護領国を形成する端緒的時期に重要な役割を果たしていることを特筆しておきたい。建武以降の南北朝争乱期には忠宗の子、五代貞久の弟実忠・忠光・時久・資久・資忠らが他の一族と共に貞久をたすけて島津氏の領国内における勢力の拡大に寄与しているが、この際にも酒匂・本田氏等譜代被官の果たした役割は少なくない。又市来崎・比志島氏等の如く他姓の国御家人で島津氏の被官化するものも漸次増大していったといえよう。

註

（1）『鹿児島県史』一、四一〇頁。
（2）『旧記雑録前編』一―一〇四〇号「鎮西引付記」。

【付記】本稿は一九六〇年一二月、鹿大史学会において発表した要旨に、その後補筆訂正を加えたものである。

第2部

大隅国の御家人

第一章　大隅の御家人について

鎌倉時代における在国御家人についてその数を明らかにする仕事は史料的制約によって国毎に難易がある。この点御家人交名の残存する大隅は薩摩等と共に御家人数の把握、その推移等を比較的容易に知ることができる。まず鎌倉時代初期と後期の関係史料を呈示し、以下これにつき検討を加え、主として大隅御家人の数の推移に注目し、若干の考察を加えてみよう。

在国御家人の数についての研究の意義、全国的展望等については既に瀬野精一郎氏が論考「肥前国における鎌倉御家人」（『日本歴史』一一七、一九五八年）において述べられているのでここではふれない。

一、領主・御家人交名

表1は建久九年在庁注進の御家人交名を国方・宮方別に表記したものである。(1)国方とあるのは在庁官人・郡司等で、宮方とあるのは大隅正八幡宮の神官・宮侍等であろう。大隅国には正八幡宮領がきわめて多く、その所領下の豪族は宮侍（神人）として社役を勤めると共に鎌倉幕府の御家人としても名を連ねたことと思われる。本章末尾にあげる図は当時における大隅国郡・院・郷の大体の位置と建久八年の図田帳によるそれぞれの田数とその中における正八幡宮

領と島津庄の田数とを示したものである。これをみても正八幡宮領の大きいことがわかるであろう。なお島津庄地頭は島津忠久、正八幡宮領地頭は中原親能である。表2は同じく建久八年在庁注進の図田帳により記載の領主名毎にその所領等を整理表記したものである。(2) 表3は「薩隅日三州他家古城主来由記」所載の城主名を表記したものである。「薩隅日三州他家古城主来由記」は江戸時代の作で信をおきがたい点も多いが、その作成に諸家の系図・旧記等を用いていると思われ、参考資料として掲げた。(3)

以上が鎌倉時代初期における大隅国御家人名を知る史料であるが、次に後期のそれを知る史料をあげよう。表4は建治二年の石築地役配符案により記載の領主御家人名毎にその所領田数・負担量を整理表記したものである。(4) ただこの史料は小河院・曽野郡・桑東郷及び桑西郷前半に関して領主御家人名の記載がなく、したがって表2と対照すべき領主御家人表としては不完全である。表5は正応二年、元亨三・四年の史料により守護狩の際、供奉をつとめ、人馬の差出を命ぜられた御家人名を記載順に負担人馬数等につき整理表記したもので

表1　建久九年在庁注進御家人交名の国方・宮方別

番号	氏　名	国方宮方別	番号
1	税所篤用	国方	1
2	田所宗房	〃	2
3	曽野郡司篤守	〃	3
4	小河郡司宗房	〃	4
5	加治木郡司吉平	〃	5
6	帖佐郡司高助	〃	6
7	執行清俊	〃	7
8	東郷郡司時房	〃	8
9	河俣新大夫篤頼	〃	9
10	佐多新大夫高清	〃	10
11	弥三郎大夫近延（遠）	〃	11
12	祢寝郡司	〃	12
13	木房紀太郎良房	〃	13
14	西郷酒大夫末能	〃	14
15	政所守平	宮方	1
16	長大夫清道	〃	2
17	源大夫利家	〃	3
18	修理所為宗	〃	4
19	権政所良清	〃	5
20	栗野郡司守綱	〃	6
21	脇本三（六）郎大夫正平	〃	7
22	太郎大夫清直	〃	8
23	六郎大夫高（為）清	〃	9
24	矢（弥）太郎（大夫）種元	〃	10
25	執行大夫助平	〃	11
26	嶋四郎近延	〃	12
27	始良平大夫良門	〃	13
28	小平太高延	〃	14
29	新大夫宗房	〃	15
30	弥次郎貫首友宗	〃	16
31	肥後房良西	〃	17
32	敷根次即延包	〃	18
33	三郎大夫近直	〃	19

表2　建久八年図田帳による領主名とその所領

番号	氏　名	職	郡・院・郷	庄・公	名	田数 町 反 歩	備　考
1	藤原篤守	郡司	曽野郡	公田	重枝	20	
2	藤原篤用	税所	〃 〃 桑東郷	〃 〃 〃	重富 重武 松永	33 3 7	
3	藤原篤頼		曽野郡	〃	用松	15	
4	建部宗房	田所	〃 小河院	〃 〃	弟子丸 廻村弟子丸	5 5.3.240	
5	建部近信	権大掾	曽野郡 小河院	〃 〃	元行 〃	5 1.2.300	
6	酒井宗方	郡司	〃	正宮領	公田	57	
7	建部清俊	執行	〃	公田	武元	2	
8	建部高清		桑東郷 祢寝院	〃 正宮領	武安 佐汰	6 10	字新大夫　賜大将殿下文知行之。
9	紀新大夫良房		桑東郷	公田	主丸	5	
10	僧覚慶		〃	〃	元行	1.5	
11	大中臣時房	郡司	〃	〃	秋松	2	
12	酒井末能		桑西郷 〃	正宮領 〃	万徳 溝部在河	14.4 2	
13	僧兼俊		〃	〃	小浜村	8	
14	則貞	郡司	〃	公田		1	
15	大蔵吉平（妻）	郡司	加治木郷	正官新御領	公田永用	106.2.180	
16	僧忠覚		〃	〃	鍋倉村	3	
17	酒井為宗	正宮修理所	〃	〃	宮永	8	
18	建部清重		祢寝院	〃	郡本	30	賜大将殿下文、菱刈六郎重俊知行之
19	吉門		始良庄	正宮領		50余	元吉門・高信・宗清所知。
20	三郎房相印		菱刈郡	島津庄	郡本	(138.1)ノ中	賜大将殿下文知行之。

表3　薩隅日三州他家古城主来由記所載の城主名

番号	氏　名	城地名	時代及び島津氏当主名	姓
1	肝付河内守兼経	肝属	忠久	伴
2	蒲生太郎大夫清直	蒲生	〃	藤
3	加治木八郎親平	加治木	〃	大蔵
4	吉田御供所検校長大夫吉清	吉田	〃	息長
5	横川藤内兵衛尉時信	横川	承久ノ頃	平
6	菱刈三郎坊相印重妙	菱刈	忠久	藤
7	肥後房良西	帖佐	〃	平
8	土岐左衛門尉国房	敷根	？	源
9	祢寝小太郎義明	大始良	忠久	藤
10	佐多太郎存盛	佐多	〃	平（建部）
11	田代次郎兼盛	田代	〃	〃
12	飫肥伊豆守	廻	元久	源
13	北原又太郎延兼	串良	忠久	伴
14	津野四郎兵衛尉	鹿野屋	久経	？
15	税所兵衛尉祐満	曽於郡	忠久	藤
16	曽木彦太郎忠茂	曽木	貞久	藤（菱刈庶流）
17	溝辺孫太郎	溝辺	〃	酒井
18	沙弥行西清重	祢寝	忠久	建部（平）
19	四郎左衛門尉信式	種子島	〃	平
20	本田因幡守国親	清水	忠国	〃
21	姫木十郎	姫木	貞久	大中臣

表4　建治二年領主・御家人名とその所領

番号	御家人	氏　　名	郡・院・郷	名　等	田　数 町 反 歩	石築地 尺　寸	備　考
1		弥勒寺上座	桑 西 郷	細工所給田	3.5	3.5	
2		五師房	〃	百　　堂	1.6	1.6	
3		権執印法橋永円	〃 〃 〃 〃	最 勝 寺 長 寿 寺 中 山 寺 西 明 寺	1.5 1.2 3 3	1.5 1.2 3 3	
4	御家人	田所宗久	〃	万 福 寺	5	5	
5		宮田所永兼	〃	薬 師 堂	2	2	
6		源八入道光仏	〃 加治木郷 帖佐西郷	法 楽 寺 〃 〃	1.5 1 3	1.5 1 3	
7		知性房	桑 西 郷	咲 隈 寺	3	3	
8		石躰藤太郎八郎	〃	正 福 寺	1	1	
9		正宮修理検校兼順	〃 鹿 屋 院	朝 日 寺 恒　　見	3 (8)	3 8	
10		奉行権惣検校房	桑 西 郷 加治木郷 帖佐西郷	新 三 昧 〃 〃	3 1 1	3 1 1	
11	御家人	修理所検校丸	桑 西 郷 〃 加治木郷	石 水 寺 石　　上 本名用丸	1 2 5	1 2 3(5ヵ)	
12		小大宮司主神司祐恒	桑 西 郷 〃	文 殊 山 中臣料田	0.5 2	0.5 2	神主惣大宮司姫木大夫篤季ト
13		預所雅楽左衛門入道	〃 〃	九 躰 堂 竹　　師	10 7	10 7	
14		正宮所司修理執行覚順	〃	最勝寺新堂	2.5	2.5	
15		正宮所司弥勒寺執当慶弁	〃 〃 〃	〃 青 山 崎 加 礼 河	2.5 3 3.180	2.5 3 35	
16		西郷郡司則継	〃	辺世加利	2		
17		長乗房	〃	牟留々木	3	3	
18		御前別当（修理執行）兼禅	〃 〃	早　　鈴 加 礼 河	3 3.180	3 35	
19	御家人	諸太郎末房	〃	溝　　辺	6	6	
20		綾大夫宗助	〃	在　　河	7	7	
21		仏成房明慶	〃 〃	皆　　尾 乃　　楽	3 1	3 1	
22	御家人	税所介義祐	〃 帖佐西郷	夜 久 高 餅　　田	7 27.4.120	7 26.44	
23		源大夫	桑 西 郷	鹿児島社	1.7	1.7	
24		預所卿法眼	〃 蒲 生 院 栗 野 院	御 服 所 釈 迦 堂 南　　里	6.6 8 40	6.5 8 38.5	
25	御家人	神主惣大宮司姫木大夫篤季	桑 西 郷 〃 〃 蒲 生 院	大穴持神田 中臣宮司分田 〃 料 田 府社中臣	5 3 2 2.2	5 3 2 2.2	小大宮司主神司祐恒ト

番号	御家人	氏　　名	郡･院･郷	名　等	田　数 町 反 歩	石築地 尺　寸	備　考
26		守山	桑西郷	愛　力	2	2	
27		善田房	〃	勢　得	2	2	
28		経官永祐	〃	久　楽	3	3	
29		庁法橋円信	〃	米　丸	2	2	
30		台明寺成仙房	〃	〃	6.180	65	
31		正宮留守刑部左衛門尉真用	〃 帖佐西郷 〃 〃 〃 〃 〃 〃 〃 〃	当　得 大　山 深　見 中 河 良 山　崎 寺　師 恒　見 平　山 豊　富 最勝寺領甑	2.6 11.9.240 7.9 9.1 8.3.120 10.7 7 31.8.180 11.9.120 2	2.6 11.46 7.4 8.6 7.64 9.14 7 31.85 11.94 2	
32		霧島座主慶範	桑西郷	大　楽	6	6	
33		前執行房并智光房	〃	常　楽	1.7	1.7	
34	御家人	郡司氏平	加治木郷 〃	本名永用 郡　本	50 2(8ヵ)	50 8	
35	御家人	木田三郎探（掾カ）通平	〃	久　永	20	20	
36	御家人	別府二郎長光	〃	永　富	20.2	10.25	
37	御家人	又二郎俊平	〃	吉　原	10	10	
38		大輔法橋勝印	〃 〃	鍋　倉 若 宮 田	3 3	3 3	
39		台明寺学頭栄源	〃	郡　本	5	5	
40		弁済使平左近入道西仏	〃 帖佐西郷	辺　河 住　吉	4 13.9.180	4 13.45	
41		預所伊与寺主	加治木郷	九 躰 堂	15	15	
42		阿闍梨良幸	〃	肥 喜 寺	3	3	
43		越前検校覚禅	帖佐西郷	永　世	7.7.120	7.04	
44		台明寺住侶葉心房	〃	船　津	14.1.300	14.15	
45		権政所助道	〃	神　河	9.5	9.5	
46		郡司栄継	〃	松　武	1.5	1.5	
47		弁済使紀四郎右馬允眞能	〃	千　本	10.7.60	10.72	
48		美濃阿闍梨	〃	柒　畠	2.6	2.2	
49		弁済使左衛門入道法智	蒲生院 〃	 武　友	142.0.300 3.7.180	 3.75	
50		郡司伊賀房行公	〃	末（米ヵ）丸	17.7	16.8	
51		名主弥（孫）太郎清持	〃 〃	恒　見 久得本名	(72.1.120 10.0.120	69.54 10.04)	 ノ中
52		名主西俣三郎清幸	〃	久得久富	(72.1.120	69.54)	ノ中
53		名主内村弥太郎清元	〃	久得久松	(　〃	〃　)	ノ中
54		名主七十房跡	〃	久得久末	(　〃	〃　)	ノ中
55		名主内村四郎信久	〃	法 師 丸	2.3	2.38	

番号	御家人	氏　　名	郡・院・郷	名　等	田数 町反歩	石築地 尺寸	備　考
56		弁済使兼名主阿波房成幸	〃 〃 栗野院	今富 帖多守 （寺カ） 北里	11.7.120 5 34	11.24 5	名主丹後房ト
57		弁済使供兼名主三郎大夫吉本	蒲生院	脇本	11.9.120	10.94	
58		正宮御供所清弘	吉田院	本名	10.3	10.3	
59		長大夫幸道	〃	中納	4.8	4.8	
60		二郎大夫清持	〃	宮浦	4.8	4.8	
61	御家人	郡司清綱	祢寝南俣	郡本	21.5	20.6	
62	御家人	四郎親綱	〃	佐多本名	6.9.180	6.95	
63	御家人	弥三郎大夫親房	〃	佐多元行	5.180	55	
64	御家人	田代七郎助友	〃 〃	佐多安行 田代	5.180 10	55 9.5	
65	御家人	九郎宗親跡	〃	佐多安行	1.4	1.4	
66		郡司貞高	栗野院	米永	16.7.180	16.75	
67	御家人	新太夫入道西善	〃	恒次・重武・恒山	12.1.300	12.18	
68		名主長三郎大夫助直	〃	在次	9.6.240	9.66	
69		名主丹後房	〃	北里	34		弁済使阿波房成幸ト
70		名主神一丸	始良庄	得丸本名	17	17	
71		名主六郎兵衛尉助元	〃 〃	〃 中隈	3 2	3 2	
72	御家人	名主諸二郎掾高友	〃	末枝	20	20	
73		名主平大夫入道	〃	末次	8	8	
74	御家人	名主諸二郎兵衛尉重祐	曽野永利	用松	2.4	2.4	島津庄

ある。[5] これらの人々が御家人であることはC御家人分雇狩人負担者としてみえる一三名以外の人名も他の史料により御家人であることが立証されることにより明らかである。表1と共に当時における大隅国御家人の大部分を示しているものとみてよいであろう。表6は弘安十年の宮侍守公神結番を表記したものであり、鎌倉時代後期の領主御家人名推定の参考史料として掲げた。[6] 守公神は国衙の鎮守社、宮侍とは正八幡宮に属する侍、即ち宮方の侍ではないかと思われる。[7]

次に、以上六つの表にあらわれた領主御家人名についてその他の諸史料を参照しつつ逐次検討を加えて行こう。

	E			F			G		
11（来25） 兵狩人	〃 4.1.25（来2.5） 〃			〃 1.27（来2.5） 〃			〃 4.18（来21） 〃		
		1	21人		1	21人			
		2	10		2	10			
		3	5		3	5			
		4	8		5	10			
	重久	5	10	重久大掾	4	10			
	向笠	6	5		6	5			
		7	3		7	5			
					13	20		1	20人
					14	10		2	10
					15	5		3	5
					17	10	田代大掾	4	10
					16	7	伊佐敷	5	5
				栗野郡司	19	15			
					20	10			
25人					21	20			
10					22	10			
10					23	10			
					18	15			
					8	10			
					9	10			
					10	10			
					11	5			
					12	10			
					25	10			
					26	5			
					28	7			
					27	5			

註

（1）『鹿児島県史料　旧記雑録前編』一―一七八号　建久九年三月一二日　大隅国御家人注進状「大隅国注進御家人交名等事」として交名をあげ、「右件御家人、為上覧、各交名大略注進如件」とある。連署の在庁人は諸司検校大中臣時房（交名８）、田所検校建部宗房（同２）、税所検校藤原篤用（同１）である（以後「御家人交名」とよぶ）。

（２）『改定史籍集覧』二七冊　建久八年六月　建久図田帳。連署の在庁人は大判官代藤原、諸司検校散位大中臣（交名８）、田所散位建部宿禰（同２）、税所散位藤原（同１）、目代源である。また図田帳の記載中、「菱刈郡入山村、筥崎宮浮免田、賜同御下文千葉兵衛尉沙汰之」とある千葉兵衛尉については今明らかにしえないので省略した。

尚、玉里文庫本「図田注文」を参照した（以後「図田帳」とよぶ）。

（３）鹿児島県立図書館本　宝暦三年「薩隅日三州他家古城主来由記」。在来の郷土史はこれ

表5　正応，元亨年間の御家人守護狩の負担人馬数

番号	氏名	A 正応 2.8.21 守護狩左右手書上	B 〃 守護所狩路馬			C 〃 8.23 御家人分雇狩人		D 元亨 3.7. 守護狩歩
1	税所介	左 1		1	10 疋	1	100 人	
2	惣検校	〃 2		2	5	2	50	
3	曽郡司	〃 3		5	3			
4	河俣大掾	〃 4		4	5	3	50	
5	重久加賀房	〃 5		3	4			
6	向笠諸次郎兵衛尉	〃 6		6	3	4	30	
7	同　藤三郎					5	30	
8	祢寝郡司	〃 7		11	10			
9	佐多弥四郎	〃 8		12	5			
10	佐多九郎	〃 9		13	2			
11	田代七郎入道	〃 10		15	5			
12	伊佐敷大掾	〃 11		14	3			
13	栗野大進大夫	〃 12	栗野郡司	17	6			
14	修理所	〃 13		18	5	10	40	
15	加治木郡司	右 1		19	10			1
16	上木田大掾	〃 2		20	5			2
17	下木田大掾	〃 3		21	5			3
18	小河郡司	〃 4		16	6	11	50	
19	東郷郡司	〃 5		7	5	6	40	
20	羽坂藤七大夫	〃 6		8	5	7	40	
21	切手又次郎	〃 7		9	3	9	30	
22	姫木弥四郎	〃 8		10	3	8	20	
23	木房大掾	〃 9		22	5	12	40	
24	田所小大夫	〃 10		24	5	13	50	
25	弟子丸							
26	牧山大掾	〃 11		23	3			
27	国修行	〃 12		25	3			

をそのまま引用しているものが多い（以後「来由記」とよぶ）。

（4）『旧記雑録前編』一―七七三号　建治二年八月　石築地役配符案。但し島津庄惣地頭尾張守（名越氏）は除外した。

尚、玉里文庫本「図田注文」を参照した。

（5）『旧記雑録前編』一―九二二号　正応二年八月二一日　守護御狩左手右手書分事（A）、同一―九二三号　守護所御狩路馬事（B）、同一―九二四号　八月二三日　御家人分雇狩人之事（C）、同一―一三五四号　元亨三年七月一一日　来廿五日守護狩事（D）、同一―一三八七号　同四年一月二五日　来二月五日守護御狩之事（E）、同一―一三八八号　同一月二七日　同（F）、同一―一三九七号　同四月一八日　来廿一日守護狩事（G）。

尚、催促人は（A）（B）（C）守護代唯道、（D）酒大夫季親、（E）（G）沙弥円也である。

（6）同一―八八〇号　弘安一〇年七月　定宮侍守公神結番事。一番三人宛一〇番、恐らく月

表6　弘安十年宮侍守公神結番

番号	氏　　名	表4ノ番号	表5ノ番号
1 A	蒲生若宮政所		
B	孫四郎入道		
C	永里源太		
2 A	栗野郡司	66	13
B	在河綾大夫	20	
C	覚定房後家		
3 A	始良得丸	70・71	
B	太郎大夫		
C	諸太郎	19	
4 A	始良牧山		26
B	嶋四郎		
C	諸次郎大夫		
5 A	始良末次	73	
B	蒲生南三郎		
C	平四郎馬		
6 A	蒲生米丸	50	
B	蒲生西俣三郎	52	
C	大宮司	12・25	
7 A	蒲生内村入道	53・55	
B	後藤大夫		
C	源次郎		
8 A	脇本三郎大夫	57	
B	源三兵衛尉		
C	棚司		
9 A	廻大和入道		
B	長法橋跡		
C	毗沙王		
10 A	小河郡司入道		18
B	左近大夫		
C	庁免三郎		

三日宛の勤番であろう。

（7）『鹿児島県史』一、一九八頁「三国名所図会」巻三一に「守君神社（曽於郡）曽小川村府中にあり（中略）曩昔大中臣姓、姫木氏、世々所祭の神なりし、大隅一州の総社にて」とある。

二、各御家人の系譜

はじめに表1の御家人交名により鎌倉時代初期の御家人について考察を加え（Ⅰ）、次に主として表5の御家人名により後期の御家人について検討を加えよう（Ⅱ）。但し初期の御家人名にみえて後期のそれにみえないものについては後期の状況についても初期の中に含めて述べる。そして最後に尚漏脱せる御家人（非御家人）について考察を加えることにしよう（Ⅲ）。

（Ⅰ）鎌倉初期の御家人

1税所篤用　「図田帳」に2藤原篤用、同連署人に税所藤原朝臣、また交名注進状連署人に税所検校とある。「来由記」に15税所兵衛尉祐満とあり敦実親王の子孫税所検校両職として曽於《（野）》郡を知行するとある。大隅国の租税・官物の収納を掌った在庁官人の一、藤原姓、曽野郡司と同族。[1] 建暦年間に税所次郎篤満、承久年間に篤吉の名がみえる。寛元～建治の頃税所兼大介義祐があり、義祐は両職及び薩摩国満家院郡司職の他、正八幡宮政所職、帖佐郷餅田村預所職にも補任された。[2] 義祐の後は篤秀、篤胤と相伝した。

2田所宗房　「図田帳」に4田所建部宗房、同連署人に田所散位建部宿祢、また交名注進状連署人に田所検校とある。建部姓、在庁官人の一、建長三年に田所建部定久の名がみえる。[3]

3曾野郡司篤守　「図田帳」に2郡司藤原篤守とある。篤守はまた篤盛で所知の重枝名は篤守の仮名であることは天福二年の文書により知られる。[4] 平安時代末、阿多権守忠景の私権に憑って半郡を分領したという曽野郡司篤定孫篤房はその先祖に当たるのであろう。[5]

4小河郡司宗房　「図田帳」に6郡司酒井宗方とあるのと同一人であろう。酒井姓。

5加治木郡司吉平　「図田帳」に15郡司大蔵吉平妻所知とある。何らかの事情で当時一旦妻が知行したのであろう。「来由記」に3加治木八郎親平をあげ、大蔵姓、代々郡司職領知とある。吉平は親平の前名である。史料に文治三年より建久九年にかけて良平（吉平）の名がみえ、建保二年に親平の名がみえる。[6] 吉平（親平）は御馬所検校とあり、古加治木系図によれば、初代親平は「改吉本」とあり、また「号加治木八郎、改藤原氏為大蔵氏、以後勤仕御家人所役、祇候関東、大隅国検非違所幷加治木郷、文治四年戊申、建久六年六月廿二日給　右大将家御下文」「薩州満家院文治建仁二通同給　御下文」とある。正八幡宮社司の一人（即ち宮方）でもあった。

6帖佐郡司高助　不詳、表4に46郡司栄継とあるが、その関係は不明である。尤も栄継は非御家人である。

7執行清俊　「図田帳」に7執行建部清俊、小河院公田所知とある。清俊の後は味智氏の知行するところとなった如く、その事情は「祢寝文書」延慶二年一〇月二二日の鎮西探題裁許状に詳しい。即ち祢寝郡司清治と書生職につき相論中の拒捍使兼執行味智弥次郎行俊代僧性空の申状に、「曽祖父味智新兵衛尉俊光寛喜四年以執行之跡為勲功之賞、令拝領関東御下文之以降為在庁職之間」とあり、また「爰拒捍使兼世執行清俊跡依罪科被収公之、被宛行俊光歟」とある。

8東郷郡司時房　「図田帳」に11郡司大中臣時房、桑東郷公田所知とあり、同連署人に諸司検校大中臣時房とみえる。桑東郷郡司であると共に在庁官人の一。

9河俣新大夫篤頼　「図田帳」に3藤原篤頼とある。篤の通字からみて税所氏同族と思われる。曽野郡河俣の地名を負う。[7]

10佐多新大夫高清　「図田帳」に8字新大夫建部高清所知、頼朝の下文を得て知行とある。祢寝郡司建部氏の一族、「祢寝文書」によれば佐多氏は頼高―親清―親高となり高清の名をみないが、年代的にみて親清・親高の間に入るか或いはその何れか（恐らく親清）と同一人ではなかろうか。[8]「来由記」には10佐多太郎存盛をあげ、野上田伊予房時盛の後とするが、全く信をおきがたい。[9]親高は一旦税所職をえた如くであるが、間もなく改補されたようである。[10]親高の後親綱・宗親等が遺跡相続をし、それぞれ幕府の安堵下文をえた。親綱の系統が佐多氏の惣領で、宗親の系統は佐多村西方等を相伝し庶家となった。

11弥三郎大夫近延（遠）「図田帳」に5権大掾建部近信、曽野郡、小河院公田元行所知とあり、傍註に宮方御家人島四郎近延としてあるが、疑うべきであろう。承元五年・建保五年の在庁官人連署に権大掾建部とあり(12)、これは前掲建部（佐多）高清等と同族で在庁官人であり、国方御家人でなければならない。弥三郎大夫近延、即ち権大掾建部近信と解した方が妥当であろう。そして恐らくこの後が佐多氏庶家の一、伊佐敷氏であろう。

12祢寝郡司　図田帳に18建部清重所知とあり、次に「賜大将殿御下文、菱刈六郎重俊知行之、但去文治五年以後、号府別府、以多丁弁四百疋之外、不弁社家年貢、不随国務、任自由、知行之」とある。「祢寝文書」によれば当時、祢寝院南俣地頭職について本領主建部氏と縁戚の菱刈氏（清重の叔母の縁先）の間に領知権をめぐる係争がつづぎ、領家たる正八幡宮では菱刈氏の年貢対捍等により本領主建部氏を支持して本家石清水八幡宮の裁許を得、幕府の承認を求めている。源平の交替期に郡司建部氏が平家方に加担したことが、菱刈氏に頼朝の下文を取得せしめる結果となったらしい。しかし領家正八幡宮の支持の下に所領回復運動はつづけられ、ついに建仁三年、清重は関東下文の取得に成功している。その後菱刈（曽木）氏の奪回工作が久しくつづけられたが、建部氏はそのまま長く所職郡司地頭職を全うするをえた(12)。以上の事情から御家人交名の祢寝郡司については問題があるが、今注進する在庁側にたってみるとき建部清重を御家人郡司として記載したであろうことは首肯し得るのではあるまいか。

13木房紀太郎良房「図田帳」に9紀新大夫良房とある。紀姓、建治二年石築地配符にみえる地名桑東郷木之房名によるか。建永二年・承元五年の在庁官人連署に権大掾紀判官とあるのはこの後か(13)。

14西郷酒大夫末能　「図田帳」に12酒井末能、桑西郷正宮領万徳、溝部在河所知とある。建仁四年、貫首酒井道吉をして溝部村井下散在田畠を領掌せしむとある酒井氏は一族であろうか。[14]国方の御家人であっても正宮領知行のものは同時に神人でもあった訳で、このことは祢寝郡司建部氏等についてもみられることである。

以上が国方御家人であるが、以下宮方御家人についてみていこう。

15政所守平　文治三年・建久三年の正八幡宮神官連署に政所検校源朝臣守平とある。[15]その後、建仁三年より貞応二年にかけて同じく神官連署に政所検校散位大蔵朝臣守光がある。[16]源姓から大蔵姓に移っているが、名前からみて守光は守平の後と思われる。「図田帳」には帖佐郷、正宮領の中、正政所一〇丁とあるが、これは建治三年、税所義祐の政所職補任と共にその領知する所となったらしい。政所職は義祐の後、弘安二年信祐が相伝し、さらに同三年これを子息観音丸に譲っている。守光[17]は加治木系図に親平の孫として守光政所とあるのに当たろう。

16長大夫清道　文治三年・建久三年の神官連署に御供所検校息長宿禰清道とあり、建保二年の連署には権執印息長清道とある。はじめ御供所検校でのち権執印に進んだのであろう。「来由記」には4吉田御供所検校長大夫吉清とあるが、「来由記」の異本ともいうべき「御家五代他家古城主来由記」には権執印吉田太郎清道をあげている。吉田系図によれば、「出息長宿禰雅純、雅純生助清、助清為国分正八幡宮神職、娶源為重女生清道、源為重者鎮西八郎為朝之次子也、領吉田院、以与清道因以為氏、清道五世孫曰清秋、即彦次郎也」とある。[18]その間の相伝関係は「来由記」によれば権政所助清―長大夫清道（吉田祖）―吉田院司御供所検校吉清―太郎守清―太郎義弘―又次郎清高―彦次郎清秋となる。即ち清道と吉清は父子の関係である。吉清は御家人交名19権政所良清その人であろう（前述）。表4には3権執印法橋永円があり、これはまた弘安八年の建部定親所領注文に武安名六丁内、非御家人分三反、正宮所司権執印法橋永円とみえる。[19] 権執印は必ずしも世襲ではなく、これと前記息長氏との関係は不明である。

17源大夫利家　不詳、或いは表4に23源大夫、桑西郷鹿児島社とあるのと関係があるか。

18修理所為守（宗）「図田帳」に19正宮修理所酒井為宗、加治木郷正宮新御領宮永所知とあり、酒井姓、建保二年、貞応二年の神官連署に修理所検校散位酒井宿禰為宗とある。恐らく為守は為宗であろう。また建仁四年、正八幡宮公文所下文に修理所検校為宗の桑西郷溝部村に関する非論を止めるとある。[20]

19権政所良清　前記16長大夫清道の子と思われる。息長姓、建久三年の神官連署に権政所息長能清とみえる。その後御供所検校に栄進したらしく、建仁三年・同四年・建永二年の神官連署に御供所検校息長とあるのがそれと思われ、建保二年の連署に同息長吉清とある。「来由記」によれば吉清は吉田院司でもあり、建久八年七月頼朝の安堵下文をえ、同年九月に社家下文をえたとあり、その後は承久元年守清がつぎ、さらに暦仁元年清弘がついだとある。表4に58正宮御供所清弘、吉田院本名とあるのがこれであろう。ここで注意すべきは御家人の記載のないことである。御家人交名に宮方御家人としてみえるものの後が非御家人となっている例はきわめて多い。これについては後に述べよう。同じく表4に59長大夫幸道60二郎大夫清持とあるのも吉田氏一族であろう。また文永一一年建部親綱所領注文にみえる非御家人長五郎清言（高）[21]や、元徳三年の建部清武申状にみえる正八幡宮神官長五郎大夫重清も同族であろう。[22]また後に正八幡宮社家の一である桑幡氏は吉田庶流なりと「来由記」は記している。[23]尚権政所は建保二年の神官連署に息長栄道とあり、表4には45権政所助道、帖佐西郷神河とある。これは「図田帳」に帖佐郷正宮領内、権政所五丁とあるのに当たると思われ、栄道の後助道が所職を相伝したものであろう。但し、ここにおいて権政所の非御家人なることはいうまでもない。

20栗野郡司守綱　「図田帳」に栗野院六四丁正宮領とある。栗野院の豪族であろう。姓氏不詳。或いは酒井姓か。拙稿「大隅国御家人酒井氏について」（御家人制研究会編『御家人制の研究』吉川弘文館、一九八一年所収。本書第２部第四章）参照。

21脇本三（六）郎大夫正平　蒲生氏系図によれば上総介舜清の子に蒲生院惣領主八郎大夫種清、三郎大夫宗平あり、宗平は兄種清の譲を受けて脇元（現・姶良市）を領し、脇元を家号とするとある。[24]正平はこの宗平と同人かまたはその子息でもあろう。[25]表４に57弁済使兼名主三郎大夫吉本、蒲生院脇元とあるのはその後であろうが、御家人の記載はなく非御家人と思われる。表６に８Ａ脇本三郎大夫とみえるのも同人であろう。

22太郎大夫清直　「来由記」に２蒲生太郎大夫清直とある。「来由記」及び前掲蒲生氏系図によれば宇佐八幡宮留守職教清の子上総介舜清保安四年大隅に下向、後蒲生・吉田を領し、蒲生城に居住、その子八郎大夫種清、蒲生院惣領、その子太郎大夫清直とある。清直の後、清成─清続─清茂─宗清とつづいている。表４には蒲生院領主として51名主弥太郎清持、52同西俣三郎清幸、53同内村弥太郎清元、54同内村四郎信久等をのせているが、何れも蒲生氏一族であろう。[26]但し何れも非御家人である。蒲生彦太郎宗清については元亨三年より元徳元年にかけて薩摩国御家人比志島孫太郎忠範との間に下人の所属をめぐる相論があり、鎮西探題よりその返済を令せられている。[27]また南北朝時代（文和二年）反島津党として蒲生彦太郎一族の名がみえるが、これは宗清の後（直清─清種─清冬）であろう。

23六郎大夫高（為）清　不詳、但し「図田帳」に姶良庄正宮領五〇丁余、元吉門・高信・宗清所知とある。高信は高清の誤記とみれば吉門・宗清は後述の如く平姓姶良氏であるから高清も同じく姶良氏と思われるが、後掲得丸氏系図にもその名はみえず明らかでない。[28]

24矢（弥）太郎（大夫）種元　不詳、但し前掲蒲生氏系図、清直の弟に種元があり、或いはこれか。

25執行大夫助平　不詳、但し文永一一年の建部親綱所領注文に非御家人正八幡宮執行大夫助綱の名がみえる。[29] 恐らく助綱はこの助平の後であろうが、非御家人となっている。[30]

26島四郎近延　不詳、11弥三郎大夫近延の項でのべた如く、「図田帳」写傍註に権大掾建部近信を島四郎近延とするのは疑わしい。表6に4B島四郎とあるのと何か関係があるかも知れない。

27姶良平大夫良門　前述の如く「図田帳」に19姶良庄、元吉門・高信・宗清所知とある。これは恐らく以前の知行者名であり、現実には吉門・高清・宗清跡所知ということになるのであろう。「管窺愚考附録」得丸氏古系図によれば吉門は宗清の祖父にあたり、吉門を良門とすれば年代的に疑問もあるが、この時代を通じて姶良庄は主として得丸・末枝・末次三家が知行したと思われ、御家人交名の良門の名はその中、惣領得丸氏を代表するものとみてよいであろう。[31] 表4に70名主神一丸、姶良庄得丸本名とあるのはその後であろうが、系図の誰に当たるか明確でない。但し御家人の記載はなく、非御家人と思われる。また表6に3A姶良得丸とあるのもこれであろう。

28小平太高延　前掲得丸氏系図、姶良庄末枝名領知の宗高の子に高信あり、恐らく同人であろう。[32]

29新大夫宗房　同じく得丸氏系図、姶良庄末次名領知の宗清の子に宗房とあるのがこれであろう。宗清は「図田帳」に姶良庄、元吉門・高清・宗清所知とある宗清で、宗清跡はこの宗房であろう。宗房の後は宗友—宗茂—宗世であるが、表4に73名主平大夫入道、姶良庄末次とあるのは宗茂乃至宗世に当たるのであろう。但し注意すべき事は得丸氏の場合と同じく御家人の記載なく、平姓姶良氏は権大掾を称した末枝氏の他は非御家人化したといわねばならない。尚、表6に5A姶良末次とある。

30弥次郎貫首友宗　「鹿児島神宮文書」同修理所職酒井氏系図によれば為宗の父とある。前掲拙稿「大隅国御家人酒井氏について」参照。

31肥後房良西　「来由記」に7肥後房良西、平姓帖佐氏祖とある。「御家人交名」6帖佐郡司高助との関係は不明である。元久元年、正八幡宮の訴えにより幕府より停止された三地頭の中、帖佐郷地頭として肥後房良西がある(33)。さらに薩摩新田八幡宮領相論に関する宝治元年の関東下知状によれば、承久の頃正八幡宮領帖佐郷において御家人良西の神王面奪取の件について関東沙汰とあり(34)、恐らくこの事件によって御家人肥後房良西は没落したのであろう。

32敷根次郎延包　不詳、敷根は小河院の内、「来由記」には8土岐左衛門尉国房をあげるが、時代を異にし、その間の関係は不明である。

33三郎大夫近直　表4に68長三郎大夫助直、栗野院在次とある。これは建治三年、先祖相伝曽野郡智乃名内水田四反を沽却している三郎大夫息長助直と同人であろう(35)。名前の近似から断定を下すのは問題もあるが、そのような例が多いのでこれをも近直の後とすることも出来るのではなかろうか。

註

（１）玉里文庫本「古文書写」には税所篤用曽野郡司篤守二男也と朱註があるが、その典拠を知らない。
（２）『旧記雑録前編』一―七八三・七八四号　建治三年八月　寺家政所符案、同　寺家政所下文。
（３）同一―四八九号　建長三年二月　調所恒久解。
（４）同一―三七三号　天福二年三月一六日　曽乃郡司重枝曳文。
（５）『鹿児島県史』一、三六〇頁。

（6）『鹿児島県史料　家わけ一』「祢寝文書」（以下、「祢寝文書」とあるのは同書による）六四五号　文治三年一一月　大隅国正八幡宮神官等解、同六四四号　建久三年九月　同、同一八三号　建保二年六月一五日　同。
（7）建治二年の石築地配符案に曽於郡下河俣五丁とある。
（8）佐多氏の系譜については水上一久氏の詳細な考証がある（「中世譲状に現れたる所従について―大隅国祢寝氏の場合―」『中世の荘園と社会』吉川弘文館、一九六九年、一三六～一三八頁）。なお平姓とすることの非については早く伊地知季安も述べているところである（「太秦姓来由」）。なお小園公雄「大隅国御家人佐多氏の支配関係」（『南九州の中世社会』海鳥社、一九九八年）参照。
（9）この系譜は「島津国史」も採っているが、野上伊予房は建武年間にみえる野上田伊予房の事であろうし、その他のべるところも時代的にみて納得しがたい。また『旧記雑録前編』一―一二三七号に文保二年三月一五日付島津忠宗の譲状をのせ、島津忠光が勲功の賞として大隅国佐多を宛行われた由を記しているが、これは同日付の一連の忠宗の譲状と共に島津庶家の由緒を示そうとする作為の文書であろう（「日向古文書集成」参照）。
（10）『旧記雑録前編』一―三七八号　天福二年八月　大隅国司庁宣案、同一―三七九号　同二年九月　大隅国留守所施行状案。
（11）「祢寝文書」一八二号　承元五年四月　大隅国留守所下文、同九号　建保五年一一月　同。
（12）これについては『鹿児島県史』一、三八七頁以下に詳しい。
（13）「祢寝文書」一八一号　建永二年五月二四日　大隅国留守所下文、同一八二号　承元五年四月　同。
（14）『旧記雑録前編』一―二一一号　建仁四年三月　大隅国正八幡宮公文所下文。
（15）「祢寝文書」六四五号　文治三年一一月　大隅国正八幡宮神官等解、同六四四号　建久三年九月　同。
（16）同一六八号　建仁三年一〇月三日　大隅国正八幡宮公文所下文、『旧記雑録前編』一―二一一号　建仁四年三月　同、「祢寝文書」一七〇号　建永二年五月一七日　同、同一八三号　建保二年六月一五日　大隅国正八幡宮神官所司等解、同一八四号　貞応二年一一月　同。以後、神官連署とあるのは右の史料の中をさす。
（17）『鹿児島県史』一、三七七頁。
（18）「島津国史」五所引　吉田納右衛門系図。

(19)「祢寝文書」五四二・五四六号　弘安八年一〇月　建部定親所領注文案。
(20)『旧記雑録前編』一―二一一号　建仁四年三月　大隅正八幡宮公文所下文。
(21)「祢寝文書」二八六号　文永一一年二月二八日　建部親綱所領注文案。
(22)同八二三号　元徳三年六月　建部清武申状案。
(23)玉里文庫本「古文書写」によれば権政所良清として桑幡氏と朱註を附している。
(24)『蒲生郷土誌』六六頁。
(25)玉里文庫本「古文書写」によれば蒲生清直弟脇本三郎大夫正平とあるがその典拠を知らない。
(26)蒲生院郡司としては50伊賀房行公があるが、これと蒲生氏との関係は明らかでない。
(27)『鹿児島県史』一、三〇五頁。
(28)臆測を逞しくすれば或いは宗清の兄、末枝名を相伝せる宗高の別名か。
(29)「祢寝文書」二八六号　文永一一年二月二八日　建部親綱所領注文案。
(30)玉里文庫本「古文書写」によれば桑畑庶家の註がある。或いは前掲吉田氏同族であろうか。
(31)「管窺愚考附録」得丸氏古系図（『鹿児島県史料　伊地知季安著作史料集六』二九八頁）を略述すれば次の如くである。□は御家人交名所載のもの。なお『鹿児島県史』一、三七四頁参照。
系図に従えば御家人交名の良門は良門跡（得丸氏）と解さなければ年代的におかしくなる。

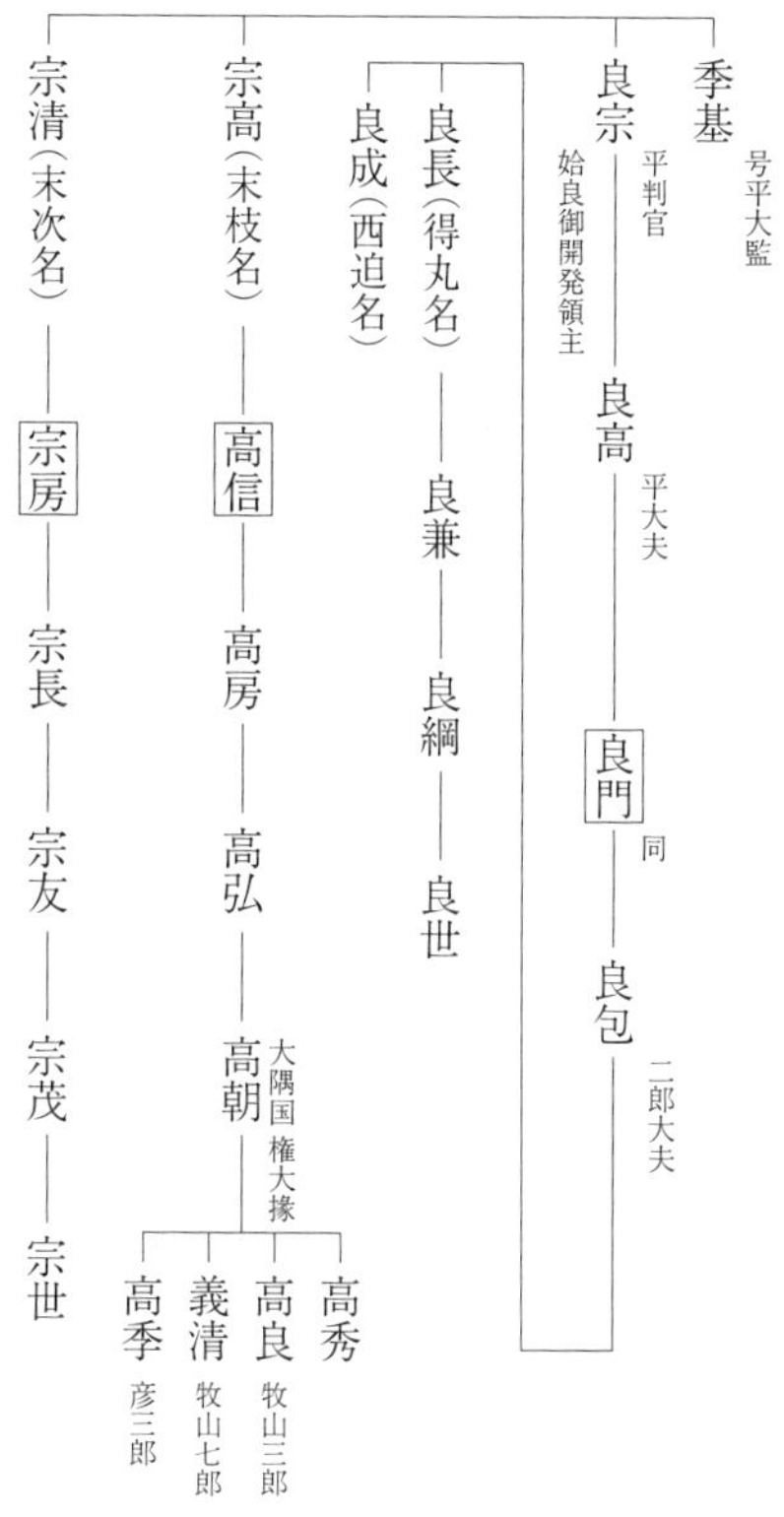

(32) 宗高は小平太、高信は三郎大夫とある。しかし錯簡等を考慮に入れると小平太高信とも解しうる。

(33) 「吾妻鏡」元久元年一〇月一七日条「大隅国正八幡宮寺訴申事、被経沙汰、是故右幕下御時、掃部頭入道寂忍為正宮地頭之処、宮寺依申子細、被停止其儀訖、其後又三箇所被補三人地頭之間、造営之功難成之由云々、仍今日所止彼地頭職等也、帖佐郷地頭肥後坊良西、荒田庄地頭山北六郎種頼、万得名地頭馬部入道浄賢云々、広元朝臣奉行之」とある。これによれば中原親能の地頭職は前に廃止となっており、その後設けられた三地頭もここに停止された訳で、以後正八幡宮領には惣地頭の系譜をひく地頭職はおかれなかったものと思われる。

(34) 『旧記雑録前編』一―四四六号　宝治元年一〇月二五日　関東下知状案。

(35) 同一―七八一の2号　建治三年二月一三日　息長助直田地売券。

（Ⅱ）鎌倉後期の御家人（各項人名の下の括弧内の番号は（Ⅰ）の対照すべき御家人番号である）

1税所介⑴　表4に22御家人税所介義祐とあり、その後の篤秀・篤胤が之に当たるのであろう。なお1から7まで曽野郡の御家人であり、何れも同族藤原姓であるが、中でも税所氏の勢力が最も大きかったことは、守護狩の人馬の負担が他を圧して大きいことからも明らかである。

2惣検校⑴　在庁官人の一、建仁三年、建永二年の在庁官人連署に惣検校藤原とある[1]。その後、承元五年・建保五年の同連署には税所兼惣検校建部とあって税所職と共に惣検校職も一旦建部氏に移ったらしいが[2]、後再び共に藤原氏に戻ったものと思われる。税所氏庶流であろう。

3曾郡司⑶　税所氏同族、藤原篤守（盛）の後であろう。

4河俣大掾⑼　税所氏同族、藤原篤頼の後であろう。嘉元元年、台明寺衆徒に寺内に乱入し、狩猟狼籍の廉で訴えられた河俣掾入道禅心[3]、及び元応二年、鎮西探題より祢寝郡司と共に平世村雑掌の訴えにより沙汰付を命ぜられている河俣掾入道はこれに当たるのであろう[4]。

5重久加賀房（大掾）⑴　文暦二年の藤原篤明の田地売券に仮名重久とある[5]。即ち重久の名は篤明の仮名に発する。元弘三年の藤原篤兼の着到状に大隅国御家人重久掾篤兼とある[6]。重久大掾とあるのはこの人であろう。税所氏庶流。

6向笠諸次郎兵衛尉⑴　同じく税所氏庶流と思われる。向笠は向佐と同じであろう。表4に74御家人名主諸二郎兵衛尉重祐、島津庄曽野永利・用松とあるのは同一人ではなかろうか。

7同藤三郎⑴　『旧記雑録』によると「河俣也」と傍註を付しているが、配列を検討すれば向笠諸次郎兵衛尉の次であることは明らかで、同じく向笠であり、前者の庶家であろう。

8祢寝郡司(12)　建部姓、祢寝院南俣郡司地頭職、清綱の後清親―清治―清保―清成と相伝。表4に61郡司清綱とある。表5の祢寝郡司は清親及び清保であろう。清親は正応元年、蒙古合戦勲功賞として筑前国早良郡比伊郷地頭職、筑後国永淵庄地頭職を与えられている。清綱より清保までそれぞれ数子に所領を配分しているが、それよりおこった庶家の中、五と惣領一の計六家が建武三年、契状に名を連ねている(7)。このように鎌倉時代末期になるに従って祢寝氏の庶家分出は著しいが(一方では惣領への吸収もみられる)、表5の段階においてはまだ佐多氏(広くいえば祢寝氏の庶家であるが)にみるように御家人役勤仕に際して殆んど独立した形をとる庶家を出してはいない。ただ後でみる田代氏については必ずしも明らかではないが、祢寝氏の庶家といえよう。

9佐多弥四郎(10)　建部四郎親綱の子、弥四郎親治。表4には62御家人四郎親綱をのせる。佐多(汰)大掾ともある。親治の後は親純が相続した。佐多氏の惣領であるが、庶家佐多(西方)・伊佐敷氏等と屢々所領相論、御家人役配分に関する相論を繰返している。

10佐多九郎(10)　建部九郎宗親の子、弥九郎定親。表4には65御家人九郎宗親跡とある。定親の弟に倉次郎丸(石王)あり、弘安四年、幕府は宗親遺領の配分を前者五分の三、後者五分の二と定めている(8)。その後両者間に相論がつづいていたが、当時実施されていた異国警固番役についてはその割合で勤仕している(9)。また惣領親治との間に同番役勤仕をめぐる相論があり、弘安六年、「所詮、定親於各別御家人、帯安堵御下文之上者警固番役事、可致各別勤仕」とその各別勤仕がみとめられている(10)。尤も、正八幡宮修理用途等公事の配分は惣領において統轄していたようである(11)。定親の後は信親が相続したが、正和四年・同五年公事負担にたえかねて所領を嫡家祢寝郡司清保に沽却し(12)、また清保の子親吉を養子として辞譲している[13]。

11田代七郎入道（田代大掾）(12)　祢寝院南俣田代の地名をおう。図田帳の祢寝院南俣の内訳は郡本三〇丁、佐汰一〇丁で計四〇丁であるが、石築地配符によれば、郡本二一丁五反、佐多一〇丁、田代一〇丁計四一丁五反である。これからみて田代一〇丁所知の田代氏（七郎助友）は郡本三〇丁所知の祢寝氏から分出したとみなければならない[14]。元亨二年、祢寝氏庶家宮原大掾清純と田代村中村名につき相論している田代七郎助清の申状によれば、田代七郎入道真念―心性―助清と相伝したことがわかり[15]、年代からみて真念は表4の64田代七郎助友、表5の田代七郎入道と同人で、田代大掾は助清に当たると思われる。しかし助清は元徳二年、惣領建部清保に所領佐多村安行名を田代村と共に避進している[16]。なお「来由記」に11田代次郎兼盛をあげ、佐多氏の場合と同じく伊予坊時盛の後としているが、年代的にみてもこの田代氏と前の田代氏を結びつけることは出来ない。

12伊佐敷大掾(11)　権大掾建部近信（弥三郎大夫近延）の後であろう。佐多伊佐敷浦の名を負う。表4に63御家人弥三郎大夫親房とあり佐多元行名知行とある。前記佐多氏惣領親綱・庶家宗親と共に佐多の領主としてみえ、佐多氏庶家の一つであることは明らかである。「祢寝文書」によれば親房―親弘（浄意）―親明《又三郎》―親篤《又四郎》となり、表5の伊佐敷大掾はこれらの中であろう。親弘の時、祢寝郡司清治と海人所漁の魚類奪取の件につき係争があった[17]。また正和元年、親明は惣領親治と所領相論をしている[18]。

13栗野大進大夫（栗野郡司）(20)　表4に66郡司貞高、栗野院米永、67御家人大新大夫入道西善、栗野院恒次・重武・恒山とある。表5の栗野大進大夫はこの入道西善であろう。しかし表4にしたがえば郡司ではなく、郡司貞高は非御家人である。表5はA・B・Fの中、Aのみ大進大夫とあり、B・Fは郡司とあるが、A・Bは同一人であろう。

また表6に2A栗野郡司がある。恐らく宮方御家人たる栗野氏は一旦郡司職を離れたが、建治二年以降再び郡司職を復したのであろう。

14修理所(18)　修理所検校酒井為宗の後であろう。表4に11御家人修理所検校丸、桑西郷石水寺・石上、加治木郷本名用丸とある。鎌倉時代後期における数少ない宮方御家人の一といえよう。

15加治木郡司(5)　大蔵姓、吉平（親平）の後であろう。「来由記」によれば親平—恒平—実平—用平—氏平《又六》—貞平《彦六》—政平《彦次郎》とつづく。表5の加治木郡司は氏平乃至政平が該当する。表4の34に御家人郡司氏平とある。

16上木田大掾(5)

17下木田大掾（三郎）(5)　共に加治木郷内の地名を負う。加治木氏庶流。表4に35御家人木田三郎探(掾カ)通平あり、表5の下木田三郎は或いはこの後か。

18小河郡司(4)　表6に10A小河郡司入道とある。酒井宗房(方)の後であろう。

19東郷郡司(8)　大中臣姓、時房の後であろう。弘安八年の建部定親所領注文に桑東郷武安名六丁内、一丁四反御家人東郷郡司義通知行とあり、その父は篤通とある。[19] 義通の後は義秀と思われ、嘉元三年、祢寝郡司と庶家伊佐敷氏との相論に際し、酒大夫入道円也と共に実否尋問を命ぜられている。[20] 表5の東郷郡司はこの義通乃至義秀であろう。

20羽坂藤七大夫(8)　不詳、但し表5の記載順からみて東郷氏庶流と推測される。

21切手また次郎　不詳、同じく表5の記載順からみて東郷氏庶流か。しかも建長三年に惣切手大中臣篤通の名がみえ、[21] この篤通は東郷氏の条に述べた如く、義通の父に当たると思われるからこの推測はほぼ妥当すると思われる。切手は在庁官の一つであろう。

22姫木弥四郎(8)　「来由記」には21姫木十郎をあげ貞久の頃の人、大中臣姓とある。しかし「諸家大概」は藤姓とし、重久氏と共に税所氏の一族としている。(22)姫木はその地名を負ったものであろう。表4には25御家人神主惣大宮司姫木大夫篤季とある。(23)これは文永八年・九年の「調所文書」に当国守護所具官調所得分及屋敷一所の押領を訴えている大隅国御家人姫木藤七大夫篤季とあるのと同一人であり、(24)同じく正嘉元年守護所調所職について訴えている姫木五郎義用はその父であろうか。(25)また弘安八年の佐多定親所領注文に桑東郷武安名六丁内、三反知行の御家人姫木大夫入道道西は前記篤季であろう。(26)そして正和元年祢寝郡司清治の所領につき守護より請文注進を命ぜられている姫木大夫入道舜西はその後であろう。(27)年代的にみて表5の姫木弥四郎はこの人に当たると思われる。

23木房大掾(13)　紀新大夫良房の後であろう。元亨三年の佐多信親の本物返田地沽却状に先年の比、桑東郷武安名内四反を木房次郎に沽却せりとある木房次郎は或いは同人か。(28)

24田所小大夫(2)　表4に4御家人田所宗久がある。また、嘉暦元年に桑西郷中津河上津守神田本主として田所殿の名がみえる。(29)

25弟子丸(2)　「図田帳」によれば6田所建部宗房所知、曽野郡弟子丸、小河院廻村弟子丸とあり、「諸家大概」もいう如く弟子丸氏の名はここに起こるのであろう。表5Fの記載順が田所小大夫の次である点、田所氏庶流であることを示しているものと思われる。

26牧山大掾(28)　前掲得丸系図によれば始良末枝名領知の権大掾高朝の子に高秀、高良、義清、高季あり、その中、高良は牧山三郎、義清は牧山七郎を称している。恐らく牧山は末枝名内の地名で、(30)これを負ったものであろう。表6に4A始良牧山とあるが、3A始良得丸、5A始良末次とある記載順からも、始良牧山は始良末枝に該当することは明らかであろう。かくみるとき牧山大掾は姶良氏の中、御家人を称した末枝氏、表4の72諸二郎掾高友ないしその後であろう。

27国修行(7)　国修行（執）とあるから御家人交名国方執行部清俊の跡を襲った味智氏であろう。味智氏は俊光の曽孫が行俊でその後が俊恵である。[31] 表5の国修行は行俊乃至《ないし》俊恵と思われる。

以上表5は27までであるが、表4と対照して表4にあって表5にない三人の御家人名を以下28―30の番号を付して補足する。

28諸太郎末房(14)　表4に19御家人諸太郎末房、桑西郷溝辺六反、20綾大夫宗助、同在河七反とある。図田帳には酒井末能所知として桑西郷溝部在河二丁とある。末の通字からみて酒井末能の後と思われる。綾大夫宗助は表6に2B在河綾大夫とある人で、同じく3C諸太郎は末房のことであろう。溝辺の地名を負うて溝辺を称し、「来由記」には島津貞久の頃の人として17溝辺孫太郎をあげている。また南北朝時代（文和二年）反島津党として溝辺孫太郎一族がある、表5守護狩の催促人としてD酒大夫季親（加治木郷御家人に催促）、E・G沙弥円也（曽野郡御家人に催促）がある。沙弥円也は嘉元三年祢寝郡司清治と伊佐敷親弘の相論に実否尋問を命ぜられ[32]、延慶三年調所書生職幷主神司職等につき藤原三午丸に非分競望を訴えられ[33]、元徳三年建部清武の申状に島津庄曽小河村押領の張本として非難されている当国御家人酒大夫入道円也とみえる人で[34]、年代的にみて酒大夫季親と同一人であろう。守護狩の催促人としてみえ、表5の人馬負担者の中にはみえないが、このことは当時守護所の重要ポストにあったことを示すものであろう。なお表4に16西郷郡司則継があり、これは「図田帳」に16郡司則貞、桑西郷公田所知とあるものの後と思われるが、これと前記酒井氏との関係は不明である。しかしこれによると桑西郷郡司は本来非御家人であったと思われる。

29別府二郎長光(5)　表４に36御家人別府二郎長光、加治木郷永富とある。加治木郷別府の名を負ったものであろう。文保三年、薩摩国御家人比志島孫太郎と同郷下木田村内田地以下事について相論している別府彦三郎光実はその後であろう。[35]光実はまた、元亨三年鎮西探題より蒲生宗清と比志島忠範との相論につき実否の尋問を命ぜられている。[36]そして、翌正中元年冬には所謂正中の変により博多に赴いたことを「島津国史」はあげているが、それには加治木別族としている。

30吉原又次郎俊平(5)　表４に37御家人又二郎俊平をあげ加治木郷吉原とある。同じくその名を負ったものであろう。平の通字からみても加治木氏族としてよいであろう。正応四年、薩摩国満家院内比志島西俣以下村々の事につき比志島時範と相論している。[37]加治木氏族は大蔵姓で比志島・郡山等薩摩国満家院の領主御家人と同族であり、所領を満家院内に相伝したものも少なくなかったようである。以上別府・吉原の二氏が表５にみえないのは、守護狩人馬役については惣領加治木氏の中に含まれたものか、また同じく加治木氏庶家とみられる木田氏等との関係は如何か、共に不詳である。

註

（1）「祢寝文書」二六八号　建仁三年一〇月三日　大隅国留守所下文、同二八一号　建永二年五月二四日　同。
（2）同二八二号　承元五年四月　大隅国留守所下文、同九号　建保五年一一月　同。
（3）「島津家文書」一―一七三号　嘉元元年一二月二三日　大隅守護北条時直施行状案、同五一七号　元亨三年九月一二日　前参河守某裁許状。
（4）「祢寝文書」四一号　元応二年五月二五日　鎮西探題施行状、同四二号　元応二年一〇月六日　同。

(5)『旧記雑録前編』一―三八二号　文暦二年一月一九日　仮名重久田地売券。
(6)同一―一六四七号　元弘三年七月　重久篤兼着到状。
(7)「祢寝文書」七三八号「池端文書」建武三年一月一一日　契状。尚、水上一久氏は祢寝氏について前掲論文の他、「南北朝内乱に関する歴史的考察―特に薩摩・大隅地方について―」(『中世の荘園と社会』吉川弘文館、一九六九年)においてもふれておられ、この契状について鎌倉期の嫡庶の団結とは異なる一種の相互扶助的な契約的結合を示すものと述べておられる(二八九頁)。なお清綱以後の祢寝氏の系図を略述すると次の如くである。□は契状にみえる六家。

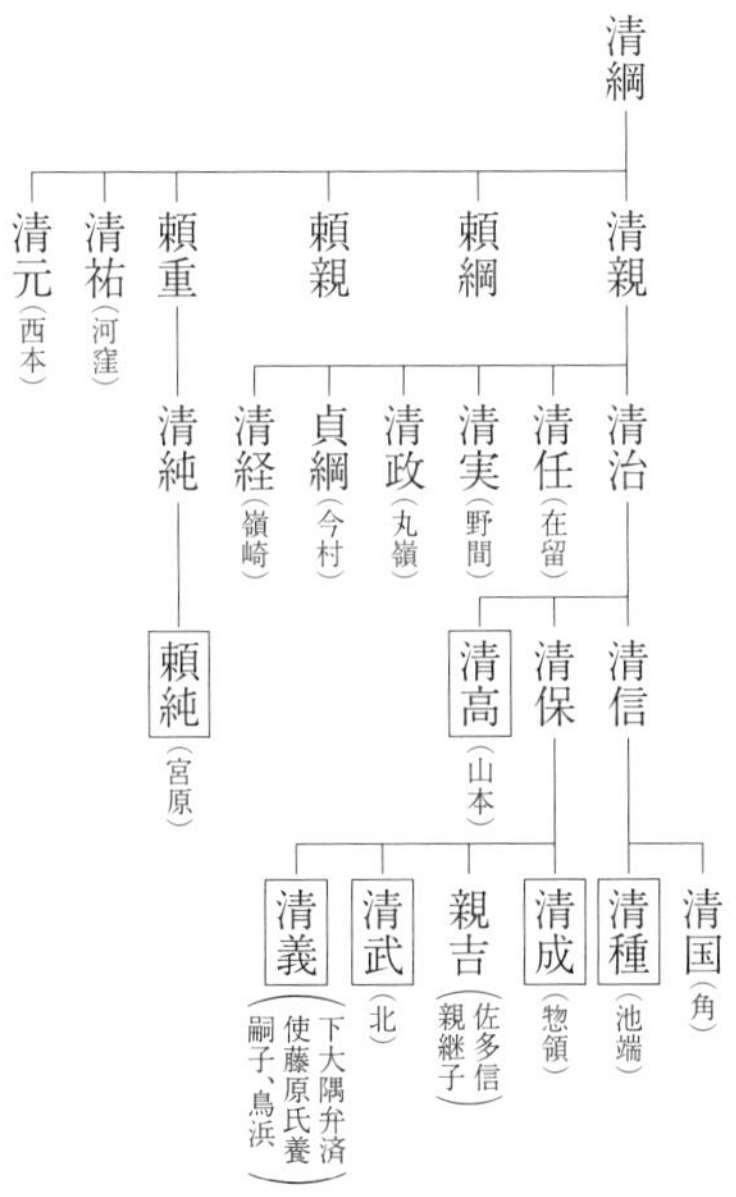

(8)「祢寝文書」五一一号　弘安四年六月二日　関東下知状
(9)同五一二号　弘安六年一〇月二一日　大隅守護千葉宗胤覆勘状（佐多弥九郎宛）六月一日より八月晦日まで九〇日の内、石玉分

を除き五分の三の五四日勤仕である。同五一九号　弘安九年八月晦日　同。
(10) 同五一四号　弘安六年一一月一八日　大隅守護千葉宗胤裁許下知状。
(11) 同五六一号　文保二年一一月　大隅国御家人佐多掾親治代建部親純申状案。
(12) 同五三三号　正和四年一〇月一〇日　建部信親避状、同五三四号　同五年閏一〇月五日　同沽却状。
(13) 同五四八号　正和五年一一月一二日　建部信親譲状。
(14) 助の通字からみて或いは保安―久安にかけてみえ、建部清重の曽祖父頼重に所領を譲渡したその甥権大掾親助の後かとも思うが確証はない。なお小園公雄「大隅国御家人田代氏の系譜と所領」（『南九州の中世社会』海鳥社、一九九八年）に詳しい。
(15) 「祢寝文書」五八三号　元亨二年一一月一一日　鎮西探題裁許状。
(16) 同五八四号　元徳二年四月二三日　建部助清和与状、同二年五月二八日　同避状。
(17) 同三六号　嘉元三年一二月三日　大隅守護北条時直裁許状。
(18) 同五六〇号　正和元年一二月二七日　鎮西探題裁許状。
(19) 同五四二・五四六号　弘安八年一〇月　建部定親所領注文案。
(20) 同三六号　嘉元三年一二月三日　大隅守護北条時直裁許状。
(21) 『旧記雑録前編』一―四八九号　建長三年二月　調所恒久申状。
(22) 大中臣姓とすれば東郷氏一族と思われるが、大中臣といい藤原といい本来同姓でもあり、その何れでも同族の関係にあったといえよう。しかしここでは表5の記載順等からみて一応大中臣姓、東郷氏一族としておく。
(23) 惣大宮司とは前記大隅国惣社守公神についてであろう。同じく小大宮司は調所氏である。調所氏は藤姓、主神司職をも世襲した在庁官人の一つである（非御家人）。
(24) 『旧記雑録前編』一―七三一号　文永八年一二月一九日　左衛門尉書下案、同一―七三四号　文永九年二月一三日　大隅守護代施行状。
(25) 同一―五六七号　正嘉元年一一月一三日　藤内入道施行状案。

(26)「袮寝文書」五四二・五四六号　弘安八年一〇月　建部定親所領注文案。
(27)同四三三号　正和元年八月二二日　静玄・実静連署書下案。
(28)同五四七号　元亨三年三月一八日　建部信親本物返田地沽却状。
(29)『旧記雑録前編』一―一四七一号　嘉暦元年八月一五日　守護所免状。
(30)「始良村誌」所収天保十一年の名勝誌には近世徳丸、末次、牧山等の地名の存在せることを記している。
(31)「祢寝文書」三七号　延慶二年一〇月二二日　鎮西探題裁許状、同四六号　正慶元年一二月二五日　同。
(32)同三六号　嘉元三年一二月三日　大隅守護北条時直裁許状。
(33)『旧記雑録前編』一―一一三九号　延慶三年一二月二三日　国宣。
(34)「祢寝文書」八二三号　元徳三年六月　建部清武申状。
(35)『旧記雑録前編』一―一二五一号　文保三年三月一二日　鎮西御教書。
(36)同一―一三八〇号　元亨三年一一月二五日　鎮西下知状。
(37)同一―九三九号　正応四年五月二七日　鎮西奉行書下、同一―九四〇号　同四年六月四日　島津忠宗書下。

(Ⅲ) 庄方の御家人及び非御家人

以上(Ⅰ)・(Ⅱ)において鎌倉時代初期より後期に至る御家人について概観したわけであるが、次に庄方ともいうべき島津庄内の領主御家人についてみなければならない。即ち表1、建久九年の御家人交名は国方、宮方とのみあって庄方とはない。さらにその一々を検討しても、島津庄内に所領を有する御家人は見当たらない。「図田帳」も島津庄の領主名について僅かに20三郎房相印をあげるのみである。またこの時代後期の御家人名を記している表4・表5にも僅か一例を除いて(島津庄曽野永利・用松　名主諸二郎兵衛尉重祐)他に島津庄の領主と思われるものは見当らない。この事実は単に記録を欠いているというのではなく、恐らく大隅国の場合島津庄内の在地領主は若干の例外を除いて非御家人であったことを示すものであろう。以下これについて地域別に氏名をあげ検討してみよう。

〔菱刈郡〕

菱刈重妙　「図田帳」に20三郎房相印、島津庄菱刈郡郡本「賜大将殿御下文、三郎房相印知行之」とある。「来由記」に6菱刈三郎坊相印重妙とあり藤原頼長の曾孫、建久四年菱刈郡を与えられ翌五年下向、子孫相伝したとある。しかし「祢寝文書」等当時の史料によれば「来由記」の系譜はそのまま認めがたい[1]。同文書によれば、平家の時代既に重妙は兄高平と共に祢寝院南俣の領知権をめぐって建部清房（清重父）・親清（親高父）らと争っていた。高平が清房の妹を妻にしていたことから祢寝院内のその所領を足がかりに一院を惣領せんとしたというのである[2]。恰も源平交替期に際会し清房が平家方に加担したことから祢寝院も菱刈氏の領知が認められ、「図田帳」に祢寝院南俣郡本、「賜大将殿御下文、菱刈六郎重俊知行之」とあることは前にみた如くである。この重俊は年代的にみて重妙の子重信（重延）と思われ、兄重弘についで同院を知行したのであろう[3]。しかし所領の回復につとめた清重が重信の死後、建仁三年関東下文を得て同院郡司地頭職に補任され、逆に重信の子重能がその後久しく郡司建部氏と地頭職につき相論をつづけたことも前に記した如くである。

重能は曾木太郎、菱刈郡曽木の地名を負う。この後が菱刈氏庶家曽木氏であろう。曽木氏は重能の後重茂―光茂《五郎》―宗茂《五郎太郎》―重宗《孫五郎》とつづくが[4]、宗茂の時所領をめぐる二つの係争があった。一は菱刈郡久富名内田畠屋敷并築地村及桑田代村に関するもので光茂嫡女姫若の夫薩摩国御家人莫禰勤行と争い、嘉元三年鎮西探題は宗茂代重宗の訴訟を終えず帰国せるにより敗訴とした[5]。一は祢寝郡司清治との祢寝院南俣内山本光松両名に関するもので、先に宝治元年法華堂前合戦において軍功により重代本領祢寝院南俣を望んだ所が当時欠所がなかったため果たさず、たまたま両名が欠所となったので競望に及んだが延慶二年鎮西探題は祢寝郡司清治の申立を理としてその領掌を認め、宗茂の訴訟を却けている。(6)

菱刈嫡流は菱刈系図によれば重妙の後、重実—宗重—隆平—重信—篤重（篤隆）と相伝した如く篤重は南北朝時代（文和二年）島津方の一たる菱刈平良彦太郎一族とあるのに当たるのであろう。他に同重富藤平跡輩とあるのは重留の地名を負える庶家であろう。この他菱刈庶家には入山、馬越等がある。

〔肝属郡〕

「来由記」に1肝付河内守兼経あり、伴姓、大隅の雄族、島津庄開発の平季基女婿伴兼貞の子孫、一族は日向・大隅に繁衍、島津庄弁済使職を世襲。非御家人である。兼経の父兼俊を肝付氏の祖とし、兼経—兼益—兼員—兼石—兼藤—兼尚と相伝（兼石以降は肝属郡西方弁済使職）、兼石以降正応頃より惣地頭名越氏代官による所職名田押領につき係争をつづけ、その間兼藤は地頭代のため殺害されている。兼尚の弟が兼重で、兼尚の子兼隆の後見人として一族を惣領し、南北朝時代初期反島津党、南朝方の雄として活躍したことは周知の事実である。(7)

なお兼員に兼石の他数子あり、中兼基（兼光）は郡内岸良村弁済使職を譲られ、これを兼村—兼義と相伝した。また兼弘（広）は野崎を号し、肝属郡東方弁済使職を譲られたが、のち元応二年、始良庄弁済使に岸良村弁済使兼村（阿性）与力人として非法を訴えられている肝付東方弁済使野崎宮内左衛門尉兼賢はその後であろう。(8)

〔鹿屋院〕

建暦元年伴兼広が鹿屋院弁済使職に補任されているが、兼広は前掲伴兼俊の弟兼任の孫に当たるという。伴姓、肝付氏族、兼広─兼賢─兼世─実兼（兼世兄）と相伝している。[9]非御家人。「来由記」に久経時代、14津野四郎兵衛尉鹿野屋城主とあるが、恐らく建武元年の島津庄日向方南郷濫妨狼籍人交名中、津野四郎兵衛入道父子五人とあるのがこれであろう。[10]津野氏は島津氏伊作氏族久経二男久長の子二郎三郎に始まる。鹿屋院の地頭職としての津野氏の存在はこれより遡る。鎌倉時代末期に存在。

〔串良院〕

「来由記」に13北原又太郎延兼あり、伴姓、肝付一族とある。肝付系図によれば兼俊の子兼幸を北原祖とし、その子を又太郎兼延とする。延兼は兼延であろう。延兼の名は数代の後にみえる。[12]

〔姶良庄〕

「来由記」に9祢寝小太郎義明をあげ大姶良城主、藤姓また富山を称す、日向飫肥南郷郡司とある。「管窺愚考附録」所引富山氏系図によれば、日向中郷弁済使宗義─義兼─義光（号祢寝）─義明（祢寝小大夫法名仏念）とある。「吾妻鏡」文治元年七月二二日条に「日向国住人富山二郎大夫義良以下鎮西輩之可為御家人分者、他人不可令煩之旨、今日所被成遣数通御下文也」とある。義良は同系図によれば義光の兄に当たる。また安元二年、（小河院百引村）弁済使に補せられている勾当僧安兼は同じく義光の弟に当たる。その当否は別として古来、日向・大隅に繁衍せる雄族である。「諸家大概」に日向の富山氏を源姓とし、大隅の富山氏を藤姓としているが、「其初は一姓にて可在之を中古より両姓の様に仕なし候かと存候」とある。蓋し従うべきであろう。島津庄諸所の弁済使職を世襲したと思われ、[13]「来由記」によれば義明の子孫は三家に分かれ、一は大姶良弁済使、二は横山弁済使、横山氏祖、三は志々目祖とするとあるが、他に浜田・神川・鳥浜村の弁済使も同様である。大隅富山氏はすべて非御家人である。

〔横川院〕

「来由記」に5横川藤内兵衛尉時信、承久の比、横川城主、平姓、種子島氏同族、清盛曽孫肥後守信基三男藤内左衛門尉信行子息とある。しかし藤内左衛門尉信行は正応年間の史料にみえる惣地頭代左衛門尉信行と思われ、この信行はまた早く文暦、仁治年間守護北条氏（名越）代官としてみえる肥後左衛門尉（入道）の後であろう。肥後氏、藤姓。[14] 大隅方島津庄の惣地頭職は比企氏の乱により大隅守護職が島津氏より北条（名越）氏に移ると共に同じく同氏に移ったと思われ、その後守護職は千葉氏、北条氏（他の一門）に移ったが、[15] 惣地頭職については肝付郡の如くそのまま名越氏の有したものもあったのである。恐らく肥後氏は北条（名越）氏の守護代兼惣地頭代として所職を相伝し、その一族は多禰島、横川院等に分かれて繁衍したのではあるまいか。島津庄深川、財部院についても同様のことがみられるようである。

〔多禰島〕

「来由記」に19四郎左衛門尉信式をあげる。平姓、横川氏と同祖清盛曽孫信基の子とし、北条時政の執奏により種子島を領するに至るとある。これは肥後氏の北条氏との深い関係を示すものであろう。多禰島は島津庄の中でその地頭職は建仁三年以降島津氏より北条氏の手に移ったと思われるから、守護代兼惣地頭代肥後氏が之を管領し、島主化するに至ったのであろう。[16] 後に建武四年祢寝清武の申状に肥後兵衛次郎入道浄心が佐多氏の所領多禰島見和村を押領したとあるのもこの関係を示すものではなかろうか。[17] 見和村については「池端文書」承久三年一二月の大隅国守護所下文に御家人見和平次有光安堵のことがみえるが、これは多禰島内見和村の名主であろうがその系譜を知らない。見和村名主職はその後、佐多氏相伝し、鎌倉時代末期には佐多親政の知行するところであったが、前記肥後兵衛次郎入道浄心に押領され、建武四年に至り養子祢寝清種（池端氏）は軍忠によってその半分を復している。[18] 肥後兵衛次郎入道浄心は前記建武元年の島津庄日向方濫妨人交名にみえ、名越高家家人とある。[19]

〔筒羽野〕

後に吉松郷の地、『薩隅日地理纂考』に愛甲小次郎賢雄をあげ、建久年中島津忠久に従い鎌倉より下向、当郷川添村に熊野社を迎祭、神官となるという。「祢寝文書」嘉禄元年祢寝院南俣地頭職安堵に関する守護代書状の宛名に愛甲八郎とあり、[20] 或いは守護被官かと思われる。しかし前者との関係は詳らかにしない。

〔下大隅郡〕

弘安八年建部定親所領注文に下大隅南方弁済使非御家人島津庄方左近入道舜念[21]（「坂口文書」佐多系図によれば、佐多親高の五女は仝人ノ妻とある）、嘉暦三年沙弥道勝書下案で下大隅北方地頭代原田新左衛門尉重義がみえ、[22] 元亨三年藤原時義（横山）は下大隅南方内野里村の弁済使職を祢寝清保子息清義を養子として譲渡している。[23]

註

（1）同様に玉里文庫本「古文書写」所収菱刈氏系図も疑わしい点が多い。
（2）『鹿児島県史料　家わけ二付録　月報12』所収　年未詳　建部清忠解状断簡。
（3）「祢寝文書」六四五号　文治三年一一月　大隅国正八幡宮神官等解。
（4）「来由記」に16曽木彦太郎忠茂をあげ、貞久時代の曽木城主とするが、これは宗茂のことではあるまいか。
（5）『鹿児島県史料　家わけ七』「曽木文書」三五〇号　嘉元三年九月二六日　鎮西下知状。
（6）「祢寝文書」三八号　延慶二年一二月二二日　鎮西下知状。

（7）肝付氏については『鹿児島県史』一、三六七頁以下、水上一久前掲論文「南北朝内乱に関する歴史的考察」三〇一頁以下に詳しい。
（8）『旧記雑録前編』一―一二七八号　元応二年一〇月二二日　散位清保書下、同一―一二八七号　元亨元年七月　姶良庄弁済使道智房永信子息永俊等重申状。
（9）『鹿児島県史』一、三七三頁。なお県史は実兼、実包を別人の如く扱っているが同一人であろう。
（10）『旧記雑録前編』一―一七〇一号　建武元年七月　島津庄地頭代道喜濫妨人注文。
（11）「島津家文書」五〇号　建武二年一〇月七日　太政官符。
（12）『鹿屋郷土誌』所収肝付氏系図（肝属兼亮氏蔵）。
（13）「祢寝文書」八二三号　元徳三年六月　建部清武申状案。島津御庄大隅方曽小河村弁済使職事として本主島津御庄々官富山七郎大夫義任以来の次第相伝証文云々とあるのはその一例である。
（14）『旧記雑録前編』一―九〇三号　正応元年七月二九日　少弐資能書下。すでにこれについては伊地知氏が同所において「道鑒乃使左衛門尉信行」の註として「肥後氏古系図肥後守信基三男藤内左衛門信行疑即此人」と記している。また「諸家大概」には「平姓肥後氏は種子島氏庶流にて候（中略）嫡家は種子島を名乗二男は肥後と名乗らせ申候と存候」とある。
（15）大隅守護職の推移については、佐藤進一『増訂　鎌倉幕府守護制度の研究』二三三頁以下に詳細な考証がある。
（16）「来由記」に肥後氏以前の多禰島代官として上妻氏をあげるが、「筑後将士軍談」所収上妻系譜（『大日本史料』四―一、三五四頁）によれば家直の子、家宗の弟家真を種子島上妻氏の祖とし、「建仁中在鎌倉、奉命為種島代官、在島年久、後藤原信基為領主、故以将帰、島民強請止、家真許之、遂為信基臣留島、賜采地五十町」と記している。なお種子島家譜の記すところは「来由記」のそれと同じである。
（17）『旧記雑録前編』一―一九四五号　建武四年六月　祢寝清武申状。
（18）同一―一九四七号　建武四年八月一日　畠山直顕書下。
（19）また『鹿児島県史』一、四〇三頁以下によれば「小鹿島文書」年不詳（正応以前）「橘薩摩一族恩賞地大隅国種島配分状」をひき、配分の村一五村、八一人をあげているが、これらの村名は本領肥前国長嶋庄内の村名であって多禰島の村名ではない。

(20)「祢寝文書」一七号（嘉禄元年）八月二七日　北条朝時書状。
(21)同五四二号　弘安八年一〇月　建部定親所領注文案。
(22)同五七二号　嘉暦三年一一月一五日　沙弥道勝書下案。
(23)同五六四号　元亨三年四月二一日　藤原時義譲状。

三、御家人数の推移

以上の考察により鎌倉時代初期の御家人として国方一四、宮方一九、庄方二、計三五を確認し、同じく後期の御家人として国方と思われるもの二七、宮方と思われるもの三、庄方二、計三二を確認した。これを先の系譜、居処の考証と併せ表記し（表７）、さらに右につき所見若干を要約すると次の如くになる。

一、鎌倉時代初期の御家人数と後期の御家人数とでは、総数の上では増加はみられずかえって若干減少している（殆んど変わりがない）。

二、しかし、その内訳についてみれば国方御家人数は著しく増え、宮方御家人数は逆に著しく減少している。

三、さらに前者については税所、加治木、祢寝（佐多）等有力な豪族について特に著しい増加をみている。これは御家人数の増加が殆んど有力豪族における庶家の分出独立によることを示している。(1)

表7　御家人数の推移

番号	初期の御家人	姓	郡・院・郷	後期の御家人	その数
国方1	税所	藤	曽野	1税所　2惣検校　5重久　6・7向笠	5
2	田所	建部	〃	24田所　25弟子丸	2
3	曽野郡司	藤	〃	3曽郡司	1
4	小河郡司	酒井	小河	18小河郡司	1
5	加治木郡司	大蔵	加治木	15加治木郡司　16上木田　17下木田　29別府　30吉原	5
6	帖佐郡司		帖佐		0
7	執行	建部	小河	27国修行	1
8	東郷郡司	大中臣	桑東	19東郷郡司　20羽坂　21功手　22姫木	4
9	河俣	藤	曽野	4河俣	1
10	佐多	建部	祢寝	9・10佐多	2
11	弥三郎大夫	〃	〃 曽野	12伊佐敷	1
12	祢寝郡司	〃	祢寝	8祢寝郡司　11田代	2
13	木房	紀	桑東	23木房	1
14	西郷	酒井	桑西	28溝辺	1
計	14				27
宮方1	政所	源・大蔵	帖佐		0
2	長大夫	息長	吉田	△	0
3	源大夫	源	桑西		0
4	修理所	酒井	加治木	14修理所	1
5	権政所	息長	帖佐 吉田	△	0
6	栗野郡司		栗野	13栗野郡司	1
7	脇本	藤	蒲生	△	0
8	太郎大夫	〃	〃	△	0
9	六郎大夫				0
10	弥太郎大夫	藤	蒲生	△	0
11	執行大夫	息長	桑東	△	0
12	嶋四郎				0
13	始良平大夫	平	始良	△	0
14	小平太	〃	〃	26牧田大掾	1
15	新大夫	〃	〃	△	0
16	弥次郎貫首				0
17	肥後房	平	帖佐		0
18	敷根		小河		0
19	三郎大夫	息長	栗野	△	0
計	19				3
庄方1	菱刈	藤	菱刈		1
2	曽木	〃	〃		1
計	2				2
合計	35				32

△は後期にその後と思われるものが非御家人としてみえるもの

四、宮方御家人の異常な減少は、吉田・蒲生等神官御家人の非御家人化によるものであろう。これは大隅正八幡宮の特殊な地位に基づくものと推測される。(2)
五、庄方御家人は菱刈郡のみであるが、その他肝付・岸良弁済使等諸豪族は当初より非御家人であった。これは島津庄の開発と淵源を一にする古い伝統を有する庄官なるが故に、かえって御家人たりえなかったのではあるまいか。(3)ここには惣地頭（島津氏の後、北条氏）の代官があってこれら庄官諸豪族と対抗していた。
六、以上により大隅御家人の主力は国方御家人であり、在庁、郡司その一族が、就中在庁官人が御家人の主体であった。在庁御家人(4)なる称呼の行われた所以である。

以上、きわめて大まかな大隅国御家人の素描をその数の推移に中心をおいて描いたのであるが、なお見落とした史料や、史料の真意を誤解して用いている点も少なくないと思われる。大隅国御家人の本格的研究は勿論今後の課題であるから、さらに検討をつづけ逐次正確を期したいと思っている。なお引用史料は刊行史料の他、若干は原史料より、大部分は鹿児島県立図書館、鹿児島大学附属図書館玉里文庫写本によった。

註

（1）御家人数を問題にする場合、庶家をすべて御家人と数える訳ではない。各別の下文を与えられるか、また賦課配分に表立ってあらわれるかで、交名に記載された場合がこれに当たるであろう。大隅御家人の場合、関東下文を有する御家人は祢寝・佐多・菱刈のみが明らかで、その他税所も関東下文を有したと推測され、加治木・吉田等はその旨系譜に記されている。これらは、何れも有力豪族であるが、その他は不明で恐らく大部分は関東下文をもたなかったのであろう。なお御家人間の負担配分についてみると、前出表５によれば個々のＢ・Ｃ・Ｆ間の比率は大体Ｂ１としてＣ８～10、Ｆ２であるが、勿論欠けるものもあって整一ではない。

しかしこれを税所（1～7）、祢寝（8～12）、加治木（15～17）、東郷（19～22）の各ブロック毎にみると次の如くであり、B・C・F間の比率はB1としてC8強、F2強となる。このことは負担の配分がブロック毎（地域的、血縁的）に宛てられていることを示すのに他ならない。

各群番号	B	C	F
1—7	30	260	66
8—12	25		52
15—17	20		40
19—22	16	130	35

（2）正八幡宮の特殊な地位については、1．朝廷及び幕府の尊崇が篤かったこと（たとえば『旧記雑録前編』一―八四九号　弘安七・二・二八　関東御教書、豊前国上毛郡勤原村地頭職寄進）、2．その所領がきわめて多く一国の約半分にも及んでいたこと、3．本家石清水八幡宮との関係が密接であったこと、4．その修造役は庄国を問わず賦課され、隣国薩摩にも宛てられていたこと等により示されるが（たとえば『旧記雑録前編』一―一一九八号　正和六年四月二五日　沙弥了恵請文。またこれに関連し次の史料も注意すべきであろう。「島津家文書」二二二号　正応六年二月七日　関東御教書「島津本庄の造営役免除に関し所司神人等神輿を動かさんとす、幕府薩摩国守護地頭御家人に抑留を命ず」、『旧記雑録前編』一―一四六五・一四六六号　正中三年三月八日　鎮西御教書（薩隅日三国守護代宛）「流刑人のことにつき地頭御家人をして正八幡宮社頭を警固せしむ」）、また5．正八幡宮領において早く惣地頭職の停止されたこともこの関係を物語るものであろう。惣地頭職の停止は宮側が造宮の功のなりがたいことを幕府に訴えた結果であるが（前掲「吾妻鏡」元久元年一〇月一七日条）、この年の三月溝部村進止に関する酒井道吉と修理所検校為宗の相論について正八幡宮政所下文は為宗が守護所の威をかりて寺家下文を用いず甚だ不当なりとし、尚下知に背くならば神人の職を召放つべしと記している（前掲『旧記雑録前編』一―二一一号　建仁四年三月　大隅正八幡宮政所下文）。

この為宗の宮方御家人なることは前に述べた。正八幡宮領知行の御家人は一方で宮の神人であり、これは国方御家人祢寝氏の場合も同様である。祢寝氏は郡司地頭御家人であると共に名頭神人でもあった訳である（「祢寝文書」二七二号　年不詳二月三〇日　北条泰時書状）。明確ではないが、かかる事情が宮方御家人の非御家人化を暗示しているように思われる。即ち臆測を逞しくすれば鎌倉時代初期、幕府のとった諸国御家人把握に関する積極政策、及びそれに対する在国豪族の呼応が源平交替期に動乱のあった大隅ではかなり顕著にみられ、正八幡宮神官等も一旦御家人列に加わったものと思われる。しかし間もなくその反動として寺社領御家人の脱落がみられ、交名注進のみで御家人たりえた程の幕府との結びつきの弱い西国御家人にあってはこのようなことも可能であったと思われる。そして大隅の場合、その時期はおそらくも前記元久元年の頃でかなり早かったのではあるまいか。「諸家大概」に「宮内社家に所持申候文書に蒲生吉田両院は一向神領也、非御家人之上本所恩給之由如何等有之候、神官之事将軍家御家人並に罷成候事残念に存申候と見得申候」とあるのは、或いはこの神官御家人の非御家人化の史料たりうるものかも知れない。

（3）肝付・富山氏等はその代表的な例であろう。ただ菱刈氏が御家人交名や、御家人役の配符にみえないのは地域的な理由によるか、故意に庄方を除外したものかはっきりしない。

（4）『旧記雑録前編』一―一二一四号　文保元年九月　大隅台明寺雑掌長慶重申状案に「守護御代官安東四郎左衛門尉景綱代惟村以下在庁御家人等狼籍」とある。在庁御家人称呼の意義については、『鹿児島県史』一、三六四頁。なお在庁御家人即ち国方御家人は殆んど前代以来の旧族である。たとえば目酒井・大中臣、権大椽建部・紀・檜前（『姓氏家系大辞典』によれば税所は藤姓を称するも実は檜前ならんという）・藤原等が前代の在庁官人連署にみえる（『鹿児島県史』一、二二三八頁）。

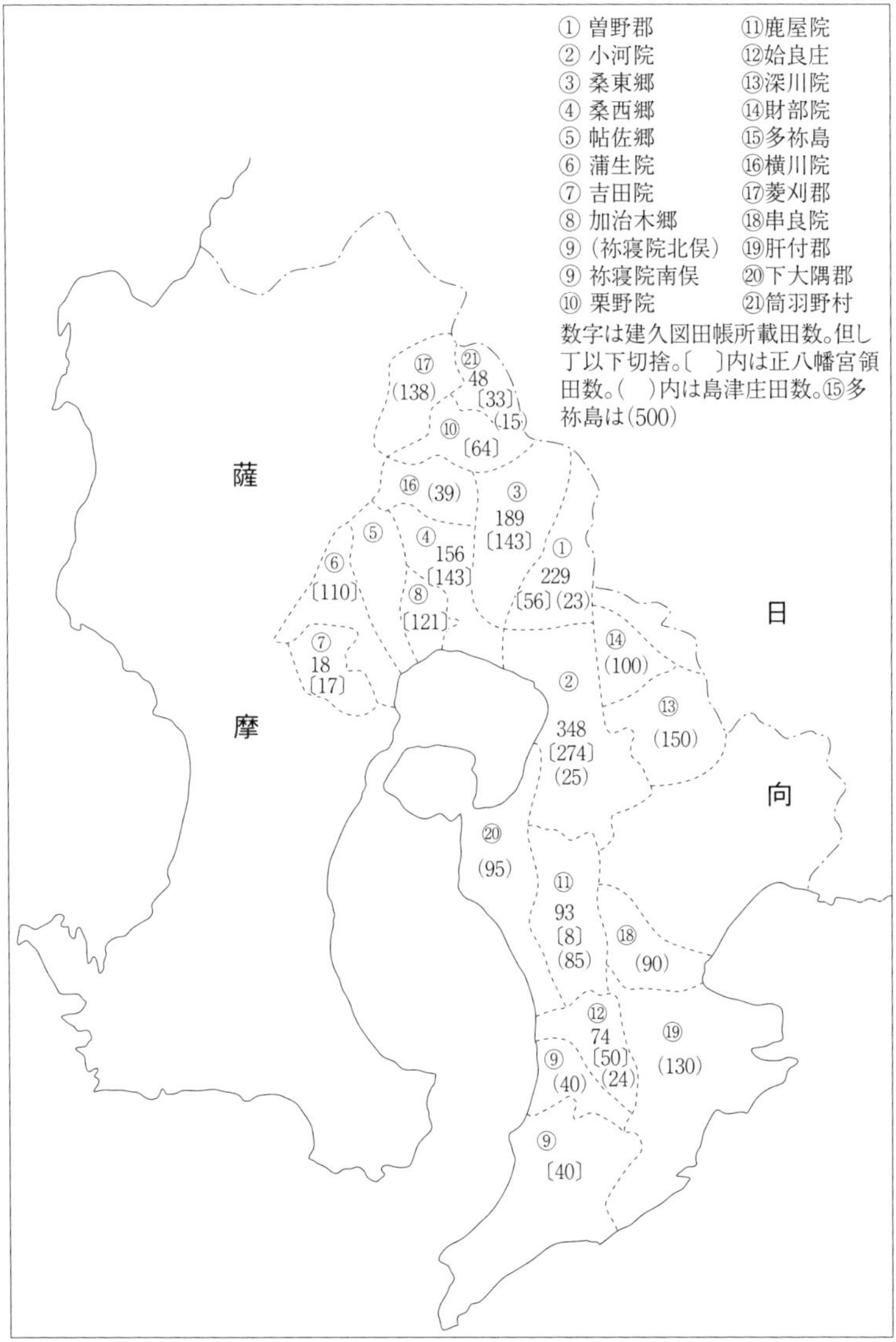
①曽野郡
②小河院
③桑東郷
④桑西郷
⑤帖佐郷
⑥蒲生院
⑦吉田院
⑧加治木郷
⑨（祢寝院北俣）
⑨祢寝院南俣
⑩栗野院
⑪鹿屋院
⑫始良庄
⑬深川院
⑭財部院
⑮多祢島
⑯横川院
⑰菱刈郡
⑱串良院
⑲肝付郡
⑳下大隅郡
㉑筒羽野村
数字は建久図田帳所載田数。但し丁以下切捨。〔　〕内は正八幡宮領田数。(　)内は島津庄田数。⑮多祢島は(500)
薩
摩
日
向
⑰ (138)
㉑ 48 〔33〕 (15)
⑩ 〔64〕
⑯ (39)
③ 189 〔143〕
⑤
④ 156 〔143〕
① 229 〔56〕(23)
⑥ 〔110〕
⑧ 〔121〕
⑦ 18 〔17〕
⑭ (100)
② 348 〔274〕 (25)
⑬ (150)
⑳ (95)
⑪ 93 〔8〕 (85)
⑱ (90)
⑫ 74 〔50〕 (24)
⑲ (130)
⑨ (40)
⑨ 〔40〕

大隅国郡・院・郷図

第二章　調所氏寸考

一、はじめに

調所氏といえば、人はすぐ近世後期困窮せる薩藩財政の立直しに殊功のあった調所広郷のことを思い浮かべるであろう。しかしここで取上げる調所氏とは広郷のことではなく、もっと以前の、中世の調所氏についてである。調所は「ずそ」、「ずしょ」と読むが、中世の史料には「てうそ」とある。しかし「てうそ」が「ずそ」、「ずしょ」と読まれるためには当初より「でうそ」でなくてはおかしい。中世史料は濁点をふらないのが普通であるから、調は「でう」と読み、「でうそ」→「ずそ」・「ずしょ」となったのであろう。[1] それはともかく、調所とは税所・田所と同じように国衙在庁の役所名で税所と共に諸税（公事）の収納に当たったものであろう。薩藩の調所氏はこの大隅国の在庁官調所職を世襲せる家筋で藤原姓であり、中世、他に主神司・政所職も兼ね、三職を代々相伝したようである。[2] 調所氏の文書は今その所在を明らかにしないが、伊地知季安・季通編纂の『旧記雑録』には数十点にのぼる同氏関係文書が収載されていて我々に考察の材料を提供してくれている。[3] そして、その内容も天喜二年の神名帳や建治二年の石築地配符といったような単に調所氏のみに限らぬ大隅国全体に関する重要史料を含んでいることは特筆さるべきであろう。勿論、調所氏にこれらの史料が伝えられたのは上記した三つの在庁所職を有した関係によるのであろう。[4]

上世略
恒親　宮内少輔
恒親仕于　朝廷、拝宮内少輔、乃謙徳公伊尹孫[而仕]華山法皇、及大納言行成等為従父兄弟、因雖以（似カ）非固庸族、抑藤原與中臣本同其祖、世掌祭祀、多為神祇伯、略註、於是乎、至恒親時、補主神政所調所三職、於大隅国兼正宮税（祝カ）、就居国衙、受封戸位田、而子孫世襲其職、因以調所為氏云、略註、前此国司祀伊弉冊伊弉諾両尊於国衙、崇号守公神、為闔国之惣社、略註、又其偏□有大穴持神社、此延喜式神名帳所載大隅国五座之一也、略註、蓋恒親之居主神也、偕大中臣姓姫木氏等為之祭主、因及子孫云、略註、

恒定
襲主神司及政所調所三職、居於大隅国衙、如恒親時、

恒範
為父後、襲主神司及政所調所三職、居於大隅国衙如父祖時、

さて明治初年鹿児島県庁の編纂になると思われる「地誌備考」（鹿児島県立図書館本）に調所氏家譜がのせられている。未だ一般に知られていないようなので、この機会にその全文を紹介しよう。内容は恒範以降、『旧記雑録』所収の調所氏譜、同文書のそれと同一、またはその抄略であり、この調所氏家譜が家譜略或いは家譜抄とかいうべきものであることは明らかである。したがって、我々はこの両者を併用することによってその家譜の体裁と内容を推考し得るのである。以下それらによって調所氏について若干の考察を加えてみよう。

註

（1）この点、『日本歴史』一五二号（一九六二年二月）歴史手帖欄において亀井孝氏は「調」の読み方について詳論され、調所は古くは「でうしょ」のかたちだったものではないかと述べられている。なお『旧記雑録前編』二―一九〇二号、「調所氏文書」（永正一五年）一〇月二五日の平山越後入道忠康書状の宛書に条所兵部少輔殿とあるのはこの推測を裏

季恒
為父後、襲主神司及調所政所三職、上文ト同シ、

恒貞
為父後云々、上文同、

恒賢
為父後云々、上文同、

正恒
為父後云々、上文同、

恒宗
為父後云々、上文同、

恒用
為父後云々、上文同、
天福二年甲午、前此建部親高、以税所職訟于国守、補調所政所等職、恒用乃使僧行遍陳世襲実、有以所請、至是七月二日、安堵本職、肥後左衛門尉伝命、八月、国守平宰相庁宣、復恒用調所政所両職如故、九月三日、留守所官人等承旨

付ける史料となろう。

（２）大隅国以外では「大光寺文書」二七号（『宮崎県史　史料編　中世２』）康永三年の日向国留守所下文案に「調所介伴、税所介日下部」の加署をみる。

（３）内閣文庫所蔵「大隅田帳」は史籍集覧本にイ本とあるのに当たると思われる大隅国建久図田帳を収めているが、同冊に調所氏関係文書若干をも併載している。何れも小杉温邨が明治七・八年書写せるものの写で、前者は栗田寛写本の写であるが、後者は「右調所氏文書抜抄以薩摩国人田中頼庸本、倉卒謄写焉」と末尾に記されている。田中氏が何を基にして抄記したか明らかでないが、その中頃に垂水伊集院氏略系が記されており、それによると調所氏の文書は天文二三年加治木で戦死した兵部少輔《法名良盛》がそれに先立って女婿伊集院久実に譲渡したと記している。とすれば調所氏の原文書は早く他氏に移ったものかも知れない。同種の記事が『旧記雑録前編』二―二七四七号「調所氏兵部恒房伝」に記されている。三節註（４）参照。

（４）他に『旧記雑録前編』一―八八〇号　弘安一〇年七月「定宮侍守公神結番事」、同一―八八一号　弘安一〇年二月「守公神御侍畳事」等の特色ある史料を含んでいる。

下文、奪親高職、以補恒用亦如之、

　　在判

大隅国主神司恒用申調所書生職□所職等事、去承久合戦之時、依□（軍カ）兵催促状加判之咎、雖有其沙汰、就□所令安堵本職也、可令存知其旨之状如件、

　　天福二年七月二日　　　　禪□

　　肥後左衛門尉殿　　（朱）「外文書略于此」

恒久

宝治三年己酉二月十六日、襲大隅国主神司及調所政所書生三職、詳見父恒用譲状等、

大隅国御家人姫木五郎義用申守護所云々、

　　清水姫木城ノ部ニ原文載スル故此ニ略ス、

祐恒

文永八年辛未九月、襲主神司及調所政所書生職、仍居於大隅国衙如祖先時、

二、鎌倉時代の調所氏

調所氏も恒用以前は恒範代の神名帳以外傍証史料がないので明らかにし難いが、(1)前掲家譜中の天福二年七月二日の某安堵状案、及びそこでは省略されている同年八月の大隅国司庁宣案、並びに同年九月の大隅国留守所施行状案によると、(2)恒用は承久合戦の際、軍兵催促状に加判の咎により、調所書生職・政所職の両職を没収され、建部親高（佐汰進士、祢寝氏一族）が両職は税所職たる者の往古兼帯の職であることを主張するに及んで、一時建部（佐多）氏の有に帰していたが、天福二年、恒用の努力が功を奏して重代相伝証文の道理が認められ、本職の安堵を守護所・国庁より得ている。とすれば調所・政所両職は承久三年以前より世襲し来れるところで、没収されることのなかった主神司職と共に鎌倉時代のはじめか

永仁六年戊戌十月一日、祐恒授書以世所承職邑伝諸恒幸、国守許之、

恒幸
号稲富七郎左衛門尉又称左衛門太夫、
嘉元三年乙巳初、恒幸受調所主神司等於祐恒、為弘安五年、永仁六年事、
以領職者二十余年矣云々、
文書アリ略ス、

敦恒
幼字三午丸、号調所彦三郎、
由恒幸無男、可嗣養為嗣子、本姓平山氏、父名無考、
徳治二年丁未十一月晦日、承大隅国調所書生職及主神司職、
以恒幸伝故也、
延慶中、元徳中、建武中、観応中、文和中等文書此ニ略ス、

貞恒

ら相伝し来たったものであることはまず間違いなかろう。家譜にしたがえば、恒親が京より下向し三職を兼帯するに至ったのは平安時代後期ということになる。その真偽は暫らく措くとして、中世当初より在庁官人として大隅国衙に住し、同国惣社守公神等を祭祀する主神司職を主に、他に調所・政所両職をも兼帯していたことはみとめてよいであろう。恒用が承久合戦の際、軍兵催促状に加判したというのは在庁官人としての職務にしたがったもので、いわば院方に対する消極的協力であり、取立てて問題とするべきでないとされたのであろう。

承久合戦に薩隅の武士で参加したことを明確に示す史料は乏しく、何分遠国のことでもあり、且つ合戦が短期間で終わった関係もあって、直接戦乱にまきこまれることは殆んどなかったと思われるが、それでも加治木氏系図によると、薩摩国満家院司大蔵幸光（満）は院方として合戦のため上洛し、所職を没収され、かわりに税所祐満がその跡をたまわったとあり(3)、事実税所氏がその後の

満家院司となっているので、満家院司大蔵氏の参加はまず認めてよいように思われるし、「新田八幡宮文書」嘉禄三年一二月二四日の関東御教書案によると、鹿児島郡郡司職をめぐる相論で惟宗（執印）氏は敵人の平忠重・忠光等を「承久合戦之時、為京方」と訴えているし、揖宿氏系図にも河辺郡司久通は承久の乱に院方に加わって所領を没収され、子信道がこれを復したとあるから、当時の西国武士の一般的動向として、若干院方に加わったもののあったことも否定できまい。[4]

さて調所氏が非御家人であることは、弘安八年一〇月の建部定親所領注文案に「桑東郷武安名六丁内半不輸国領（中略）非御家人分（中略）六段不作主神司恒久後家」とあることによっても明らかである。[5] その他この時代を通じて調所氏が御家人であったことを示す徴証は何もない。しかし非御家人であっても幕府と全く無関係にあったのではない。この時代幕府が在庁官人に対し、文書調進その他について命令権を有しており、とくに東国と九州においてその権限が著しかったということは最近の研究で明らかにされているところである。[6] 大隅の場合、在庁と守護所との一体化はとくに史料の上に明確にあらわれ、在庁職である調所職が「守護所具官調所職」というように表現されている。[7] しかし大隅の場合、在庁官人の主たるものは税所藤原氏・田所建部氏・惣官大蔵氏のように殆んど御家人となっているのに、調所氏のみ非御家人に止まったのはいかなる理由によるであろうか。或いはその兼帯の職（そしてその方が主体の職であるが）主神司職という特殊の在庁職についていたこと、並びに家譜に示されているその種の神事を奉仕する家門の出自であったことなどが、御家人列に加わらなかった一つの理由とも考えられるし、さらに他の在庁官人に比し、在地領主としての性格が稀薄で、且つその所領も矮少であったらしいこと等も御家人となり得なかった一理由にあげ得るかもしれない。そしてそのような事情がかえって守護所の強い支配を受ける原因ともなり、その結果守護所被官としての性格を色濃くもつようになったとも考えられる。

　前掲天福二年七月二日の安堵状、即ち恒用が本職を安堵された際の文書の名宛人、肥後左衛門尉は当時の大隅国守護、北条一門の名越氏の守護代官であり、肥後氏は以後大隅の守護代兼惣地頭代として鎌倉時代を通じ、北条氏の在地支配の強化に貢献している。恒用は宝治三年二月一六日主神司・調所・政所の三職を嫡子恒久に譲ったが、恒久は建長三年二月、調所書生職の免田の下付を願い出、国司の許可を受けている。しかるに同四年八月一三日の守護代刑部左衛門尉並びに具宮殿原中に宛てた散位某下文案によると、主神司恒久は古来より国司幷関東の祈祷を勤めてきたが、最近、重代相伝の所職を在庁殿原により押妨されると訴えてきた。そのようなことのないよう注意するようにとある。しかしかかる事実はその後も継起しており、正嘉元年一一月一三日の敦賀刑部左衛門尉宛藤内入道施行状案によると、大隅国御家人姫木五郎義用は「守護所調所職」について訴え、その沙汰すべきことを下知されている。(8)調所氏の所職・所領がとかく他の在庁御家人の押領の対象とされていたことは注意すべきであろう。文永八年九月二〇日、恒久は嫡子祐恒に主神司職・調所・政所書生職を譲渡しているが、その翌年九月二六日の守護書下によると文書が欠失していて明らかでないが、祐恒の訴えに任せ、女子幷代官等の非分の領知を停止するとある。恐らくこれも他の在庁御家人の押妨を排除したことを意味するのであろう。なおそれに先立って文永八年一二月一九日の守護代書下案、並びに同九年二月一三日の守護代施行状によると、大隅国御家人姫木藤七大夫篤季が、「当国守護所具官調所得分及屋舗（薗）壱ケ所（在新園壱段）」を押領されたと訴え出、先例に任せ、得分といい屋舗といい、沙汰すべきことを認められているが、或いはこれと関係があるのかも知れない。但し文書の伝存事情、即ちこの文書が調所氏に伝えられていることや、姫木氏と調所氏との特殊関係、即ち家譜の最初の恒親の条にもあるように、また建治二年八月の石築地配符にもみられるように、姫木篤季は神主大宮司であり、祐恒はそれと並んで小大宮司主神司とあり、桑西郷中臣二反を共有していることなどから考え、或いは先の正嘉元年の場合も含めて押妨者が姫木氏というのではなく、姫木氏が調所氏の代弁者となっているのかもしれない。(9)

弘安五年三月一六日、祐恒は調所・主神司職等を子息祐恒（稲富七郎左衛門尉）に譲り、(10)永仁六年一〇月一日、国司の認承を得ている。これ以後譲状に政所職の記載はみられない。(11)さて恒幸も嘉元三年九月八日の庁宣にみられるように、小次郎兵衛尉祐綱（恐らく兄弟であろう）と所職をめぐって争い、結局先の譲状にまかせてその領知を安堵されている。徳治二年一一月晦日、恒幸は調所書生職（てうそのしよしやうしき）・主神同職（かうつかさしき）を子息三午丸（教恒）に譲ったが、(12)敦恒は両職等について大隅国国方御家人酒（井）大夫入道円也妻代秀吉の非分の競望にあい、延慶三年一二月二三日、国宣によってその領地の安堵をうけている。(13)元徳三年八月三〇日の守護代盛光の書下によると、大隅国守護私領正枝頭内堂薗一所事について、敦恒は右の薗は主神司重代相伝の所帯職であるのに公文入道寂意の妻女が恒幸の譲を得ていると称し、その領知を主張するのは非法であると訴え、結局重代相伝の理にまかせて敦恒の領知が認められている。(14)この場合の守護私領の性格は明らかにしがたいが、或いは罪科その他の理由で没収され、守護の領有となったところでもあろうか。それはともかく右のことから所領の上においても守護と調所氏との被官関係を推測することも可能であろう。

註

（1）前記天喜二年の史料は『旧記雑録前編』一に恒範譜中としてみえる。なおそれに先立って次の如くその由来が記されている。

天喜二年甲午初一条帝時、高麗賊来、劫掠邊陲、乃奉幣諸社、以禱禳之、為長徳三年十月事、頃歳、第宮荐火、且天変多、見日本史、於是乎、参議正三位大宰大貳源朝臣資通宇多帝皇子敦実之玄孫、照長徳三年例、崇加管内諸神爵一級、及二月二十七日、正六位上行大典山宿禰某、抄写其在大隅諸郡大小神名、於副諸神位記為簿一通、以援恒範、奉行之時、方恒範居主神司故也、今其原本久歴年、所上方残欠僅余三郡、所謂肝属駁謨熊毛等也、而他五郡既亡無見、可不惜哉、

(2)『旧記雑録前編』一―三七七号・三七八号・三七九号。

(3)これについては別稿「大隅国御家人税所氏について」(本書第2部第三章)において紹介した。

(4)逆に惟宗康友は上京の途次(相論の為か)争乱に際会し急遽入京して泰時・時房らの見参に入っている(『旧記雑録前編』一―二九四号　承久三年七月二〇日　藤原某書状案)。勿論当時の薩摩国守護島津忠時は幕府軍に属して勲功賞を援けられているが、忠時は守護であっても在国していたわけではないから、薩摩国の御家人を統率して従軍したのではないであろう。

また承久の乱に関連して国内でも若干の動揺のあったろうことは山門庄丼国分寺領について武士の狼籍を停止する宣旨及び六波羅下知状の出されていることからも推測できる(同一―二九七号　承久三年七月二七日、宣旨、同一―三〇二号　承久三年一〇月八日、六波羅下知状案)。

(5)『鹿児島県史料　家わけ一』「祢寝文書」五四二号。

(6)石井進「鎌倉幕府と律令国家」(『中世の法と国家』所収論文)

(7)具官とは広義の官人の意と推定される(石井前掲論文二〇一頁)。なお具官の史料として『旧記雑録前編』一―九〇四号　正応元年一〇月二日、検断具官職補任状案がある(国分宮内沢氏文書)。

(8)以上『旧記雑録前編』。

(9)以上『旧記雑録前編』。最近、石井進氏・川添昭二氏らの御好意により知ることを得た早稲田大学荻野研究室蔵祢寝文書写の中に元亨元年九月三日の大隅国守護所私領等注進状写があり(「祢寝文書」七八六号)、その発出人に「調所散位大中臣義重」の名をみる。その氏名からみて姫木氏ないし東郷氏と思われるが、同氏が調所職を得るに至った事情その他については今明らかにし得ない。

(10)『旧記雑録前編』一―八三九の2号。

(11)『旧記雑録前編』一―一〇二八号。

(12)『旧記雑録前編』一―一一〇九号。家譜にはその養子とある。或いはしたがうべきであろうか。調所氏は家譜恒親条に「兼正宮祝」とあるように、早くから正八幡宮とも何らかの関係を有していたらしいが、のち調所氏と正八幡宮との関係が、一層緊密になったのには、その先を石清水善法寺了清とする正八幡宮領帖佐郷平山村領主、紀姓平山氏との血縁関係によるところが大きかったとも考えられる。後日両家はその点を確認しあい、証状をとりかわしている。『旧記雑録前編』二―一五二二号　文明十年　紀定清置文、同二―一九〇二号　永正十五年十月二十五日　平山越後入道忠康証状「調所名字之事、為平山同家之由前代有其謂云々者、任由緒之旨、不可及余義之状如件」。

(13)『旧記雑録前編』一―一一三九号。

(14)『旧記雑録前編』一―一五八八号。

三、おわりに

以上、鎌倉時代における調所氏の歩んだ道を史料によってあとづけてみた訳であるが、調所氏が在庁官人としても主神司職と調所職・政所職の相異なる二面性をもち、両々相まってその得分の保持につとめながらも、在地領主として飛躍するための十分な所領を獲得するには至らなかったと考えられるのである。(1)勿論南北朝以降の動乱期に調所氏もまた足利直義よりの催促状を下付され、或いは日向守護畠山直顕より軍兵催促をうけ、事実合戦にも参加している(2)が、他の税所氏や姫木氏・加治木氏等の在庁御家人のように、もとより大きな戦闘力をもたず、むしろ動乱期を通じ、在庁官人としての面を保持し(3)、その後も長く形骸化せる在庁の機構に依存し続け、その為かえって上記の諸氏のように、激動の波に呑みこまれることはなく、現在我々が利用し得る形で在庁関係史料を残し伝えてくれたということにもなろう。(4) かかる調所氏の経歴に御家人化せざる在庁官人の、即ち在庁非御家人の一典型を見出すことはできないであろうか。

註

（1）建治二年の石築地配符案（『旧記雑録前編』一―七七三号）にみえる主神司祐恒の所領は桑西郷、文殊山〇・五反と、同、中臣料田二反を神主惣大宮司御家人姫木大夫篤季と共有しているものがあるに過ぎない。またその所領の主体は在庁官職に伴い給付、寄進される国衙領田だったようである。かかる所領の性格から他領主の侵害をうけやすく、建武二年にも調所彦三郎（敦恒）は調所書生并主神司職以下得分等につき傍輩在庁の雅意押妨を訴えているし（同一―一七二五号　建武二年四月二〇日　目代源某書下）、文和二年にも主神司敦恒は所職所帯名田畠を目代并物検校に押妨される旨を訴えている（同一―二四七六号　文和二年四月一三日　島津氏久書下）

（2）『旧記雑録前編』一―一八三一号　建武三年四月五日　足利直義催促状、同一―二四三四号　観応三年七月二〇日、畠山直顕催促状。

（3）たとえば島津氏久は本田氏親をして康暦三年二月一三日、姫木城・清水城・正八幡宮等を攻略させたが、その後程なく主神司に宛て、守公神の油供田として国衙料田を二丁八反寄進している（『旧記雑録前編』一―四一一号）。その後も調所氏は時の領主より国衙領の内として守公神の祭田を屢々授与されている。永正一一年九月五日（同二―一八五〇号）・同一八年三月一五日　坪付（同二―一九三七号）、大永七年三月二一日　同（同二―二〇八六号）。また永享三年三月の留守所下文（初任勘料引出物庁宣）を伝え（同二―一一〇三号）、さらに文亀二年正月（同二―一七八〇号）、永正一三年正月二〇日（同二―一八六七号）、同一八年正月二〇日（同二―一九三五号）、留守所下文（政令三条）を伝えている。

（4）『旧記雑録前編』二―二一一二号　年月未詳、覚書によると「調所殿も同弓矢にこう（国府カ）の御神のふんをうちすて、、ミや（宮）内のことく被逃候て、のちハかこしま（鹿児島）に被参、伊作にうつり打死候」とある。これは大永七年本田薫親が正八幡宮を攻め、社殿を炎上せしめた時のことであろう。また同二—二五九六号　調所氏兵部恒房伝によると、天文十七年、本田董親が正八幡宮を侵して神官らを追放したが、彼らの訴えにより、島津貴久は兵を出して董親を追い、清水城・正八幡宮の地を回復し、それぞれ旧領主を安堵し、同年十月忠将を清水に封じた。その家老が伊集院久実であり、恒房は女を久実に嫁がせていたので、久実に「所世掌、神職及自昔宝伝調所氏系図巻二諸古文書等」を譲り、為に久実は国衙領にあって守公神を先例にしたがって奉祀したとある。のち忠将は垂水に移ったので伊集院家も同じく垂水に住したのであろう。しかし調所氏の家系はその後も伝えられ、『旧記雑録後編』四—一一三四号慶長十九年七月二十三日の知行目録によると、調所主水正なるものが栗野内木場村有村屋敷を与えられていることを知る。禰

【追記】成稿後なお付記すべき点二、三を知ったので、便宜末尾に一括記しておく。（一）『旧記雑録前編』一—八三九の2号　弘安五年三月一六日　主神司祐恒の譲状案は「今其譲状残欠、莫知其詳」で読解しがたいが、文中「たねかしま《（多禰島）》」とか、「いちやう《（一丁）》、きたのしけひさ《（重久）》のその《（薗）》いしよ《（一所）》」などの記載のあることは調所氏の所領を考察する何らかの手がかりとなるかもしれない。（二）同一—二四九九号　文和二年頃の反島津勢力を示す氏久注進の大隅国敵方交名中、「正八幡宮神官所司分」があり、『旧記雑録』の編者はこれを調所彦三郎敦恒にあてている。この記載は前掲調所氏家譜敦恒条に符合するが、実否はなお明らかではない。また同交名中、「平山因幡前司入道一族正八幡宮先社務」の記載がある。（三）同一—四八九号　建長三年二月　大隅国定直言上状に、定直（在庁官人）の一員として調所書生藤原恒久の名がみえる。定直、庁直、直人等の関係については同文書等による石井進氏の詳細な考証がある（「鎌倉幕府と律令制度地方行政機関との関係」『史学雑誌』六六—一一、一九五七年）。（四）大隅国以外の守公神の史料としては日向国の場合、『鹿児島県史料　家わけ五』「長谷場文書」二七号　康永四年三月一六日留守所下文に「御庁守公神」とある。

第三章　大隅国御家人税所氏について

鎌倉時代、大隅国の御家人にどのような人々がいたかということについてはその初期の史料としては建久八年の大隅国図田帳と、同九年在庁注進の大隅国御家人交名によって知ることができる。それによってその内訳をみると国方御家人一四名、宮方御家人一九名となっており、あわせて三三名の御家人交名を知ることができる。ここに国方御家人とは在庁官人または郡司の御家人であり、宮方とは正八幡宮領の御家人である。また後期の史料としては正応、元亨年間、守護方狩猟の際、供奉を勤め、人馬の差出を命ぜられた御家人交名や、有名な建治二年の石築地配符によって約三〇名の御家人名を知ることができる(1)。しかしそれら個々の御家人については祢寝氏以外にはまとまった形で史料が伝わっておらず、その御家人生活の実態を明らかにしがたいのである。今ここで取扱う税所氏も、大隅国における屈指の有力御家人でありながら、後に至って衰微したため、税所氏自体にまとまった史料を伝えていないが、幸いなことに島津家文書中の「台明寺文書」や、「比志島文書」等にその関係史料がかなり残されており、それらによってある程度まで考察を加えることができる。以下大略、税所氏について紹介してみたいと思う(2)。

註

（1）拙稿「大隅の御家人について」（『日本歴史』一三〇・一三一。本書第2部第一章）

（2）税所氏については拙稿「大隅の御家人について」及び「薩摩国御家人比志島氏について」（『鹿大史学』八。本書第1部第五章）において若干ふれるところがあったが、非力のため誤った箇所も一、二に止まらない。本稿は一つには前編の補正の一部をも兼ねるものである。

一、税所氏の出自

税所氏という名称はいうまでもなく徴税その他を司った国衙在庁官たる税所職を世襲したところからいうのである。(1)したがって税所氏というのは何も大隅国に限ったものではなく諸国にあったわけで、とくに常陸の税所氏は「税所文書」を残して著名である。しかしこの税所職も当初より税所氏が世襲していたものではなく、早くは建部氏が税所検校を称し、鎌倉時代に入ってからもその前半において一時建部氏（祢寝一族の佐多氏）が税所検校を称した時期があった。(2)

税所氏の系図は幾種類か伝えられているが、明治初年鹿児島県庁で編纂されたと思われる県立図書館所蔵「地誌備考」には税所氏の古系図二種を載せている。本来系図はそのまま信用しがたいものとされているが、この系図は傍証史料もあって、勿論全ての点に信をおくことはできないにしても、かなり信憑性があるように思われる。

税所氏系図（「地誌備考」「備忘抄」所収）

敦如　正五位下　治安元年辛酉三月廿一日配流　大隅国曽於御館也

篤義　坂上御館

篤貞（篤定）　重枝曽於野　太夫

篤近　重枝曽於野　太郎太夫

篤房（応保2.5.15,10.19　篤定末孫タリト雖モ　郡司職ヲ受ケ継ガズ）　奉寄于正八幡宮　応保三年　曽於郡　御佃米三十六石　重枝曽於野次郎　太夫

篤遠（篤守）（盛）　改篤守重枝名内二十町　建久九年三月御家人交名注文　曽於郡郡司税所検校篤守トアリ

篤吉（承久3.12　売券）

篤重―円性房

篤祐―篤成―篤氏

篤真（篤道）（安元2.8.29　散位　藤原篤道）　改篤道　号重久十三町五反

篤茂（篤用）（安元2.8.29　権掾　藤原篤持）（図田帳、税所検校篤用　曽野郡重富33丁　重武3丁、桑東郷松永7丁）　或敦持　重富曽於野七郎太夫　押領使職　松永名　栗野恒次　重武名等御知行　税所惣検校両職恒次名等給号税所太夫

篤満（敦）　名大夫　大掾　（藤原―建暦1.7.27売券　「鏡」つくしの税所次郎）　去建保元年五月二日三浦和田左ヱ門尉義盛追討之時義盛子息新左ヱ門尉以下敵両三人射取之　大事疵数ケ所負之間　同三日死去了

安弁　法乗坊　霧島座主

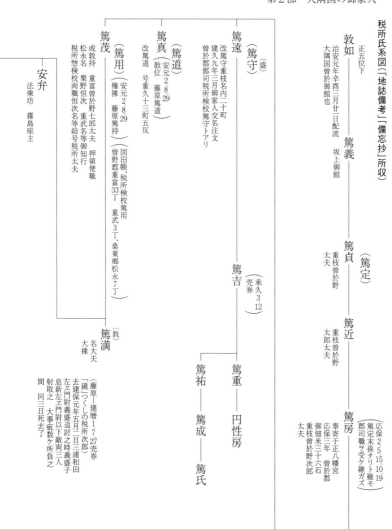

敦久

元 祐満
重富　号税所兵衛　大隅国税所職　押領使職国大専当職止上大宮司職　曽於郡内恒次名　重武名　桑東郷松永名　重武名　栗野院恒次恒山重武名等　薩摩国満家院郡司職村々田畠山野等依和田左衛門尉追討勲功拝領同院内厚智山座主職
川田氏由緒記比志島元祖重賢姉税所太郎篤満ニ嫁ス篤満重賢ヲ追出シテ満家院ヲ奪因テ重賢為僧トアリ

祐信

祐道
郡田三郎丸

祐久
号上野三郎　郡田内十三町一反

二 義祐
大介兼税所
大隅国大介兼税所職　押領使職
曽於野郡司職　止上大宮司職　国大専当職　曽於野郡　重富名　重枝名重武名　中津川　重富　松永
栗野院恒次　恒山　重武名等
薩摩国満家院郡司職村々田畠山野
厚地座主　同国牛屎郡内田畠幷金波多村

三 (篤) 敦秀
大介兼税所
大隅国大介兼税所職押領使職曽於野郡司職止上大宮司職国大専当職　曽於野　重富　重枝　恒次　重武　桑東郷松永　重武　中津川田畠山野等
薩摩国満家院村々山野等　厚智山座主職
同国山門院菓成河老松御庄以下諸所田畠等

信祐
二郎　帖佐郷餅田村領知之

道祐
久郎太夫　伊集院上神殿領知之

四 (篤) 敦胤
大介兼税所
大隅国大介兼税所職押領使職
曽於野郡司職止上大宮司職
国大専当職　曽於郡重富　重枝　恒次　重武　用松　田畠等　重久田畠等　桑東郷松永　重武　中津川長□以下所々
薩摩国満家院郡司職村々山野
厚智山座主職　同国山門院菓成河老松御庄以下所々田畠等

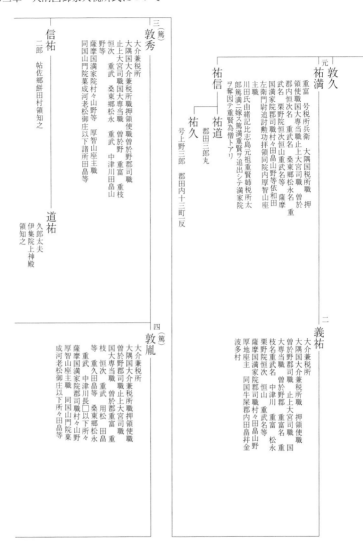

祐慶　三郎　霧島座主職田畠等少々有之
祐弁　又二郎坊　円性坊
祐秀　七郎　満家院内中俣村領知之
童名弥陀増　号四郎満家院小山田村少田在之
童名弥陀王　八郎桑東郷中津河少田在之
女子　牛屎内金波多村領知之
女子　満家院内油須木村領知之
女子　肥後国山房庄(元)預所伊勢庄司令嫁　満家院内少田畠在之

忠秀　二郎　早世
□胤　三郎　早世
経秀　用松増智坊――篤方　用松五郎太夫――篤明　用松又太郎――篤範　又太郎

五 敦直　大介兼税所――六 敦為　大介兼税所――七 敦定　大介兼税所――八 敦政　或敦秀　大介兼税所――九 敦武　大介兼税所

十 敦辰　大介兼税所（寛正3・9　税介検校藤原―）――敦重　大介兼税所――敦昌　大介兼税所
　　　　　　　　　　　　　　　　　　　　　　　　篤好　越前守――篤家　越前守――篤辰　越前守

本系図はその「地誌備考」所収の二種類の系図と、伊地知季安の編纂かと思われる同じく県立図書館所蔵の「備忘抄」という史料集の中におさめられている系図とをつきあわせてほぼ原文のまま記したものである。(3) これにもあるように通説では税所氏はその先を光孝天皇の八代の孫敦如とし、彼が治安元年（一〇二一）大隅国に下着し、曽於館に

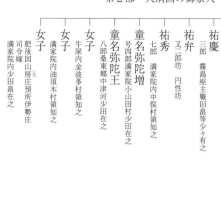

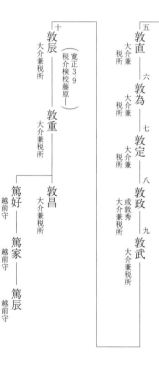

居を構えて曽於殿と呼ばれ、霧島神宮の神領の租税のことを司って税所氏をとなえたというのであり、現在霧島神宮に税所社があるのはそのことを裏付けるとしている。(4) しかしこれについては聊か疑問があり、恐らく系図にもあるように税所氏は後にその一族が霧島座主職を有した関係で、このようなことがいわれるようになったのであろう。(5) 税所氏は普通藤原姓をとなえているが、もとは檜前姓であったらしく、この点、『姓氏家系大辞典』の説が妥当と思われる。(6) この氏が史料に初めてみえるのは「台明寺文書」大治五年宗岡重武の噌唹郡二条二里墓町一町の田地売券であるが、署名に檜前とあり重武名は後税所氏の名田として伝領されていることから、上掲の事情が推測できる。(7) また応保二年の台明寺住僧等の解案及び大宰府政所下文案によると、曽於郡の住人篤房なるものが、かつて正八幡宮の執印行賢が篤房の祖父の篤定と檜前篤末とから買取って台明寺に寄進した田地を押領したと訴えているが、その中で「篤房は篤定の末孫たりと雖も郡司職を受けつがず、私に阿多平権守忠景に訴え、彼の武威をかりて」乱暴すると述べている。(8) この篤定と篤房とが系図にみえる人と考えられ、はじめは檜前姓であり、のち藤原性を称するようになったのではあるまいか。そして最初は曽於郡の郡司であり、税所職を有して税所氏を称するのは、篤房の子篤用以降のことであろう。(9) 次に税所氏の所職及び所領についてみることにしよう。

註

(1) 竹内理三「在庁官人の武士化」(『日本封建制成立の研究』吉川弘文館、一九五五年)には税所について「正税帳にある正税出挙、収納正税を分担する税務所」とある。

(2) 平安時代末の在庁加署には税所検校建部とあり、鎌倉時代、建仁、建永、建保年間、税所検校建部の加署がみられる。『旧記雑録前編』一―二七八号　天福二年八月の大隅国司庁宣案、並びに同一―二七九号　同年九月の大隅国留守所施行状案によると、承久の乱後、建部親高（佐汰進士）は没収された在庁所職の調所職、政所職を税所職たるものの往古兼帯の職と称し領有していたが、恒用の訴願の結果調所氏に返還され、佐多氏の税所職も先に罷められたとある。そして右の文書に加署している税所検校は藤原姓税所氏で建部姓ではない。

（3）系図中の（　）内は別名及び傍証史料の略記である。なお税所氏系図は数家に伝存している由であるが（『国分郷土誌』所収）一々対校することはしなかった。

（4）宇多天皇の第三皇子敦房親王五世の孫、敦如ともいう。「薩隅日地理纂考」「三国名勝図会」「諸家調」「西藩野史」等のこの点に関する記述は大同小異である。

（5）篤用の子安弁の霧島座主、義祐の子祐慶の霧島座主職がある。勿論霧島神宮と税所氏の関係を否定するのではない。税所氏が最初からその神職として下向してきたとする通説に疑いを抱くわけである。

（6）太田亮氏は同書で藤姓とあるも例の冒姓ならんとし本来檜前姓なるべしとされる。檜前姓には他に薩摩国牛屎院篠原（武光）氏がある。薩、隅の豪族の系譜にもその先を中央より下向せる皇族、貴族においているものが多いが、もとより信憑性に乏しい。またそのはじめを在国の豪族と中央より下向の貴族との結合においているものが少なくないが（加治木系図、比志島系図等）、これはそのまま信を置き難いとしても、平安末より鎌倉初にかけてのこの地方における豪族の出自をある程度物語っているのではあるまいか。

奈良時代隼人の首長で郡司職に任命されている曽乃君と税所氏とのつながりを直接示す史料はないが、或いは曽乃君の後と中央より下向してきた官人との結合に豪族税所氏の先を考えることもできるかもしれない。

（7）『旧記雑録前編』一―六号　大治五年一二月二八日　宗岡重武田地売券（台明寺文書）。

（8）同一―四〇号　応保二年五月一五日　大隅国台明寺住僧等解案、同一―四一号　同年一〇月二九日　大宰府政所下文案。正八幡宮執印行賢については拙稿「薩摩国建久図田帳雑考」（拙著所収）において若干ふれている。

（9）篤用以前、藤姓及び檜前姓の在庁官人として、大判官代、権大掾等を称するものはあるが、税所検校を称するものはない。同一

一七号　長久六年八月八日の大隅国符案には「贈於郡司、大領藤原」とある。

二、税所氏の所職と所領

税所氏の所領は建久八年の図田帳によると、税所検校藤原篤用の分として曽野郡公田重富名三三丁と重武名三丁、それに桑東郷正八幡宮領松永名七丁所知とある。また系図の上でその兄になっている曽野郡司篤守は曽野郡公田重枝名二〇丁とあり、その同族と考えられる河俣新大夫藤原篤頼は曽野郡用松名一五丁所知とある(1)、これは河俣氏の祖であろう。この中、重富、重武、重枝名等とある「重」を付した名田は、恐らく何れも税所氏一族の仮名によって名付けられたものであろう。藤原篤用は安元二年の起請文に権掾藤原篤持とあり(2)、同じく連署している散位藤原篤道は系図によれば篤真で重久一三丁五反の名主で、後の重久氏の祖ということになる(3)。その文書にもあるように税所氏は曽於郡に多くの私領をもち、同じく曽於郡にあって所領を有する台明寺と係争がたえなかったのである。台明寺の所領は多く買得田、寄進田から構成されていたが、それらの本主は殆んど曽於郡一郡の私領主たる税所氏並びにその一族であったと思われるから、その係争は当然であったともいえよう。また台明寺領の他、正八幡宮領も少なくない。それらも多くは買得田や寄進田からなり、本主は殆んど税所氏並びにその一族であったと思われる。文永九年の関東下知状案に「正八幡宮雑掌法橋永円并神官所司等申、大隅国噌於郡重枝、重富名、桑東郷松永名以下講経免事」として「右、当国御家人税所介義―祐字有憚為惣領仁之上、帯本主状之間、於沽却田地者、可宛給之由依申之」、「文永七年被成御教書之処」、それには「正八幡宮被管《ママ》之輩、令中子細者、可尋究之、於関東御成敗之地者、非御家人幷、凡下輩分、可令沙汰付義―之由」載せられていたので、それをよりどころに社家進止の神領地まで義祐が押領するがこれは謂われがないので、さし止めてもらいたいと訴え、幕府より有限の神領は社家進上たるべしとの下知を得ているのである。(4) ここに税所氏が惣領である上に、本主の状を帯すといっているのは彼が重枝、重富、松永名等の惣領主であり、それらの中の寄進、売却田の本主であったことを示すものである。重枝名が曽於郡司篤守より篤吉に伝えられたことは史料の上でも明らかであるが、(5) それも含めて税所氏が惣領主であったものらしい。正応四年の台明寺田注文によっても、重枝名、重富名、重武名等の寄進買得田の中、たとえ国免、万雑公事、臨時課役免とあっても本名の催促により所役を勤仕せしめられるとあるのは、(6) これら諸名の本名主である税所氏及びその一族が、はじめは私領の権限を確保せんとして台明寺及び正八幡宮に寄進譲渡しておきながら、後には幕府の御家人所領保護策をたてにとって、たえず所領の回復をはかっていたことを示すものであろう。

系図所載の所職、所領をどの程度まで信用してよいか問題であるが、一応それによって所職、所領の動きをみると、祐満の時には税所職、押領使職、国大専当職、止上大宮司職、曽於郡恒次名、重武名、重富名、桑東郷の松永名、重武名、栗野院恒次、恒山、重武名、満家院郡司職、同村田畠山野、満家院厚智山座主職とある。(7) この中、止上大宮司職とある止上社とは税所一族の氏神と考えられ、以後惣領税所氏の相伝するところであった。(8) また満家院厚智山座主職とあるのも、はじめは満家院院司大蔵氏の有するところであったのを院司職を引きついだ関係で税所氏が有するようになったもので、これも満家院の惣社であったのであろう。さらに下って島津氏が同院を制圧すると共に同社を掌握し、先祖の霊廟として祭るようになるのである。(9) さて次の義祐の時にはこの他大介を称するようになり、曽於郡郡司職を兼ね、重枝名を併せ、新たに正八幡宮政所職と帖佐郷餅田村預所職を有し、それを子の信祐に譲っているのである。(補註)次の篤秀の時には薩摩国山門院に若干田畠をもつようになったが、栗野院の所領記載が失われている。栗野院の三名については建治二年の石築地配符に、その領主として御家人大新大夫入道西善の名をあげており、或いはこのころ税所氏より分立したものとも思われる。次の篤胤は用松名、重久名の田畠が加わったのみで殆んど変わりなく、次の敦直以降は所職、所領の明細を欠いているのでその内容を明らかにしがたいのである。以上の中、薩摩国満家院（郡）司職については若干問題があるので次にふれてみたい。

註

（1）拙稿「大隅国建久図田帳小考」（拙著所収）。
（2）『旧記雑録前編』一―五六号　安元二年八月二九日　藤原篤持、同篤道連署起請文案（台明寺文書）。
（3）もっとも同一―三八一号　天福二年一二月二八日の「重久文書」に源篤家沽券があり、同一―三八二号　文暦二年一月一九日の「台明寺文書」に仮名重久田地売券があり、これには藤原篤明とある。重久氏はこのように源姓を称えることもあるが、やはり本姓は税所氏等と同一であろう。また仮名は他例からみて相続したものと思われる。
（4）同一―七四三号　文永九年一〇月二五日　関東下知状案（台明寺文書）。
（5）同一―三〇七号　承久三年一二月　藤原篤吉売券（同）。
（6）同一―九四六号　正応四年一一月　台明寺田注文案（同）。
（7）なお国大専当職の職務については明らかでないが、恐らく在庁官の一で、荘園にみられる専当職とほぼ同じ職務ではあるまいか。『旧記雑録前編』一―一三八五号　元亨三年一二月一二日の造宇佐宮米請取（薩摩国牛屎院所課内）に専当代家忠、拒捍使種延の連署をみる（野田篠原文書）。

（8）「止上神社社記」（関係記事は『国分郷土誌』所収）に税所氏歴代と止上社との密接な関係を示す史料を載せている。「清水郷神社仏閣其他古書差出帳」（玉里文庫本による）所収税所一流、馬場氏系図に「一氏神　春日大明神　和州、正八幡大菩薩　隅州宮内、止上大明神　隅州重久」とある。

（9）伊地知季安「花尾祭神輯考」、同「花尾社伝記」参照（『鹿児島県史料　伊地知季安著作史料集九』所収）。

三、満家院院（郡）司職

満家院の名主比志島氏は薩摩国御家人として「比志島文書」を伝え著名であるが、その院（郡）司職を隣国大隅の御家人税所氏が有するようになったことは一見奇異の感がしないでもない。建久図田帳によると満家院院司は大蔵業平とある。税所氏と共に、大隅国国方御家人の一である加治木郡司は同時に在庁惣官職でもあり、加治木郡一帯に所領を有する豪族であるが、これも大蔵姓で満家院院司大蔵氏とは一族である。参考までに大蔵姓加治木氏の系図を掲げた。加治木氏の系図も数種あるが、これは「地誌備考」所収の大蔵姓加治木氏系図と加治木公民館現蔵の加治木氏古系図とをつきあわせその一部を抄録したものである。[1] この系図も前掲の税所氏系図と共に、かなり傍証史料もあり、史料的にある程度価値のあるものと考えられる。それによると加治木郡司大蔵親平（吉平）は同時に満家院院司職をも有していたらしく、それを子の資宗に譲ったらしい。

この資宗が建久八年の薩摩国御家人交名に満家院院司業平とあるのと同一人ではないかと考えるのであるが、ともかく系図の上で資宗の子とある幸光は、建保六年の満家院厚智山権現掛仏銘文に満家院々司とみえる幸満と同一人物

加治木氏系図（「地誌備考」・加治木公民館）

- 親平（号加治木八郎）
  改吉平、号加治木八郎、改藤原氏為大蔵氏、以後勤仕御家人所役祗候関東、大隅国検非違使幷加治木郷、文治四年戊申、建久六年六月廿二日給右大将家御下文、薩州満家院文治・建治二通同給御下文也、
  - 恒平
    六郎、母万歳女、大隅国加治木郷建保二年九月四日給右大臣家御下文、薩州満家院ノ内郡山村内給御下文、建暦元年四月廿八日得親平之譲畢、承久三年死、
    - 実平
      大隅国検非違所惣官職幷加治木別府地頭職、建保七年四月十日得恒平譲、同国所職、貞応元年五月十三日・同十八日給陸奥守平義時御下知、
      - 用平
        改忠平、大三郎、天福元十（ママ）月二日実平知行分相伝、
        - 氏平（建治2・8 郡司氏平）
          又六、建長三年八月三日用平知行分相伝、文永二（ママ）十一月廿日同給将軍家御下文也、
    - 良平
      号郡山弥三郎、土与王丸、加治木郷内吉原・満家院内郡山村得建保恒平譲、同給御下知也、郡山村安貞二年相伝□実平畢、
      - 俊平（建治2・8 又二郎俊平）
        又次郎、加治木郷内吉原村相伝、筑前国七隈郷・比伊郷・長淵庄、弘安四年蒙古合戦、恩賞ヒ給畢、
  - 信経（長幸）
    号木田三郎、加治木郷内上木田村・同郷竹子村内久木別府幷上原永原比喜山寺・岩屋寺別当職、高井田、薩州日置荘、承元四年五月日得親平之譲、同給関東之御下知畢、
    - 近平
      - 道平（大三郎掾）（建治2・8 木田三郎掾通平）
  - 顕平（七郎）
    先父母死去了
    号満家左近将監
  - 資宗（平）
    満家院内東俣小山田比志島河田西俣得親平譲同賜将軍家御下文也
    - 幸光（満）
      承久1・7・24 給御下文
      八郎
      同村々得資宗譲知行多年之後幸光承久三為院御方致合戦上洛失跡税所兵衛尉祐満給之
      - 女
        木田三郎通平妻
        高村領主
    - 女
      入来院妻
  - 光平
    号別府五郎太夫
    下木田村得親平譲畢、
    - 守光
      - 長光（三郎）（建治2・8 別府二郎 長光）

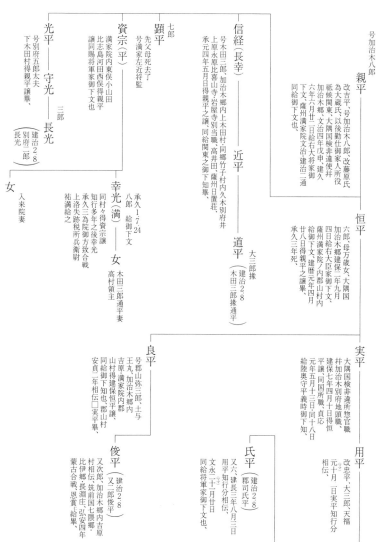

であろう。(2)そして系図の幸光の条に「承久三年、為院御方、致合戦上洛失跡、税所兵衛尉祐満給之」とあるのは注目すべきであろう。またこれと関連して前掲の税所氏系図には祐満の所で川田氏由緒記をひき「比志島元祖重賢姉、税所太郎篤満ニ嫁ス、篤満、重賢ヲ追出シテ満家ヲ奪、因テ重賢為僧トアリ」と記している。篤満は祐満の兄ということになっており、篤満は「吾妻鏡」建保元年の和田合戦条、戦死者交名中「つくしの税所次郎」とある人と考えられている。(3)もしこれをとると種々勘案して次のような推測もできよう。即ち篤満の夫人は大蔵幸満の同胞であり、その関係で承久の乱後、没収された幸満の所職を和田合戦勲功賞としてもらい、それが篤満の弟祐満に伝えられたというのである。そして比志島氏祖重賢、即ち栄尊は母菩薩房が同じく大蔵幸満の同胞であるところから、同院内比志島名以下五ヶ名名主職を相伝することになったと思われる。満家院院司職が没収されたことは「比志島文書」に栄尊が幕府から五ヶ名名主職の安堵を、物領主税所氏とは別個に得るときに惣地頭島津氏に呈出した宝治元年の請文にもみえているが、その中で栄尊は「惣領主税所氏と別個に名主職について幕府の安堵を得んとするのは、将来惣領主たる税所氏が罪科を蒙るような時にその連坐で没収される危険性があるので、それを免れるため、予め各別の安堵を得ておこうと思う訳である。しかしこのような没収の地において各別の安堵状を得ようとすれば、当然守護、惣地頭に違背して別納を主張するのであろうと疑われるであろうが、そのような意図はないので、とくに起請をすすめる」と述べている。(4)

またそれ以前にとり交わされた栄尊と税所義祐との契約でも、惣地頭の得分である郡司得分米五〇石については従来通り各名がそれぞれその配分に従って惣領主税所氏に呈出し、税所氏より惣地頭に納付することと定められていた。(5)税所氏が大蔵氏の後をうけて手中に入れた院（郡）司職は恐らく同院惣領主職で、郡司得分米は早くから惣地頭の所得となっていたものらしい。したがって税所氏は同院内の諸名主に惣領主権を有したと共に、院司大蔵幸満の直接経営していた諸名を引ついだものであろう。そしてそれらの諸名にはその子弟を名主として相伝せしめたと思われ、義祐の子、祐秀の中俣村名主職や、女子の油須木村名主職等はこれに当たるのであろう。そして義祐はこの院（郡）司職を在地の紀氏、即ち上原薗名主上原氏に代行せしめたのであり、のち上原氏は独立化の傾向を示し、正和元年、中俣氏との相論で、自ら税所氏の代官に非ず、御家人なりと自称し、税所氏との関係を疎遠にし、在地で名主職等を有する比志島氏一族との接近をはかり(6)、これら在地の地域的結合は、惣地頭島津氏の着実な権限拡張と相まって（税所氏は惣地頭島津氏と正応元年、篤秀の代に和与し、相互の支配権を確認している(7)）、次第に院司税所氏の満家院内における支配力を減退せしめていったのである。また文保元年の薩摩国注進の御家人交名(8)に税所氏の一族である中俣氏、厚智座主等も名を連ねており、彼らと惣領税所氏との関係がその後とくに問題となった形跡はみられない。

註

（1）前後の分、その他かなり省略した。なお系図中の（　）内は別名、及び建治二年八月の石築地配符にみえる氏名を示す。
（2）『旧記雑録前編』一―三四六号　建保六年九月　厚智山掛仏銘「島津世家」一。
（3）「吾妻鏡」　建保元年五月六日条　伊地知季安は「花尾社伝記」において無条件でこの説を採っている。
（4）『鹿児島県史料　諸氏系譜三』「比志島文書」（以下、「比志島文書」とあるのは同書による）三六号　宝治元年六月二二日　栄尊起請文。
（5）同二九号　寛元二年七月一五日　藤原義祐書状。
（6）同一五〇号　元亨二年五月三日　上原基員契状。

（7）同一四一号　正応元年六月七日　藤原篤秀和与状。以上については既に前掲拙稿において詳述したのでここでは簡単にふれるにとどめた。
（8）『旧記雑録前編』一―一二一〇号　文保元年七月晦日　薩摩国御家人注文（新田宮観樹院文書）。なお同一―一〇二四号　永仁六年八月一〇日僧俊助請文案に伊集院上神殿村田地等事について訴えている。さらに同一―一二三〇号　文保二年三月一二日　鎮西御教書案及び同一―一二八六号　元応三年三月　上神殿迎祐重申状にみえる伊集院郡司迎念・弥五郎宗継父子と相論している薩摩国御家人上神殿次郎太郎祐継法師法名迎祐も税所氏系図にみえる伊集院上神殿領主道祐の後と思われる。

四、税所氏の支族

前節でみたような関係は大隅国においてはいかがであったろうか。この点前述した満家院の場合と異なり史料が不足し、明らかにしがたいが、可能な範囲でみてみよう。

税所氏の同族には前述の如く、建久図田帳に曽野郡司篤守と、河俣新大夫篤頼がみえ、その他篤用の兄弟に篤道があり、これが重久氏の祖となったろうことは前に記した。しかしこの時代の史料に「篤」の字を名に用いるのは他にもあり、これらは概ね同族と考えられる。東郷郡司、姫木氏などがそれである。彼等は大中臣姓を称しているが、いつから分立したかは明らかでないが、恐らく根元は一つであったろう。(1) 次の表は正応、元亨年間、守護狩猟の際、その人馬の差出を命ぜられた御家人名を記す史料の中、主たるものを表に示したものであるが、その配列は単に地域別によるばかりではなく、惣庶の関係にもよっているように思われる。(2) そしてここでその重複関係によってブロックを

正応元亨年間の御家人守護狩の負担人馬数

番号	氏名	A 正応 2.8.21 守護狩左右手書分	B 〃 守護所狩路馬			C 〃 8.23 御家人分雇狩人		D 元亨 4.1.25 (来 2.5) 守護狩歩兵狩人			E 〃 1.27 (来 2.5) 〃		
					疋		人			人			人
1	税所介	左 1		1	10	1	100		1	21		1	21
2	物検校	〃 2		2	5	2	50		2	10		2	10
3	曽郡司	〃 3		5	3				3	5		3	5
4	河俣大掾	〃 4		4	5	3	50		4	8		5	10
5	重久加賀房	〃 5		3	4			重久	5	10		4	10
6	向笠諸次郎兵衛尉	〃 6		6	3	4	30	向笠	6	5	重久	6	5
7	同　藤三郎					5	30		7	3		7	5
8	祢寝郡司	〃 7		11	10							13	20
9	佐多弥四郎	〃 8		12	5							14	10
10	佐多九郎	〃 9		13	2							15	5
11	田代七郎入道	〃 10		15	5							17	10
12	伊佐敷大掾	〃 11		14	3							16	7
13	栗野大進大夫	〃 12	栗野郡司	17	6							19	15
14	修理所	〃 13		18	5	10	40					20	10
15	加治木郡司	右 1		19	10							21	20
16	上木田大掾	〃 2		20	5							22	10
17	下木田大掾	〃 3		21	5							23	10
18	小河郡司	〃 4		16	6	11	50					18	15
19	東郷郡司	〃 5		7	5	6	40					8	10
20	羽坂藤七大夫	〃 6		8	5	7	40					9	10
21	功手又次郎	〃 7		9	3	9	30					10	10
22	姫木弥四郎	〃 8		10	3	8	20					11	5
23	木房大掾	〃 9		22	5	12	40					12	10
24	田所小大夫	〃 10		24	5	13	50					25	10
25	弟子丸											26	5
26	牧山大掾	〃 11		23	3							28	7
27	国修行	〃 12		25	3							27	5

形成しているのは、1より7までの一群、8より12までの一群、15より17までの一群、19より22までの一群の御家人である。そして第一が税所一族、第二が祢寝一族、第三が加治木一族、第四が東郷（姫木）一族ということになろう。そして第一と第四とはB以下の史料においてはその順位が接続しており、その両者の地域的、惣庶的関係を示しているように思われる。即ち第一、第四の二群は鎌倉時代以前に分出した同族であり、各群内のそれぞれの御家人は、鎌倉時代同族として一応その筆頭人を惣領として惣庶関係で結ばれていたものであろうと考える。しかしこの中、第一群の6、7向笠氏は他の史料に紀姓としてみえ地縁的関係と姻戚関係とから税所氏を惣領とする惣庶関係にとりこまれたものと思われる(3)。しかし鎌倉時代、これら惣庶関係がと

くに強固であり、また鎌倉末から南北朝にかけてその再編強化が試みられたという史料は残されていない。むしろ元弘三年七月、庶家である重久氏（篤兼）がいち早く着到につき、爾来武家方として税所氏とは別個に活躍していたようでもあり、このことはこれら惣庶間の関係がむしろ惣領を中心として強固でなかった証拠を示しているようにも思われる。(4)

註

（1）伊地知季安は「管窺愚考」（『鹿児島県史料　伊地知季安著作史料集六』所収）において姫木氏が古来より税所氏とは別姓で、大中臣姓であることを述べているが、その他「諸家大概」等の諸書は殆んど姫木氏を税所氏支族としている。事実姫木氏は大中臣姓の他、時によって藤原姓をも称えたようである。「管窺愚考」にはまた姫木氏姫木居城の説として「按るに中つ世にて税所氏の庶子を養襲せしこともありつらん、よてその系をもかの庶族として子孫二姓を昌し乱すに至れるならむ」とある。このことは東郷郡司についても同様と思われる。東郷郡司は建久図田帳に諸司検校大中臣（時房）とみえるが、『鹿児島県史料　家わけ一』「祢寝文書」（以下、「祢寝文書」とあるのは同書による）五四三号　弘安九年閏一二月　建部定親重申状にみえる東郷郡司義通はその父を篤通と記している。

（2）ほぼ同内容の表を前掲拙稿「大隅の御家人について」において掲げたが、説明の必要上、重複のきらいはあるがあえて表示した。『旧記雑録前編』一―九二一～九二四・一三五四・一三八七・一三八八・一三九七号。

（3）同一―一四六一号　正中三年二月一六日　紀時秀譲状。しかし向笠氏は藤姓を称することもあったらしい。或いは重久氏が時に源姓を称したように、本来は藤姓で時に紀姓を称したのかもしれない。羽坂氏については前掲拙稿において帖佐羽迫の地名を負うかとしたが、清水郷に羽坂の小字名があり、これによるとした方がよいであろう。

（4）同一―一六四七号　元弘三年七月　藤原篤兼着到状（重久文書）。その後建武より貞和年間にかけて一〇余通の軍忠状、催促状

（畠山直顕及び島津貞久）を伝えているが、建武四年から五年にわたり重久篤兼は大隅守護代森行重らと協力して南党の肝付兼重、野辺盛忠らの軍と橘木城によって激戦を繰り返している。当時の税所氏の惣領は「比志島文書」一七四号　建武四年一二月一二日の散位某奉書にみえる税所介敦直と思われるが、この時期においてその活躍はみられない。これは単に文書の欠失によるのみではなさそうである。逆に観応政変以後、重久氏の動きを示す史料がみられなくなるのも同様で、これらは一族間の消長を示しているように思われる。

五、在庁御家人税所氏

税所氏は御家人であるとともに、在庁官人でもあり、かかる御家人のことを在庁御家人とよんだ。(1)在庁御家人には税所職の他、前述の加治木郡司も惣官職をもつ在庁御家人であり、他に田所職をもつ建部氏等少なくない。国方御家人の殆んどが在庁御家人であったといってもよいであろう。しかし在庁官人が悉く御家人であった訳ではなく、非御家人で在庁官人であったものに調所氏がある。調所氏は藤原姓で主神司職、調所書生職等を世襲し、相当数の史料を残している。(2)国衙と守護所との関係が混然として来たことは何も大隅国に限らず諸国一般の趨勢ではあるが、とくに大隅の場合に史料の上でその傾向を顕著に示している。(3)即ち、本来国司目代の被官としての在庁、国衙公人であるべき彼らが、守護所の被官としての役割をむしろ主に果たしているのである。「守護所具官調所職」というように史料に表現されているのも、(4)国衙＝守護所、在庁官人＝守護被官の状態を示すものであろう。具官というのは広く官人の意味であると思われるが、(5)史料的にも具官殿原＝在庁殿原で、それはまた守護所殿原ということにもなったのである。(6)

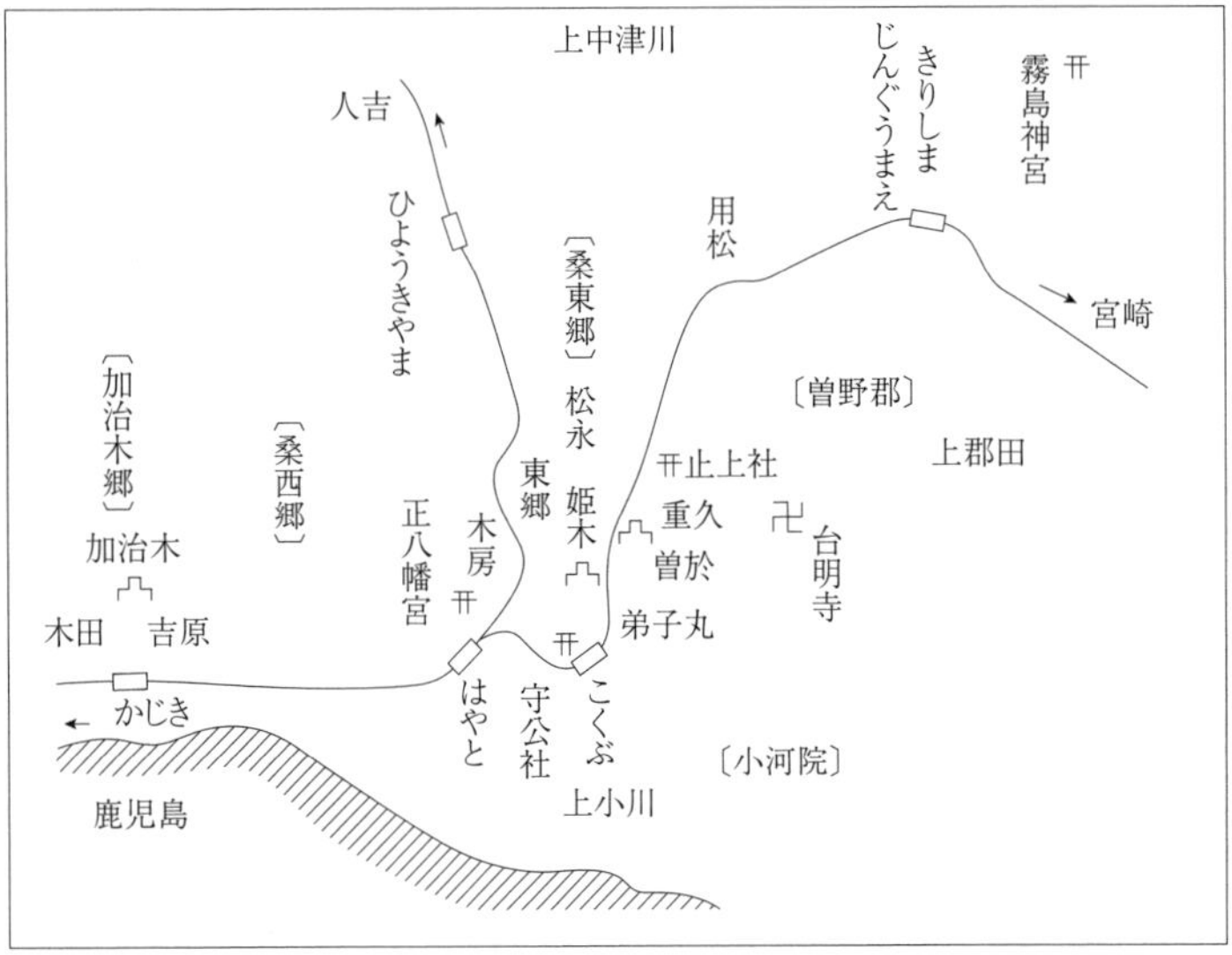

大隅国の場合、早く島津氏が薩摩、日向と共に三ヶ国の守護職、惣地頭職を有したが、比企氏の乱に連坐して日向と共に大隅の守護職、惣地頭職を失い、その後は北条義時から朝時（名越氏）に、名越時章の没落ののち、守護職は一時千葉氏が有したが、その後は再び北条一門が有することになった(7)。このように大隅の守護は大体において北条一族の有するところであり、その間の守護代には当然北条氏被官が任ぜられた訳である。史料に屢々みえる肥後氏等がこれに当たるのであろう(8)。また元徳三年、調所氏が守護私領の薗の領知権を安堵された史料があるが(9)、このように在庁官人には所領の上でも守護との被官関係に立っていたものがあったのではあるまいか。さらに国衙と守護所との一体化は目代と守護代の緊密な関係をもたらしたと思われ、文保元年、台明寺との相論では、両者並びにその被官関係にある在庁御家人が互に連合して非法を行うとして台明寺より訴えられている(10)。税所氏の基盤たる所領が国衙、守護所と近接せる曽於郡、桑東郷にあったことは同氏が国衙、守護所と緊密な関係の上に発展することを運命づけていたのであり（図参

照）、同時に一族が在庁所職を分有して割拠する傾向をも帯びさせたとも考えられる。即ち税所一族は惣領を中心とした血縁的な連帯よりもむしろ国衙、守護所を中心とした結びつきの方が強くなっていったと考えられる。

註

（1）『旧記雑録前編』一―一二一四号　文保元年九月　台明寺雑掌長慶重申状案。在庁御家人の称呼は他に若狭国の場合にもみられる（石井進「鎌倉幕府と律令国家」『中世の法と国家』所収、一九八頁）なお若狭国在庁御家人については、田中稔「鎌倉幕府御家人制度の一考察」（同著『鎌倉幕府御家人制度の研究』吉川弘文館、二〇一三年）参照。

（2）旧記雑録前編・後編を通じ、調所氏家譜所載文書四二点を数える。調所氏については別に些少ながら考察したのでここではとくに論及しない。

（3）前掲石井進論文。

（4）『旧記雑録前編』一―五八五号　正嘉二年二月一日　守護代書下（調所氏文書）。

（5）前掲石井論文二〇一頁。

（6）『旧記雑録前編』一―五〇〇号　建長四年八月一三日　散位某下文案（調所氏文書）。

主神司申状如此、自往昔至于今、併国司並関東之致御祈祷人候、而重代相伝之所職を、在庁殿原任雅意、被押妨候之由、歎申候（中略）

守護代刑部左衛門殿

具官殿原御中

（7）佐藤進一『増訂　鎌倉幕府守護制度の研究』二三三～二三七頁。

（8）肥後氏については前掲拙稿「大隅の御家人について」横川、多禰島の条においても記したが、伊地知季安の「姫木援考録」（前掲「清水郷神社仏閣其他古書出帳」所引）にも前掲正嘉二年二月一日の文書発出人守護代左衛門尉藤原を肥後氏であるとして考証を加えている。勿論守護代（おおむね在鎌倉か）の下にもその代官たる守護（又）代（在国）があったのであり、後掲註（9）の史料によれば、文保年間、守護代安東景綱代惟村の存在を知る。文永九年、名越時章の死後、弘安六年明らかに千葉宗胤が守護としてみえるまでの間の大隅守護については定かでないが、守護と守護代の被官関係から考えて、『旧記雑録前編』一―七四六号　文永一〇年四月一〇日の守護代沙弥浄念書下に「爰左衛門尉俊村乍為御代官、不恐関東御祈所、不憚肥後入道殿孝養、令改易仏地之条、甚以非正理欤云々」とあることや、同一―七七三号　建治二年八月の石築地配符案にみえる「守護代左衛門尉藤原」、或いは同一―八二二号　弘安三年一〇月一五日の「藤内左衛門尉」問状案などから北条氏一門の守護職を推定できないであろうか。島津庄惣地頭職はその後も名越氏が相伝しているのであるから（前掲建治二年　石築地配符案）守護職についても、時章の死後、ただちに他氏に移ったと考える必要もあるまい。

（9）『旧記雑録前編』一―一五八八号　元徳三年八月三〇日　守護代盛光書下（調所氏文書）。なお大隅国守護私領については水上一久「南北朝内乱に関する歴史的考察」（『中世の荘園と社会』吉川弘文館、一九六九年）二九一頁参照

（10）『旧記雑録前編』一―一一九九号　文保元年五月七日　守護代安東景綱請文、同一―一二一四号　同年九月　台明寺雑掌長慶重申状（台明寺文書）。

前者には「大隅国台明寺衆徒等申、当国目代甲斐阿闍梨盛範致狼籍由事、去三月廿五日御教書並御施行謹下預候了、抑為彼衆徒等今年正月廿八日、企夜討令刃傷国衙公人六郎検校以下数輩之由、盛範依捧訴状、去三月十九日被尋下衆徒等候了、随而件刃傷事、具官加治木郡司入道覚誉所令注申候也（後略）」とあり、後者には「欲早被経厳密御沙汰、且被鎮当国守護御代官安東四郎左衛門尉景綱代惟村以下在庁御家人等狼籍、且停止盛範悪行、被糺返損物寺領止上村百姓等住宅、致追捕狼藉事」とある。

六、税所氏その後

南北朝時代の税所氏の動向はあまり史料が豊富ではないが、概ね佐殿（直冬）方即ち武家方、日向国守護畠山氏（直顕）の側にたって島津氏（薩摩、大隅国守護）とは対立する立場にあったようである。(1) 税所氏の基盤とした曽於郡、桑東郷は大隅の中心地であり、当然諸勢力の争奪の的となり、且つ日向から大隅、薩摩へ、薩摩から大隅、日向へ、畠山氏、島津氏がその勢力圏の拡大をはかる度に衝突する地域ともなったと思われる。畠山氏と島津氏とが激しい勢力争いをつづけ、互いにその要地である税所氏の地盤たる地域をとりこもうとして勧誘しているが、庶家重久氏が早く島津貞久の側について活躍した他、税所氏一族は概ね畠山直顕の側にあったようである。(2) 文和二年、島津氏久注進の敵味方交名によると島津氏に敵対する大隅の豪族として税所介一族、姫木郡司一族、羽坂孫太郎一族、東郷藤内左衛門入道、同荒瀬九郎等の名がみえるし、(3) 永和三年、今川了俊の子、満範のもとによって島津氏に敵対することを誓い合った薩、隅、日、肥の四ヶ国にまたがる南九州六三領主の一揆神水契状には、当時の税所氏惣領と思われる税所祐義の名がみえている。(4)

しかし薩摩国守護代酒匂氏と共に島津氏被官の有力者と考えられる本田氏が鋭意この方面の経営につとめた結果、このころから税所氏、姫木氏は次第に島津氏に帰服するようになってきた。(5) しかし当時の在庁（調所氏）の文書には依然として税所検校として署名を加えており、(6) 激動する動乱の中にあり、なお国衙をよりどころに勢力を保持していたことを示している。しかるにその後守護代本田氏の内訌にまきこまれ、島津氏（忠廉）によって税所氏は手痛い打撃を蒙ることになり、その勢力は本拠地曽於郡において文明年間以降衰微するに至ったのである。(7)

以上大隅国在庁御家人税所氏の概要について紹介したわけであるが、結局税所氏の歩んだ道は在地領主、郡司として国衙と関係をもち、在庁官人として御家人となり、その所職、所領を拡張して一族間で分有したが、その結果はかえって族的結合がうすれ、家の分立を促していったと思われる。また国衙＝守護所の関係から守護の被官化し、守護の滅亡と共に再び国衙によりどころを求めてその勢力維持をはかっている。また大隅国守護島津氏に拮抗する武家方のもう一方の勢力、日向国守護畠山氏により、その衰退後は九州探題今川了俊の勢力を後楯に、島津氏に抵抗を試み、結局は島津氏の勢力に服しながらも、その家臣化の道を円滑に辿れなかったということになろう。軽々に結論は出せないが税所氏の場合は在庁官人で、しかもその所領が国衙、守護所に接近してあったということが、同じ在庁御家人でありながら祢寝氏のように豪族領主として残りえなかった理由の一つと考えられるし、また調所氏のように御家人化せず、あくまで国衙に密着して保身の道を歩むことも出来なかったのであって、その中間的存在として分裂し、衰微してしまったといえるのではあるまいか。同じ在庁御家人加治木氏等もほぼこれと同じ経過を辿ったものといえよう。

註

（1）前々節註（4）にも記したように観応政変以前、軍忠状等にみえる税所氏一族としては重久氏、姫木氏等であり、惣領税所介等は観応三年七月、大隅に入った畠山民部大輔重隆に帰服し、以後反島津党としてあらわれる。『旧記雑録前編』一―二四六九号文和二年三月五日の島津氏久請文によれば「去年七月廿四日打入大隅国之刻、税所介已下、国中為宗仁等大略為佐殿方、属于彼手候了」とある。また「祢寝文書」一二〇号（延文元年）五月一三日の畠山直顕書状によれば税所介は畠山方の有力な一将であったことがわかる。

（2）『旧記雑録前編』一―二四三一号　観応三年七月二〇日　畠山直顕催促状　姫木十郎宛（船津村百姓軍右衛門文書）・姫木五郎四郎宛（清水衆瀬戸口弾兵衛文書）、また同二―四三号　正平一三年一〇月二〇日　島津氏久書状（勧降状）姫木弥四郎入道宛（同前）・同二―四四号　同年一一月九日　同姫木又次郎宛（船津村森永仲太郎文書）、また同二―三八二号（永和三年）一二月一一日島津氏久書状　姫木十郎宛（船津村百姓文書）によれば同氏は氏久の側についていることがわかる。以後姫木氏は次第に分立し衰微していく。姫木城は島津氏の要害城として本田氏が拠ることになる。前掲伊地知季安「姫木援考録」参照。

（3）『旧記雑録前編』一―二四九八・二四九九号（文和二年一〇月二六日）敵味方交名注進。

（4）「祢寝文書」三一四号　永和三年一〇月二八日　一揆神水契状案。他に税所但馬守祐平の名がみえる。しかし祐義との関係は明らかでない。或いは大隅国以外の税所氏かも知れない。「相良家文書」七三号　建武三年二月五日の「税所新兵衛尉延継」着到状、同一〇八号　興国二年閏四月二八日の相良祐長軍忠次第に相良兵庫允定頼の若党「税所彦四郎」、同一一九号　康永四年一一月の人吉庄一分地頭「税所新兵衛入道宗円」申状案等、肥後相良氏の庶流として税所氏がみえるが、これと大隅の税所氏との関係については明らかでない。なお本史料の史的意義については川添昭二氏「今川了俊の南九州経営と国人層」（『九州史学』一〇、一九五八年）参照。

（5）本田氏は酒匂氏と並んで島津氏譜代の被官であり、酒匂氏が鎌倉時代以来薩摩国守護代兼惣地頭代として主として薩摩の経営に当たったのに対し、本田氏は南北朝以降主として大隅の経営に当たり功があった。両氏の出自その他については別稿「薩摩国守護島津氏の被官について」（本書第1部第八章）において考察するので省略する。

『旧記雑録前編』二―四一〇号　調所氏譜中　康暦三年二月一三日条に「先是齢岳公（氏久）使本田氏親攻取姫木城及清水城等正八幡宮等亦悉服之」とある。下って同二―一二一三号　永享一〇年の福昌寺仏殿造営勧進注文に税所左馬助敦弘の名がみえる。

（6）たとえば同二―七二五号　応永一一年五月二一日　同二―一一〇三号　永享三年三月　留守所下文（調所氏文書）に「大介兼税

所検校」の署判がある。

（7）その後の税所一族の推移を知る資料は『旧記雑録前後編』の断片的史料の他、「地誌備考」（囎唹郡）の関係条項等にその記述がある。

【補註】『旧記雑録前編』一―八〇七号に弘安二年六月廿七日の院司迎慶所従譲状をのせる。これについて水上一久氏は「大隅正八幡宮政所幷餅田村預所職等を有する院司沙弥迎慶」とされ、「勢大夫入道一類六人の外、合計三十二人の多数の所従を譲与している点で前掲祢寝文書、建治の所従抄帳と共に類のないものであるが中に大夫殿、石見殿の殿付の所従を含むことにおいても亦注意される云々」と述べておられる（「中世譲状に現れたる所従について」『中世の荘園と社会』吉川弘文館、一九六九年）。院司迎慶の何人であるか確言できないが、正八幡宮政所職幷餅田村預所職の補任状、譲状がこの文書と一括して島津家文書中の他家文書（「島津家文書」三―一一六六号）に収められているところからやはり迎慶は正八幡宮政所職幷餅田村預所職を有した人と思われ、譲られている孫「くわんのう」は弘安三年八月廿三日正八幡宮政所職以下得分幷餅田村を親父藤原信祐から譲渡されている「観音丸」であろう。とすれば迎慶は年代から推考しても税所義祐ということになる。同じく島津家文書中、他家文書に伊集院上神殿村領主の文書数通が収載されているが、この家は税所氏支族であり前掲税所氏系図では藤原信祐の子道祐から出ている。「島津家文書」三―一一七〇号　文保二年三月一二日の鎮西御教書案に当領主上神殿次郎太郎祐継法師法名迎祐の祖父を迎仏としている。迎仏は或いは信祐か。このようにこの家系は法名に迎を用いるようであり、迎慶を義祐と考えることも無理ではなさそうである。いかがであろうか。そして院司とは或いは彼の所帯、薩摩国満家院院司職をさすものかもしれない。もしこの推測が正しければ、本史料は中世税所氏の経済生活を解明する貴重な史料ということになろう。正八幡宮と税所氏の関係はその起源を明らかにしないが（通説では税所氏の祖、霧島神宮と正八幡宮の神職として下向し、神領の祖税を司ったとするが、もとより確証はない）、義祐の正八幡宮所職の兼帯は両者の関係を緊密にしたといえよう。沢、留守、桑幡と並んで正八幡宮四社家の一である最勝寺氏は税所氏支族であると伝えている。

【付記】本稿は昭和三六年六月三日西日本史学会において発表した研究報告の草案に若干補筆訂正を加えたものである。

第四章　大隅国御家人酒井氏について

一、はじめに

今を距る二〇年程前私は「大隅の御家人について」という小論文を発表したことがある（『日本歴史』一三〇・一三一、一九五九年。本書第2部第一章）。その際史料より摘出し羅列した個々の御家人については、その後機会あるごとに別に考察を加えてきたが、史料等の制約もあってその数はいまだ全御家人のうち三分一程にしか及んでいない[1]。そのため旧稿において述べた大雑把な見通しについてあらためて見解を発表する時期にはなお至っていないが、今回新たに知ることのできた史料によって、これまで不十分な考察に止まっていた同国御家人酒井氏の系譜及びその実態について紹介し、大隅国御家人の特色について再検討し、さらには鎌倉幕府の御家人の態様について総合的に把握するための資料として提示したい。

註

（1）大隅国御家人領主に関連する個別研究の中、拙稿の分の主なものは以下の如くである。「大隅国御家人税所氏について」（『鹿大史学』九。本書第2部第三章）、「調所氏寸考」（『日本歴史』一五九。本書第2部第二章）、「鎌倉時代の肝付郡と肝付氏」（『高山郷土

栗野町
万膳
横川城
横川町
牧園町
三体堂
竹子
上中津川
持松
嘉例川
溝辺町
下中津川
霧島町
姶良町
有川
石峰
玉利
辺川
隼人町
西光寺
加治木町
西別府
重久
台明寺
崎森
東郷
小山田
姫城
長谷
鹿児島神宮
隼之城
弟子丸
鍋倉
吉原
朝日
国府
国分寺
国分市
加治木城
木田
西餅田
野口
新城
野久美田
内山田
上井
帖佐
小浜
上小川
真孝
湊
下井
敷根
凡　例
市町村境
地名
寺,社,城名
福山町
関係市町村（旧称）略図

誌』一九六六年)、「大隅国御家人菱刈・曾木氏について」(『鹿大文理学部史学科報告』一三、一九六四年)、「肥後氏と多禰島氏」(『種子島民俗』一七)、「鎌倉時代の御家人並びに島津荘大隅方の荘官について」(『鹿児島史学』一二、一九六五年)、「島津庄大隅方鹿屋院小考」(『鹿大法文学部文学科論集』一、一九六五年)、「島津庄大隅方串良院小考」(同五、一九六九年)、「大隅国正八幡宮領吉田院小考」(同六、一九七〇年)、「正八幡宮領加治木郷について」(『鹿児島中世史研究会報』三一、一九七二年。拙著所収)、「大隅国正八幡宮領帖佐郷小考」(『文学科論集』八、一九七三年。拙著所収)、「大隅国祢寝郡司庶家角氏について」(同一三、一九七七年)、「大隅国正八幡宮社家小考」(『続荘園制と武家社会』吉川弘文館、一九七八年。拙著所収)。

二、酒井氏の出自

建久九年三月の大隅国御家人交名注進状によれば、国方御家人として税所篤用・田所宗房・曾野郡司篤守・小河郡司宗房・加治木郡司吉平・帖佐郡司高助・執行清俊・東郷郡司時房・河俣新大夫篤頼・佐多新大夫高清・弥三郎大夫近延《遠》・祢寝郡司・木房紀太郎良房・西郷酒大夫末能の一四名の名をあげ、宮方御家人として政所守平・長大夫清道・源大夫利家・修理所為宗・権政所良清・栗野郡司守綱・脇本三《六》郎大夫正平・太郎大夫清直・六郎大夫高清《為》・矢《弥》太郎(大夫)種元・執行大夫助平・島四郎近延・姶良平大夫良門・小平大高延・新大夫宗房・弥次郎貫首友宗・肥後房良西・敷根次郎延包・三郎大夫近直の一九名の名をあげている。このうち明らかに酒井姓の者は、国方の小河郡司と西郷酒大夫末能、宮方の修理所為宗と弥次郎貫首友宗であり、酒井姓かと思われるものに栗野郡司守綱がある。旧稿において私ははじめの三人のみを酒井姓としたのであるが[1]、後の一人を酒井姓とし、一人をその可能性ありとしたのは、主として近年発見された「隈元文書」の記載による。(2) すなわち同文書、応永一七年八月三日の酒井正俊重写の「当家氏文古今記録条々事」は摩損、誤写多く、難解誤伝も目立つが、大筋において史実と合致し捨て難い内容を含んでいる。全文を左に示そう。

当家氏文古今記録条々事

上古之綸旨・院宣・関東御教書・寺家御下知・代々手継之状之ことくハ、当家先祖有異説、当国桑西郷の開発領主号桑原郡庁ノ惣検校曾大良ト、雖然中古以来称酒井氏ト、八幡大菩薩を於当郷奉崇敬、抽神忠者也、顧上代ノ霊跡ハ略之、累代先祖友行・友直・友季也、此友季ハ斎院被官ノ人成カ、親能ニハ他腹ノ為舎兄、八幡暫居住事ハ善法寺方ニ有縁ノ子細アレハナリ、此友季ハ父子不快ノ謂有ケルヤシテ洛外栖タリ、爰草部光依ハ当社ノ執印ニテ在国之刻、舛(叔カ)父ニテ候ケル間、大菩薩ニ御参詣候得カシト被申上ケレハ、西国一見之為ニヤ、下向ノ中間、阿(安)芸之厳島ニ参宮候ケルニ、彼内侍斎縁ヨリ御出候之間、就中縁逗留之間、芳志難尽、其内瑞想多々有ける間、当家厳島を氏神ニ奉□ハ此故也、友季□光依(頼)既舛(叔カ)父ニテ奔走至極之上可有帰洛ヲや執着せられて聟ニ取而被留、□数年之後彼女姓他界あり、此□わとて可有上洛之由強ニ被申ケレハ、執印光頼と友直ハ知音無双の事成けれハ、光依(頼)申ケルハ、所詮友季之上洛可為無方便候ヲ平(卒カ)聟ニ召候テ身望を述度候と連々故実の仁を語テ難申サレケル程ニ、時之執印と云、近付と云、旁以難遁テ契約有けるに、友直之男子一人候けるか、慮外ニ病死候程ニ、孫男出来間、閤同姓、半不輸領ヲ相続有者也、此友季者始ハ友親と申カ、当所を相続時、季ハ改らル、歟、然孫男ハ号季時と、草部腹之子息ハ称季宗、友季死去之後季時初《ショ》心なりけれハ、保安二年如任補状ハ親之□孝事乍成仁ノ舎兄たる程ニ右方御公事以下代官如クニ計せ申ケルニ、私之子細増ける際、不可然ニテ取放レケルニ、光頼申ケルハ、季時ハ幼少御事ニ□季宗ハ成長候、本領以下ハ御知行尤、修理所職をは大綱神役候、季宗ニ御預候而一期過候者、如元御計候ハんハ可目出候ト強ニ被歎申之間、さらはと如家替ニテ預申候処、季宗死去□後無息成けるに、惣領方ニハ不返して、執印之威勢を借て、舎弟岡本之四郎カ子息ニ弥太郎助宗・同弥次郎友宗とて有を養子して修理所知行用丸名を助宗ニ被譲、其内之長谷名ヲハ友宗ニ被譲歟、彼是僻事也、代々相論シ此口伝也、如此して経年月之処、大友先祖掃部頭親能、当国地頭たる時節、兄弟余流を申極て、其後代々伝通能（道吉）薄（博カ）多石築地之時、大番役時分、又ハ十二年奉公分ニテ在鎌仕けるに惣領方ニ巨細申入けるが、守護狩ノ奉行シ、大友方ノ引廻たり、当国ノ諸人之鎌倉上仕ツラメト之施面目者也、幕ノ文ナト相続モ通能（道吉）之御代也、而修理所ハ一円神官云、執印ノ恩徳云、幕之文ヲモ不改、中葉マテモ号草部氏ト歟、其後人々被難テ酒井氏ニ本覆ス、就中当家を可号藤原氏之処、母方ヲ所領相続仕之間、家非家以継為家ト者哉ナレハ、酒井氏也、御家人役其外規模之所役多分大友方ゟ被申沙汰と云云、

一、溝部本村幷在里名玉利・石峯・在行村（河）散在山野宮侍職、守護狩奉行職、向島東方此等者惣領知行云々、

一、当郷之内余名一町幷栗野北里村者舎弟吉綱知行分、

一、島津庄曾小河弁済使職幷河辺井田一町余、二郎季能知行分於末代聊無異論可有相続之間如件、

季広在判

右、上代注文暦（歴然）前也、古紙之習（摩）間滅多々、然者外見有憚歟之間、自然為披見、追先蹤、重所写記如件、

前出雲入道酒井正俊

応永十七年八月三日　（花押）

すなわち右文中に「季宗死去□後無息成けるに、物領方ニハ不返して、執印之威勢を借て、舎弟岡本之四郎カ子息ニ弥太郎助宗、同弥次郎友宗とて有を養子して修理所知行用丸名を助宗ニ被譲、其内之長谷名ヲハ友宗ニ被譲歟」とあるのがそれで、弥次郎貫首友宗は助宗の弟で同家の庶流といえよう。助宗については、文治三年一一月の正八幡宮神官等解には、修理所検校散位道守宿禰「助宗」の自署がみえる(3)。このように助宗は道守宿禰を称し、酒井を称さない。ところが五年後の建久三年九月の正八幡宮神官等解には、修理所検校散位酒井宿禰「助宗」と自署している(4)。ついで二二年後の建保二年六月一五日の正八幡宮神官所司等解では、修理検校として酒井「為宗」の自署がある(5)。為宗は助宗の後として同職を相伝したのであろう（後掲の酒井氏系図によれば友宗は助宗の養子となって助宗の後を嗣ぎ、友宗の子為宗がまたその後嗣となったと考えられる）。助宗が一時道守宿禰を称し、酒井姓を称さなかったのは、右の「古今記録条々」に記されている草部（日下部）姓の出で、酒井氏に養子に入ったという事情と或いは関係があろう。

次に隈元栄氏現蔵の酒井氏系図を掲げよう。便宜上近世初期までの分を全文挙示しよう。

正八幡宮氏人牛丸酒井氏幷修理所職系図

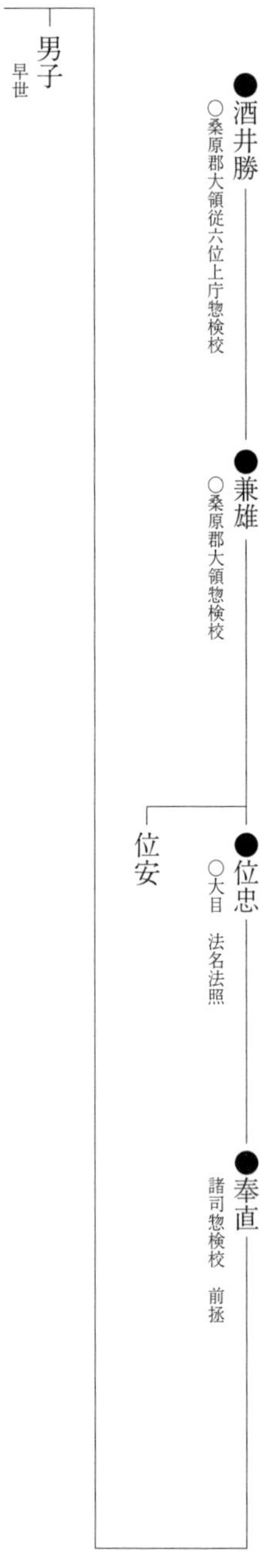

●奉季
修理所拯　始友親
○実斎院次官掃部頭藤原親能他腹舍兄タリトイヘトモ、委細有テ親父不快而石清水八幡善法寺縁座タルヲ以テ八幡ニ居住ス、然ニ大隅正八幡宮執印草部光頼正宮ヱノ参詣ヲ諫ニヨツテ下向ノ序、安芸厳島明神江詣テ滞在之際、新霊夢ヲ蒙コト唯非一再、其霊妙ノ尊キコトヲ感、当家氏神ト崇敬スル者也、
○大隅州桑西郷ニ下向シテ後帰洛センコトヲ願トイヱトモ、執印光頼カ奔走ニ任セ聟ニ成リ、二子ヲ設テ妻女死去ス、後光頼計ヒヲ以テ酒井奉直カ聟ニ成シテ季時ヲ設、奉直一子有トイヘトモ早世ス、因茲奉直継子ト成テ譲所領、当家ヲ連続スル者也、（臾）
○執印光頼ノ進メヲ以テ始テ任修理所職、於当郷奉崇敬正宮須更モ無怠、終身マテ抽神忠者也、

女子
○奉季妻

●季宗
修理所職
○奉季之遺領ヲ相続
○母草部光頼女也

四郎
○号岡本、早世
○母同季宗

季時
○母酒井奉直女
○西郷氏栗野氏元祖
○平治元年溝部本村譲得之、

助宗
弥太郎
○伯父季宗因無継子、為養子

友宗
弥次郎貫首
○長谷名譲之
○兄助宗養子

為宗

末吉
酒太夫

道吉

吉綱

●助宗
修理所　弥太郎
○伯父季宗無継子、因為猶子補任修理職、隈本地幷用丸村知行ス、

●友宗
弥次郎
○兄助宗為養子連続当家者也、
○修理所職

●為宗
修理所
○加治木宮永村領之、
○或時加治木六郎経平崎守村遠江守殿　問状御教書申賜間、本所挙状申関東参ス、元久二年　右大臣殿御下知申賜、同本所御下知賜之、

宗頼
太郎大夫

新太夫
放失　早世

諸次郎兵衛尉

●宗光
修理所　三郎

●頼宗
修理所　次郎　検校

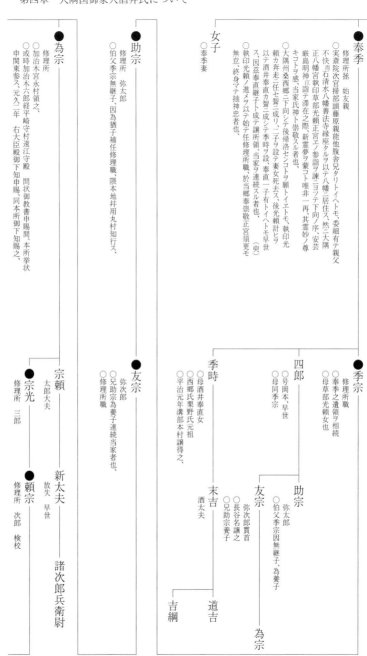

- 友平（弥酒太郎　○堀薗領之、）
  - 宗平（弥酒太）
  - 永平（酒次郎）
    - 少輔律師宗範（○宗平養子　堀薗知行）
    - 清永（酒三郎）
      - 宗永
      - 為永（五郎次郎　左衛門五郎）
      - 六郎
    - 末永（五郎）
    - 六郎
  - 道意房
    - 宗源（教道阿沙梨）
    - 河内房
- 正雲房（講衆）

- ●宗清（修理所　次郎　検校）
  - ●為治（弥次郎　検校　○修理所）
  - 為親
  - 女子
  - 為房
  - 為清
    - 為安（左衛門太郎）
    - 為秀（次郎左衛門尉）
- 女子（○柏原次郎太夫妻）
- 女子
- 重宗
  - 為季（弥三）
    - 道紀（僧）
    - 為嗣（次郎　法師丸）
    - 女子（○郷田三郎五郎嫁ス）
  - 女子

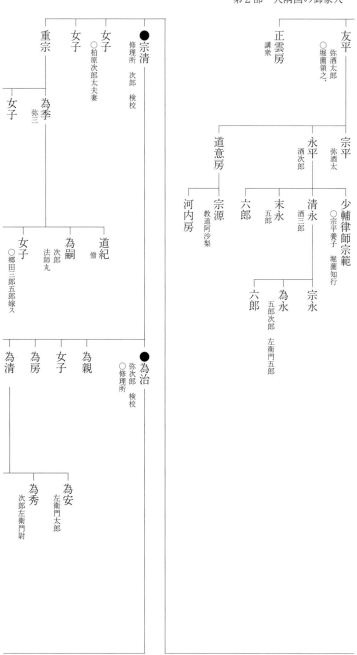

為重　平三郎
○竹井弥三郎嫁、在子息
僧

為行　平三郎
女子
弥平三
道得　僧

為縄　三郎左衛門尉
○号築瀬
女子
女子
○久元妻

為秋　又三郎
女子
為正　又二郎
女子
弥七
女子
四郎

女子
女子
○牛屎四郎兵衛尉妻
有子息
女子
○桑幡長十郎妻
○出家比丘尼　有子息

●為助
彦太郎　修理所　検校
○建武四年二月廿八日賜　左馬頭直義可励軍忠旨御教書、
○大隅州桑原郡隈之城代々居住スルニヨツテ号隈本
○於薩摩国市来遂戦死者也、
師為　弥八 ―― 女子

●為成
修理所
女子
○田中孫五郎妻
女子
○姶良平次妻

●為貞
○当代姶玉利城居住

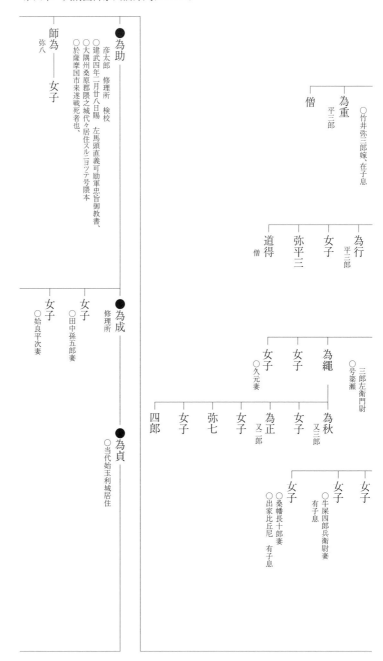

女子
得妙御前
○溝部諸太郎母

女子
窮石御前
○山本拯妻　男子有

女子
○渋谷河崎嫁、子共有

女子
久曾御前
○東郷左衛門太郎嫁、子共有、

弥三郎

●為頼
○代々相伝之崎守村ヲ加治木仲平以謀計争之、
因茲守護　修理亮久豊公訟ヱ無相違安堵者也、

●久宗
○永享年中福昌寺御仏殿有御建立、守護御一門ヲ始薩隅日
三州諸所之領主等米銭ヲ被奉勧進、列其并奉寄進之者也、

●宗房
修理所職
○明応十年辛酉六月七日、曾小河清水楞厳寺江
川窪脇薗之地田畠為菩提奉寄附者也、

●宗勝
宮永修理所別当
○用丸村并限本地代々伝領之、

●道直
鬼徳　長十郎
○実桑幡左馬頭息長道穴二男也、宗勝為継子連続当家者也、
養父宗勝無一子コトヲ愁、桑幡氏者代々繁昌、相続家タル
ニヨツテアヤカランコトヲ思ヒ、当代ヨリ酒井氏ヲ改、息長姓

●道豊
鬼徳　長十郎
○永禄五年九月廿五日補任
修理所諸職

●道久
鬼徳　長十郎
○永禄十年十二月補任
宮長検校職

●道吉
鬼徳　長十郎　駿河守
○宮長修理所職

号道直者也、
○永正十六年八月二日補任公文検校職

●道重
鬼徳　治部少輔
○宮長修理職
○法号源阿弥陀仏

玄中
早世

●道継
鬼徳　七兵衛尉
○慶長十二年丁未六月十八日
補任宮長修理職、
○法号清山宗円居士、

宗左衛門尉
○神田橋氏為養子

寂阿弥陀仏
○正行寺住持

善助
○若宮氏為養子

●道重
鬼徳　七郎　次郎右衛門尉
○慶長十五年庚戌十月十五日誕生、母牧大炊助女
○寛永五年十月廿六日補任宮長検校職
○寛文五年巳大隅州国府大津川毎年洪水有テ田畠破損ス、
故隈之城山ヨリ石ヲトツテ水除用トナサル、隈之城者先祖代
々依為住居地、辱モ　太守光久公達貴聞、大山伊予助ヲ以同
年七月十八日白銀五枚拝領之也、
○元禄五年壬申十一月十二日死、年八十三、法号花壁宗碧居士

太々右衛門尉
○神田橋氏養子、伯父宗左衛門尉依無継子連続彼家者也、

女子
隅州曾於郡之士
○藤田千左衛門尉妻

系図の書出しに酒井勝とあるが、早く太田亮『姓氏家系大辞典』に大隅の酒井氏として、「酒井勝の後なるべし。政事要略巻八十一に『酒井乙麻呂、大隅国桑原郡人（延喜十六年）』と見ゆ[6]。下りて台明寺天承元年九月十七日文書に『目酒井』と見え、また建久の図田帳に『曾野郡小河院、用富四十五丁、郡司酒井宗方所知』、また『桑西郡(郷)、国方所当弁田、酒井末能所知』、又加治木郷、万(宮)永八丁、正宮修理所、酒井為宗所知』、また末能は『西郷酒大夫末能』とも見ゆ。而して建久九年御家人交名に『小川郡司宗房』を載せ、又建治二年の調所文書に『溝部田六段、酒井末房、在

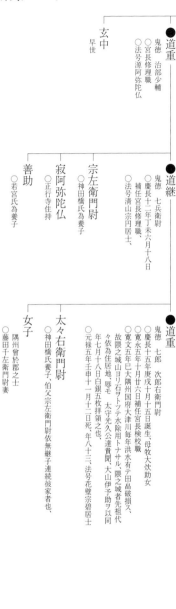

河田七段、綾大夫宗助』、などあり。盛族なりしを知るに足らん」と説明している。また酒井勝については、「豊前国宇佐郡酒井郷より起る。延暦十八年八月紀に『豊前国宇佐郡人酒井勝小常、悪行あるに依りて、隠岐国に配す』、など見ゆるは、此の氏にして、族中宿禰を賜へるものあり。又貞観十八年十一月、若宮社祝大神朝臣の解文に『酒井勝門主女』を載せたり」との説明がある。この半ば伝説化している酒井勝と同名の者を始祖とし、「桑原郡大領従六位上庁物検校」と大隅国桑原郡郡司にして在庁官人であるとするところから、この酒井氏並びに修理所職系図は展開していくのである。次の兼雄の官位職名も同じ、次の位忠は「大目、法名法照」とある。次の奉《(友)》直は「諸司物検校、前掾」とある。この奉直の男子は早世で、女子の婿に迎えたのが次の奉《(友)》季である。奉季は「修理所、掾、始友親」とある、この奉季がはじめ正八幡宮執印草部光頼の女と結び生まれた子が季宗であり、奉直の女との間に生まれた子が季時である。そしてこの季宗の統（弟岡本四郎の子助宗・友宗が相続）と季時の統との間で所職所領をめぐる係争が鎌倉初期に起こっているのである。

註

（1）「大隅の御家人について」において（I）鎌倉初期の御家人として交名三三名中、４小河郡司宗房は「図田帳に６郡司酒井宗方とあるのと同一人であろう。酒井姓」とし、14西郷酒大夫末能は「図田帳に12酒井末能、桑西郷正宮領万徳、溝部在河所知とある。建仁四年、貫首酒井道吉をして、溝部村井下散在田畠を領掌せしむとある酒井氏は一族であろうか。国方の御家人であっても正宮領知行のものは同時に神人でもあった訳で、このことは祢寝郡司建部氏等についても見られることである」とし、18修理所為守（宗）は「図田帳に19正宮修理所酒井為宗、加治木郷正宮新御領宮永所知とあり、酒井姓、建保二年、貞応二年の神官連署に修理所検校散位酒井宿禰為宗とある。恐らく為守は為宗であろう。また建仁四年、正八幡宮公文所下文に修理所検校為宗の桑西郷溝部村に関する非論を止めるとある」としたが、20栗野郡司守綱については「図田帳に栗野院六四丁正宮領とある。栗野院の豪族であろう。姓氏不詳」とし、30弥次郎貫首友宗については「不詳」とした。
(2) 熊本県菊陽町隈元栄一氏所蔵、鹿児島神宮寄託文書(『鹿児島県史料　家わけ九』「隈元文書」)。発見、確認の経緯については本稿「付記」参照のこと。
(3)『鹿児島県史料　家わけ一』「祢寝文書」六四五号(以下、「祢寝文書」とあるのは同書による)。
(4) 同六四四号。
(5) 同二八三号。
(6) 辞典には延暦とあるが、「政事要略」巻八一糺弾雑事により訂正。

三、酒井為宗と道吉の相論

さて、宮方御家人修理所検校酒井為宗と国方御家人酒井道吉との間の係争史料としては、従来は『旧記雑録前編』所収国分宮内沢氏蔵文書として左記建仁四年三月の正八幡宮公文所下文一通のみが知られていた(1)。

正宮公文所下　貫首酒井道吉
可令早任寺家御下文旨、停止為宗非論、領掌溝部村内幷下散在田畠等事、
右、去年十一月日御下文、今年正月十九日到来偁、修理所検校為宗不用本所御下知事、右、為宗与道吉所領相論之間、於公文所召決両方之日、任文書之理、道吉蒙裁許歟、而為宗募守護所之威、一切不用寺家御下文之旨云々、先為宗為修理所検校、已社家進退神官也、且此条仰本所裁判之故、令訴申之処、依無道理、令雌伏之間、背本所、

募武威之条、不当無極事也、就中件沙汰、或守護所道吉道理之由成敗畢云々、或国衙止為宗之非論、可令道吉領掌之由令裁判畢云々、而為宗偏処社家之僻事、致悪口、令違背之条、甚以下穏便、若尚背下知之旨者、為宗可放神人之職也云々者、早任御下文之旨、停止為宗之妨、令道吉領掌、可勤仕国所役之状如件、

建仁四年三月　日

権政所散位息長（花押）
御供所検校散位息長（花押）
政所検校散位大蔵（花押）
権執印散位息長（花押）

執印大法師判

内容は、修理所検校酒井為宗と貫首酒井道吉とが溝部（辺）村以下の所領の領有をめぐって争い、文書の道理により道吉の勝訴となったのに、為宗は守護所の威をかりて寺家の下文に従わず、重ねて道吉の訴えにより、為宗の非論は守護所、国衙の認めるところともなったのに、なお社家の判定に不服をとなえるのは穏便ならずとし、今後さらに下知に違背するなら為宗より神人の職を召放つとまで言い、道吉の領掌を裁定しているのである。ところが今回一見することを得た「隈元文書」には前出文書と深い関係のある左の五点の文書が含まれており、さらにその前後の事情を明らかに知ることが出来たのである。

（一）

（端裏書）
「修理所検校奉季男」

八幡正宮

酒井季時
右人補任修理所職、既畢、
保安二年二月二日
執印伝燈大法師（花押）
権執印内蔵朝臣（花押）
御前検校大法師
修理所検校酒井（花押）
御供所検校平朝臣（花押）
御馬所検校藤原
検校日下部
弁官山
祝部漆島（花押）
権政所息長（花押）
政所検校菅野朝臣（花押）
宮主法師
宮主法師
宮主法師（花押）
五師大法師（花押）
権座主大法師（花押）
座主大法師（花押）

（二）

（外題）「如解状者、尤可然事歟、早於国召問彼此、任道理可令致沙汰状如件、
大介藤原朝臣（花押）」

正八幡宮貫首酒井道吉謹

陳申、為当宮修理所為宗、不帯指一紙証文、恣任自由巧出謀計、相構今案、道吉箕裘相伝、三代領掌田畠等、
擬令濫妨、令致非拠越奏不当子細状、
右倩案事情、田畠領掌之道以相伝為先、以手継為宗、爰道吉件田畠相伝次第、所謂自高祖父太郎大夫季宗之手、
即舎弟次郎貫首季時令伝領之後、又嫡男酒大夫末吉譲得之、領作年久、又自親父末吉之手、道吉令伝領畢、相計
其年序四十余箇年、全以無異論、其旨当宮公文所幷守護所ニ訴申此子細之日、依道吉之道理、可停止為宗横論之
由、蒙裁判畢、凡為宗之所行、言語道断次第歟、偏構謀略、巧今案、不顧次第之由緒、任自由、企濫妨之条、尤
可足御遏迹者、早止非論、任道理、欲被下憲法御政道、仍勒子細以陳、
建仁元年八月　日　　　　　　　　　貫首酒井道吉上

（三）

（花押）
寺家公文所下　　正宮公文所
正宮公文所公神宮侍職事
右件之職者、任相伝之旨、所令補任也、随神領宮侍四至内、宮侍毎月三ケ夜宿直番役可令催役、於闕如之輩者、
可有其科、将又宮侍薗内用帳一所停止地利物、課役、宮侍所司可為家敷、自余於薗々等者、有限神役成物等任先
例可令勤仕、於下地者、道吉可進退領掌之状、依長吏仰下知如件、
元久二年十月　日　　　　　　　　　公文伊勢介（花押）
　　　　　　　　　　　　　　　　　少別当　藤（花押）

（四）

（花押）

寺家公文所下　正宮公文所

可早任先御下知領掌、酒井道吉訴申神領溝部本村外田畠荒野等事、

右、先日雖成賜御下文、重所被仰下也、停止為宗非拠之妨、以道吉可領知之状、依　長吏仰下知如件、

元久二年十月　日

公文伊勢介（花押）

権寺主法師（花押）

少別当　藤（花押）

（五）

（花押）

寺家公文所下　正宮公文所

可早如元酒井道吉令領掌西郷之内溝部田畠山野幷散在田畠等事、

右、道吉云証文道理、云問注御成敗、先年事切畢、而去年神輿御上洛之時、前執印法橋成兼聊有私意趣歟之間、一旦申宛為宗、雖然道吉不誤之由、進誓状畢、仍停止為宗之濫妨、道吉可令領知之状、依　長吏仰下知如件、

承久三年五月十一日

左近将監中原（花押）

権寺主法師（花押）

少別当大法師（花押）

少別当大法師（花押）

法橋上人位（花押）

すなわち（二）は、前掲建仁四年の正宮公文所下文に「或国衙止為宗之非論、可令道吉領掌之由令裁判畢」とあるのを指すものと思われ、道吉が為宗を相手どって、証文もないのに為宗が道吉三代相伝領掌の田畠を謀計により濫妨しようとする企図を阻止しようと国司に訴え、国司はそれを容れて国衙において両者を召問し道理に任せて裁決すべきことを命じているのである。そして道吉はこの陳状の中で相伝の由緒を記し、正宮公文所と守護所には既にこの旨を訴え出、その承認を得ていることを述べているのである。このように道吉の訴えは正宮公文所・守護所・国衙の三に出されていたことがわかる。

（一）は道吉が田畠相伝次第を記している中で、「所謂自高祖父太郎大夫季宗之手、即舎弟次郎貫首季時令伝領」（二）とあるのと関係する正宮神官等補任状で、酒井季時を修理所職に補任するとある。同文書には字面に一七顆の朱印の押捺があり、印文は「八幡官印」、古来正八幡宮使用の印章と一致する。文書形式も養和元年一一月七日の殿上一命婦職補任状と相似である。(2) ただ「修理所職に補任、既に畢んぬ」と過去形を用いていることと、執印（行賢であろう。花押は保安二年六月一一日の正宮政所下文に執印大法師とある花押と完全に一致する。他に署名者中権政所検校息長の花押も一致し、本文書の信憑性を高めている）(3) 以下神官連署に修理所検校酒井の自署のあることと如何に関わるのであろうか。同文書端裏書に「修理所検校奉季男」の文字のみえるのは、補任された季時が奉季の子であることを覚として記したものであろう。この場合補任の修理所職が修理所検校職と別のものか、先任者と並んで新任者を挙用したものか、同職の相伝と溝辺村田畠領有との関係は如何か等にわかに決めがたい。種々問題はあろうが、所領相伝の系図を記せば、季宗―季時―末吉―道吉ということになり、そしてこれと対立する側のそれは季宗―助宗―友宗―為宗ということになろう。(4)

(三)・(四)・(五)は何れも寺家公文所下文で石清水八幡宮寺検校法印の袖判があり、宛所は正八幡宮公文所となっている。(三)は正宮公文所公神宮侍職の道吉宛の補任状で、その所役の勤仕と所領の知行を令したものである。(四)は前掲文書の修理所検校酒井為宗と酒井道吉との神領溝部本村外田畠荒野等をめぐる争論について、元久二年一〇月重ねて為宗の乱妨を停め道吉の領知を命じたものである。(五)はその一六年後の承久三年五月、右の如く道吉の領掌が認められていたところ、去年神輿上洛の時、前執印法橋成兼の恣意に改易、敵手の為宗に与えられたが、道吉に誤りのなかったことが認められて再び為宗の濫妨を停め、道吉をして領知せしめる旨を令したものである。

以上により道吉・為宗の一族間の係争は久しくつづけられていたことがわかるが、結局溝部村の領有は道吉側に認められたわけである。道吉の後については明らかでないが、建治二年の石築地配符案によると、桑西郷溝辺郷六反六寸として御家人諸太郎末房の記載があり、在河七反七寸の知行人として弥太郎宗助の名があげてある。(5)一方為宗の後については、同じく建治二年の石築地配符案に桑西郷石水寺一反、同石上二反、加治木郷本名用丸五丁を知行する御家人修理所検校丸があり、恐らく為宗の後であろう。(6)そして後掲の元徳元年の酒井為治・沙弥蓮意和与状にみえる為治とはさらにその後であり、沙弥蓮意が修理所検校丸の法名ではなかったかと推定される。(7)そしてこれらの文書が何故訴論の敗者たる為宗の後である隈元家に相伝されたのかは明らかでない。一通だけが沢氏文書として伝えられたのも不審であるが、恐らくこれらの文書は何らかの理由で社家(公文所)に伝えられ、その一が田所検校たる沢氏に、他が修理所検校たる隈元家に相伝されたのではあるまいか。

註

（1）『旧記雑録前編』二一一号。
（2）『鹿児島県史料　家わけ九』「鹿児島神宮文書」二号。
（3）「祢寝文書」六三九号。
（4）系図によれば奉季―末吉―道吉であるが、（一）で道吉が季宗を高祖父と呼ぶのは、この所領相伝の系譜を裏書するものといえよう。
（5）『旧記雑録前編』七七三号。旧稿「大隅の御家人について」には（Ⅱ）鎌倉後期の御家人の中、28諸太郎末房について説明している。
（6）同じく14修理所についても鎌倉時代後期における数少ない宮方御家人の一として説明している。
（7）第三節註（11）参照。

四、国方御家人酒井氏

以上みてきたように酒井氏には大別して、宮方御家人として正八幡宮修理所検校職を世襲し、加治木郷宮永崎森の中、本名用丸を主たる所領として知行する一流と、国方御家人として小河院・桑西郷溝辺・在河（有川）を主たる所領として知行する一流とに分けられ、前者が後に正八幡宮所在地（桑西郷）に近接したその居所の地名から隈元、或いは隈本と呼ばれるようになり、後者もまたその居住地の名をとって西郷氏、溝辺氏、在河（有川）等と呼ばれるようになったのであろう。[1] しかし後者には他に国衙や守護所に勢力を張り、曾小河村弁済使職をも領有した一流があった。旧記雑録前編の中に次の文書が載録されている。[2]

守護狩目録次第事

右、代々雖有目録、先如此、然者、長領為知行分、彼狩人以下案内者、堅所申沙汰也云々、穴（ママ）手皮任先例、取進之候条、文書明白之上者、可守先規候歟、但近年者狩庭之鹿子幷皮之事、行事為私用事、国面々存無相違也云々、守護代官方狩沙汰申談趣如此、為後代於私注置之間、毎年二ヶ度之御狩之時、当守護可申上者、不可有子細者歟、

沙弥円也

恐らくこの文書はその前に記されている「木原朝追立宿事」（東手引、西手引の二手に分け、栗野屋形をはじめとする宿所名と狩人々数、案内者名の注文）や、さらには正応二年八月二一日の「守護御狩左手右手書分事」、「守護御狩踏馬之事」、正応二年八月二三日の「御家人分雇狩人之事」等と一括の文書であり、[3]その所在名が「正文在国分正八幡宮社司沢某」とあることから、宮方御家人を含む大隅国御家人宛の正応二年八月の守護狩夫役支配注文とそれに書き加えた守護代僧唯道の同月日付の催促状を社家に書き留め、社領に対する賦役の参考資料としたのであろう。[4]したがって円也の署名も正応二年当時のものと考える必要はない。円也が直接守護狩夫役注文を作成したことを示すのは元亨四年正月二五日の「来二月五日守護狩事」（曽野郡御家人宛守護狩夫支配状）で税所介以下各御家人毎の歩兵狩人数をあげた後、「中津河湯原可有狩聚候、致三ヶ日用意、自身早々可有見参候、若雨降候者、可為次々日候、右任先例支配状如件」と記し「沙弥円也」とある。[5]元亨四年四月一八日の「来廿一日守護狩事」（祢寝院御家人宛守護狩夫支配状）もほとんど同文で沙弥円也の署名がある。[6]同文書の所在名は「正文国分宮内社人沢喜三太家蔵」となっている。遡って元亨三年七月一一日の「来廿五日守護狩事」（加治木郷御家人宛守護狩夫支配状）も前記のものと同文であるが、[7]

署名は「酒太夫季親」となっている。季親は円也の俗名であろう。なお円也の署名を欠くが、右と同種関係文書は元亨四年正月二七日の「来二月五日守護御狩之事」（大隅国御家人守護狩夫注文、御家人数二七名）及び元亨四年四月二二日の「守護私領頭役狩人事」（守護狩々人支配状）で何れも前記宮内社家沢氏家蔵文書となっている。(8) 酒大夫季親＝円也が大隅国守護の狩夫役の国内御家人（国方・宮方共に）への割宛催促を行なっていることは明らかで、自身御家人でありながら守護役人、在庁役人の如き立場にあったことを示している。円也については他に、嘉元三年一二月三日の大隅守護北条時直裁許状に、祢寝清治と伊佐敷親弘の海人漁獲物争奪の相論に東郷郡司義秀と共に実否尋問を令せられ、嘉元二年一〇月一七日親弘の請文を執進している「当国御家人酒大夫入道円也」がみえ、(9) 延慶三年一二月二三日の大隅国司庁宣に、藤原三午丸（調所敦恒）と「大隅国調所書生職并主神司職等」について争っている「酒大夫入道円也」をみる。(10) ここで円也は調所恒幸の譲状を帯し、在庁官人の連署状を得て右の所職の安堵を求める敦恒に対し、「妻女之代秀吉」の補任を主張したものらしい。円也は「神敵国敵」と非難され、その要求も却けられている。しかしこの文書からも円也が在庁役人としてかなり勢力を有していたことを推測させる。次に元徳元年一二月二六日の酒井為治・沙弥蓮意連署和与状に円也の名をみる。前欠文書でやや意味の通じ難い箇処もあるが全文を左に記そう。(11)

「円也方畢矣、

有里名大下符米事、

右、大下符米、年来雖有員数相論、是又相互令承諾之間、至于向後者、毎年伍斗陸升加桑丁定、可被弁済之也、

同名方々御公事済物等事、

右、御公事済物等、雖有田数相論、是又相互令承諾間、至于向後者、毎年済物并臨時所役、以陸町可被勤仕之也、

但於正宮御修理役者、任先例、可被勤仕之矣、

和与地御公事済物等事、

右地者、溝部内本田七段分可弁勤之由、円也被申之上者、可存其旨也矣、

以前条々、承諾和与之子細如斯、若有変改之儀者、正八幡三所大菩薩御罰各可罷蒙也、又子孫等中有破彼状之輩者、可為死骸敵対之間、不可令知行為治遺領、仍為後日和与之状如件、

連署の酒井為治は修理所検校とあり、同じ酒井氏一族間の係争であったことを知る。修理所検校を世襲する酒井氏は宮方御家人であり、円也は溝部（辺）等に所領を有する国方御家人の酒井氏流であることがわかる。さらに元徳三年六月の祢寝清武申状では、島津庄大隅方曾小河村弁済使職をめぐって円也等の押領が訴えられている。すなわち、

右曾小河村弁済使職者、捧本主島津御庄々官富山七郎大夫義任以来之次第相伝証文等、清衡《清武伯父》就令訴申御庄庁、以去延慶（マヽ）二月十二日、被宛補彼職之間、令知行之処、当国御家人酒太夫入道円也乍為得替之身、押領彼村、苅取作麦致狼籍ノ間、依訴申宰府被成下度々御教書之処、円也捧自請文之刻、細山田右衛門入道々念子息犬王丸御雑掌兼尚共所令押領当村也、爰円也帯持文書者為犯人姶良六郎左衛門尉助元文書之間、自地頭方依被成違乱于所務、為償之避退永利半分於地頭方之上、地頭又以同永利利（マヽ）内雖被押領加持屋村、恐于犯科之篇、円也不及訴訟者也、

仍永利半分余成地頭進止之地畢、

とある。(12) 藤姓富山氏から建部姓祢寝氏一族の手に移っていた島津庄寄郡曾小河村弁済使職を一旦手中に入れ、その領有をめぐり争っているのである。このように鎌倉時代末期、酒井季親＝円也の活躍は著しいが、そのよりどころは国方御家人として在庁と密着し、正八幡宮領知行の神人酒井氏一族として神威をかり、守護私領をも知行して守護配下

の御家人となり、所役賦課の権限を得ていた等のことによろう。前掲「当家氏文古今記録条々事」には「島津庄曾小河弁済使職幷河辺井田一町余、二郎季能知行分於末代聊無異論可有相続」とあるが、この季能とは道吉の後で、季親はさらにその後に当たるのかもしれない。

註

(1)『隼人郷土誌』・『溝辺郷土誌』所収、小字図参照。
(2)『旧記雑録前編』一—九二四号。
(3)同一—九二二、九二三号。
(4)拙稿「栗野町稲葉崎・田尾原供養塔群」(『鹿児島県文化財調査報告書』一三、一九六六年)参照。
(5)『旧記雑録前編』一—一三八七号、正文国分八幡宮社司沢氏家蔵。
(6)同一—一三九七号。
(7)同一—一三五四号、正文在国分宮内社司沢某。
(8)同一—一三八八号、一三九八号。
(9)「祢寝文書」三六号。
(10)『旧記雑録前編』一—一一三九号、調所氏文書。
(11)同一—一五四三号、正文在国分宮内沢氏。
(12)「祢寝文書」八一三号。

五、酒井氏その後

「隈元文書」の中に「当家於諸所戦死御紀方指出留」一通があり、はじめに「一建武四年二月廿八日市来戦死　隈本酒井修理所検校隈元彦太郎為助」の記載がある。同文書の中にはもう一通、「市来合戦」とのみ記し、後は余白で終わりに「仍如件、建武四年二月廿八日　御判有　隈本酒井修理所検校殿」と文書の体裁をとり、その奥に、

右御教書壱通前ニ御用ニ付差上置申候処ニ去年依焼失、写仕置候ハヽ、此節指上可申旨被仰渡候へ共、写無御座候、直義公御時被成下候御教書ニ而御座候、御一行年号当書計右之通覚申候ニ付其分書記差上申候、

丑二月廿五日　　国分宮内 隈元治右衛門

とある。これは著名な元禄九年の鹿児島城の火災により差出中の文書が焼失し、その復元のため、写があればさらに提出するよう史局から申渡されたのに対し、写が無い旨を述べ、記憶で綱目、日付、宛書のみを記して提出したことをいっているのであろう(1)。記憶がさだかでなく年月日付についても正確とはいえまい。ただこのころ市来合戦に参加・戦死した修理所検校酒井為助の存在の事実まで疑うことは出来まい。隈元家がこの時他にも史料を提出中であったことは、かの有名な大隅国建久図田帳の史籍集覧本の原本が、その最初に「古本在隅州宮内隈元治左衛門家」と記されていることからもわかる。また火災により焼失、写の再提出が求められ、それに応じたことが、同本建久図田帳の末尾に、

右者前々御用付差上置申候処、去年依焼失、写仕置候者、今度差上可申旨被仰渡候間、如此御座候、以上、

丑二月廿五日

宮内隈元治右衛門

とあることによって知られる。隈元家は正八幡宮修理所検校職の家として長く賦課の基礎となった図田帳を保有していたのであろう（建久図田帳の古写本は他に四社家の一、桑幡家に伝えられた）[2]。

隈元、隈本の名の由来は同文書の覚書にも「大隅州桑原郡隈之城代々居住ニ仍而号隈本」とある。『隼人郷土誌』には留守・桑幡・沢・最勝寺の四社家につづき、十家の中の家職を説明する中に「修理所　火闌降命ヨリ出ツ、姓阪合」として隈元万左衛門をあげている[3]。阪合は酒井のことである。前述の如く隈元の地名は正八幡宮（鹿児島神宮）所在地の字宮内に接する東隣字隈城の、東南に位置する字名として残っている。隈元、隈本氏が修理所検校職を世襲した酒井氏の一流であることは今更いうまでもあるまい。

「隈元文書」の特色の一つに大友氏との親近関係があげられる。前掲「古今記録条々」をみても、事実でないにしても斎院次官親能に重要な役割が与えられており、道吉以後の所役の勤仕についても大友氏の引廻しのあることを記している。建久図田帳作成当時の大隅国正八幡宮領の総地頭掃部頭親能が大友氏の始祖であるから正八幡宮と大友氏との因縁は古く遡るが、鎌倉期後半、大友氏が鎮西奉行の一人として、また宇佐八幡宮神領興行の具体的責任者として、活躍しているところから、両者の関係は特に強調されたことであろう[4]。隈元文書中の「斎院史官掟一巻」は「申置子孫条々」として、親能が遺孫に贈る教訓書の体裁をとっている。執筆者の酒井宗勝は大永年間の人物であることが、同家文書大永五年一〇月二日の隈本宗勝田地寄進状により判明する。

さてその後の酒井氏であるが、結局南北朝時代、文和二年と推定される「大隅国佐殿御方凶徒等交名注文」に税所

氏や祢寝氏と並んで記載されている「修理所弥太郎一族」「小川郡司一族」、「溝辺孫太郎一族」等とみえるのが鎌倉時代、宮方・国方御家人として注進されていた大隅国酒井氏一族の当時における存在形態を示しているものといってよいであろう。(5) 室町期においても、酒井氏が繁衍していたことは、永享一〇年秋の福昌寺仏殿勧進奉加帳の中に酒井氏の名が多くみられることからも推測される。(6)

註

(1) 元禄九年の鹿児島城の火災及び焼失文書の復元については拙稿「鹿児島県の古文書」(『鹿大文理学部文科報告』一二、史学編九、一九六三年)参照。

(2) 拙稿「大隅国建久図田帳小考」(『日本歴史』一四二。拙著所収)参照。

(3) 『隼人郷土誌』参考資料編三二〇、明治維新当時鹿児島神社旧社家他。

(4) 『旧記雑録前編』一―八九三号。正応元年島津庄庄官等申状によれば、大友氏は使節として島津庄に入部し、造正八幡宮役の賦課に当たったとある。

(5) 同一―二四九九号。

(6) 同二―一二一三号。隈本酒井久宗、簗瀬酒井元為、酒井久親、小田酒井久秀の名をみる。「三国名勝図会」にも横川院の古社安良神社の棟札に酒井氏の名のみえることを記している。

六、酒井氏の所領

小河院についてはまとまった史料はないが、早く「祢寝文書」治暦五年正月二九日の藤原頼光配分状案に「一女子宛給」として「小川院所領田畠」があり(1)、くだって鎌倉後期の正安三年二月二一日の建部清親譲状に清治得分として祢寝南俣地頭郡司職の他の所領中に小河院内国領もあり(2)、市来政香氏旧蔵文書（鹿児島大学附属図書館現蔵）、正安四年正月二六日の有栄沽却状も小河院内樋田内四反を祢寝清政に売渡した証文である等、祢寝氏との関係がうかがわれる(3)。前述の如く建久九年の御家人交名に小河郡司宗房とあるのは、同八年の図田帳に郡司酒井宗方とあるのと同一人であろう。建治二年の石築地配符案に小河郡司としてみえ、弘安一〇年の宮侍番文に小河郡司入道とあるのも何れも酒井氏であろう(4)。

建久図田帳によれば、小河院三四八丁三段大の中、正宮領は二七四丁八段と大隅国中もっとも大きく、その内訳は御供田一五丁六段六〇歩、寺田三二丁六段、小神田五丁三段六〇歩の他、国方所当弁田として万徳一六〇丁三段、恒見三丁九段大、公田五七丁で、公田の中、功徳丸一二丁、用富四五丁となっている。地頭は掃部頭（親能）、郡司は酒井宗房とあり、用富はその所知とある。小河院には他に国領八丁五段半、寺田一丁九段、経講浮免田二八丁四段大、府社八丁四段と島津庄永利二五丁七段三丈がある。島津庄永利は小河院内百引村一三丁四丈と同永利一二丁六段四丈とからなる。それらは「近郷小河院内有之」とあって国衙に近接した島津庄寄郡であることを示している。曾野郡永利二三丁三段三丈もまたこれと近接した地域であろう。曾小河村とはこの小河院永利・曾野郡永利の何れかの中と考えられる。(5)

また同じく「古今記録条々」の終わりに近く「当郷之内余名一町幷栗野北里村者舎弟吉綱知行分」とあり、末吉の子道吉の弟として吉綱があり、栗野院北里を知行していたことを知る。建久九年の御家人交名に栗野郡司守綱とあるのに名前が似ている、或いは同人ではあるまいか、酒井氏系図もまた季時について「西郷氏・栗野氏元祖」としている。栗野郡司が酒井姓に非ざるかとの説は別に栗野院関係史料を取り扱った小論においてふれたことがある。(6)その一節を引用しよう。「酒井姓の御家人領主は建久八年の図田帳、同九年の御家人交名にも数名みえ、桑西郷、小河院、加治木郷の領主であることをしる。中で宮方御家人修理所為宗は正宮修理所を所職とする酒井為宗で、建治二年の石築地配符案に御家人修理所検校丸とあるのはその後であろう。所領は桑西郷、加治木郷である。そして同氏は前掲守護狩夫支配状でたえず栗野郡司と一グループをなしていることが判明する。これは他の例からみて両者間に血縁的関係の存在を推測させる。（中略）栗野院と酒井氏の関係は左の史料から室町時代には明らかとなるが、或は右の事情からみて鎌倉時代より栗野院と関係を有し、同院の在地領主の一人であったとも考えられる」として応永一三年一〇月三日付の酒井親貞の旧徳元寺寄進状を挙げている。これは親貞の、父正広禅定門開基の栗野院福寿山崇寿寺への敷地並びに水田の寄進状であり、この後も酒井氏が室町期を通じて栗野院の一有力在地領主として存在していたことは明らかである。(7)

さて宮永名は正宮修理料田として設定されたと思われるが、その所在は建久図田帳によれば桑東郷に二三丁、桑西郷に三六丁四段大、加治木郷に八丁と正八幡宮のある桑西郷を中心に近接の郡院郷内にある。或いは「正宮修理料、此内不蒙免、押募名々被成歟」とあり、或は「丁別廿疋、此内不蒙国免、押募名被成歟、正宮修理料」とあるように、その設定は正宮側によってかなり強引に行なわれたらしい。しかしその実際の修理役の割宛は早く保延元年二月一日の宮永社役支配状により明らかである。[8] そしてそこに記載されている小名別の田数を集計すると、それらは図田帳記載の桑東郷・桑西郷の宮永名田数とおおむね一致するのである。

　次に建久図田帳の計算では桑西郷の田数は正宮領、国領、寺田、経請田、府社の田数の集計と合致する。そして正宮領の田数はその内訳御供田、御服田、寺田、小神田、国方所当弁田万徳と同宮永の田数の集計と合致する。とすれば宮永の田数三六町四反大は次の溝部在河、小浜村の田数集計の数でなくてはならない。小浜村は八町とあるから残りの二八町反大が溝部在河の田数ということになろう。溝部在河、小浜村は桑西郷宮永名内の小名を包括する総名とみるべきであろう。

　前出酒井氏系図、為宗の項に、「或時加治木六郎経平（恒）、崎守（森）村遠江守（北条時政）殿問状御教書申賜間、本所挙状申関東参ス、元久二年、右大臣（源実朝）殿御下知申賜、同本所御下知賜之」とある。これは宮永名崎守村の領有をめぐって酒井為宗と加治木郡司との間に係争があり、幕府よりの尋問があり、為宗は本所石清水八幡宮の挙状を得て、鎌倉に参向、幕府及び本所の下知状を与えられたというのであろう。元久二年当時の加治木郡司が二代恒平であったか否か明らかにし難いが、加治木郷の大部分を領知する大蔵姓加治木氏と、その東端の一部地区を領知する正八幡宮修理所酒井氏との間に、紛争の生じる可能性は十分に考えられ、同じ正八幡宮領を知行する御家人同士の衝突として注意すべきであろう。

　加治木六郎経平とは古加治木家系図に二代恒平とみえる人物であろう。同人については「六郎法名安明、母万歳女、法名尽阿、安貞二年死」、「大隅国加治木郷建保二年九月四日給　右大臣家御下文、薩州満家院ノ内郡山村内給御下

文」、「建暦元年四月廿八日得親平之譲畢、承久三年死」と同系図に記されている。(9)

建治二年八月の石築地役配符案の加治木郷の記載中、

宮永崎守八丁八尺

本名用丸五丁三尺加悪定(ママ)　　御家人修理所検校丸

永谷三丁三尺

とあるのは、宮永崎守が本名用丸と（別名）永谷とから構成されていることを示すものであろう。建久八年注進の大隅国図田帳の加治木郷の記載中、「宮永八丁　正宮修理所酒井為宗所知」とあるのと対比すれば、後者の宮永八丁とは前者の宮永崎守と同一のものとみるべきで、宮永とは正宮修理料を負担する名の名称で崎守(森)がその在所の名称なのであろう。そして崎守の中、本名が用丸であり、別名として永谷(長)があるということであろう。用丸も永谷も石築地役配符案で御家人修理所検校丸の領知となっている如くであるが、はじめは助宗が前者を、弟の友宗が後者を領知しており、のち友宗が兄助宗の養子として家督を相続したことから、以後両者は一人の領知するところとなったものであろう。

以上、古代末期よりその存在の確認できる大隅国御家人酒井氏を中心として考察を進めてきたが、要約すれば、酒井氏は国方御家人と宮方御家人に分かれている。同じ一族でありながら何故一方は国方御家人として認められ、他方は宮方御家人として取扱われたのであろう。酒井氏の場合、桑原郡大領、庁惣検校の職を世襲した友直の女の生んだ季時の跡を嗣いだ末吉─道吉の系統が国方御家人であるのに対して、正八幡宮執印草部光頼の女が生んだ季宗の系統、すなわち甥の助宗─友宗─為宗の系統が宮方御家人なのであろう。いいかえれば郡司・在庁官人の系譜をひくものが国方御家人なのであり、正八幡宮神官の系譜をひくものが宮方御家人なのである。そしてこのことは他の大隅国御家人についても適用できよう。

しかし国方、宮方と別れていても宮領を知行する点では同じく寺（社）家の支配をうけるわけであり、その領地をめぐる係争に際しては、寺（社）家は必ずしも宮力御家人を支持したわけではない。時に国方御家人の側に立って宮方御家人を抑制する場合もあった。旧稿において論述した宮方御家人の非御家人への移行も寺（社）家の強い抑制が影響力を及ぼしうる地域内においてはむしろ自然の結果であったようにうかがえるのである。

栗野郡司の御家人→非御家人→御家人の移行もとくに奇異とするに足らぬ実情であったというべきであろう。

現段階における大隅国の御家人についての私見を結論として述べれば、やはり旧稿と同じく国方御家人並びに庄方御家人（これは本来的に極めて少ない）の庶家の分立による御家人数の増加と、宮方御家人の寺（社）家の支配の強化による御家人からの離脱、その数の減少という現象を指摘できると思う、しかし修理所検校職を世襲する宮方御家人酒井氏が寺（社）家の支配に抵抗しえたのは、御家人の身分を保持して鎌倉幕府の権威や守護の権限を後楯にしていたからこそ可能であったというべきであろう。

註

（１）「祢寝文書」六三七号。
（２）「祢寝文書」三五号。
（３）拙稿「大隅国祢寝郡司庶家角氏について―鹿児島大学図書館所蔵市来文書の再考察―」（『文学科論集』〈鹿児島大学法文学部紀

要〉一三、一九七七年）五八頁参照。
（4）『旧記雑録前編』一―八八〇号、なお前掲拙稿「大隅の御家人について」参照。
（5）前掲拙稿「大隅国図田帳小考」参照。
（6）拙稿「栗野町稲葉崎・田尾原供養塔群」（『鹿児島県文化財調査報告書』一三、一九六六年）。
（7）栗野院の在地領主としては鎌倉初期の御家人交名にみえる宮方御家人栗野郡司の他に、建治二年の石築地配符案に南里米永の名主として郡司貞高、恒次・重武・恒山の名主として御家人太新大夫入道西善、在次名主長三郎大夫助直等がある。御家人の記載のある西善は正応・元亨年間の御家人守護狩の負担人馬数を示す史料に栗野大進大夫、栗野郡司として修理所と並んで記載されている人物であろう。栗野院恒次・重武・恒山は西善が領有する以前に税所氏（義祐まで）の所領であったことは税所氏系図にみえており、その後を譲得したものと思われる。この西善が酒井氏の統か、非御家人と思われる郡司貞高が酒井氏の統か、相互に同族関係があるか否かなお断定できない。弘安十年の宮侍守公神結番次第に二番衆筆頭に名がみえ、在河綾大夫と共に正八幡宮神人の一人として国衙守公神の番役を勤仕していることがわかり、酒井姓在河氏との関係がうかがわれる。長三郎大夫助直は建治三年二月十三日の三郎大夫息長助直田地売券の存在により息長姓で吉田氏らと同族であることが判明する。鎌倉初期の御家人交名の宮方御家人の末尾に三郎大夫近直とあるものの末であろうか。明らかに非御家人となっている。
（8）『旧記雑録前編』一―一八号。桑東郷、桑西郷、加治木郷の宮永名内の小名の田数と割宛所役の数量が詳細に記されている。
（9）前掲拙稿「正八幡宮領加治木郷について」（『鹿児島中世史研究会報』三二、一九七二年。拙著所収）参照。

【付記】昭和五十三年一月刊行の『続荘園制と武家社会』（竹内理三先生古稀記念会編、吉川弘文館、一九七八年）所収の拙稿「大隅国正八幡宮社家小考」（拙著所収）において私は正八幡宮社家、桑幡・沢・留守・最勝寺の四家の他に、関連の所職を有した税所・加治木（大蔵）酒井氏等についても些少ふれるところがあった。前二者についてはかつて小論を発表したこともあり、とくに付加すべき点はなかったが、後の酒井氏については修理所職世襲の家として、その関係文書伝存の報にも接していながらついに実見の機会を得ず、心にかかりながらひとまず拙文をまとめた経緯がある。すなわち『宮崎県地方史研究会会報』創刊号（一九七五年三月三一日）のあと書（研究会のあゆみ）の中で、野口逸三郎氏は昭和四七年七月、高原町の隈元栄氏所蔵の大隅正八幡宮関係文書の採訪についてふれ、保安二年の「修理所職補任状」等の存在を紹介され、別に筆者宛によせられた書信の中でも同文書の注目すべきことを述べられ、筆者もまた折返し同文書の内容を早く会報に印刷発表し紹介されるよう希望したことがある。しかし執筆期限の関係で同文書の内容はついに未見のまま、修理所職についてはほとんど立入らず旧稿を発表せざるを得なかった。昭和五十三年三月、はからずも新聞紙上に同文書が所蔵者の芳意でゆかりの地である隼人町の鹿児島神宮（正八幡宮）に寄託された旨の記事と、保安二年の修理所職補任状の写真が掲載され、関係者の注目を蒐めた。筆者もまた前述の経緯からその閲覧調査を切望し、とくに同文書移管の労をとられた三ツ石友三郎氏、鹿児島神宮岩重宮司、中別府権宮司の諒承を得て四月、県維新史料編さん所宮下満郎・堂満幸子・坂口香代子氏らと共に親しくその願いを果たすことができた。さらにその際調査の及ばなかった酒井氏系図については十一月あらためて宮下氏らと共に隈元栄氏宅を訪れ調査を行うことができた。右の結果、はたして旧稿を補足訂正すべき点の多々あることを認識したのである。さしあたりその補正については別稿「大隅国正八幡宮社家小考補遺」（『鹿児島中世史研究会報』三八、一九七九年）でとりあげておいたが、今回は同じく旧稿「大隅の御家人について」で考察の不十分であった酒井氏についてとくにとりあげることとした。「隈元文書」の全容については三ツ石氏の手により整理が進められているので将来のその報告に期待をよせたい。なお、最近刊行された『福山町郷土誌』（三ツ石氏執筆）に関係文書の写真は掲載されている。

第3部

日向国の御家人

第一章　日向の御家人について

薩摩、大隅の御家人については建久八年の図田帳と並んでいわゆる御家人交名が残されており考察の基本資料となっている。しかし日向については建久図田帳は伝えられているものの御家人交名は残存せず、その他関係史料も乏少で薩・隅両国の御家人研究に比し著しくその解明は困難である。したがってまとまった論文というには程遠いが今までに知りえたことを覚書風に記し将来の研究に竢ちたい（拙稿「薩摩の御家人について」〈『鹿大史学』六・七、一九五八・一九五九年。本書第1部第一章〉、「大隅の御家人について」〈『日本歴史』一三〇・一三一、一九五九年。本書第2部第一章〉、「薩摩国建久図田帳雑考」〈同一三七、一九五九年。拙著所収〉、「大隅国建久図田帳小考」〈同一四二、一九六〇年。同所収〉、「日向国建久図田帳小考」〈同一四八、一九六〇年。同所収〉）参照。

一、建久図田帳

建久図田帳の作成注進が幕府の要求によるものであったにせよ、実際にその作業を担当したのは各国国衙の在庁官人であり、その整理の方法等は各国一様ではなかった。(1) 日向の図田帳の場合、領主（地頭・郡司・弁済使等）名の記載は一地一人の原則で薩摩、大隅の場合のように地頭の他に郡司・弁済使等を併記する重複記載はほとんど見当たらない(2)。したがって地頭がおかれない所では郡司や弁済使等在地領主の名を知りえても一国の大部分をしめる地頭補任地についてはその地にいかなる在地領主がいたのか図田帳による限り明らかでないのである。しかし後述する例によってもそれらの所にも郡司・弁済使・名主等在地領主の存在したことは明らかで彼らの中ある者は御家人でもあったと思われる。

まず図田帳によって領主名を地頭からみてみよう。地頭としてみえるのは土持太郎信綱以下八名であるが、在地豪族であることが明らかなのはこの中で土持氏のみである。諸県郡安楽寺領馬関田庄地頭須江太郎は「不知実名」とあり、日向の豪族ではあるまい(3)。恐らく「相良家文書」二号、建久八年閏六月の肥後国球磨郡田数領主等目録写に「藤原高家　字須恵小太良」とみえる人物であろう。彼は蓮華王院領人吉庄の政所であり、鎌倉殿御領五〇〇丁の中一五〇丁の、公田九〇〇丁の中豊永四〇〇丁の中三〇〇丁の地頭とある。また土持氏と共に八条院領国富庄を宮崎郡において分領している平五は在地豪族か東国御家人か明らかでないが、前者の可能性が強い(4)。前斎院領平群庄の地頭預所右馬助殿広時についても不明であるが恐らく在地領主ではあるまい(5)。故勲藤原左衛門尉については見解がわかれているが、やはり通説の伊東氏とするのに従っておきたい(6)。島津庄の地頭前右兵衛尉忠久は惟宗（島津）忠久、掃部頭殿とあるのは中原親能で共に薩摩・大隅両国においても地頭職を有した。何れも源頼朝の親近者として知られている。没官領地頭宇都宮所衆信房は文治三年、天野遠景と共に貴海島の征討を命ぜられ鎮西に下向、勲功のあった人物である(7)。以上地頭八名中、半数以上が東国御家人といいえようか。

次に図田帳によって地頭がおかれていない所を所領別にみれば、宇佐宮領が一四所（二〇所内）、同弥勒寺領が一所（三所内）、妻万宮領が三所（三所内）、福野宮領が一所（一所内）、前斎院領が一所（四所内）である。この中前斎院領のみに預所の職名をみる。宇佐宮領、弥勒寺領はすべて弁済使職であり、妻万宮領が弁済使職二、郡司職一であり、福野宮領が執印とあり、前斎院領に名主職一をみる。この名主重直とあるのは図田帳注進者の在庁官人の一人権介日下部重直その人であろう。

これに対し殿下御領（島津庄）、八条院領（国富庄）、花蔵院領、安楽寺領には全て地頭が補任されている。島津庄は中原親能の三所を除き他は悉く島津忠久が地頭であり、国富庄は土持信綱が一一所の、平五が八所の地頭となっており、花蔵院領は土持宣《信》綱が四所全ての地頭、安楽寺領は平五と須江太郎が一所宛の地頭となっている。他に公領一所と没官領三所は土持信綱が地頭であるが、没官領については東国御家人の宇都宮所衆信房も一時併せて地頭であったらしく、彼はこの他に前掲前斎院領で没官領となった久目田の地頭にも補任されている。日向の中心部に当たる宮崎平野には宇佐宮領と国富庄とが混在しているが、地頭が補任されていない宇佐宮領別符は大淀川流域周辺に多く所在しており、その外縁部に地頭が補任されている宇佐宮領や国富庄が所在している。これら宇佐宮領の弁済使は地頭にも補任されている土持信綱の他、七郎助綱・字田四郎・字藤二・安本《木カ》司・僧静蓮・法印・貞吉・忠助と故宇佐大宮司公通宿禰俊《後カ》家らである。[8]宇佐公通は源平交替期に宇佐宮領の確保に腐心した宇佐大宮司として知られており、七郎助綱は通字及び後掲の宇佐神領大鏡の記事から土持氏一族と考えられるが、他のものについてはすべて不明である。ただその人名からみて「不知実名」とあるものを除き大部分は在地豪族の出であろう。

建久図田帳末尾の文章に「去元暦年中之比、武士乱逆之間、於譜代国之文書者、散々取失畢、雖然、寺社庄公惣図田、太略注進如件」とある。元暦年中とは厳密にいえば寿永三年四月の改元から翌年の八月文治元年と改元されるまでの間で一谷の戦の後、平氏の西走、源範頼軍の下向、屋島、壇の浦の戦等激動の年であった。範頼は九州にあって地方武士の与力をもとめ、頼朝も書状をおくって事細かに指示を与えている[9]。平氏の地盤であった所だけに多くの困難や危険のあったことは想像に難くない。当時の日向の国情を具体的に示す史料はないが、後掲の宇佐神領大鏡にも那珂庄の開発領主惟宗高安の証文を相伝した宇佐公通が元暦武乱の時に紛失したと記しており、源平争乱に関連して日向でも既成の秩序を変革しようとする在地武士の動きが活発になり、国衙の文書が失われるというような騒動がもち上ったとしても不思議ではない。

薩摩でも同じく建久図田帳の末文に「右、件図田注文、去文治年中之比、依豊後冠者謀叛、彼乱逆之間、被引失畢」とあり、源為朝の遺子義実を中心とした在地武士の一団が国衙を襲うというようなことがあって混乱の中に図田帳等の公簿が失われたことを推測させるのである。この義実については日向国真幸院郡司草部重兼が文治二年正月一五日、謀叛人として注進しており、その行動は日向の混乱とも関係があったのではないかと推測されるのである[10]。

註

（1）石井進『日本中世国家史の研究』（岩波書店、一九七〇年）Ⅰ第二章参照。

（2）石母田正『古代末期政治史序説』下（未来社、一九五六年）第三章　補遺Ⅲ参照。

（3）拙稿「鎌倉南北朝期の日向国真幸院」『小林市史』所収参照。永仁五年預所職として惟宗友時あり。

（4）『日向郷土史料集』（建久図田帳）は島津庄開発者平季基の子平五兼輔とするも年代合わず、薩摩国山門院郡司一族に平五あり平姓救二院氏系図にも平五の名がみえる。或いはこの族か。

（5）殿の敬称から推測。

（6）『日向国史』は古郡左衛門尉保忠の名をあげる。島田宏三「島津庄日向方の在地領主」（『史創』六、一九六三年）参照。しかし鎌倉後期には庶家木脇、田島氏の下向、発展あり、逆に工藤（伊東）氏が早くから所領を有していた証拠とみる。

（7）「吾妻鏡」文治三年九月二二日、同四年三月五日、同四年五月一七日条。また「益永文書」建久六年五月　将軍家政所下文（『鎌倉遺文』七九二号）に天野遠景、神領日向宮崎庄所当を押取し弟保高に宛行する等のことあり、鎮西守護人を罷免し、中原親能を以てかえるとあり。

（8）安本は安木か。安木は安芸または安岐が当たろう。或いは豊後国東郡安芸郷を本貫とする安岐氏か。

（9）「吾妻鏡」文治元年一月六日条。

（10）（2）・（3）論文参照。

二、日下部氏・土持氏

鎌倉時代初期の日向国の在庁が大部分日下部氏によってしめられていたことは建久図田帳注進の在庁が「日月〈ママ〉大部依包　権掾矢田部恒包　権介日下部盛直　権介日下部行直　権介日下部重直　権介日下部宿禰盛綱」とあることからもわかるが、他に、「伊予西福寺文書」文治三年九月日日向国留守所下文の目代散位豊原朝臣と連署する四名の権介日下部の存在や、同建仁二年三月七日僧覚金譲状に神官等と並んで証判を加えている在庁等は三名共に「権介日下部」とあることからも明らかである。[1]

このように鎌倉初期の史料によれば在庁にしめる日下部氏の地位は圧倒的であったといえよう。また日下部氏が古代九州の大族であったことは既に知られていることであり、日向においても同様であったと思われる。[2]この系図は以下の通りである。

諸尚（国富別当 永保二日向国下向 妻万大明神崇候）——尚仲（保安四まで在国司職）——尚貞（久）（久安5 在国司職）——尚守（盛）——盛平（相伝日向国）＝栄妙（新納土持冠者・在国司職 （史料上所見 文治3.2.10、元暦—.12））

尚仲——今作前（土持氏夫人）

尚守——盛俊（×対立）

則綱？＝今作前——家綱——妙綱——栄妙 →栄妙

次にこの日下部氏と結んで進出し、同氏にかわって発展した土持氏についてみよう。土持氏は田部姓、その起源については諸説があるが宇佐八幡の神人として豊後から移ってきたとされる(3)。土持氏系図は諸本があって、明らかでないが、その中の一つ「諸家系図」三所収の田部姓土持氏系図を左に抄記しておこう(4)。

十九代 反正天皇——高部王子——武城王——野斐王——直彦宿禰（始給田部姓為 宇佐八幡物弁官）

——鳥養——吾津麿——連国——連方——連景——景文——信連——信増

——信春——信行——信勝——信親——信蔵——信郷——則綱（日州柏杵郡同信付 弟則綱領日州門川 故号門川七郎）

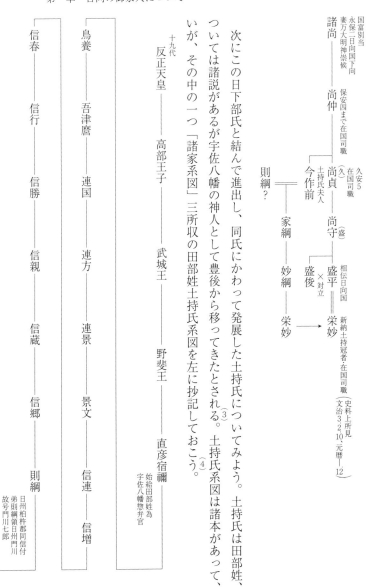

宗綱（諸県太夫）――妙綱――栄妙（後信（宣）綱号土持冠者）――道綱（景綱左兵衛　五郎右ヱ門　左衛門）――惟綱（新左ヱ門　号岡富）

政綱（長綱　岡富　左衛門）――国綱（刑部左衛門）――栄宣（左兵衛尉）――頼宣（栄景号県太郎豊前守遠江守　勢多合戦有功而給日州県半分）

「宗綱諸県太夫」とあるのは宇佐神領大鏡、那珂庄の項に「諸県大夫田部宗綱」としてみえている。(5) 即ち同史料をあげれば、

件庄者、国司多治真人成助任、以永保三年、封民三十八人之代、那珂郡内郡家院進宮、立券神領之間、所開発也、字宗八大夫当所地頭惟宗高安所領也、而年々年貢物未進多之故、大宮司公基任、仰諸県大夫田部宗綱、且令沙汰進件未進等、且将来不可懈怠之者、可知行当所云々、任下知旨致其沙汰、宗綱知行、高安雖令訴申京都不相叶之間、件証文自高安之手、太宮司公通母堂笠氏東三子買得畢、然而宗綱領掌無相違、令譲与女子田部太子宗六大夫惟宗吉高妻也、可依譲状之由、請公通判畢、彼太子又令譲与女子惟宗太子日向二郎太夫藤原明助妻也、同公通与判畢、件高安証文、自笠氏手公通令譲与云々、而元暦武乱時紛失之由、請神官証判歟、公通令譲与公定、然而田部太子領掌無相違、

とある。また「那珂庄起請定田本百町」として「大宮司公通任、地頭藤原明助朝臣令申減卌丁也」とあれば、宇佐大宮司の認承の下に宗綱以後の相伝知行が行われていたのであろう。

また宗綱は諸県大夫とあれば当然はじめ諸県郡に拠地を有していたのであろう。それが新たに惟宗高安に代わって那珂庄を知行するに至ったものであろう。前出土持氏系図で宗綱の後を妙綱、その後を栄妙としている。ここに栄妙は後に信（宣）綱とあり、建久図田帳に土持太郎信綱、或いは宣綱とあるのはこの栄妙のことであろう。次に日下部姓系図によれば、妻萬大夫久仲の女子として「七十二代白河院宮仕、名者今作前也、其後国下、土持ニ具足ス、彼土持者元ハ宇佐宮社人也、依妻万太夫聟、日向国所領所々相譲之、依其土持彼国ニ住也」とあり、日下部氏と土持氏が縁戚関係に入ったことを示している。(6) 郡司文書の日下部系図によると「尚仲」は「号妻万太夫、堀河院寛治四年庚午年十一月十九日庚午日堀土得仏体崇妻万大明神社同社」とあり、その父「諸尚」について「国富別当、白河院永保二年下向日向国、以木花開耶姫尊之神霊崇妻万大明神、爾来代々日向一円知行」と記している。久（尚）仲の一子久（尚）貞（権介日下部宿禰）は保安四年正月二五日、在国司職に補任されており、尚貞は長承元年一〇月庁執行職を、さらに久安五年三月一〇日には在国司職並びに右松村田畠を次子で嫡子となった尚守に譲っている。尚貞については系図に「七十四代鳥羽院御宇、日向国可令奉行之由、給宣」とあり、尚守については「七十五代崇徳院御宇、同補任日向国司職伝之」とある。尚盛（守）の子が盛平及び盛俊である。盛平については「七十六代近衛院御宇、同一国奉行、補任新納院郡司職、那賀郡司・都於郡地頭領主・国富庄河南本郷郡司・同在国司職相伝之、新納土持冠者栄妙為養子譲」とあり、盛俊については「国富庄幷那賀郡司・穂北郡司・鹿那田郡司・在国司職

土持系図（諸家系図）

反正天皇……（中略）……則綱（門川七郎）――宗綱（田部 諸県大夫）――妙綱――栄妙（宣綱）（土持冠者）
――道綱（景綱）――惟綱（岡富）――政綱（岡富）――国綱――栄宣――頼宣

舎兄盛平与相論」とあり、盛平・盛俊兄弟間に相論のあったことをしるが、これは承安五年四月の「庁宣　留守所補任　在国司職事　権介散位　日下部宿禰盛平」とあって「右停止盛俊、以盛平可為在国司職之状、所宣如件、留守所宣承知、依件用之、以宣」とあることから在国司職をめぐる相論であることがわかる。(7) 盛平は久安五年七月の庁宣で在国司職に補任されており、盛俊がこれに代わろうとしたものであろう。結果は盛平がそのまま同職に止まり、文治三年二月一〇日、左の如く譲状を作成し実子なきにより、他姓の栄妙に同職并右松村田畠等を譲渡したのであった。(8)

散位日下部盛平謹言

譲与　在国司職并右松村田畠等事

田部栄妙

副渡公験調度文書等

右、於盛平者、雖及老耄、依無男女実子、相副調度文書、件職等、限永年所譲与栄妙也、但於右松村四至阡陌者、為見先議状面、仍任先祖相伝之理、無各他妨可領掌状如件、以譲、

文治三年二月十日　　　散位日下部盛平在判

この場合栄妙は田部姓土持氏であり、盛平が栄妙を養子とするについては縁戚の関係にあったと思われる。前掲史料の語る如く盛平の大叔母妻大夫久仲女子、今作前が土持氏夫人であるから、これを諸県大夫宗綱の父則綱と推定すればその相伝も不自然ではない。また土持氏は日向入国以来宗綱の時、既に勢威をはっていたことが推測され、栄妙も前出の如く「新納土持冠者栄妙」とあり、新納院にも拠地があったと思われ、日向における新興豪族の嫡子として在庁官人の重職在国司職を譲り受けるにふさわしい地位にあったといえよう、さらにまた前述の日向国内における元

暦・文治の争乱が関係したことも十分考えられよう。

「備忘抄」中所収、正文在曽於郡士後藤五右ヱ門とある以下二通の文書は同系図と共に疑わしい点が多いが土持氏関係史料として参考までにあげておこう。(9)

下　日向大隅薩摩等御家人所

可令早随土持冠者栄妙催各参進事（本ハ一行）

右三箇国御家人等随彼栄妙之催、国中携弓箭之輩不論庄公、不云老弱、不日可令参上之状所仰如件、者彼国々御家人宜承知、悉之故候、

元暦元年十二月日

追討使参河守源朝臣（在御判）

口裏ニアリ御教書案

前述の如く、当時は範頼が九州に入って国武士の与力を求めていた折であり、当国においても「元暦年中之比、武士乱逆之間」であった。古い秩序に代わって新しい秩序がうちたてられる時期であり、伝統的な在庁官人日下部氏や宇佐宮大宮司家の支配が彼等と縁故関係を有しながらその下にあって力を蓄えてきた新勢力の進出を促した。作為の文書ではあろうが、土持氏が元暦の混乱期を境に勢力をのばしてきた経過を後になって逆に証拠づけようとしたのであろう。

奥入料ニ六月内可令参上鎌倉殿給仰也、兼又島津御庄官之外残の御家人の人〱をは京の守護料ニ可催上之由御定候也、早存其旨各可令触催給也、仍於《ママ》披見廻文書進之候、急々御出立候て六月内可令参給候也、今明罷下候へ

は委旨不申候、下向之時可令申候、恐々謹言、

三月十四日　　　　　　　　　　　　　　藤原在判

土持冠者殿
口裏ニアリ

御奉書案　とゐとの丶状とかや至《(ママ)》候、

これは文治五年の奥州征討に関するもので、南九州の武士がこの作戦に参加した例証は他にもあり、内容的にはとくに退けるべき点はない(10)。かえって具体的記述の巧さに疑問を抱かせ、土持氏の権限の大さを記している点でこれまた後になって作られた史料かと思わせる。しかし建久図田帳にあらわれる在地領主としての土持氏の強大さは建久年間に入ってからのものでなく、文治年間の変動期に基礎はつくられていたものと考えることはできよう。後作の史料としても大体の同氏の発展の経過を示しているものとみることはできそうである。

「葉黄記」宝治元年五月九日条によれば、土持左衛門太郎秀綱は新日吉社小五月会の小笠原太郎長経担当の流鏑馬役二番に的立役を勤仕している。射手は長経の子余一太郎源経清とある。土持氏と小笠原氏との関係については明らかにできないが、当時小笠原氏は在京有力御家人として京都に常駐していたと考えられ、土持氏もまた当時在京御家人に点定されて滞京していたものと思われる。的立役は射手役に比較すれば副次的役であるが、これはそのまま東国御家人小笠原氏と西国御家人土持氏との地位の差を示しているものといえないことはない。そしてこの土持秀綱は谷山氏系図によれば薩摩太郎忠直の女子（忠友の妹）を母としており、これにしたがえば日向の大族土持氏が同じく南薩の大族平氏と縁戚関係にあったことを知るのである(11)。また「吾妻鏡」建長二年三月一日条に閑院殿造営雑掌事とし

て勤役者の名がその担当部分の場所と併せてあげられている。この内裏造営役を分掌した二五〇余名の大部分は東国御家人であるが、鎮西御家人と思われるものも数名みえる。(12) この中築地八八本の中、「二本右兵衛陣北在垣形一本　土持入道」とある。この土持入道が系図の誰をさすか明らかでないが、前出の秀綱か或いはその父に当たるのであろう。土持氏の人名が文書の上にあらわれるのは、建武年間宣栄（栄宣）の代になってからである。彼は足利方として日向の南朝方と戦うが、建武五年九月二〇日及び同年一〇月三日の畠山義顕軍勢催促状によれば「日向国凶徒肝付八郎兼重誅伐最中、於令住宅之輩者、可為御敵之旨被定之処、国富庄名主庄官等、背制法不馳参之上者、早馳向彼南北郷、相催之可被具参、若至不叙用族者、令放火住宅、可被召進其身也」、「肝付八郎兼重対治之処、国富庄名主庄官等依不馳参、可被進催之由、先度雖被仰、無音条太無謂、所詮来八日所被召陣於雀尾也、急速可被具参之状如件」とあり、(13) 国富庄名主庄官らを具し参るべしと命ぜられていることから、その地位は単なる国武士、庄官武士の域をこえたものであったことが推定される。建久図田帳では土持氏が国富庄の地頭であるが、幕府滅亡後、足利尊氏に与えられた所領目録には「日向国（国脱カ）富庄同（泰家）　同島津庄守時」とあるから、いつの頃からか同庄の惣地頭職は北条氏の手に帰していたものと考えられる。(14) 恐らく土持氏はその下にあって小地頭職を保持し、庄内の名主らを統轄する地位にあったものであろう。

次に土持氏の有した在国司職の実態を示す史料は「土持文書」文保二年六月五日、日向在国司所職注文である（『宮崎県史　史料編　中世一』「土持文書」一号）。注進者の田部栄直は明らかでないが土持氏の歴代の一人ではなかろうか。その注文にみえる所々とは臼杵郡河南方・新納院・穆佐院・真幸院・飫肥

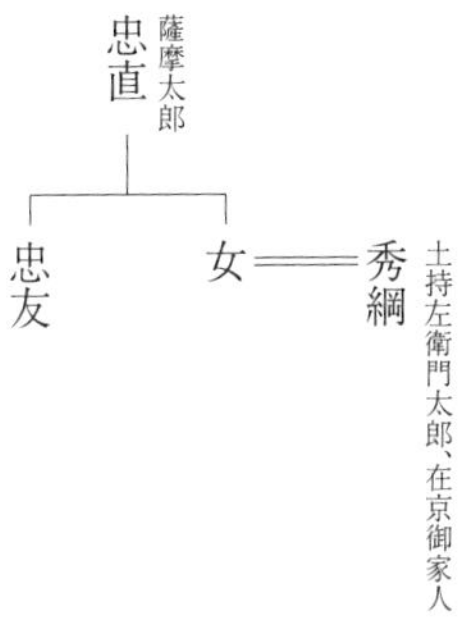

東西・同加宇原名となっていて、それぞれ算失米・雑事米・粮米等の所得分が定められている。要するに鎌倉時代、土持氏は日下部氏に代わって在庁職を押え、広く日向における在地勢力の中心に位置をしめていたといえよう。

註

（1）『鎌倉遺文』二六九号・一二九四号。
（2）井上辰雄『正税帳の研究』（塙書房、一九六七年）等参照。
（3）『日向郷土史料集』（延陵世鑑）等参照。
（4）東大史料編纂所蔵、『鹿児島県史料　伊地知季安著作史料集三』所収。
（5）『大分県史料』二四「宇佐到津文書」。
（6）西岡虎之助「古代土豪の武士化とその荘園」『荘園史の研究』下一（岩波書店、一九五九年）所収、拙稿「日向国那珂郡司について」『豊日史学』二九（一九六一年）、日高次吉『宮崎県の歴史』（山川出版社、一九七〇年）参照。
（7）その後、盛俊の孫権三郎光盛について「土持二郎真綱与在国司職相論」とあり、盛平系と盛俊系の争いがなおつづいていたことを示している。
（8）『宮崎県史　史料編　古代』「諸家系図及び神社由緒」六「日下部姓郡司系図」所収。
（9）後藤氏は国富、八代を称す。系図は政章について「八条院御時冷泉大納言家奉公之時日向州国富庄惣奉行給テ国富郷下着、其時諸県八代庄司師光ムコニ成、政章子息童子始テ八代名譲得テ知行」とある（『鹿児島県史料集（XV）備忘抄・家久御養子御願一件』四八・四九頁）。
（10）日向救二院氏・北郷氏・薩摩惟宗氏（鹿児島郡司）等の例あり。
（11）『谷山市誌』所収。また、吉田村高原氏所蔵、税所系図によれば和田合戦で討死した大隅国方御家人税所篤満の弟敦久夫人は「日向土持左衛門尉妹」となる。

（12）肥前草野氏・豊後日田氏・肥後菊池氏・須恵氏・相良氏等。
（13）『旧記雑録前編』一―二〇二八・二〇三二号。南北朝期に入り守護代としてみえる栄幽も土持氏か。山口隼正『南北朝期九州守護の研究』（文献出版、一九八九年）第七章「日向国守護」参照。
（14）石井進「九州諸国における北条氏所領の研究」（『荘園制と武家社会』吉川弘文館、一九六九年所収）参照。

三、富山氏

「吾妻鏡」文治元年七月二二日条に「日向国住人富山二郎大夫義良以下、鎮西輩之可為御家人分者、他人不可令煩之旨、今日所被成遣数通御下文也云々」とある。この記事は同月十二日条の「鎮西事、且止武士自由狼藉、且顛倒之庄園如旧附国司領家、為全乃貢、早申下　院宣、行向可遂巡検之由、被仰久経・国平等云々、亦平家追討之後、任厳命、廷尉者則帰洛参州者于今在鎮西、而管国等有狼藉之由、自所々有其訴、早可召上件範頼之旨、雖被仰下之、菊池・原田以下同意平氏之輩掠領事、令彼朝臣尋究之由、二品令覆奏給之間、範頼事、神社仏寺以下領不成妨者、雖不上洛、有何事哉、企上洛可有後悔者、可相計之趣、重被下　院宣之間、平家没官領、種直・種遠・秀遠等所領、原田・板井・山鹿以下所処事、被定補地頭之程者、差置沙汰人、心静可被帰洛之由、今日所被仰遣参州之許也」とあるのと密接に関係する。すなわち平氏滅亡後、その勢力の根強く残っていた九州の地は平氏色の濃い武士と東国より下向の武士、及び鎌倉方に帰属を望む在地武士とが入りまじって所領支配をめぐって競合し国司領家の国務庄務の侵害となっていたと思われる。同月二八日の院庁下文は太宰府幷管内諸国在庁官人等に宛て、源頼朝の使節中原久経・藤

- 久義（母新納太夫久見女）
  - 宗義（号藤大夫　中郷弁済使）
    - 義兼（号藤四郎大夫　法名観勢）
      - 義良（号富山次郎大夫　法名西行）
      - 義行（号三郎大夫　法名行念）
      - 義忠（号長谷四郎大夫　法名迎西）
        - 師高（薩摩国高城郡弁済使職幷吉枝名相伝系図）
      - 義光（号禰寝五郎大夫　寿永二年六月一日北陸道篠原合戦打死　大隅国禰寝院北俣・横山・浜田大始良・志々目村等弁済使）
        - 義明（号禰寝小大夫　法名仏念）
      - 義任（号七郎大夫　大隅国曽小河村弁済使）
      - 安兼（号富山勾当　大隅国百引村弁済使）
      - 女（手塚太郎嫁）
        - 諏方三朗兵衛允
- 義広　建仁三年十一月十日・同四年正月十八日の島津庄政所下文で島津庄大隅方の弁済使得分運上を命ぜられる

志々目家系図

原国平等の下知に従い武士の国務庄務への妨害を停止させ、諸国諸庄はもとの如く国司領家の知行とすべきことを令したものである。押領を行った武士の中には新たに鎌倉御家人となってその勢威に乗じて新儀の行動に出るものもいたのであろう。そこで富山義良以下御家人たるべきものに他人に迷惑を及ぼさぬよう、とくに注意を与えたのであろう。

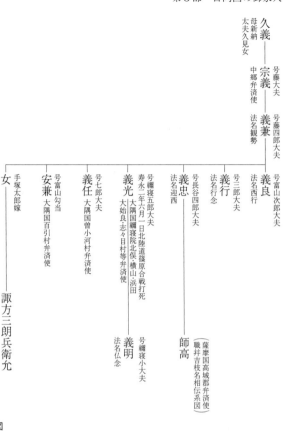

この富山二郎太夫義良は志々目家系図によれば、上のようにある[1]。

富山氏は日向・大隅に跨がり広く繁衍した大族で島津庄庄官として名がある。義良の他、義忠は飫肥南郷郡司とあるが別に薩摩高城郡弁済使幷吉枝名相系伝図に「僧観勢―義忠―師高」とあり、また「入来永利文書」文治三年七月の大蔵種章申状に妻の父伴信明の相伝所領たる薩摩国高城郡内車内村弁済使職を富山四郎太夫則（義）忠に押領されたとして訴えられているように、島津庄薩摩方にも所職を有したことで知られる[2]し、義任は「祢寝文書」元徳三年六月の建部清武申状案に「島津御庄大隅方曽小河村弁済使職事」として「本主島津御庄々官富山七郎大夫義任以来之次第相伝証文等」とあって曽小河村弁済使職を有していたことが知られるし、富山勾当安兼は島津庄大隅方小河院百引村弁済使職に補任され、子孫相伝して著名な「富山文書」を残している。義光の系統が島津庄大隅方祢寝院北俣弁済使職を相伝し、さらに横山・浜田・大姶良・志々女村等の各弁済使職を分割相承した。[3] また系図にはみえないが、建仁三年一一月一〇日・同四年正月一八日の島津庄政所下文に島津庄大隅方総地頭職を改易された島津忠久の弁済使得分米の京都運上を命ぜられている義広も富山氏一族であろう。[4] 藤姓で、系図にしたがえば同氏が島津庄庄官としてはじめに補任されたのは中郷弁済使職であるが、のち南郷富山に所領をもち一族の名称としたのであろうか。[5]

さて祢寝院弁済使等大隅の富山氏は悉く非御家人であるのに日向の富山氏のみは御家人であったのであろうか。たしかに前掲史料により文治元年七月、日向国住人富山義良は御家人列に加えられたのであろう。また「島津家文書」に年未詳であるが、やはり鎌倉初期（島津氏の日向守護改易以前）のものと思われる北条義時書状がある。

富山刑部丞子息小童母相具可上洛之由所令申也、早件小童ヲハ付母堂、可被上洛也、仍執達如件、

五月九日　（花押）

島津左衛門尉殿

ここに富山刑部丞とあるのは前掲系図にはみえないが、後掲の「北山文書」に「執行刑部丞」とある人物と思われ、[6]

島津庄在地庄官の有力者で且つ御家人であったのであろう。しかしその後富山氏を御家人とする積極的な証拠史料は見出しえない。「指宿文書」元弘三年の左記文書は間接的に富山氏の身分を示しているとはいえ、何分鎌倉幕府滅亡後のこと故、直ちにこれをもって島津庄日向方住人富山氏をこの時代を通じて御家人なりとすることはできない。庄園領主側の意向は強く作用する。

　島津庄日向方富山七郎左衛門尉義通申、島津院住人右衛門五郎致追捕苅田以下狼藉由事、訴状副具書如此、早土持掃部左衛門入道相共莅彼所、且遂検見、且企参上、可明申旨相触之、可被執進請文、若令難渋者、載起請之詞、可被明申也、仍執達如件、

　元弘三年十月十三日　　沙彌（島津貞久）（花押）

　　指宿郡司入道（成栄）殿

一旦御家人列に加えられても再び非御家人となる例は少なくない。東国御家人の場合と異なってほとんど幕府の下文をもたぬ西国御家人の場合、幕府の掌握度は甚だゆるい。幕府が鎮西武士に御家人たるべきことをもっとも強く望んだ時期は恐らく鎌倉初期の元暦・文治・建久年間で、その後はとくに領家側の反対を押切ってまで御家人の増加に意を用いることはなかったようである。むしろ在地領主の側から幕府の威をかりるため御家人であることを望み、或いは庄園領主との関係から非御家人にとどまる事を望む等各様の対処をしたといえよう。富山氏が幕府と庄園領主との関係をどのようにもったのか史料がないため明らかにしえないが前者より後者に重点を置いていたことは推測できよう。

註

（1）拙稿「志々目家文書」（『鹿大史学』一四、一九六六年）参照。
（2）山口隼正「国御家人に関する一考察」（『九州史学』二七・二八号、一九六四年）参照。
（3）拙稿「鎌倉時代の御家人並びに島津荘大隅方の荘官について」（『鹿児島史学』一二、一九六五年）参照。
（4）『旧記雑録前編』一―二〇三号　栗野士神田橋氏文書。
（5）富山の地名は別に大隅肝付郡内にあり、現に城跡を残す。旧稿で富山の名称はそこによるとしたが、或いは日向南郷の地名によるか。
（6）拙稿「島津庄日向方北郷弁済使並びに図師職について」（『日本歴史』一七〇、一九六二年）（3）号文書参照。

四、高知尾氏

前掲「吾妻鏡」建長二年三月一日の閑院殿雑掌目録に河堰二三八丈中、東鰭に「六丈　高知尾太郎」とあって、造営役を分担していることがわかる。この高知尾太郎とは「田部文書」[1]建長六年四月二六日の関東下知状案に熊野山領高知尾庄雑掌進士五郎高村と相論している地頭高知尾三郎政重の父政信のことであろう。同文書によれば政重は舎兄又太郎入道真仏とも壬生上村の田地の領有をめぐって争っているが、その云うところは、政重は亡父政信の譲状及び安堵御下文により知行が保証されている筈であるのに、真仏は宝治、建長両度領家の沙汰として下文を与えられ政重の知行地を押領するに至ったのは不法であるとある。一方雑掌高村の云うところを聞けば、領家の宝治の下文というのは屋敷一所を門田に宛給するというもので事実であるが、建長元年の下文は与えたことはなく、これは真仏が謀書を構え出したものではないかとある。内容は必ずしも明らかではないが、一族内の所領相続争いが幕府・領家の勢力をそれぞれ背景に行われている事実を知ることができる。高知尾氏は大神姓、拠地の名から三田井氏を称する。大神姓系図には、

大神朝臣良臣（従五位下大野郡大領職）――惟基（従六位下大野郡大領職）――政次（高千穂太郎）――政房（三田井小太郎）――政綱――政信
　政信の子
　　惟政――政幸
　　高政
　　政重――武政
　　政氏
　　政直
　　政家――政泰
　　政義――政宗
　　政門――政清

とあり、多くの庶家を分出し、南北朝期には高知尾一類、高知尾輩として活躍する。(2)

建久図田帳には妻万宮領、高知尾社として弁済使は土持太郎宣綱とあるが、高知尾社は十社大明神ともいい、高知尾庄発展の拠点でもあったらしい。(3)高知尾庄は熊野社領であるが、図田帳にはみえず、その後の成立かと思われる。

前出建長六年四月二六日の関東下知状案に「如安東法橋明尊安貞三年目六者、十社大明神幷神主下司公文水手免等者、

已為本免歟」とあって勘料の免除が公認されているが、別に同文書にまた「若王子門田事」として「如高村申上者、為熊野山末社之間、領家□□也、仍擬遂実検之処、一向称政重之進止、支申之条、無其謂」とあり、領家進止か否か雑掌高村と地頭政重の間で争っているが、幕府は領家の進止権を認め関東成敗に及ばずとしている。その中で「如政重申者、彼若王子者、政重之祖父政綱、自本社所勧請、建久九年検注之時、件門田被奉免以来、地頭五代更領家無隠」とあり、同社は建久九年以前に政綱の勧請になることが明らかである。高知尾社が日向の古社妻万宮領から、紀伊熊野社領に変わった理由については明らかでないが、高知尾（三田井）氏の進出と在地領主としての発展の経過の中で高智尾社を中心とした高智尾庄が国内社領の枠をこえ、熊野社領として形成されたのであろう。同社の神主職は田部姓で、正和三年四月の十社大明神神主宗重申状案によれば「宗重先祖承（乗）念令奉仕以来、雖為一代不相交他人、既二十五代嫡々相承無相違」とある。のち大神氏の出である田尻氏に代わる。また高知尾庄の地頭である高知尾（三田井）氏とは別に文保元年一二月二一日の将軍家政所下文で島津忠宗に菊池庄領家職の代わりとして「日向国高知尾庄、肥前国松浦庄内早湊村・同国福万名地頭職江田忍阿跡副田三郎次郎種信跡」が宛行われている[4]。この場合島津氏の獲得した地頭職とは従来の三田井氏の地頭職を小地頭職としてその上に新たにおかれたもの、即ち得分権的性格の濃いものであったと思われる。その後島津氏は南北朝期にかけて同地頭職を相伝する

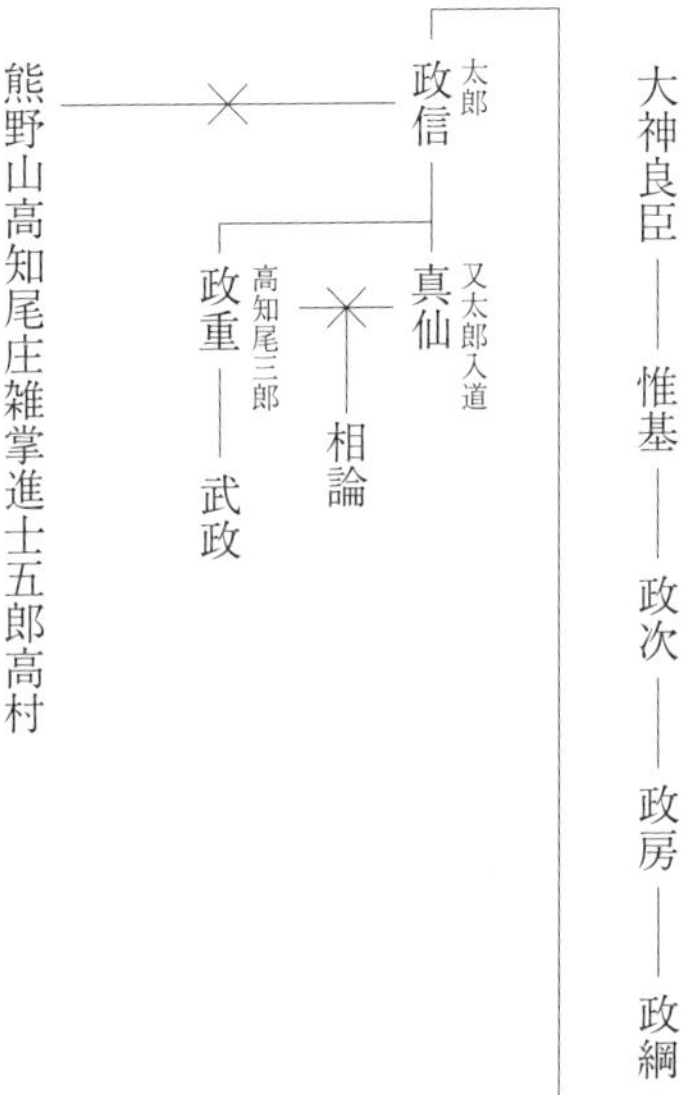

大神姓三田井系図

が、在地に根を下ろすことはなく、次第に実質を伴わないものとなっていったらしい。

註

（1）『宮崎県史　史料編　中世二』「田部文書」一号。
（2）大日本古文書「阿蘇家文書」一一五号　年月日不詳　恵良惟澄注進闕所中指合所領注文案、同正平四・九・二六　征西将軍宮令旨写。
（3）『日向国臼杵郡高千穂宗廟十社大明神御神領文献資料』（高千穂保存会、一九三九年）参照。
（4）『旧記雑録前編』一―一二二七号「藤野氏文書」。

五、伴氏・那珂郡司・救仁院氏・野辺氏

藤姓富山氏と並んで島津庄日向方の庄官として繁衍した豪族に伴氏がある。平氏と共に島津庄開創以来の系譜を誇り、一族で数郷の弁済使職を兼ね、その範囲は大隅・薩摩にも及んでいる。伴氏のうち大隅肝付郡弁済使肝付氏がとくに著名であるが、日向でも南郷・北郷・島津院・三俣院の弁済使職等を有していた。勿論この時代全期を通じてとはいえないが、少なくとも末期においてそのような時期のあったことは認められよう。この中、北郷・島津院については系図には日置姓とあり、他姓とも考えられるが、その始祖兼久は島津庄開発者である平大監季基の孫聟で「島津院幷北郷、飫肥南郷、薩摩方日置南郷弁済使」であり、「肝付古系図、兼貞女子飫肥南郷郡司妻トアリ、兼久ノ妻ナ

ラン、兼貞ハ季基ノ聟ニテ、其聟ナレハ季基ノ孫聟ニ疑ナシ」とあり、その後も伴氏と親近関係を重ねているし、兼の通字からみても同族として取り扱ってよいであろう[1]。同氏の文書は系図と共に「市来北山文書」として伝えられているが、文治五年一一月、日置兼秀が奥州征討従軍の功により、頼朝の意向をうけた島津庄留守職惟宗忠久の北郷弁済使職安堵の下文をうけてから、子孫弁済使職並びに図師職を相伝し、その間所領支配をめぐる一族間の係争や、領家雑掌との弁済使職の進止権をめぐる抗争の事実を物語ってくれる。

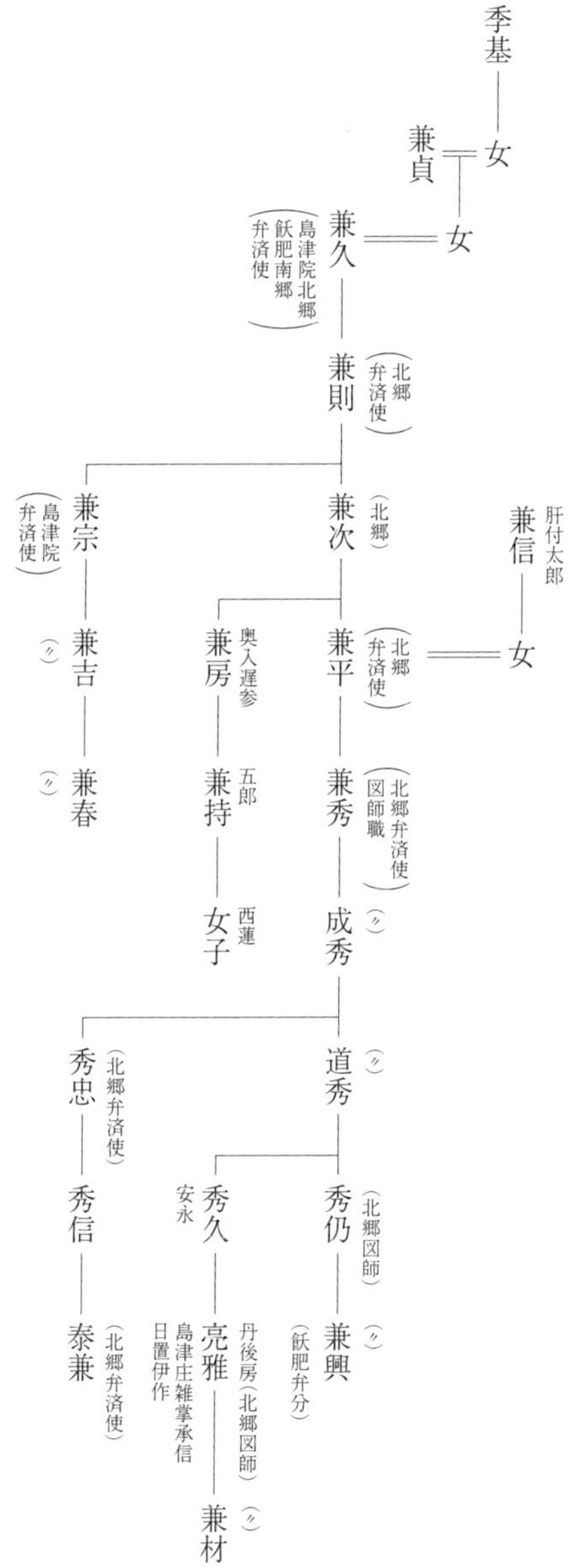

市来北山文書内伴氏系図

前者については兼秀と従父兄弟の兼持の間に、兼持の横死後は女子西蓮が兼秀の後、成秀らと争っている。幕府は「日向国御家人北郷五郎入道《（兼持）》」の如く、兼持らを御家人として認めその所領の保護につとめている[2]。しかし弁済使図師職については幕府も領家進止であることを認めており、元徳二年七月の雑掌承信申状では兼秀の後丹後房亮雅が恣に御家人と称し、領家の命に背くにより改易せんとし、あらためて領家進止の再確認を求めているのである。亮雅は図師職はじめ諸名主職について「先祖開発私領北郷弁済使領之内也」といい、「任相伝、所令知行也、而不顧前々御教書、棄破天福・寛元法、改補員外仁之間、重代御家人侘傺」と述べ、幕府の天福・寛元の御家人所領保護法をたてに領家の進止を拒もうとしたのである[3]。系図によれば亮雅の子兼材も図師職とあれば、領家進止を認めた上で、その所職は改易されなかったのであろう。北郷は勿論島津庄日向方の内として島津忠久の改任後、北条氏一族及びその代官が総地頭及び総地頭代として在任していたであろう。地頭補任地における領家進止下の庄官が御家人として存立するためには、領家側の圧迫を覚悟せねばならない。にも拘らず御家人であることを主張するには、不安定な所領、所職を確固たるものにしようとする願いからであったろう。したがって当然地頭との結びつきも密接となる。御家人を称しないものでも、地頭の被官となり、また縁故をもとめて北条氏の被官となるものも出てくる。御家人ではなく、右様の形で関東の威をかり、勢力の保持、発展を策す庄官やその一族（庶子に多い）は少なくなかったと思われる。逆にまたあくまでも領家の支配に依拠して勢力の発展と安定をはかるものもいる。島津庄庄官の大部分（惣領に多い）が非御家人であったのも伝統的な支配権を保持する島津庄領家の存在に負うところが大きかったといえようか。

日下部氏系図によれば八条院領国富庄那賀郡司・穂北郡司・鹿野田郷郡司は盛俊の後右盛が相承したが、右盛は那賀南五郎を称した[4]。右盛の子光盛は「承久合戦時勲功賞賜村隅別符也、土持二郎真綱与在国司職相論」とあり、また

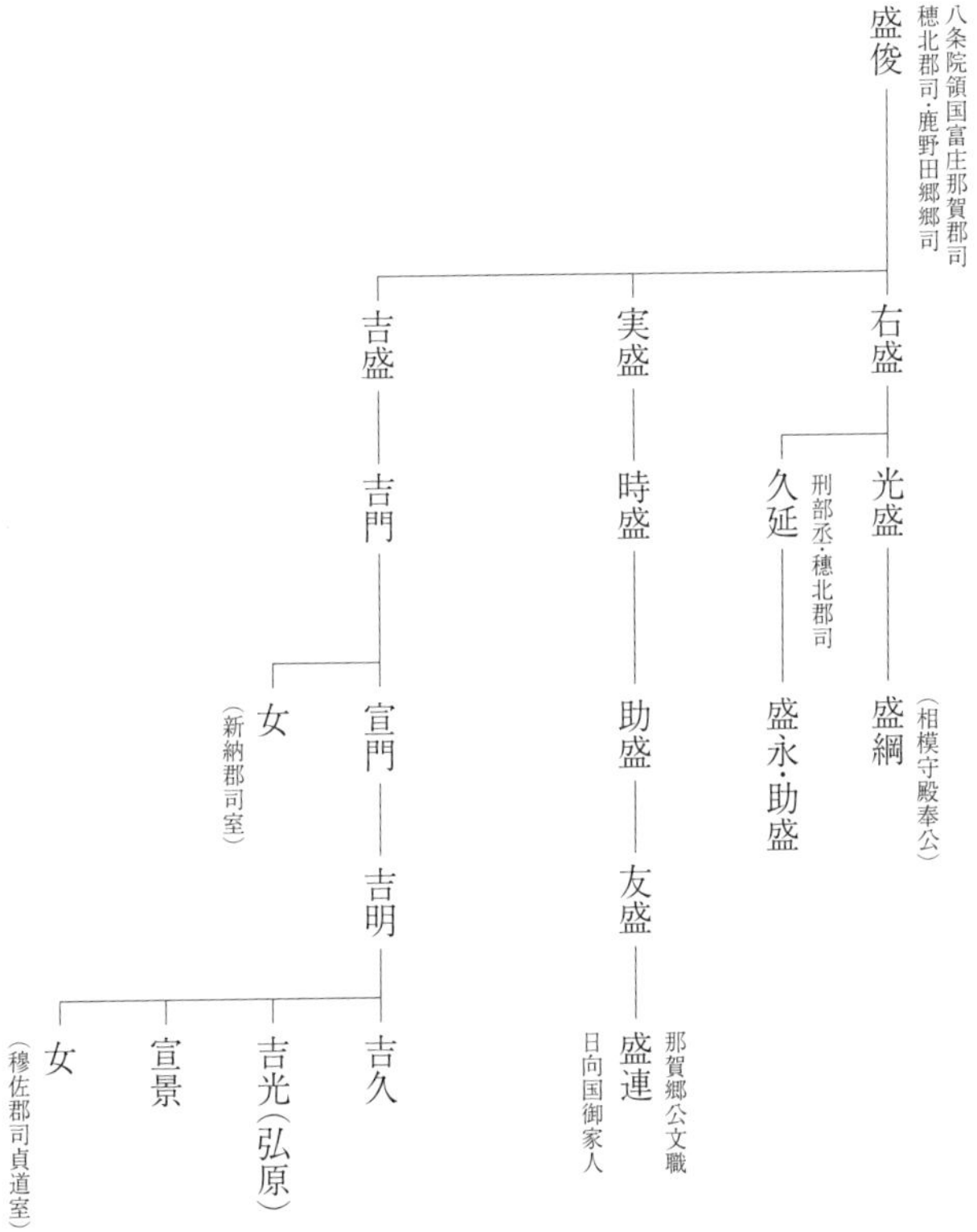

日下部氏系図

「葛西殿奉公承久兵乱書物別之巻在之」とある。(5)光盛の弟久延は刑部丞、穂北郡司。子孫に盛永・助盛、同職を伝えている。盛俊の他子実盛は盛平の甥でその養子となったが、那賀郷少(小)地頭職を相伝したとある。実盛—時盛—助盛—友盛—盛連とつづき、盛運は「右衛門九郎」「此代錦小路直義公感状、高師直・畠山修理亮義顕・同治部太輔之感状数通、其外感状元弘以来貞治年中迄」とあり、正和三年九月一二日・正慶元年一二月二日・同一五日の下文や安堵書下で那賀郡公文職を有していたことが明らかで、この場合小地頭職とは即ち公文職に他ならない。同氏が御家人を称したのは元弘三年一〇月一一日の着到状で足利尊氏の証判を得ているが、それには「日向国御家人那賀九郎盛連」とある。(6)鎌倉幕府滅亡後の史料であるからこれを以て鎌倉時代御家人であったか否か断定しえないが、これまた地頭補任地内の庄官御家人（小地頭）の一つとみてよいのではなかろうか。但し小地頭といっても郡司・弁済使以下の公文・図師職等となると、領家或いは地頭の進止下に入り御家人としての独立性は乏しい。都合次第で御家人の数に入れられたり、或いは除かれたりする不安定な立場におかれていたのではあるまいか。同じく日下部氏系図によれば、他に実盛の弟吉盛の後吉門（源頼家将軍の代御所的役勤仕）、ついで宣門（南七郎、法名行西、新納従土持入道宣西手、本郷・岩切・薄田譲得、引付相伝、此故号岩切、日向守護）、その妹は新納郡司室とある。宣門の子吉明（六郎左近将監、法名行宗　弘原相伝之）、吉門の子に吉久（南北左衛門尉、武蔵守殿御内奉公、十六才一門殺害之咎、吉明蒙不孝、於三十七才三浦介十郎被討了）・吉光（二郎、宮内左エ門尉弘原相伝）・宣景（六郎左衛門尉、弘安四年異賊襲来於肥前高島、令討死、生年廿三才、仍勲功人数ニ入有御沙汰所也）・女子（穆佐郡司貞道室）等がある。弘原は那珂郡広原庄かといわれている。(7)同庄の弁済使職等庄官職か或いは単に名主職を有したものか。また吉久の例等（光盛の男、盛綱は相模守殿奉公とあり）で日下部氏一族の中の一部は北条氏被官の道を歩んでいることを知りうるのである。また系図には「此外真幸院郡司一流・倍木郡司一流・本府一流・花木一流数多雖在之略之」とあり、日下部氏が古代以来の在庁官人系の大族として、広く繁衍したことを知るが、鎌倉時代明らかに御家人としてあらわれるものは少なく、郡司・弁済使・公文職などの在庁・庄官職を分有し、守護・地頭との縁故関係から北条氏被官に転ずるものも少なくなかったように考えられる。真幸院郡司は日下部氏から南北朝期には伴姓北原氏にかわっているが、別に同氏は高牟礼社の宮司職等を相伝していたことが史料にみえる。(8)

著名な「建武元年七月三日島津庄日向方南郷濫妨狼籍謀叛人等交名人等事」とある地頭代道喜注進状には「遠江掃

部助三郎高時一族・同舎弟助四郎」をはじめとして日向・大隅に跨がる二三名の北条氏余党の名をあげている(9)。日向・大隅とも島津氏が守護・地頭職を失って以来、ほとんどこの時代を通じて北条氏がその後を継承したところであり、当然その勢力は広く及んでいたと思われる。建武政府成立後その遺族を擁して日向南郷を中心に挙兵した在地領主の中、日向関係のものは「野辺孫七盛忠・中野助法橋隆増・平良執行入道円意一類・栗屋毛八郎左衛門尉守時家人・久所十郎兵衛入道同家人」「西生寺大弐房・同少輔豎者・同加賀阿闍梨・布施四郎兄弟高家家人」「救二郷源太守時家人・同郷弁済使蔵人宗頼一類・高木孫二郎、中霧島大宮司藤内兵衛尉一類」、「梅北孫太郎貞兼当郷弁済使・三俣先公文次郎左衛門尉重久兄弟」「富山十郎義治」「中野左衛門四郎兼冬」等があげられる(10)。南郷弁済使梅北氏は肝属系図及び通字からみて明らかに伴姓肝付氏一族で蜂起拠点の在地豪族であった。弘安元年八月の大曼荼羅院造立願文によれば、仁安二年、寺の開創の大願主が伴兼高、当年の施主は五代孫右衛門尉伴朝臣助兼、六代孫南郷弁済使伴朝臣兼郷とある。恐らくその後であろう(11)。中野氏も南郷内の地名中野を負った在地領主と思われるし、高家家人の布施氏も大隅における島津庄総地頭名越氏の代官職をつとめたが、その本拠地は南郷内門貫と推定され、門貫二郎左衛門尉としても史料にあらわれている(12)。高木氏は三俣院高木の地名を負う。藤姓、同氏系図によれば肥後菊池氏等と同じく隆家を始祖とし、上妻・龍造寺氏寺と共に文時よりわかれるとする。初代は実遠である。やはり島津庄の庄官在地領主の一であろう(13)。

次に系図の上では伊佐平氏の出とされる平姓救二院氏についてみよう。救二院平八成直は文治五年（?）一〇月、奉公の者として頼朝から平家の時舎弟安楽平九郎為成のために妨げ取られた救二院地頭弁済使職を安堵され、やがて建久二年一二月、僧殺害の不法ありとして改易されている(14)。彼は地頭弁済使職を有していたとあるが、これに代わって同職を併有したのは島津忠久であった。忠久はこれよりさき島津庄総下司（地頭）として現地庄官を統轄する地位を与えられていたが、その命に従わぬ庄官は少なくなかったらしい[15]。ここに幕府は服従せぬ庄官らの所職を奪い、忠久にこれを与えてその支配権を実質的なものに改めようとしたのである。しかし間もなく建仁三年、比企氏の変の縁坐で忠久の所職は改任され、その後、島津庄日向方については北条氏一族が地頭職を継承したと思われる。「志々目文書」文永八年七月一六日留守沙彌下文に大隅串良院地頭代から日向中郷地頭代、ついで救二院地頭方沙汰人として領家に新儀非法を張行して訴えられている救二院図師馬入道道西がある。図師氏と救二院氏との関係は明らかではないが、或いは図師氏は救二院氏の流れで弁済使職と並ぶ図師職を所帯としていたものであろうか。新納院の名主と思われる新納氏も平姓であったらしい。「大光寺文書」嘉元二年正月一六日、同四月一八日志阿彌陀仏田地譲状によると、同氏は穂北郡に名田を有し、その関係史料を残している。富山系図にはじめ「久義母新納太夫久見女」とあるのも右の新納氏と関係があるのであろう。島津氏系の新納氏のおこりは建武二年、島津時久が新納院地頭に補任されたことに始まるのであろう[16]。

守時は鎌倉幕府最後の執権であるが、同時に日向守護兼島津庄日向方総地頭であったと思われ、当然その代官が補任されていたわけであり、東国より下向して土着したものの他、在地豪族の中から起用したものもあったと思われる。救二郷源太（資清カ）は守時家人とあるが、或いは前者に属する者であろう。三俣院先公文とあるのも明らかでないが、前掲日下部系図によれば一族の中三俣院に名主職を有するものがあり、花木氏は院内の地名を負ったその一流であろう[17]。また大隅の肝付氏一族もこの時代の終わりごろには同院の弁済使職を兼帯している[18]。救二郷弁済使蔵人宗頼は同郷飯熊（隈）山別当の同族で在地豪族の出であろう。

次に櫛間院の野辺盛忠についてみよう。櫛間院本主次第手継系図に「郡司尾張守是助─尾張伴中子（嘉応三、本家御下文并日代施行給）—小石彌丸名主（安元二、本家御下文并日代施行給）・尾張氏（治承二、本家御下文給）—別当散位伴兼景（永暦元、御下文給、無実子之間譲兼任）・散位伴兼任（文治二）—兼澄（寛喜四）—湛睿（建治二）—観睿（元亨三）—通睿（元弘元）—久盛（建武元、地頭職勲功給）—盛忠」とあり、櫛間院郡司ははじめ伴氏の相伝であり建武元年野辺久盛が勲功賞により地頭職を得たとある(19)。肝属氏系図によれば肝付兼貞女子ははじめ飫肥南郷郡司の妻として富山彌太郎大夫祖母となり、後には櫛間郡司妻として櫛間太郎祖母となるとある。また別の女子は薩摩在国司家通妻となり、後には櫛間弁済使助平妻となり助縄の祖母となるとある。一方野辺氏系図によれば「野部六郎広兼—盛行—盛秀—盛縄（同左衛門六郎）—久盛（同六郎左衛門尉、元弘三年十一月七日於鎮□為英時被召捕、被預上総掃部助高雅畢）—忠盛（同孫七、有五宮御右謁、大隅国深河院御下向之間、奉総量之、同三年四月廿九日、挙義兵打平凶徒等畢）・久邦（八郎、親父久盛同時被召捕、被預置釜利屋上総介師政、同五月廿五日於住吉被誅畢）」とある。さらに櫛間院地頭職相伝系図には「先朝御代申披本領之由緒、建武元年三月廿一日為勲功之賞、令拝領之」とある。野辺氏は小野姓、本貫武蔵国野辺郷内地頭職、本領の由緒を申立てて櫛間院地頭職を得たとあるから、すでに鎌倉時代の末に櫛間院に所職を得ていたものと考えられる。そしてこれから先は推定になるが、東国御家人でありながら、恐らく野辺氏は北条氏との間に被官関係を有し、同氏の地頭代官的所職をえて日向に下向したものかと思われる。なお観睿は「祢寝文書」嘉暦三年一一月一五日沙彌道勝重譲状案に「南郷大輔法橋観睿」とみえる人と思われ、南郷にも所領を有したものと考えられる。

鎌倉時代東国御家人で日向に下向して来たのは野辺氏だけではない。「相良家文書」正和二年八月四日の鎮西探題下知状は伊東藤内左衛門尉祐広と益戸四郎左衛門尉行直の二人に命じて相良長氏の訴えに任せ穂北郷地頭代心生をして質人了信を返渡せしめているが、この中伊東祐広は木脇氏、諸県庄地頭伊東氏庶流で、田島氏と共に惣領に先立って下向したものであるが、一方の益戸氏は藤姓、下河辺氏族、常陸国茨城郡益戸村を本貫とする一族かと思われる。しかしその下向の契機については明らかにしがたい。

また別にこの時代、得宗被官が所領を与えられていた例としては正安三年一二月二四日、幕府は臼杵郡田貫田尾藤左衛門尉時綱領を「聖朝安穏異国降伏」の為正八幡宮に寄進しているが、この尾藤時綱は得宗被官と考えられる。(20) 図田帳の多奴木田は宇佐宮領で弁済使に宇佐大宮司公通宿禰俊(後)家とあったが、多奴木田＝田貫田としても両者の領有関係の推移は明らかでない。

註

(1) 前掲拙稿「島津庄日向方北郷弁済使並びに図師職について」参照。
(2) 同論文(11)号文書。
(3) 同論文(1)・(5)・(10)号文書。
(4) 前掲拙稿「日向国那珂郡司について」参照。
(5) 葛西殿とは御家人葛西氏ではなく、北条氏一門の称かと考えられる。
(6) 『宮崎県史　史料編　中世二』「郡司文書」六号。
(7) 日高次吉『日向国荘園史料編（一）』一九六三年。
(8) 前掲拙稿『小林市史』所収論文参照。
(9) 島田宏三「島津庄日向南郷における建武元年北条氏残党について」(『史創』五、一九六二年) 参照。
(10) 水上一久「南北朝内乱に関する歴史的考察」『中世の荘園と社会』(吉川弘文館、一九六九年) 所収四註(31) 参照。
(11) 『旧記雑録前編』一―七九七号「帖佐士安楽氏文書」。

(12) 拙稿「島津庄大隅方鹿屋院小考」(『鹿児島大学法文学部紀要　文学科論集』一、一九六五年）参照。
(13) 前掲諸家系図所収高木系図。
(14) 拙稿「島津庄日向方救二院と救二郷」（本書第3部第三章）。
(15) 「島津家文書」一―一〇号　関東御教書。
(16) 『旧記雑録前編』一―一七五三号　建武二年一二月一一日　足利尊氏下文。
(17) 肝付氏系図。兼貞女子の一人は花木次郎大夫妻、四郎定永母とあり。
(18) 拙稿「鎌倉時代の肝付郡と肝付氏」『高山郷土誌』所収及び（12）論文参照。
(19) 『鹿児島県史料　家わけ七』「野辺文書」二一号。
(20) 石井前掲論文・川添昭二『注解　元寇防塁編年史料』参照。

六、おわりに

以上鎌倉時代における日向の地頭、在地領主について概観してきたが[1]、この中の誰が御家人か再確認しておこう。但し本領を別にもつ他国御家人については除外する。まず文治五年の奥州出軍に参加した救二院氏・北郷氏・土持氏。御家人役を勤仕した土持氏・高智尾氏。御家人の称を用いまたは用いられたことのある富山氏・那珂郡司氏・北郷氏。地頭であることから高智尾氏・土持氏・平氏、ということになろう。これは証拠のあるものに限定し、惣庶についても顧慮しなかったから数としては甚だ少ない。他に図田帳記載の地頭以外の弁済使・郡司・名主等の中数名を御家人として加えることが許されるかもしれないし、前掲日下部氏系図の中にも個々に御家人とみなしうる記載もないではない。しかしなおその数は薩・隅両国に比しても著しく少ない。関係史料の欠乏が御家人の検出に大きな障碍になっていることは否定できないが、この国に御家人名の多くあらわれないことにはそれなりの理由があるように思われる。一は建久図田帳にみられる如く在地豪族土持氏らの地頭職占有である（主として八条院領国富庄）。平氏もまたしかりとすれば、その下の庄官・名主で彼らと比肩して御家人を称することは若干の例外を除いて甚だ困難であろう。文応元年一二月の追加法に「地頭補任所々内御家人大番役事」は「先々御家人役勤仕之輩者、可為守護催促也」とあり、(2)御家人の実績が認められた場合に限り守護が催促することとし、一般に賦課することはなしとされたのである。即ち地頭補任地内の独立的御家人の存在は原則として否定されていたといえよう。二は元暦・文治の争乱を経過して在庁官人の重職在国司職は日下部氏から田部氏に移り、在庁官人の主力で建久図田帳の注進者である日下部氏が御家人として表面にあらわれず、且つ国領の乏少、没官領が著しかったことである。三は摂関家領島津庄・宇佐宮領諸県庄の如き庄園領主側の支配力がなお強固な庄園の存在と、島津氏や伊東氏の如き東国系御家人総地頭職補任の事実である。そして四には島津氏改易後、守護・総地頭としての北条氏の進出と、在地領主の被官化の傾向があげられよう。さらに五として幕府の西国御家人掌握に対する姿勢の消極化をつけ加えることができよう。

建保三年一〇月四日、幕府は薩摩国守護島津忠久に宛て翌年五月より七月一五日まで三月半の大番役を国内御家人を催促し勤仕すべきことを令したが、兼ねて日向・大隅・壱岐と寄合い勤役のこととしたのである。先年既に島津氏の手をはなれた日向・大隅の御家人は別に守護（恐らく北条氏）の催促により同時期の大番役を勤仕したのであろう。この時の勤役は薩摩国の場合、守護忠久の御家人宮里郡司への書状が伝えられていて具体的に知り得るが、日向・大隅については知るべき史料が残っていない。(3)建保三年八月二四日の隅田八幡宮公文所下文は守護の自由催促に応ずべからずとして「右大将家御時、大番役雖被宛催御家人、於神領庄官者殊不入見参之輩、尚以被免除畢」との先例をひいている。(4)また貞永元年七月の式目でも「諸国守護人奉行事」として、「所々下司庄官以下仮其名於御家人、対捍国司領家之下知云云、如然之輩可勤守護役之由縦雖望申一切不可加催」とあり、さらに同年一二月の追加法では「一所載式目御家人事」として「右、新補地頭所々内下司職之輩者、大番一役別不可催促、亦無地頭所々下司以下庄官、自本為御家人者、可催之、若亦所領有相違者、不及駈催也」とある。そしてさらに天福元年五月の追加法では「西国御家人者、自右大将家御時、守護人等注交名、雖令催勤大番以下課役、給関東御下文、令領知所職之輩者、不幾、依為重代之所帯、随便宜或給本家領家之下知、或以寺社惣官之下文令相伝歟」とあり、また「抑雖仮名於下司職、非御家人列者、守護人更不可令催促大番役、若充催其役者、可為本所之欝訴之故也」とある。(5)即ち当初戦時・平時の軍役について幕府とくに西国の守護は国役として御家人・非御家人の別に拘らず国内の武士を動員する傾向があったと思われ、このため庄園領主側の反発を買う場合が少なくなかったらしい。よって幕府も守護に指示を与え、御家人・非御家人の別を明らかにし、庄園領主側との無用の磨擦は極力回避したのである。しかし西国の場合、地頭職等直接幕府が所領を安堵して公認した御家人は少なく、多くは守護が交名を注進したに過ぎなかったから、従軍などの実績がない限り、領家側との関係から変更の生じる不安定さを常に有していた。惣領が御家人であることは自他ともに認めても、庶家については個々の事情によって異なる。自らは御家人の子孫であるから当然御家人であると称し、領家側は実証なしと否定する（北郷氏の例）。幕府もこれら御家人については御家人か否か現地の実情に則した判断にしたがって定めていたらしい。(6)

島津氏改易後の守護については佐藤進一氏の適確な考証がある。(7)弘安三年七月二三日の関東御教書の宛名陸奥彦三郎とは北条久時で守時の父に当たるという。この時「石清水放生会以前殺生禁断事」について下知すべきことを命ぜられたのは「河内・摂津・信濃・紀伊・日向国地頭御家人等」で久時は上記諸国の守護職を兼帯していたわけである。下って正中三年三月八日の鎮西御教書は日向国守護代に宛てて左記の如く指令している。

大隅国正八幡宮雑掌尚円幷神官所司等申、兼意・永誉・慶喜已下輩破損神王面御鉾、致殺害已下狼籍事、任去正月廿九日関東御教書、為処流刑可召進其身之由、施行守護代畢、次社頭守護事、両度被仰之処、一向無沙汰云云、甚不可然、所詮、社家静謐之程者、自身令参宮、厳密可致警固、若有緩怠之聞者、殊可有其沙汰之旨、相触日向国地頭御家人等、可付進着到之状如件(8)

大隅正八幡宮は南九州の大社でその修理、警固役は薩・隅・日三国の御家人役であったらしい。同文の御教書は薩・隅両国守護代にも宛てられている。時の鎮西探題は英時で久時の子である。さてこれら所役の負担は具体的にいかにかけられたものか、史料がなく明らかでないが、日向の場合、守護代が国内地頭御家人を催促するのであり、その把握度に応じて賦課されたものであろう。極論すれば幕府や鎮西探題は自明の者は別として誰が御家人で誰に賦課するということまで関与することはなかったと思われ、在地の情況に応じた守護所の判断に委ねていたのではないかと考える。同じ北条氏一族が守護、総地頭職を有した大隅の場合は在庁系の国方御家人を主体とし、正八幡宮領の宮方御家人は初期の段階で非御家人化し、島津庄の庄官は当初から二、三の例外を除いて殆んど非御家人にとどまっていたが、彼らの中その一族で守護または総地頭の被官化するものが少なくなかった。日向においても当然国方御家人が中心となる筈であるが、在国司職を有する土持氏以外、古来よりの在庁日下部氏等の御家人化はあまり進まなかったようでそれが御家人数の少ない原因となっているようである。また大隅において宮方・庄方の在地領主で御家人となったものが少なかったこと、その一族で北条氏の被官となるものが少なくなかったことは日向でも同様の事情であったろう。

註

（1）本稿では日向の地頭・在地領主を網羅したわけではない。これらについては南北朝期の史料と伴せて別途に考察の要があろう。たとえば本稿でふれなかったものに都於郡荒武名主葛井氏（荒武文書）・大脇名主大脇氏（大脇家譜）・高知尾庄の芝原氏・南郷地頭代笠氏、その他「奈古神社文書」・「小串文書」等に関係史料が少なくない。
（2）佐藤進一・池内義資『中世法制史料集一　鎌倉幕府法』による。
（3）『旧記雑録前編』。
（4）「隅田家文書」（『鎌倉遺文』二一七五号）。
（5）以上（2）による。
（6）一例として『鹿児島県史料　家わけ六』「有馬家文書」一九号、拙稿「中世社会と御家人」（拙著所収）。
（7）『増訂　鎌倉幕府守護制度の研究』日向の項。
（8）『旧記雑録前編』一―一四六六号「清水台明寺文書」。

第二章　島津庄日向方三俣院と伴氏

延喜式に日向国の駅名をあげて「（前略）真研・水俣・島津」とある。のちにその地を中心に開拓が進み、島津庄の形成されるに及びその重要地域となった。建久図田帳のそれぞれ真幸院・三俣院・島津破（院）にあたろう。県史以来定説となっているところでは、島津庄の開創は大宰大監平季基がその弟平判官良宗と共に後一条天皇の万寿年間、島津の地に来たり、無主の荒野を開発して墾田若干を得、宇治関白頼通に寄進したことにはじまるとされている。その主たる典拠は後述する『旧記雑録』所収正応元年の島津庄庄官言上状に「庄号以後二百六十余歳」とあり、また「島津本庄者、万寿年中、以無主荒野之地、令開発、庄号令寄進　宇治関白家以降、長元年中、奉崇伊勢太神宮依神告号神柱、宇佐八幡已下五社為鎮守、令建立七堂伽藍、称其題額於常楽寺、此外諸寺諸山御願寺、其数惟多」とあること等であろう。さらに万寿年間の開創とあるのをおしすすめて万寿三年の開創と推定するのは次の史料の故である。

「三国名勝図会」には「此記、梅北村祝子の家にあり」として左の「神柱大明神」旧記をあげている。整理してあげれば左の如くである。

（A）⑴右万寿三年丙寅正月廿日、平朝臣平大監季基卿領当地、移住之日所崇也、同年九月九日神柱造立、伊勢内宮也、出羽庄内一社、日向庄内一社、日本二社之神也、

⑵仁安二年丁亥散位伴朝臣兼高、再営、

(3) 弘安四年辛巳修造、大願主執行左衛門射伴兼世、
(4) 応永八年辛巳二月七日修営、陸奥守藤原朝臣元久並沙弥道且、
(5) 文明十五年卯二月九日修営、陸奥守武久、
(6) 永正十三年丙子四月十四日修造、島津近江守忠武、
(7) 天文四年卯月廿九日修理、新納近江守忠勝、
(8) 天正四年丙子二月廿日鳥居建立、北郷左衛門時久入道一雲、
(9) 同十四年八月三日時久代地頭伴兼慶、
(10) 慶長□□□（十四年）（文字不詳）修営、北郷讃岐守忠能也、

万寿三年造立以来代々の修営の次第を書きあげたものである。「荘内地理志」所収、神柱宮宝殿の棟札の裏書や「管窺愚考」附録所収、神柱宮宝殿造営次第や棟札背文等も内容はほとんど同じである。但し(2)の兼高は何れも兼景となっている。神柱神社は現在都城駅前の地にあるが、かつては南郷梅北の地にあり、今その社地には黒尾神社が遷っており、なお旧観をとどめている。同社よりさらに南に下った山ふところに同じく島津庄と関係の深い古刹西生寺の遺跡がある。今は古い墓塔十数基を残すのみであるが、付近の景観はなお往時を想起するに足る。

同寺の関係文書が『旧記雑録前編』一―七九七号に帖佐士安楽五郎左衛門所蔵文書として掲載されている。

（B）

a (1) 庄衙御願大曼荼羅院一宇（三間四面）

弘安元年歳次戊寅八月日修造之、

右当寺者、其仁安二年歳次丁亥尋誉聖人造立之、大願主当檀那伴朝臣兼高也、

(2)而其後従百十余廻之間、於相代（ママ）弘安元年八月廿九日時正初日、尋誉聖人殊孫弟法橋上人位舜応、為大勧進造立之、于時施主兼高五代孫子右衛門尉伴朝臣助兼、六代孫子方郷（ママ）弁済使伴朝臣兼郷、但前者雖為一間四面、法会時堂内狭少之間、座席依有其煩、人（今カ）改前造、所造於三間四面、仍銘如件、造営奉行僧舜応

また『旧記雑録前編』一—四五号に「古板在梅北西生寺山王社内其大方五寸許」として左の如く西生寺仁王躰内板銘をのせている。

b仁安三年歳次丁亥三月二日庚子造立之、

為大施主旦那散位伴朝臣兼高幷藤原氏息災延命諸人快楽、殊致精誠所造立如件、

これについて『旧記雑録』の編者伊地知季安は次の如く考証を付加している。

右やう檜板にかき、先年西生寺の仁王像の朽損したる体内より露ハれ出けるとなん、前に載せたる帖佐士人安楽氏に蔵めし弘安元年戊寅八月再建の銘に庄衙の御願として、当寺を仁安二年歳次丁亥尋誉聖人造立之大願主当檀那伴朝臣兼高也と記せるにも能く符合し、疑もなき当寺開基の時造れる仁王の体内に銘し納めたる小板の古物にて、細字なれとも、仁安丁亥より今とし天保癸巳まて六百六十七年、尚文字も大概よまれて、当寺の什宝となるハ、寔に珍奇ならすや、但し板に三年とかきしハ二年の誤なるべし

以上の如く仁安二年の伴兼高の存在は神柱神社・西生寺の両史料について明らかである。（Ａ(2)・Ｂａ(1)・Ｂｂ）下って弘安元年、西生寺の史料に兼高五代の孫助兼、六代の孫兼郷の名がみえ、（Ｂａ(2)）弘安四年、神柱神社の史料

に兼世の名がみえる。これらの関係を系図によってさぐってみよう。肝付系図には異本が多いが、梅北氏の祖を兼貞の五子兼高とする点は同じである。兼高以後の梅北系図を示せば【系図①】の如くである。

系図によれば助兼は五代の孫に非ず三代の孫にみえるが、これは同人ではなく、むしろ直系五代目の長兼とあるのがこれにあたろう。そしてその子は六代の孫兼郷ということになろう。兼郷は弘安元年当時南郷弁済使だったと思われる。兼郷の孫に当たる貞兼は『旧記雑録』一―一七〇一号、建武元年七月の地頭代道喜注進の島津庄日向方南郷濫妨狼藉謀叛人等交名に「梅北孫太郎貞兼当郷弁済使」とあるのに当たると思われる。当郷とは南郷で当時梅北は南郷の中であった。兼高以来神柱神社の斎宮職と同郷弁済使職を併せ有したのであろう。

次に兼世の名は肝付系図兼貞の二子兼任にはじまる萩原氏中にみえる【系図②】。

【系図①】

兼高―昌兼―┬兼頼―兼康―兼宗―長兼―兼郷―兼松―貞兼
　　　　　　├兼光―助兼―兼職
　　　　　　└兼村―┬兼忠―氏兼
　　　　　　　　　　└舜兼―舜応

【系図②】

兼任―兼久―兼広―┬広貞
　　　　　　　　　└兼賢―┬実兼（包）
　　　　　　　　　　　　　└兼世―姜勝

兼世は鹿屋院弁済使職をめぐって兄実兼と争っている。鹿屋院弁済使職の補任状は「鹿屋文書」建暦元年八月四日の兼広に対する島津庄預所下文を以て初見とするが、ついで兼賢に対する寛元二年八月二日、千寿丸（兼世）に対する建長四年七月、再び実兼に対する弘長元年七月の預所下文がある。その中で「兼賢死去後、次男兼世望申之間、宛賜処、付御年貢等、不致沙汰、不忠無極之間、収納使訴申之折節、嫡子実兼望申彼職条、非無其謂歟、仍停止兼世職、以嫡男実兼補任彼職畢」とある。文永七年八月の預所下文でも「兼賢相伝之職也、子息等中可計補之間、以兼世令補任之処、於事不忠、庄家事都不及沙汰、付上付下、更無其詮者也、仍停止兼世職、以実兼所令補任彼職也」とあり、実兼（実包）はひきつづき文永九年八月、弘安四年八月にも預所下文を得ている。さらに出家して観阿を

【系図③】

尾張氏──別当散位伴兼景（永暦元御下文給、無実子之間譲兼任）
　　　　└散位伴兼任（文治二）──兼澄（寛喜四）

称した後も永仁六年五月三日、永仁七年二月一日にも兼世の競望をしりぞけて補任の預所下文を得ている。このように兼世は鹿屋院弁済使職について兄実兼と執拗に争っているようであるが、島津庄庄官の所職はただに一弁済使職に止まるものではなかったから、彼が弘安四年執行として庄の鎮守神柱神社の再営をはかったとしても不思議ではない。兼広の祖父兼任については明らかでないが、萩原の祖とされる上は、兼高が南郷梅北を領有した如く三俣院萩原を領地としたのであろう。萩原の地名考証は数説あって一定しない由であるが、私は北園博氏が掲げられた萩原川の沿岸地域を想定する考えに賛同したい（「肝属二男家萩原氏の顚末」『大隅』一六、一九六〇年）。何れにしても三俣院の要地であり、萩原を称することは三俣を称することとほぼ同じことのようにみられたのではあるまいか。この点梅北を称するのは即ち南郷をさすことと等しいというのに同じである。兼世と争った実兼について私は旧稿「島津庄大隅方鹿屋院小考」（『文学科論集』〈鹿児島大学法文学部紀要〉一、一九六五年）において法名観阿は願阿に通じ、願阿は三俣之領主でその妻は鹿屋氏の祖宗兼の姉であることを述べた。この推定に誤りなしとすれば実兼はまさに三俣院領主職を鹿屋院弁済使職とともに父祖より相伝したのであり、むしろ前者の方が根本所職であったというべきであろう。領主職即弁済使職とは断言できないが、その可能性は十分にある。兼任は三俣院弁済使ではなかったろうか。「野辺文書」の櫛間院本主次第手継系図の中に、【系図③】のようにある。萩原兼任とこの散位伴兼任とは関係づけられない

であろうか。

前述の如く梅北兼高は仁安二年の史料に兼景と記されている場合もあり、これを単純に誤写とみるのでなく、別称として考えてみることも必要であろう。永暦元年は仁安二年の七年前、文治二年はそれより一八年後である。肝付系図とは長幼の順序が逆になるが、兄弟であることは一致している。同一人が島津庄内の近隣の弁済使職を兼帯する例は他にもあるから、この櫛間院領主職の相伝系図は或いは萩原兼任と梅北兼高《（景）》の関係を別の形であらわしているものといえないこともない。もっともこれはなお臆測の域を出ない私見に過ぎないが一言記しておく。

さて三俣院主願阿（萩原実兼）は子がなかったため妻の弟で、肝付郡弁済使伴兼石の子宗兼に三俣院領主職と鹿屋院弁済使職を譲与したという。しかし宗兼は姉の怒りをかって三俣院領主職はとり戻され、鹿屋院弁済使職のみ格護し、子孫に伝えた。一方三俣院領主職は宗兼の兄弟兼市に譲られた模様で兼市は三俣を称したらしい。そしてその後嗣として甥の肝付郡弁済使兼藤の子兼重が入り、兼重は三俣八郎左衛門を称した。兼重は兄の肝付郡弁済使兼尚が鎌倉に赴き不在のため、その代官をも勤めた。しかし彼の根本の職はあくまでも三俣院領主職であった。鎌倉幕府滅亡後、兼重はいち早く在地領主権の確立と拡大をめざして挙兵し、その後の南北朝争乱期の初期を薩隅日三国に跨って果敢に奮戦したがその本城は三俣院高城にあった。そして彼は名実共に一時期南九州における南党の代表的存在であった。

勇戦する兼重の配下の部将に兼政の名をみる（「土持文書」建武三年二月七日　土持宣栄軍忠状）。兼政は萩原氏系図で兼任の子兼久の弟兼章の曽孫として記されている。これも三俣院と萩原氏の関係の深さを示している事実といえよう。

次に前述した正応元年の島津庄官等申状は後欠で年月日の記載はなくこれを正応元年とするのは末尾に異筆で「右正応元年之言上状歟」とあるのによるが、伊地知季安はこれについて「季安按此十字、後人所追書也、自万寿三年至正応元年為二百六十三年、自長元元年為二百六十一年、則拠荘号以後二百六十余歳云、以書之可推知也」と註をつけている。しかし内容からみて、本所下文の出されたのが、正応元年七月二一日であり、官使職に補された大友兵庫入道の一〇〇余人を引率しての入庄はその後のことであろうから正応二年の申状とすべきではなかろうか。去年一一月二四日若宮八幡宮炎上の記事もよりどころとなろう。同文書は「原本志布志士人鹿屋権兵衛兼治蔵書」とあるが、筆者の採訪した昭和三五年既にこの文書だけは鹿屋氏所蔵文書の中にはなかった。文書の性質上「島津家文書」の中に移されたかとも考えられるが確認してはいない。

季安は「管窺愚考」（別名「島津御庄考」）の中で本文書が鹿屋氏に伝えられた理由につき左の如く記している。

　此を鹿屋か家蔵せしを考るに、肝属兼石か三男宗兼父の譲りを承け、鹿屋院の弁済使と為りて分族し、またその姉婿観阿より、男なしとて三俣を伝られ、此と併せけるよし系図に在り、然あれど、観阿も鹿屋の弁済使に還補せしこと、永仁四年の執達状にあれは、観阿より受たるそ近からめ、左ありて、正応元年ハ永仁より九年まへなれハ、右の文書に謂へる御庄官も、観阿等に当るなるへし、のちに宗兼その姉より憎まれて、鹿屋のミを領して家号とせり、それより三俣は姪の八郎兼重に譲りて、高城におり、三俣殿と呼ること、鹿屋系図をよび聖栄自記等にあり、永仁より四十四年を経て、暦応二年の八月に至り、畠山直顕に攻られて落城し、それより五十年ほどすぎ、嘉慶二年に至り、また鹿屋周防守忠兼に恕翁公（元久）より当院の長田を旧封とて下されたり、忠兼は宗兼か曽孫にて、公の惣奉行即今御家老なり、老て玄兼と更む、所著の自記在り、後に載す、斯りけれハ、此書も彼家に遺れる

ならん

季安も述べているように、島津庄開創の事情を記すほとんど唯一の文書が、鹿屋氏に伝えられたのは偶然だったのではなく、同氏が三俣院領主職を相伝した萩原氏の跡を一時継承したことにあったのであり、三俣院領主職が島津庄庄官の所帯の職としてもっともふさわしいものであったことを暗示している。三俣院は建久図田帳以前、南郷・中郷もふくんで島津庄のもっとも重要部分をしめていたと思われ、「三国名勝図会」巻之五十八、「季基は三俣院を領し、益貫に居る」の割註に「鹿屋玄兼自記に、季基は、三俣の主とあり、今中之郷南郷に接して、三俣院あり、往古梅北は、三俣院に隷く、今益貫は梅北の内なり」とある。伴氏がその庄官職を専有し、肝付氏他薩隅日に繁桁した伴氏一族の中で、とくに枢要な役割を荷っていたと考えられる。肝付兼重があれ程の活躍をなしえた原因は個人的な力量はさておき、彼が重要な三俣院領主職を嗣ぎ、それを本拠に大隅・日向の島津庄庄官伴氏の血縁的結合をも利して勢力を拡げたということができよう。

【付記】本稿は第四九回例会において口頭発表した「島津庄日向方三俣院について」の草案に若干補筆を加えたものである。例会以後五月二七日（日）会員一二名で都城に島津庄関係史跡巡見に出向、都城史談会長肥田木氏の懇切な御案内をいただいた。巡見順序は次の如くで島津庄に対する会員の知識を深めることができた。紙面をかりて肥田木氏をはじめ都城郷土館各位に深謝の意を表したい。

郷土館―早水神社―島津庄祝吉御所―稲荷神社―萩原川・藤田鬼束家―正応寺―堀内御所―旧神柱神社（黒尾神社）・梅北家―富山家―西生寺―郷土館

第三章　島津庄日向方　救二院と救二郷

一、救二院の在地領主

救二院と救二郷の境域は日向国南端、現在の鹿児島県曽於郡志布志町・松山町・有明町（現・志布志市）・曽於郡大崎町それに大隅町（現・曽於市）の一部を含むかなり広汎な地域である。建久八年の日向国図田帳には殿下御領（近衛家領）島津庄一円庄の中として救二郷一六〇町、諸県郡、地頭前右兵衛尉忠久とあり、寄郡の中として救二院九〇町、同じく諸県郡、地頭右兵衛殿忠久とある。(1)即ち中世はじめ、その地は日向国諸県郡に属し、島津一円庄或いは寄郡として地頭島津忠久の管下であったことを知るのである。文治元年忠久が島津庄下司職に補任されたことは同年八月一七日の源頼朝下文、同一一月一八日の領家三位家下文によって明らかであるが、(2)同職の内容が地頭職に他ならなかったことは翌二年四月三日の源頼朝下文に、

　　下　島津御庄

　　　可令早停止旁濫行、従地頭惟宗忠久下知、安堵庄民、致御年貢已下沙汰事

　右諸国諸庄地頭成敗之条者、鎌倉進止也、仍件職、先日以彼忠久令補任畢、而今殿下依令相替給、雖無領家之定、

　至于忠久地頭之職者、全不可有相違、慥令安堵土民、無懈怠可令致御年貢之沙汰也、兼又、為武士幷国人等恣致

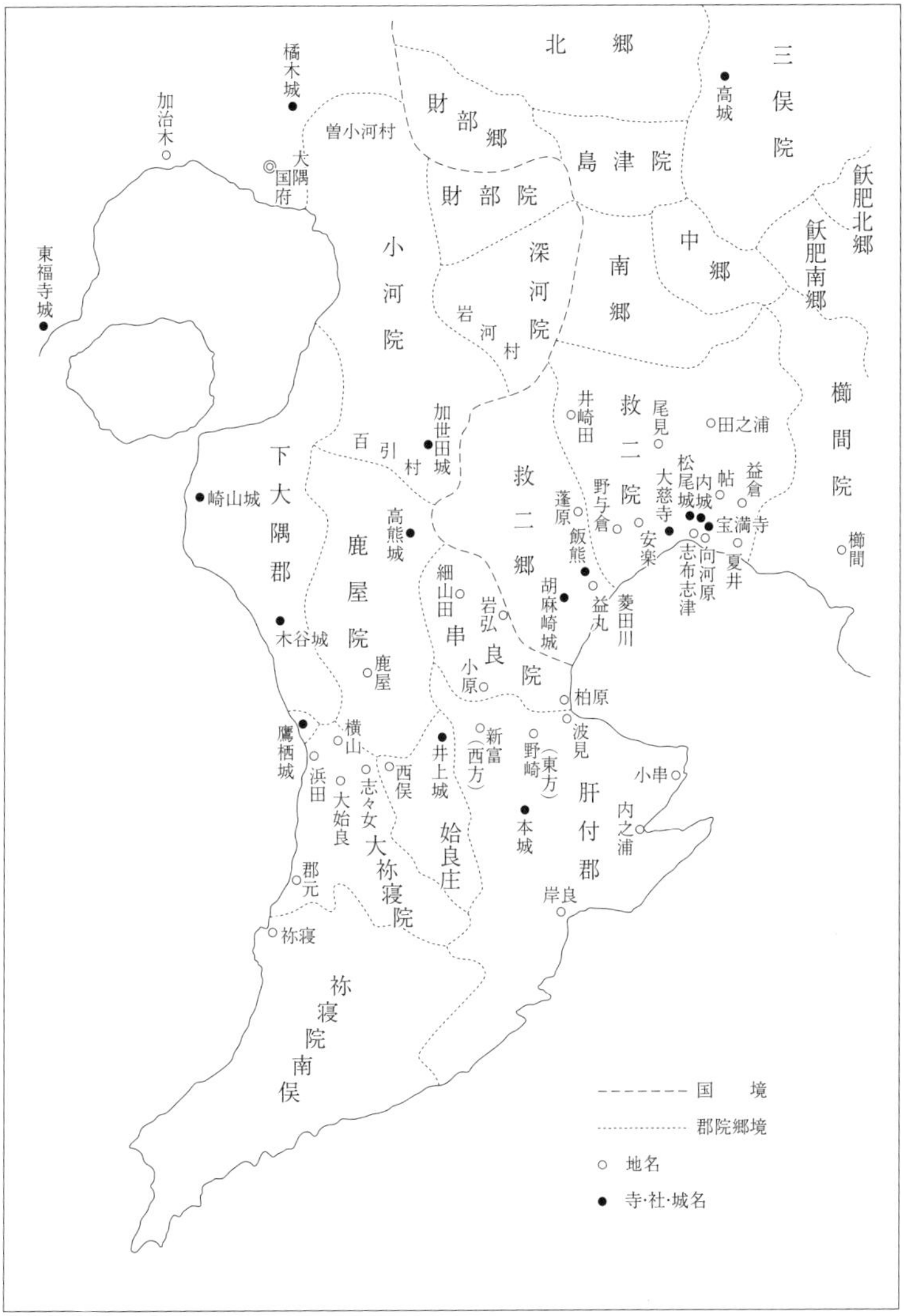

救二院・救二郷付近概略図

自由之濫行、或打妨御年貢物、或背忠久之下知、毎事令対捍之由、有其聞、所行之旨、尤以不当也、自今以後、
停止彼等之濫行、令安堵住人、不可違背忠久沙汰之状如件、以下、

とあることからも知られるが、(3) 同時に右史料によって新任の島津忠久の職権行使が在地の武士国人らの存在によっていちじるしく困難であったことがうかがい知られるのである。忠久の入部にともなう文治から建久にかけての紛糾、在地領主の盛衰を示す史料としては薩・隅・日三国の建久図田帳の没官領、本職等の記載や、残存する数点の文書の他に、いわゆる島津氏下向の際の各種伝承がある。(4) 救二院についていえば、『旧記雑録前編』に二点の関係文書が「島津家文書」から採録されている。(5) 左にこれを示そう。

在御判（源頼朝）
薩摩国救二院平八成直ハ、奉公之由申也、而件救二院地頭弁済使職事、自平家之時、舎弟安楽平九郎為成ニ被妨取、而今為成謀反第一之者也、早以成直以彼地頭弁済使、無相違可令安堵給者、鎌倉殿仰旨如此、仍執達如件、
五月九日　　盛時奉
宗兵衛尉殿（島津忠久）

在御判（源頼朝）
島津庄住人不随忠久下知之由、有其聞、尤不当事也、慥可相従件下知、兼又、救二院平八成直殺僧了、所行之至、不敵事也、於件所知者、可為忠久沙汰之状如件、
（異筆）「建久二年」十二月十一日

はじめの文書は年未詳であるが、同様のものが文治五年一〇月、一一月の「市来北山文書」、「国分文書」の中にみえるので、恐らくそのころ（同年或いは建久元年か）の文書と考えられる。[6] 文中、薩摩国救二院とあるのは誤りで日向国救二院でなければならず、「島津国史」も疑いを抱き、「救二或作救仁、即今志布志地、按盛時遺公書云、薩摩国救二院平八成直為救二院地頭弁済使、志布志属日向、而云薩摩国救二院、平八成直者豈謂薩摩国人成直乎」と注書している。しかしこのことのみから偽文書として抹消すべきものとは考えられず、内容的にも採りあげるべきものと思う。[7] 薩・隅・日三国の在地領主で平家与同のものとして一旦或いは永く所領を奪われたものには阿多郡司（平姓）・鹿児島郡司（平姓）、祢寝郡司（建部姓）、財部院・深河院・多禰島郡司（平姓）等があり、[8] 日向国救二院において兄平八成直にかわり、平家よりその地の地頭弁済使職に補任されていた在地領主安楽平九郎為成が謀反人として改任され、成直があらためて頼朝より同職を安堵されたこともその一連の事実として認めてよいのではなかろうか。

安楽の名は勿論地名を負う。安楽川の中流、古社山宮神社の鎮座するところ、やや北に上って川のほとり東岸に典型的な中世の山城安楽城址があり、川をはさんで西岸に旧寺院址、古墓等がある。安楽氏の居処は恐らくそのあたりとしてよいであろう。この安楽氏は平姓であるが、他に伴姓安楽氏がある。肝付系図、兼貞の子に兼俊は肝付氏、兼任は萩原氏、俊貞は安楽氏を、兼高は梅北氏、行俊は和泉氏をそれぞれ称すとある。[9] 恐らく伴姓安楽氏は平姓安楽氏に代わって中世この地を領したのであろう。平姓救二院氏・安楽氏の略系図は「備忘録抄」に次の如く採録されている。[10]

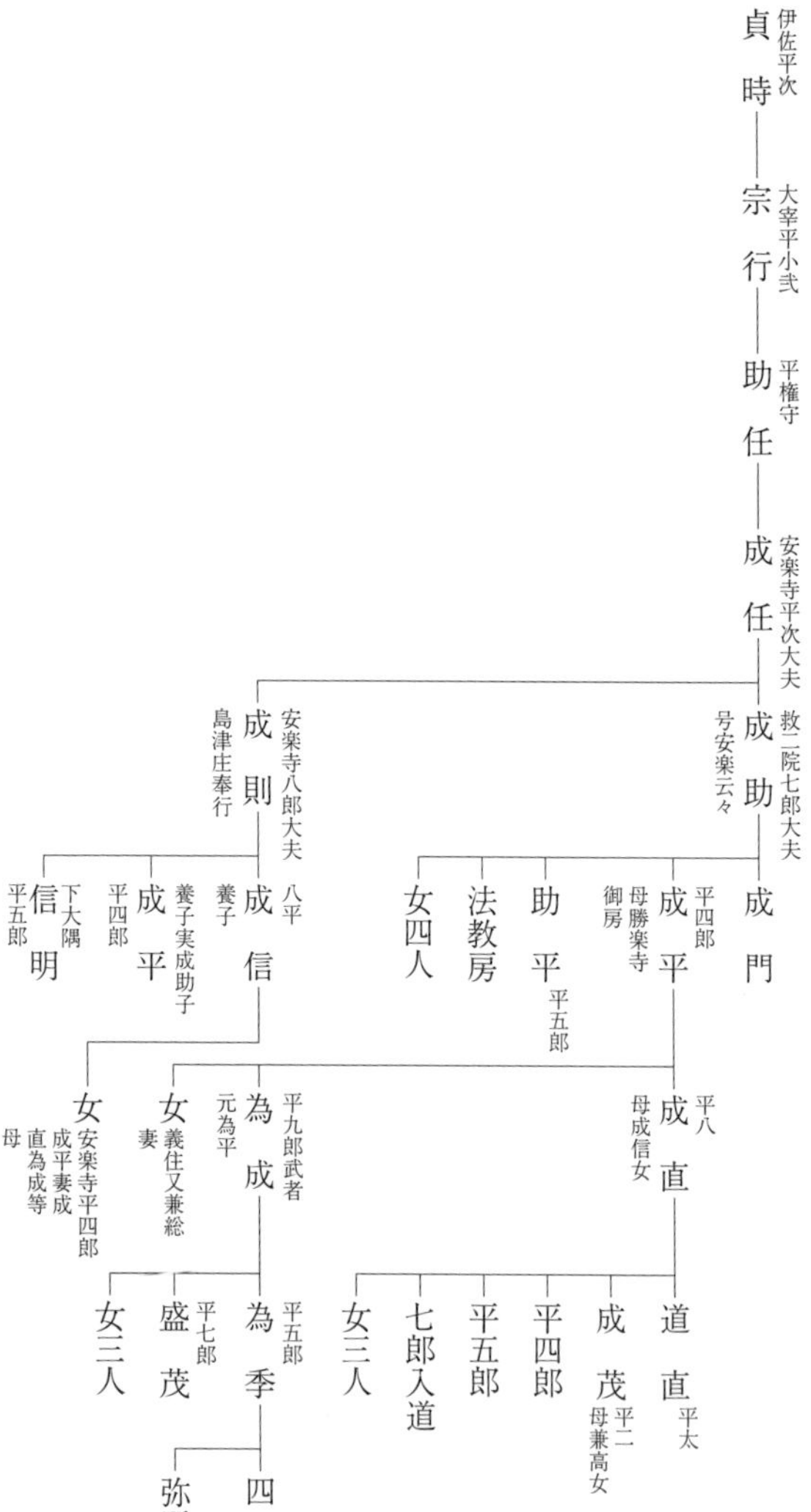

平姓救仁院氏・安楽氏略系図

即ち伊佐平氏の出、大宰府官人の末とする。第二の文書は前記した如く地頭忠久の下知に従わぬ在地領主等を戒飭し、併せてさきに救二院地頭弁済使に復した平八成直を僧侶殺害の科により召放ち、忠久にその知行を委ねた頼朝の下文案である。ここに地頭職といってもそれまで忠久の有していたのは惣地頭職であり、成直や為成の有していた地頭弁済使職とは別個のものである。即ち後者は一般に小地頭職と称される在地領主の領主職と庄官職の融合した所職

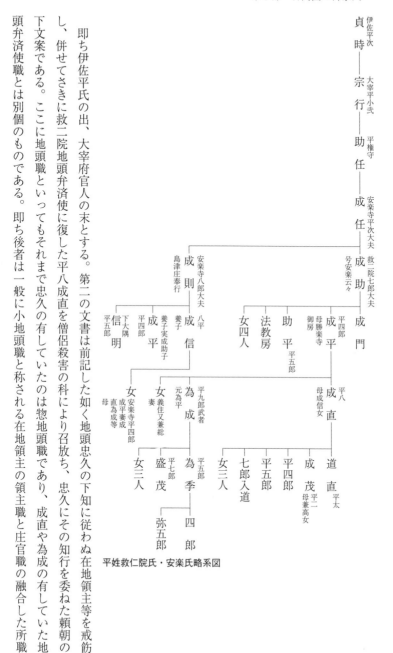

で在地と密接に結合しているのに対し、前者はその上級所職ではあるものの加徴米の徴収等の他在地との関係はあまり密接ではなかった。しかし忠久が成直の所知を沙汰することとなれば、図式的には忠久は小地頭職をも併せ完全な地頭領主になり得ることとなる。しかし実情は如何であったろうか。史料が欠失しているためほとんど考察の手がかりは掴めないが、他郷の場合、平家与同等の理由で追放された在地領主にして、なおその地にとどまって権限の回復に努めたり、依然自身または一族が領主権を行使していたりする例もあるから[11]、救二院の場合も島津氏の管掌がどの程度進展したか疑問であり、ことに忠久の在国期間がほとんど数えられぬくらいである情況からも地頭島津氏の領主権増大を想定することは難しい。しかも建仁三年、比企能員の変の縁坐として忠久の薩・隅・日三国守護地頭職は悉く没収され、その中薩摩国守護地頭職のみは間もなく旧に復したものの、大隅・日向両国の分は鎌倉時代を通じてとり戻すことを得なかったのである[12]。日向国の守護惣地頭職の継承者については大隅のそれと同様必ずしも明らかでないが、おおむね北条氏の管掌するところであったらしく、救二院の場合も島津忠久の改任の後、北条氏一族が地頭職を継承したのではないかと考えられる[13]。勿論正員地頭の在地は考えられないから地頭代が地頭所にあって所務をとりおこなったのであろうし、また忠久が弁済使得分米をも併有していた（これは忠久が弁済使職をも知行していたことを示すものであろう）大隅国下大隅郡・鹿屋院・串良院・祢寝院等について、建仁三年、島津庄政所は本弁済使が参上して所職の由緒を申立てるべきことを令しているところから、忠久改任後、弁済使職の旧に復したところも少なくなかったと思われる[14]。救二院については明証はないが、弁済使或いはそれに代わる庄官の所務取あつかいの再開も十分に考えられるところである。

島津庄大隅方祢寝院は救二院と同じく島津庄寄郡であるが、同院内志々女村名主職（弁済使名、弁済使知行の名）の相伝をめぐって鎌倉時代後半係争が引きつづいておこっている。[15]「志々目文書」文永八年七月一六日の留守沙弥下文を左に掲げよう。

下　島津庄祢寝院

　可早以藤原清義為志々女村名主職事

右清義訴状云、当院弁済使名者、仏念重代相伝職也、仍可令子孫相伝契状云、相伝之輩者、不可与異姓他人、可令伝渡氏人等也云々、而西意背彼契状之旨、譲与馬入道道西子童之条、為氏人等疵者也、其上彼道西者、奉為領家御方、成悪之仁也、所謂為串良院地頭代、五六年張行非法新儀、為中郷地頭代、数年抑留数多年貢米、当時者、為救二院地頭方沙汰人、違背領家方、張行新儀、無遁方候、現御方不忠之条、眼前之処、剰聟補奉公庄官所領之条、無其謂事也、然者、被停止非分聟補、且依重代奉公、且任相伝之旨、清義如元欲被宛賜之云々者、所申非無其謂、早停止道西子童知行、任申請之旨、於彼志々女村名主職者、清義可令領掌之状如件、故下、

即ち清義はいう。祢寝院の弁済使名は仏念（義明、清義祖父、清義の父は義宗、法名道意）重代相伝の職である。[16]したがって氏人が相伝すべきところ、西意（義房、仏念子、道意弟、清義叔父）は契状に背いて他氏である馬入道道西の子童に譲ってしまった。道西は領家に対し悪行を働く人物である。先に串良院（大隅）地頭代として五六年非法新儀を張行し、次に中郷（日向）地頭代として数年間多くの年貢米を抑留し、今は救二院地頭方沙汰人として領家に新儀非法を張行し不忠の振舞をしている。そのような人物の子を西意は聟として志々女村弁済使名を譲ってしまったのである。そこでこれをくつがえして重代奉公により、また相伝の実にまかせて清義に宛賜わらんことをというのである。そしてこの申請は領家の容れるところとなったのである。道西及びその子童については、同文書、祢寝院弁済使

職相伝次第に「他家救二院図師馬入道道西子息童名千与熊丸ニ志々女村為西意譲之、千与熊丸ハ後に号宮内左衛門尉、已死去了、宮内さへもんの子息ニ左衛門四郎之手ヨリ彼証文ヲ伯父の侍従房ニあつけ置之処、侍従か手ヨリ飯肥南郷公文大輔法橋観睿ニ渡也」とあり、道西は図師馬入道道日、子童は千代熊丸、後に宮内左衛門尉であり、同職は同人の子左衛門四郎から伯父侍従房を経て大輔房観睿に相伝されたとする。また「彼志々女村弁済復職ハ、仏念次男義房法名西意ニ被譲与候間、其流ニシテ、南郷観睿もんそ《（文書）》を所持スルトコロ也」とあり、この観睿は「野辺文書」日向国櫛間院本主次第手継系図（別に地頭職相伝分ともあり）に湛睿（建治二年）の後、通睿（元弘元年）の先、両者の間に阿野大輔法橋観睿（元亨三年）とあるのと同一人物であろう[17]。そして志々目系図には西意の一女の子に飫肥南郷公文大輔房観睿の名が記されているから、同人は祢寝院弁済使藤原氏と救二院図師氏とも縁戚関係があり、日向国飫肥南郷・櫛間院の庄官在地領主として活躍したものであろう。別に「備忘録抄」所収大祢寝院相伝系図には観睿は祖母法阿より譲られるとあるが、この法阿は西意の妻であろう。

観睿の櫛間院に有する所職は地頭郡司職と思われ、別に弁済使職が他にあったと考えられる。肝付系図附載の肝付兼貞女子五人の書出には「女、飫肥南郷郡司妻、富山弥太郎大夫祖母、后ニハ櫛間郡司妻、櫛間太郎祖母」、また「女、薩摩在国司家通妻、大新大夫母、後ニハ櫛間弁済使助平妻、助縄・助友母也」とあり[18]、後の方の弁済使助平とは前掲救二院系図に成助の子、成平の弟、そして問題の成直・為成の叔父としてみえる平五郎助平に当たるのであろう。救二院氏と伴氏の縁戚関係はこの他右系図、成直の子平二成茂の項に「母兼高女」の記載があるが、この兼高は肝付兼貞の子、兼俊の弟で梅北氏の祖とされている[19]。即ち救二院平八成直は妻として伴兼貞の子兼高の一女を娶り、肝付氏との関係を密にしていることを知る。

右の救二院氏と図師氏との結びつきは明らかにし難いが、或いは馬入道道西は救二院氏の流れで弁済使職と並ぶ図師職を所帯としていたものとも思われる。そして何れにしても右の道西が大隅の串良院、日向の中郷の地頭代を勤め、さらには救二院地頭方沙汰人として領家方に違背している事実は注目しなくてはならない。即ち大隅・日向両国に跨り、隣接地区の島津庄地頭方の代官職を数年宛勤め、同地方の庄官在地領主とも縁故を有する人々の存在。これら地頭代官、沙汰人と郡司、弁済使とは全く異質のものとはいえない。祢寝院弁済使を例にとってみても鎌倉後期、彼等の所職は世襲で固定しているわけではなく、領家側等の都合で一方的に改替される危険性があった。しかしまた世襲化の動きもこのころから活発となり、所職の細分化とともに一族間の所職獲得、保持をめぐる争いも著しくなってくる。祢寝院弁済使職は義明（仏念）の子、義房（西意）の兄、義宗（道意）の流が後に同院中枢部の郡本をはじめ大始良・浜田・横山・志々女の各村弁済使職を分有するに至るが、それぞれその所職が固定し、その村名を負う小在地領主となるまでにはなお幾多の紆余曲折を経なければならなかった。「志々目文書」嘉暦二年七月の藤原弥義（胤義、道意の曾孫）代定末安堵申状によると、弥義は一族の義峯（彦六、同じく道意の曾孫、前出清義の孫）と志々女村弁済使職について争っているが、中で定末は「或他家非重代之輩、致競望、或武家被管之仁等、替面於甲乙人擬掠申歟、爰弥義代定末、去月参洛之処、於兵庫之島如承及者、彼村弁済使職事、当院住人彦六（義峯）不知実名、以武家被管円宗法師、掠賜当村弁済使職之条、希代之奸謀哉、彼彦六雖為祢寝院弁済使余流、不及御庄庁出仕、不勤仕神事役、将又近年当院地頭代縁者也、争可宛給領家御進止所職哉、為地頭被管之輩、不可宛給領家御進止所職名田之由、一乗院家之御下知顕然者也、至弥義者、重代庄官、随而御庄庁出仕幷月並御神事役勤仕之条、庄家無其隠者哉、且当院弁済使子孫也、誰人可掠賜彼所職等哉」といい、さらに地頭代の非法について「地頭御代官恐自科、失為方之余、替面於彦六当村弁済使職以下掠賜之所行、言語無比類者哉」と述べている。ここで弥義側は義峯が地頭代の縁者であることを取りあげ、地頭被官は領家進止の所職をもちえぬという領家一乗院の下知を根拠にその補任を妨げようとしている。一般に庄園の下地進止をめぐる領家と地頭の争いは鎌倉時代の後半から著しくなってくるというが、島津庄寄郡祢寝院についても同じ事がいえる。弥義側は領家側にたち、敵手たる義峯を地頭方のものときめつけ、地頭代の非法に悩む領家側の警戒心をかきたて弁済使義峯の実現を阻止しようとしたのであろう。当時同種の事件は近隣の大隅国鹿屋院や肝付郡、日向国北郷等においてもみられるが、何れも領家対地頭の争いに庄官在地領主一族間の惣庶の争いが加わっていることがわかる(21)。即ち領家と結んで所職の獲得保持をはかる側と地頭勢力を背景に進出を策す側との対抗である。そして地頭被官は一部有力な地頭代は別として、多くはこれら庄官在地領主の庶家の中から生み出されたのではないかと考える。問題の救二院馬入道道意もその出自が明らかでないが、或いはこの範疇に属するものではないだろうか。

註

(1)「島津家文書」一―一六五号、拙稿「日向国建久図田帳小考」(『日本歴史』一四八。拙著『鎌倉幕府の御家人制と南九州』戎光祥出版、二〇一六年)参照。
(2)「島津家文書」一―二九八号、『旧記雑録前編』一―九三号。
(3)「島津家文書」一―五号。
(4)拙稿「薩摩国建久図田帳雑考―田数の計算と万得名及び本職について―」(『日本歴史』一三八。拙著所収)参照。「薩隅日古城主来由記」、「富山文書」、元禄一〇年の覚に「忠久様三ヶ国江御下向之時分、頼朝公より富山を父とせよ、梅北を母とせよ、三ヶ国之者共は御家人たるへしと御教書を下給云々」とある。

(5)「島津家文書」一―二九八号。

(6)『旧記雑録前編』一―一四五・一四七号、拙稿「島津庄日向方北郷弁済使並びに図師職について―備忘録抄所収北山文書の紹介―」(『日本歴史』一七〇、一九六二年）参照。

(7)「島津国史」建久元年条、同書の編者も疑を存し、後考を俟つとされる。「薩隅日三州他家古城主来由記」に「救仁院　救仁院平八成直忠久公御代令居城、忠久公の御下知を背き謀反人の張本たり、頼朝卿此らの逆心を可静との御教書有り、右大将家の御下文には薩摩国住人とあり」とある。

(8)拙稿「薩摩国御家人鹿児島郡司について」(『鹿児島大学文理学部　文科報告』一一　史学編八。本書第1部第四章)・同「大隅国御家人菱刈・曾木氏について」(『鹿児島大学史学科報告』一三、一九六四年)・同「平姓多禰島郡司と見和村名主職の史料」(『種子島民俗』一四、一九六二年）参照。

(9)伴姓肝付氏の略系図を示せば次の如くである。

- 兼貞
  - 兼俊(肝付)
    - 兼経―兼益―兼員
      - 兼石(西方)
        - 兼藤
          - 兼尚
          - 兼重―秋兼
        - 宗兼
      - 兼基(岸良)―兼村(阿性)―兼義
      - 兼広(野崎・東方)
        - 兼賢―兼信
        - 兼任―兼門
      - 助兼(津曲)
      - 兼行(波見)
      - 兼秀(河南)
    - 兼綱(救仁郷・北原)
    - 兼友(検見崎)
  - 兼任(萩原)
  - 俊貞(安楽)
  - 兼高(梅北)
  - 行俊(和泉)

(10)野尻士長善兵衛系図。

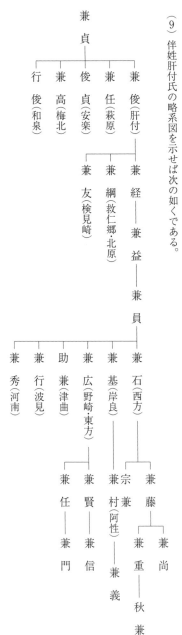

（11）大隅国建久図田帳に島津庄新立庄七五〇丁として深河院一五〇余丁、財部院一〇〇余丁、多禰島五〇〇余丁をあげ、その下に「謀反人故有道・有平子孫于今知行之」とある。この有道・有平は揖宿系図に伊作良道の子、孫として記載のあるもので、また年不詳「祢寝文書」にあらわれる平家与力人鹿児島郡司有平も同人であろう。また「祢寝文書」によれば、祢寝氏も平家与同の科で一旦は祢寝院の領知権を失い、のち訴訟によって回復している。

（12）拙稿「薩摩国守護島津氏の被官について」（『鹿大史学』一二。本書第1部第八章）参照。

（13）佐藤進一『増訂　鎌倉幕府守護制度の研究』参照。

（14）『旧記雑録前編』一―二〇三・二一〇号　粟野士神田橋助右衛門文書　建仁三年一一月一〇日、建仁四年一月一八日島津庄政所下文。

（15）拙稿「鎌倉時代の御家人並びに島津荘大隅方の荘官について」（『鹿児島史学』一三、一九六五年）参照。

（16）ここで富山氏（大祢寝院弁済使）の略系図をあげておこう。

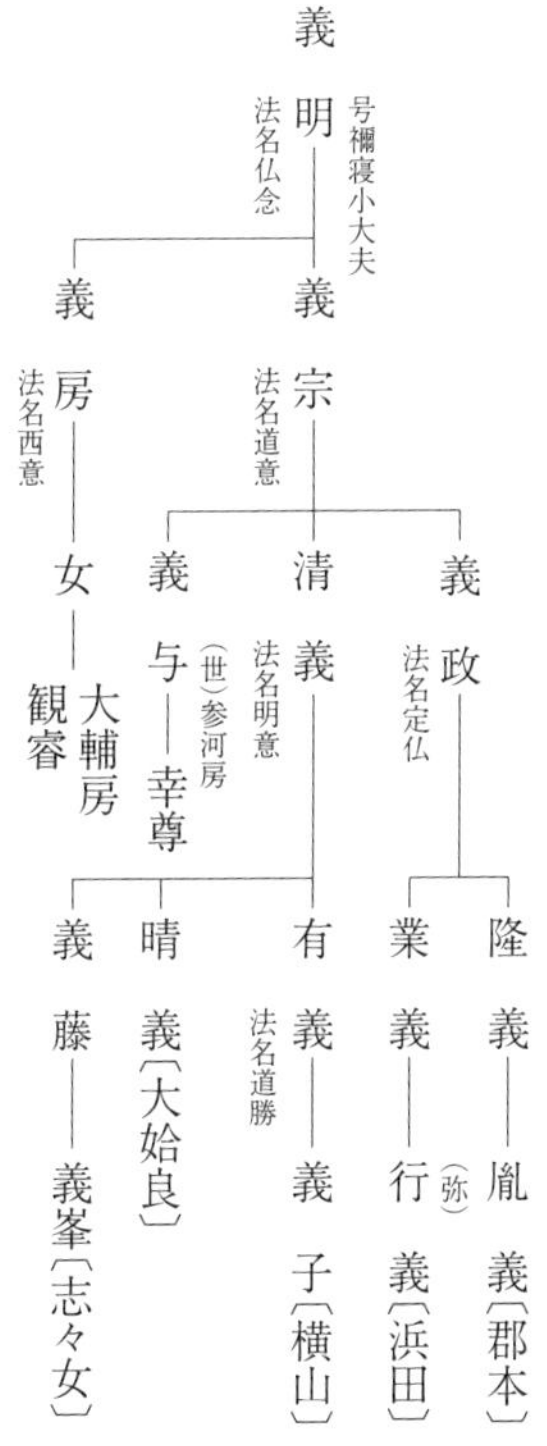

（17）『鹿児島県史料　家わけ七』「野辺文書」二一一号、櫛間院本主次第手継系図。

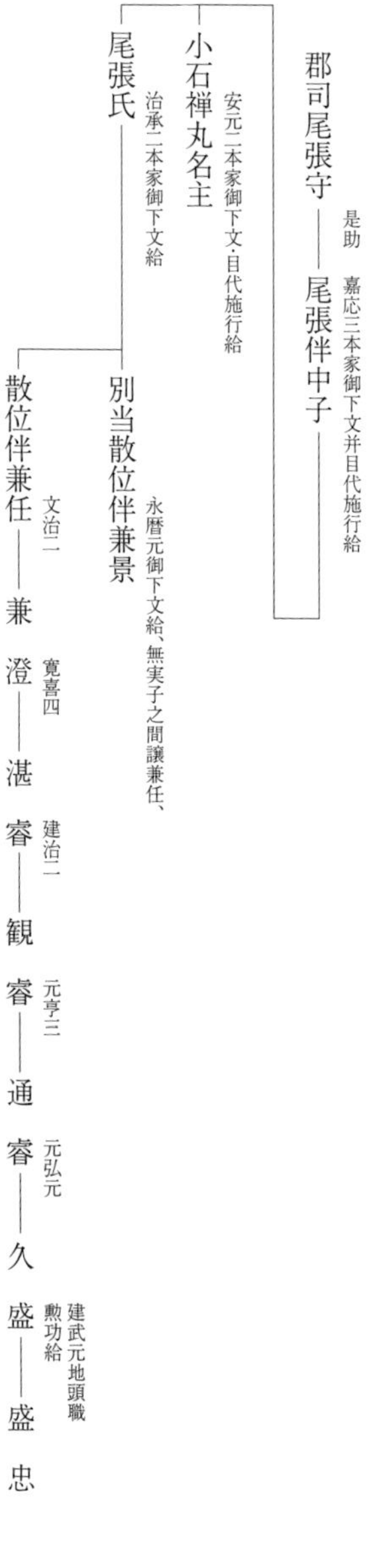

『鹿児島県史料　家わけ一』「祢寝文書」五七一号　嘉暦三年一一月一五日沙弥道勝重譲状案によれば、道勝（有義）は相伝所領祢寝院横山村を一旦南郷大輔法橋観睿のもとに質に入れたが、観睿は道勝の師匠たる関係により、後日、道勝に譲り、道勝は重ねてこれを義与に譲渡するとある。この観睿も同一人に他ならない。

(18) 重富、肝付兼冬氏所蔵系図。

(19) 略系にして示せば次の如くになろう。

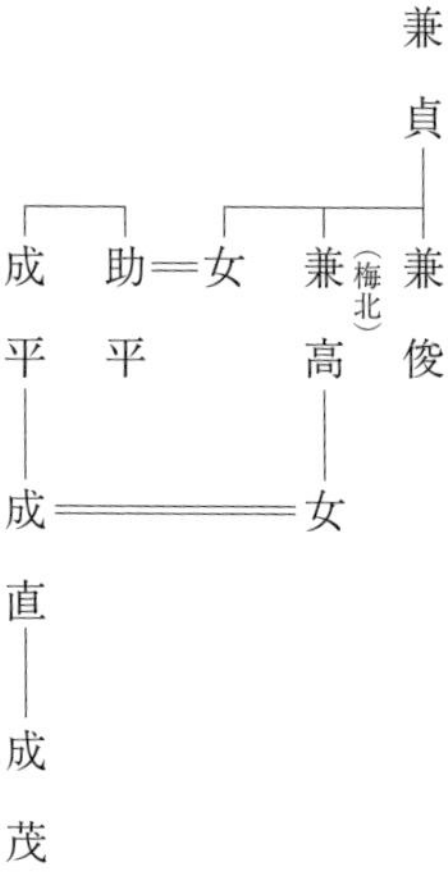

（20）前掲「北山文書」の日向北郷氏は弁済使兼図師職の一例であろう。
（21）拙稿「島津庄大隅方鹿屋院小考」（『鹿児島大学法文学部紀要　文学科論集』一、一九六五年）参照。

二、救二郷の在地領主

救二院と救二郷の境界は必ずしも明確とはいえないが、地名記載の諸史料によりおおむね菱田川を以て境となし、東岸を救二院、西岸を救二郷と考えてよい(1)。即ち救二院は現在の志布志町と松山町、それに有明町（以上、現・志布志市）の東半部がこれに属し、救二郷は大崎町と有明町の西半部及び大隅町（現・曽於市）の一部がこれに入るといえよう。救二郷は救二院と異なり、島津庄一円庄であるが、その名のみえる図田帳以外の鎌倉時代前半の史料は発見出来ない。管見の限りでその初見は、「岸良氏文書」文保元年五月廿二日の大隅守護北条時直（前上野介とあり）書下で、宛先に救仁郷地頭代とある。本文を左に記そう(2)。

大隅国肝付弁済使入道殿尊阿申、当郷飯熊別当幷同扶持人彦兵衛尉兼村、得布施大夫源盛語、令海賊岸良村御米船間事、訴状如此、為糺明、早可被催進論人等之状如件、

尊阿は肝付郡弁済使伴兼石の子兼藤であり、兼村は兼石の弟兼基の子で法名阿性、兼基は文永一一年、郡内岸良村弁済使職を父阿仏より譲られ肝付氏庶家岸良氏の祖となつた。庶家としては他に野崎・波見・川南・鹿屋氏等があったが、岸良氏は地理的にも肝付郡の中心部から離れていた（間にかなり高い山並が介在する）こともあって庶家の中に

あって一番独立性が強く、兼村が兼藤と争った後、その子兼義もまた兼藤の子兼尚と元亨年間、地頭との相論の訴訟費用の分担に関しても係争を生じている。(3) さて前掲の引用史料で惣領の肝付郡弁済使兼藤は救二郷の住人飯能別当と庶家岸良村弁済使兼村が布施大夫源盛と語らって岸良村の御米船を海賊した旨を訴え出ていることがわかる。ここに布施大夫源盛とは「肝付文書」延慶二年一一月一二日の鎮西下知状案に肝付郡弁済使兼石子息兼藤（尊阿）と弁済使職名田等事について相論している地頭美作前司（名越）時家代源盛と同一人と思われるが、同人はまた、同正安元年七月三日の関東御教書案に美作守時家代、盛真とある。さらに同元応二年三月一一日の関東御教書案に尊阿と所職名田以下事について相論している地頭尾張前司（名越）高家代盛貞とはその後でもあろうか。このように盛真・盛貞は肝付郡地頭名越氏の被官であるが、同時に盛貞は日向国南郷末弘名、門貫等に所領をもち、一時は鹿屋院弁済使職をも掌中に入れたことのある源姓門貫盛貞（貞阿）であろう。(4)

次に兼村と共に謀議したという飯熊別当とは何者であろうか。丘陵地帯である現大崎町益丸に飯隈山飯福の遺址（仁王石像二体存す）と住僧の墓石等が残っている。同寺の由緒は古く、寺伝によればその開創は遠く奈良時代にまで遡るという。そして中世救二郷の名刹として繁栄したという。飯熊別当とは即ち同寺の別当のことであろう。「由緒記」によれば、同寺三六世の別当朝元法印は救二郷蓬原城主救仁郷四郎左衛門尉頼綱六世の孫蔵人介頼世の弟なりとある。兄頼世が延文四年、島津氏久の軍のため攻囲されて蓬原城と運命を共にして後、朝元は出家して当山の別当職となったとある。以後の歴史はほぼ明らかであるが、それ以前のことは分明ではない。しかし鎌倉後期には既に同地方の一勢力を形成し、近隣の在地領主と結んで行動していることを知る。飯熊別当と救仁郷民との関係もこのころまで遡らせて考えることも強ち不当ではあるまい。(5)

建武元年七月注進の「島津庄日向方南郷濫妨狼籍謀叛人等交名」によれば、日向南郷において北条氏一族、被官を中心とし、それに日向、大隅の近隣在地領主らが加わって建武新政に伴う新支配体制に反発する勢力の蜂起がみられたが、その与党の交名中に「救二郷源太守時家人、同郷弁済使蔵人宗頼一類」の名がある。(6) まず救二郷源太についてみよう。

文書の上で志布志の地名をみるのは正和五年一一月三日の沙弥蓮正打渡状案が最初である。(7) 即ち蓮正は島津庄志布志津、大沢水の一劃を四至を定めて古刹宝満寺の敷地として寄進しているのである。宝満寺創建の年代については明らかでないが、寺伝では古く奈良時代に造立されたとし、また境内の鎮守八幡社は鎌倉幕府創立時、頼朝の命によって勧請されたと伝え、本尊の仏像も運慶の作で鎌倉より遙々将来されたものと伝えるが、これまた容易に解明し難い。(8) 確実なのは前記正和五年以降のことである。ここに元弘元年一〇月の源資清寄進状は注目すべきであろう。即ち宝満寺鎮守八幡供料田屋敷の寄進状であるが、それによると「右神田ハ、資清かりやうふん也、たゝしむほんのきこゐありて、くけふけさうとうのあひた、くわんとうしやうくんけよりはしめまいらせて、さかみのかうの殿てん中より、わたくし資清かあをんたい《（安穏泰）》平、心中そくわん《（所願）》かいりやうまんそく《（満足）》のために、きしんするところなり、」とある。(9) 右の公家武家騒動とは元弘の変をさすことというまでもないが、関東将軍をはじめとして「さかみのかうの殿」とあるのは、鎌倉幕府の執権で島津庄日向方惣地頭でもあった相模守北条守時のことをさすのではなかろうか。(10) とすればこの源資清は救二院志布志を領有する在地領主で且つ北条守時被官かと考えられる。この寄進に対する受取状には「救仁院志布志内宝満寺地主八幡宮御供料所屋敷等事、前領主源太資清寄進之子細承了」とあるが、(11) ここに源資清とは源太資清とも称したことを知る。前の建武元年の叛乱に北条守時の家人としてみえる救二郷源太とは或いはこの源太資清ではあるまいか。[12] 即ち島津庄日向方惣地頭北条守時の被官として救二院・救二郷の地頭代官を勤め、志布志津をはじめとして同地方に所領を有していたのではあるまいか。

次に救二郷弁済使蔵人宗頼一類とは前述の如く島津一円庄救二郷の弁済使で飯隈《熊》山別当と同族であろう。救二郷は建武政府の誕生と共に、新納院と併せていち早く千種忠顕の所領となったものの如くである。しかし同地方には北条氏支配の終焉と共に、大隅国肝付郡・日向国三俣院を本拠とする肝付氏が勢力を伸ばしており、その与力輩が新領主忠顕の雑掌の沙汰を妨害していた。[13] 救二郷にあっては前記救二郷源太、弁済使蔵人宗頼等がこれに当たるのであろう。そして建武政府崩壊直前の建武三年正月、ここ日向救二院・救二郷においても戦乱がはじまり、同二月、大隅国御家人重久篤兼は守護島津忠久に対して軍忠状を提出しているが、それによると一月二八日、救二郷胡麻崎城の合戦で新領主千種忠顕雑掌が追伐され、同二九日には肝付兼重の与党ら――恐らく救二郷源太等であろう――の立籠る救二院志布志城が攻め落されている。[14] 即ち千種忠顕家の雑掌を追伐するのには弁済使宗頼らも与力したであろうが、一方救二院志布志城の戦では救二郷源太らは兼重の与党となったのであろう。彼ら北条氏被官、在地領主としてみれば、旧体制の終焉、新体制の開始に際し、利害的にもその去就に迷ったであろうが、一貫していると思われることは各々在地領主としての独自の歩みをはじめようとこころみていることである。[15] そのためこれから両勢力（南党と北党、そして守護勢力と反守護勢力、島津氏と畠山氏）の間にあって、時に一方につき、時に他方につくという現象をも呈したわけである。

では次章で南北朝前半期、救二院・救二郷を本拠に大隅・日向に跨って彗星の如くあらわれ、華々しく活躍し、且つ急速に没落していった謎の人物楡井頼仲を中心としてみることにしよう。

註

(1) たとえば『旧記雑録前編』二―六三号「安養院文書」正平一四年八月三〇日　島津氏久安堵状に「日向国求二郷永吉東方比志田内地頭屋敷二ヶ所」等とある。
(2) 『旧記雑録前編』一―一二〇一号。
(3) 拙稿「鎌倉時代の肝代郡と肝付氏」『高山郷土誌』所収参照。
(4) 前掲拙稿「島津庄大隅方鹿屋院小考」参照。
(5) 「諸家大概」や同寺の「由緒記」によると、当寺三六世別当朝元法印は蓬原城主救仁郷四郎左衛門尉頼綱六世の孫蔵八介頼世の弟。頼綱は足利義満の二子満頼の子。満頼は応永年間、伴姓救仁郷氏の婿となり源姓を称すという。年代混乱し信じ難いが、伴姓救仁郷氏と源姓救仁郷氏の併存したことは事実であろう。救仁郷断二『大崎町史』参照。
(6) 『旧記雑録前編』一―一七〇一号「諏訪数馬家文書」。
(7) 『旧記雑録前編』一―一九三号　志布志宝満寺文書古写。「志布志旧記」によれば、正和五年、信仙上人院宣をうけ当国に下向、当寺を建立し勅願所となったので同人を中興の開山とするという。「西大寺文書」、西大寺光明真言結縁過去帳にも信仙房が当時宝満寺の住持職たりしことを示す記録がある。
(8) 『旧記雑録前編』一―一一九三号　志布志宝満寺文書古写。「志布志旧記」には「本尊如意輪観音」として「右本尊ハ道海・光信・信長ト云ヘル三人ノ者共志願ニテ、元応二年南都西大寺ヨリ当寺へ降臨ナシ奉勝之霊仏也、道海ハ俗名中津川勘解由左衛門尉、光信原田入道、信長ハ姓名不分明」とある。
(9) 『旧記雑録前編』一―一六〇〇号　志布志宝満寺文書古写。
(10) 北条守時の相模守任官は嘉暦元年八月で、その在任は元弘三年五月の幕府滅亡まで及んでいる。水上一久氏は「南北朝内乱に関する歴史的考察」(『中世の荘園と社会』吉川弘文館、一九六九年)において「比志島文書」所収足利氏所領(旧北条氏遺領)目録中「日向国富庄(泰家)、同島津庄(守時)」とあるのに注目され、守時が島津庄日向方惣地頭の証とされ、さらに「或は日向守護兼摂か」とされる。『旧記雑録前編』二―一五七号　志布志宝満寺文書古写　貞治五年二月一八日　宝満寺長老宛島津氏久書下に

「宝満寺之領　河原帖□、任守時之例、向後不可有相違之状如件」とあるのも裏付けとなる史料であろう。さらに同文書に付属する左記の年号未詳七月一一日、宝満寺長老宛相模守書状（同一—一五八号）はその花押からみて守時であることは明らかである。

「転読大般若経等段々祈祷巻数給候了、悦入候、恐々謹言」。

(11)『旧記雑録前編』一—一六〇一号　志布志宝満寺文書古写　六月二三日　常円・快賀・範郷連署状。

(12)「祢寝文書」三七五号（永和二年）一〇月八日今川満範書状に「救仁郷参河介当参にて候つる」とみえ、また同三一四号　永和三年一〇月二八日の一揆神水契状に救仁郷沙弥宗世とみえるのはこの救二郷氏の後であろう。また同三四三号（康暦二年）六月二〇日今川満範書状にも同人の名がみえ、同一三三号　年未詳祢寝久清与党交名注文にも富山土佐介と並んで救二郷参河介の名をみる。

(13)「島津家文書」一—四五号（元弘三年）八月四日　後醍醐天皇綸旨。

(14)同年三月、新たに日向国大将として畠山直顕が赴任してきた。直顕の名について、最近、山口隼正氏は「南北朝期の日向国守護について—畠山直顕に関する考察—」（昭和四〇年春季西日本史学会発表要旨）において、暦応三年八月から同四年七月の間に直顕の改名の時期をおき、それ以前は義顕で、以後はずっと直顕であると決めてよいとされた（のちに同著『南北朝期九州守護の研究』〈文献出版、一九八九年〉第七章として収録）。また同氏は「南北朝期の大隅国守護について」（前掲書第八章）において肝付氏をはじめ、野辺・肥後・楡井氏らに南九州の悪党の例がみとめられるとされた。

(15)薩摩国の守護及び島津庄惣地頭は島津氏であるが、承久の乱後、得宗領となったと思われる河辺郡においては地頭代並びに郡司として被官千竈氏があるが、同氏は北条氏と運命を共にすることはなく鎌倉幕府滅亡後も同地方の在地領主として概ね南党に属し領主権の確保につとめている（「千竈文書」、「鹿児島中世史研究会報」付録2、一九六六年）。

三、楡井頼仲

「祢寝文書」建武四年四月二三日の祢寝清種軍忠状によると、建武三年一一月二一日、南党の伊東祐広、肝付兼重をうつため日向国国富庄太田城に馳参、翌二三日兼重退治に出発、一二月六日兼重与党の立籠る下財部院新宮城を攻撃、九日には兼重の本拠地三俣院に出向、同一八日兼重の居城を包囲、大手口より出撃してきた敵兵と激戦の末、これを城内に退けたが、自らも城戸口にて負傷したという。そしてその際の証人として彼は結城孫七行郷と楡井四郎頼理をあげている。この頼理を県史は頼仲の父としているが如何であろうか[1]。頼理については「長谷場文書」年未詳水間忠政与党交名注文案に「一、楡井四郎頼理　一、吉田彦三郎入道　一、飫肥北郷地頭代　一、同郷加宇原平四郎入道」とあり、頼理が貞和年間、日向国において島津庄領家一乗院の知行に対捍して侮り難い勢力を形成した水間忠政父子の与党の一人として見做されていたことを知るのである。同じく貞和三年かと思われる一〇月一七日の一乗院僧琳乗書状によれば、「日向大将(畠山直顕)左様為水沼方人被取向城候て、被入軍勢候歟、言語道断之悪行候」とあって日向大将畠山直顕さえも水沼方に与力して庄園を侵略することを嘆じているが、同書状は救二院の事についてもふれ、「一、救二院事、返々以外候、此事者自京依被付、粗承及候つ、給主令口入、先年及沙汰候歟、不可然事候由存候了、謀て如此及牢籠候歟、此自孫七殿方も委承候也、始終落居、不審候」とある。ここに孫七とあるのは樹間院地頭野辺盛忠のことである。盛忠は翌々貞和五年一月八日、本領武蔵国榛沢郡野辺郷行貞名地頭職と前記日向国櫛間院地頭職を子息愛寿丸（泰盛）に譲与している。盛忠は前掲建武元年の日向南郷狼籍謀叛人交名に野辺孫七盛忠とみえ、「比志島文書」建武二年五月一一日の雑訴決断所牒案によれば、櫛間院雑掌弘成により「構城墎、致狼藉」として訴えられているが、決断所の裁決は守護島津貞久（道鑑）に宛て、「野辺六郎左衛門尉久盛子息盛忠」について、その城郭を破却し、雑掌を下地に沙汰居させ、交名人等を召進むべしとのことであった。「祢寝文書」暦応四年七月二三日の畠山直顕注進状によれば、その中で（建武四年）一〇月一一日、「野辺孫七心替之時合戦」したとあり、盛忠は建武四年末頃より一時期南党に加わっていることを知るのである。野辺系図、及び櫛間院本主次第手継系図によれば、盛忠の父が久盛、久盛は第一節でふれた櫛間院地頭阿野大輔法橋観睿、同大弐法眼通睿の後、「先朝御代申披本領之由緒、建武元年三月廿一日為勲功之賞令拝領之」たのであり、久盛は小野氏系図、武蔵七党系図にみえる野部六郎広兼の玄孫なりとし、広兼の後、盛行・盛秀・盛綱とつぎ、その後を久盛とする。一本野辺系図には久盛につき「元弘三年十一月七日、於鎮□為英時被召捕、被預上総掃部助高雅畢」とあり、次に盛忠については「有五宮《五辻宮》御右謁、大隅国深河院御下向之間、奉総《ママ》量之、同三年四月廿九日挙義兵、打平凶徒等畢」とあり、その弟八郎久邦について「親父久盛同時被召捕、被預置釜利屋上総介師政、同五月廿五日於住吉被誅畢」と記している。これらのことは「博多日記」に「（正慶二年三月）廿六日、薩摩国大隅式部小三郎・野辺八郎・渋谷大郎左衛門尉等、仰松浦党い下、廿六日暁可打之由被仰之処、逐電之間、不及力」とあり、また「同日（四月一日）野辺八郎親父六郎左衛門尉以起請文、無誤由陳申之間、蒙御免出仕畢」とあるのに照応する。同じく久盛の子盛忠の弟に孫八盛政がある。盛政は「長谷場文書」貞和二年一〇月五日の一乗院領諸士契状の末に連署している九名中の小野盛政の事であろう[2]。そして惣領盛忠が南党の動きを報じて再び北党に属するようになるのは実にその翌貞和三年のことであった[3]。このように野辺氏の出自は武蔵七党の中猪俣党小野氏であり、元弘末年から建武二年にかけての政治的変動に際して、櫛間院地頭通睿の後をついで、まず櫛間院に足がかりをもとめ、北方飫肥郷をうかがい、大隅深河院弁済使職をも獲得して在地領主への道を進んでいくのである。[4] しかし櫛間院の地歩を占めるに至った経緯については杳として明らかでない。或いは北条氏の代官として日向に下向してきたものが、時勢に乗じて反北条の行動をとり、その没落後、恩賞として櫛間院地頭職を求め、同院雑掌と争い、建武元年の謀叛人交名にみる如く、北条氏与党となり、さらには南党に属してその在地領主権の確保と拡大につとめているものとみるべきかもしれない。

同地方の南党としては、この野辺氏と肝付氏、それにここで主として問題とする楡井氏とがあるが、三者の間に常に一致した協調関係があったというのでは決してない。何れもその在地領主権の確保、拡大にこそ目的があったのであり、利害関係の一致する時にのみ協力し合うのである。[5] 建武元年の謀叛人交名には野辺氏・楡井氏、それに肝付氏一族の名もみるが、先述の如く建武三年の肝付氏攻撃には楡井氏も参加している。そして翌年になると野辺氏は肝付氏に応じて挙兵しているのである。建武四年一一月より翌暦応元年三月までこの両氏の連合軍は薩摩の宮方と合体し、重久氏のよる大隅橘木城等を攻撃している。[6] しかし畠山直顕の軍はようやく勢力の均衡を破ることを得、暦応二年八月に至って遂に肝付兼重の孤城高城も陥れた。肝付氏の頽勢はおおうべくもない。楡井氏の大慈寺開創は実にその翌年の暦応三（興国元）年のことと伝えている。[7] 肝付兼重は同年七月、薩摩東福寺城に入り、薩摩南党と共に島津氏らの軍と対戦するが、同氏の本拠地たる大隅においては代わって楡井氏の進出が著しかったのである。即ち兼重は翌康永元年五月、征西将軍懐良親王の入薩に伴い再起をはかるが、その同年一一月には楡井四郎頼仲は「為御敵当村（禰寝院横山村）以下寄郡押領」、やむなく横山村領主等は頼仲に属するに至ったという。[8] 即ち頼仲は肝付氏の頽勢により勢をえ、征西将軍の入薩にともない南党に属し、一挙にその勢力範囲を拡大したものであろう。くだって貞和三年（正平二）三月二八日一色直氏宛、散位某遵行状に種島地頭職を楡井頼仲と肥後中務丞とが押領したとあるのもこの動きをしめすものであろう(9)。貞和四年六月、島津貞久は大隅国御家人重久篤兼に令して、楡井頼仲が日向国救二院内志布志城に立籠るにつき、畠山直顕の追討に出向せる旨を報じ、且つ貞久自身も隅州に発向するので、それ以前に同国守護に参集すべきことを伝え、さらに同年一一月にもその令を重ねている(10)。即ち頼仲が肝付氏に代わって大隅南党の中心的存在として注目されはじめてきたのである。

「大慈寺文書」によると同年八月一六日、頼仲は遠江守を称し、大慈寺住持職として玄柔書記を請じ(11)、二九日同寺領として大隅西俣村を寄進し(12)、さらに翌正平四年三月一〇日には大隅小原別符半分地頭職を同寺造営料所として寄進し(13)、また翌正平五年一二月九日にも日向救二院内井崎田条を大慈寺仏殿仏供燈油田として寄進しているところから(14)、救二院志布志を本拠地として大隅半島中枢部にその版図を拡大していたことを知る。貞和六（観応元）年四月、島津貞久の書下によれば、「凶徒楡井四郎頼仲・肝付八郎兼重等可寄来大隅国之由治定之旨、自方々所告申也、致用意、如然之時者、不廻時剋、馳寄彼所、可被致合戦」とあれば(15)、このころ楡井・肝付両軍の提携がなり、大隅国府方面への脅威が次第に強まってきたものであろう。翌観応二年は中央では所謂観応政変の激化した年であったが、大隅半島においても楡井氏の版図拡大とそれに対する北党畠山氏の反撃、そして前者の没落と烈しい戦闘が展開された年であった。即ち観応二年三月二七日から四月三日の落城に至るまでの楡井頼仲与党新兵衛入道らの守る大姶良城の攻囲戦(16)、四月一〇日よりはじまり、八月三日の陥落に至るまで数度の激しい攻防戦の展開された頼仲の弟又四郎頼重の籠る肝付郡加世田城の攻囲戦、七月一一日から一二日にかけての頼仲与党の籠る高熊城の攻略、七月二五日夜、頼仲与党風早十郎・細山田三郎らの大姶良城再取と八月四日の再失陥、それと期を同じくした鷹栖城の失陥。その間八月三日、同じく頼仲与党人島津田三位房・饗庭九郎らの始良庄井上城の攻防戦、そして終わりに頼仲自身の立籠る日向志布志城の八月一二日より一三日に至る攻略戦。ここで祢寝氏らを主力とする畠山軍との戦に破れた楡井氏は本拠地志布志の被占領と共に、しばし雌伏して再起の機をうかがうことになるのである。(17)

これらの合戦を通じてみられる頼仲与党人の交名をみれば、大姶良新兵衛入道道心・横山彦三郎・島津田三位房・饗庭九郎・薩州石堂彦次郎入道子息・肥後三郎兵衛尉、扶持人に岡富三郎次郎入道、若党に風早十郎・牧瀬源太・細山田三郎らがある。この中、大姶良新兵衛入道・横山彦三郎とあるのは祢寝院北俣弁済使富山氏一族であり、前掲観応二年一〇月九日の藤原義武契約状によれば、横山村の田地二町二杖と薗一所を暦応三年一一月二三日、和与して祢寝重広（道広）に譲ったのであったが、同五年一一月、楡井頼仲が敵人となり、同村以下寄郡を押領したとき一旦は頼仲の手に属したのである。それを再び祢寝氏が頼仲を追伐した上は、改めて前約にしたがい、横山道勝や道念の譲状通り異議なく同氏の領知とするとある。(18)富山氏がこのように北党とは限らず、その一流が一旦は南党楡井氏の与党人となっていることは注意すべきことであろう。勿論楡井氏の勢力が強盛となったといっても、楡井氏個有の武力に、伝統的な豪族肝付氏以上の強大なものがあったとは考えられず、恐らく肝付氏の頽勢と、かつてその勢力圏内にあった在地領主層の反守護感情とが相まって肝付兼重に代わる大隅半島における南党勢力の代表者としての楡井頼仲の雄飛を許したのであろう。大祢寝の富山氏は肝付・祢寝氏にはさまれ、かつ早く分立して同族結合がそれほど強固でなかった豪族であるが、どちらかといえば古くから祢寝氏との間に縁戚関係を結び、所領も錯雑してその影響をうけやすかったと考えられる。(19)とくに祢寝氏の所領と境を接する南部の郡本（現在錦江町）においてしかりであり、一連山を距て散在する大始良・横山・浜田・志々目の諸村は両勢力の緩衝地帯であったということもできよう。したがって南北朝時代両勢力の同地方の支配権争奪をめぐる戦の行われたことは当然のことであろう。大始良・横山氏が祢寝氏から楡井氏へ、そして再び祢寝氏へと服属するのもその所在位置から考えて同氏の辿るべき宿命であったというべきであろう。

次に与党人の一人で鷹栖城に籠ったとある肥後三郎兵衛尉に注目すべきであろう。同人についてはその名を明らかにし難いが、鎌倉時代、島津氏についで島津庄大隅方惣地頭北条（名越）氏の被官で地頭代であった肥後氏一族であることは間違いなかろう。[20]そして前掲建武元年の北条氏与党交名に肥後兵衛次郎入道浄心（高家家人）とあるのと同族であろう。また前掲貞和三年三月、楡井頼仲と共に多禰島地頭職を押領したと訴えられている肥後中務丞は種子島時基かと思われ、鎌倉時代以来名越氏の地頭職を有した島津庄一円領多禰島の地頭代として島務に当り、北条氏滅亡後はその実力支配によって同島の領主権を確立していったと推察される。しかし肥後氏は右の肥後三郎兵衛尉を除き、観応二年四月の頃には多く畠山直顕に帰属したと思われる。即ち同月二二日の肥後中務太郎（時基）宛、直顕の催促状には「肥後一族并救二郷孫太郎以下」の帰参を報じ、早く馳参すべきことを令している。[21]前に私は楡井氏を北条氏被官に非ざるかを論じたが、同じ北条氏被官肥後氏も或いは南党に、或いは北党につき、その領主権の確立につとめたのであり、楡井氏がそれに失敗して滅亡するのと対照的に、肥後氏はその一流が種子島島主として領主化に成功したのである。同史料にみえる救二郷孫太郎については明らかでないが、恐らく救二郷弁済使の系統であり、建武元年北条氏与党交名にみえる救二郷弁済使宗頼の後であろう。また前節で述べた蓬原城に拠り、のち没落して飯福寺の住持職を相伝した救仁郷氏の先でもあろう。

さて観応二年八月、楡井氏の一度目の没落の後、同氏の本拠地志布志を押さえたのは日向大将、そして後の日向守護畠山直顕であった[22]。直顕は志布志城陥落直後の八月一九日、大慈寺に島津庄日向方救仁院田浦条と同大隅方串良院内岩弘名を寄進し[23]、ついで一一月一九日にも大隅西俣庄、串良院内小原別符を寄進し[24]、翌観応三年四月二二日には同寺の住持として剛中玄柔の再住を請じている[25]。玄柔は前述の如く頼仲の請じた徳僧で、直顕はその支配交替後もそのまま住持職にあることを願い扶持を加えているのである。志布志において大慈寺よりも古い宝満寺については前節でもみたが、早く暦応三年正月には勅願の一国一基塔婆建立の寺（日向国分）として足利直義は仏舎利二粒を寄進し[26]、同三月二七日には料所を寄せ[27]、四月八日にはその建立につき光厳上皇の院宣が出されている[28]。その後志布志は一旦楡井氏の支配するところとなっていたが、その頼仲を追って志布志を占拠した畠山直顕は観応三年正月一八日禁制を下し、宝満寺内河幷山野において殺生、狼籍の禁断を令している[29]。そして同年七月には代官義政により厩条水田五反が寄進されている[30]。以後、大慈寺・宝満寺共支配者の交代に変わることなく、その保護を享受し、中世を経過していくのである[31]。さて観応三年（文和元）一二月三日夜、一年余雌伏していた頼仲が弟頼重らと共に大始良城を忍取り、同四日より急をききかけつけた祢寝清成・清有らの攻囲軍と連日大手口や野頸で合戦をくりかえし、同軍に多大の損害を与えている。その死傷者の交名中には、大始良・横山・志々女等富山氏一族の名が多くみえる[32]。この攻防戦は翌年（文和二）、翌々年（文和三）にかかり、同年一月二五日遂に落城するまで長期間、楡井氏の抵抗は頑強につづけられていた。そしてその間、三年二月二二日夜には頼仲与党と薩摩南党とが鹿屋院一谷に打入り籠城したが、二四日に同与党平岡四郎[33]・風早十郎・薩摩南党蓑和新三郎ら数十人の犠牲者を出し陥落しているし、同日同じく頼仲与党の籠城していたと思われる大隅郡木谷城も陥り、折角努力し漸く勢威を回復してきた楡井頼仲も再度没落せざるをえなかったのである。[34] 三度目の頼仲の挙兵とその最後的没落はそれから三年後の延文二年一月のことである。同年五月の畠山直顕証判祢寝重種軍忠状によれば、一月二七日、「凶徒楡井四郎頼仲、打入日州救二郷胡麻崎、構城墎之間、馳向致散々合戦、攻落彼城、頼仲同舎弟又四郎頼重以下、親類若党等数十人討取之訖」とある。[35] しかし頼仲の最後については一般に「山田聖栄自記」「島津勲功記」等の記述により、志布志松尾城に拠り、城陥り逃るるところなく、二月五日大慈寺宝池庵に入って自殺したとする。[36]

当時、観応の政変で九州においても武家方は将軍方と佐殿（直冬）方の二に分かれ、畠山直顕は佐殿方として、また島津氏（大隅では氏久）が将軍方として対立していたが、文和二年、両者は遂に干戈を交えるに至った。同年十月、島津氏久注進の敵味方交名によれば、大隅の豪族の大半は直顕方とあり、その中には野辺盛忠遺族、肝付兼重遺族がある。肝付兼重は当時既に死去し、子の秋兼は一族と共に畠山直顕の与党となっていたものであろう。[37] 九州探題一色範氏は勿論将軍方であり、島津氏と提携して直顕の軍に当たらんとしていた。文和三年三月、楡井頼仲の再度の没落後程なく、一色範光は日向に向かわんとして同国の豪族土持宣栄を招き、畠山直顕は真幸院・下大隅郡に出兵せんとし、また薩隅の与党これに応じて島津貞久の居城碇山城を攻めんとした。[38] 同年四月、島津師久は一色範親と謀り、機先を制して直顕を挟撃せんとした。[39] 六月、島津氏の軍と南党和泉郡司らとの戦が出水木牟礼城付近で行われている。[40] 翌文和四年四月、下大隅郡の肥後種顕等は畠山直顕等に応じ、島津氏久はこれを崎山城に攻めて陥れている。[41] また同年七月、足利尊氏は一色範氏に直顕追討のことを令している。[42] しかし畠山氏の軍は優勢で、且つ薩摩南党の軍も勢いを得てきたので、同年末島津氏もついに尊氏・義詮らの慰留にも拘らず南党と提携し、ひたすら畠山軍と対決せんとした。かくして延文元年一〇月、加治木岩屋城の戦をはじめとして翌二年三月まで南党の将三条泰季と島津氏久の連合軍は畠山軍と加治木付近においてしばしば交戦を繰り返し、ついに畠山軍を圧倒することに成功したのである。[43]楡井氏はその間畠山氏与党の祢寝氏を邀撃して救二郷に戦ったが、敗れて頼仲・頼重兄弟共戦没したことは先述した如くである。この間文和四年四月、一色範氏は相良孫次郎定長に三俣院南方内田地四〇町地頭職を「勲功地不足幷後日之忠」のため宛行っている。このころ相良氏一族は南北両党に分かれて争っている。[44]即ち文和三年九月には須恵・多良木の両氏が、菊池・内河両氏と兵を合して一色範親を肥後求摩郡に攻め、島津師久・氏久は軍兵を派して範親の援助に当たり、その虚に乗じて畠山直顕が大隅、下大隅城及び薩摩東福寺城を攻めんとすることがあった。[45]さらに翌文和四年六月一八日には島津氏久は日向の畠山直顕・伊東祐氏らが来攻すると聞き、一色範親と議して大隅に向かっている。[46]日向真幸院における氏久・直顕両軍の衝突もこのころのことであろう。

延文二年一月、楡井氏の没落後、救二院・救二郷の地は畠山直顕の支配下に入ったものの、やがて九州南党の領袖菊池武光の長駆進攻があり、（武光大慈寺内に禁制を令す[47]）、ついで直顕は島津氏久らの軍に攻め立てられて没落するに至る。[48]代わってこの地方を押えたのは島津氏久であり、氏久・元久は救二院志布志内城にあって大隅・日向制圧の拠地とし、久豊もまたこの地に滞在して経営に腐心するところがあった。また島津氏の一族で家臣団の有力者でもあった新納氏は島津氏よりこの地の経営を委ねられ、久しく松尾城・内城にあって守護大名島津氏の支配領域の確保と拡大に貢献するところがあった。救二院・救二郷の歴史はやがて中世から近世への推移と共に志布志郷・大崎郷等への歴史に移行していくのである。

註

(1)『鹿児島県史』一、水上氏は前掲論文において頼仲・頼理を兄弟とされる。しかし共に四郎とあり、同一人の可能性も十分に考えられる。

(2)『鹿児島県史料　家わけ五』「長谷場文書」二八号。他に小野政範・小野盛貞があり、小野政範は野辺盛忠二男野五をさすのであろう。

(3)『旧記雑録前編』一―二二四四号「重久家蔵文書」貞和三□月二七日島津道鑑書下。

(4)深河院については前掲「野辺文書」六号　応安八年二月廿五日の島津氏久書状で相伝知行の地として記されている。

(5)三者鼎立説は「山田聖栄自記」、「島津勲功記」等の既にとるところ、これらの史料は後年の聞書部分が多いため正確さに欠ける憾みがあるが、大勢は把握しているものとみてよかろう。

(6)「祢寝文書」六九八号、「池端文書」暦応二年八月三〇日建部清種軍忠状に「去建武三年十一月廿日、大隅国祢寝弥次郎清種馳参日向国大田城、付御着到、御使結城孫七郎行郷・友永七郎澄雄相共令対治南郷櫛間城」とあれば、或いはこのころ野辺氏は櫛間城により挙兵したものかとも思われる。

(7)「大慈寺由来記」、「開山玉山和尚縁起」。大慈寺はもと肝付郡にあった帝釈寺を移したものとされ、開基は楡井頼仲、開山は入元の傑僧玉山玄提である。玉山は信濃の人、旧姓井上氏、無関普門の弟子であった。頼仲が玉山を招請したについては、楡井氏の出身地という信濃仁礼村に近接して玉山出身の地井上村があることを一応考慮にいれるべきかもしれない。尚玉山・剛仲と頼仲との思想・信仰上の諸関係についても当然問題にすべき重要事であろうが、ここでは一応考察の対象から除外した。

(8)「祢寝文書」五八二号。

(9)『南北朝遺文　九州編』二三一六号「橘中村文書」。

(10)『旧記雑録前編』一―二二七〇・二二七八号「重久文書」。

(11)～(14)『鹿児島県史料　家わけ六』「大慈寺文書」。

(15)『旧記雑録前編』一―二三一六号「重久文書」。

（16）加瀬田城は以前には肝付兼重の弟兼隆の拠城であった。このように肝付氏の城が楡井氏の城となっていた。

（17）「祢寝文書」七五・四六六・七〇三号　観応二年八月　祢寝清成・清増・清種軍忠状。

（18）「西藩野史」巻三〇　延文二年二月の項にはじめ大姶良内城にあって、大姶良・横山・獅子目・浜田の諸氏をおさえていた兼重の弟肝付五郎九郎はその異図を察し、出撃して横山城を陥れ、横山・大姶良氏を逃亡させ、浜田氏を戦死させ、その帰途獅子目氏の奇襲に遭い落命するに至った。ここに楡井頼仲は好機到来とばかり、志布志より軍をおこし、大姶良を占領し、肝付氏の勢力圏の地を制圧することになったと記している（「山田聖栄自記」等によったのであろう）。恐らくこれは観応二年初頭の状勢を記したものであろうが、とすれば肝付氏は康永元年の末頃より楡井氏の与党として行動していたものと思われる。

（19）『鹿児島県史料　家わけ六』「志々目文書」三号　嘉元三年三月一五日　祢寝院北俣郡本村弁済使職幷田畠在家等別分状。

（20）水上一久前掲論文、拙稿「大隅の御家人について」（『日本歴史』一三一。本書第2部第一章）参照。

（21）『旧記雑録前編』一―二三四六号「種子島文書」観応二年四月廿二日　畠山直顕書下。

（22）『鹿児島県史料　家わけ六』「太秦文書」観応二年九月六日　足利直冬下文には、

　　下　下大隅左近将監高元

　　可令早領知大隅国下大隅院九拾町楡井四郎跡、同国肝付郡

　　百参拾町名越尾張守跡地頭職事、

　右以人為勲功之賞、所宛行也、早守先例可令領掌之状如件、

とあって下大隅院（郡）前領主として楡井四郎の名をみる。とすれば楡井氏の勢力圏は一旦は下大隅郡にまで及んでいたことが推測されよう。

（23）～（25）前掲「大慈寺文書」。

（26）～（30）『旧記雑録前編』一―二〇七六・二〇八一・二〇八二・二三九四・二四四〇号　志布志宝満寺文書写。

（31）今枝愛真「中世禅林の官寺制度」（『歴史地理』八七―三・四）、同「禅宗の官寺機構―五山十刹諸山の国別分布について―」（『日本学士院紀要』一九―三）、川添昭二「九州探題今川了俊の文学活動」（『九州文化史研究所紀要』一〇、一九六三年）参照。

(32)水上一久「中世譲状に現れたる所従について—大隅国祢寝氏の場合—」（『中世の荘園と社会』吉川弘文館、一九六九年）参照。
(33)平岡氏系図等によれば、平岡氏は大祢寝院弁済使富山氏と同族と考えられる。「鹿屋」（鹿屋市教育委員会編）参照。
(34)(35)「祢寝文書」九一号、文和三年三月　祢寝清成・同清有軍忠状。
(36)「島津国史」六、『薩隅日地理纂考』二七、楡井頼仲墓碑銘。
(37)水上一久前掲論文「南北朝内乱に関する歴史的考察」参照。
(38)『旧記雑録前編』一—二五二三号　文和三年三月晦日　一色範親注進状。
(39)同一—二五二四号　文和三年四月一〇日　島津師久請文。
(40)同一—二五二八号　文和三年六月二〇日　島津師久請文。
(41)『旧記雑録前編』一—二五八四号　文和四年六月一日　同。
(42)同一—二五八九号　文和四年七月九日　足利尊氏御教書、一—二五九〇・二五九一号　文和四年八月一八日　足利尊氏催促状。
(43)『鹿児島県史料　諸氏系譜三』「比志島文書」二〇八・二〇九号　正平一二年四月　比志島範平軍忠状、同　島津氏久証状。
(44)大日本古文書「相良家文書」一—一六二号。
(45)『旧記雑録前編』一—二五六二号　文和三年九月一八日　島津氏久注進状
(46)同一—二五八七号、文和四年六月十八日同
(47)同二—四五号　正平一三年一二月　菊池武光禁制。
(48)このころから氏久の大隅経営は進み、大姶良を居城として近隣を制圧し、家臣団を分封し、救仁院には新納実久を封じた。また『旧記雑録前編』二—六七号、正平一四年一一月一五日　得丸左近将監宛島津氏久宛行状に「大隅国小原別府西方地頭分柏原東方原田将監跡、日向国救仁院内野与倉条事、為兵糧料所、所相計也」とある。
「島津国史」によれば延文四年、氏久は相良氏と大隅国合原で戦い、敗れて一旦岩川の手取城、救仁郷の蓬原城に入ろうとしたが、城兵これを拒み、危局に立ったが、程なく勢威を回復し、両城を占拠してその支配を強化することに成功した。前述した蓬原の救仁郷民の没落とはこのときのことであろう。

【追記】成稿後、南北朝期の大隅・日向両国守護に関する下記、山口隼正氏の一連の労作をえた。「南北朝期の大隅国守護について」（『九州史学』三五・三六、のちに前掲著書所収）「南北朝期の日向国守護について」（『豊日史学』三四―一、のちに前掲著書所収）、南北朝期の日向国在地領主層の動向については後者に詳しい記述がある。終わりに史料・史跡調査の際お世話いただいた志布志町町誌編纂委員会の各位に深謝の意を表する。

【初出一覧】

第1部　薩摩国の御家人

第一章　薩摩の御家人について（『鹿大史学』第六・七号、一九五八・一九五九年）

第二章　薩摩国伊集院の在地領主と地頭（竹内理三博士還暦記念会編『荘園制と武家社会』吉川弘文館、一九六九年）

第三章　平安末・鎌倉初期の南薩平氏覚書―阿多・別府・谷山・鹿児島郡司について―（『鹿児島大学法文学部紀要　文学科論集』第九号、一九七三年）

第四章　薩摩国御家人鹿児島郡司について（『鹿児島大学文理学部　文科報告』第一一号―史学編第八集、一九六二年）

第五章　薩摩国御家人比志島氏について（『鹿大史学』第八号、一九六〇年）

第六章　新田宮執印道教具書案その他（『日本歴史』第三一〇号、一九七四年）

第七章　薩摩の在国司（『南北朝遺文　九州編第一巻　月報』一、一九八〇年）

第八章　薩摩国守護島津氏の被官について（『鹿大史学』第一二号、一九六四年）

第2部　大隅国の御家人

第一章　大隅の御家人について（『日本歴史』第一三〇・一三一号、一九五九年）

第二章　調所氏寸考（『日本歴史』第一六二号、一九六一年）

第三章　大隅国御家人税所氏について（『鹿大史学』第九号、一九六一年）
第四章　大隅国御家人酒井氏について（御家人制研究会編『御家人制の研究』吉川弘文館、一九八一年）
第3部　日向国の御家人
第一章　日向の御家人について（『鹿児島大学法文学部紀要　文学科論集』第七号、一九七一年）
第二章　島津庄日向方三俣院と伴氏（『鹿児島中世史研究会報』第三二号、一九七四年）
第三章　島津庄日向方　救二院と救二郷（宝月圭吾先生還暦記念会編『日本社会経済史研究』〈古代中世編〉吉川弘文館、一九六七年）

【著者略歴】

五味克夫（ごみ・よしお）

1924 年、愛知県生まれ。
1950 年、東京大学文学部卒業。
1955 年、（旧制）東京大学大学院。

常民文化研究所、開成学園高等学校、鹿児島大学文理学部助教授、同大学法文学部助教授・教授、鹿児島女子大学教授を経て、現在、鹿児島大学名誉教授・鹿児島県史料編さん顧問。

主要編著書に、『日本歴史地名大系 47　鹿児島県の地名』（平凡社、1998 年、共監修）、『鎌倉幕府の御家人制と南九州』（戎光祥出版、2016 年、単著）がある。また、『鹿児島県史料』『鹿児島県史料集』『鹿児島県史料拾遺』等の史料翻刻や編纂に多く携わる。他論文多数。

装丁：川本　要

戎光祥研究叢書　第13巻

南九州《みなみきゅうしゅう》御家人《ごけにん》の系譜《けいふ》と所領《しょりょう》支配《しはい》

二〇一七年四月一〇日　初版初刷発行

著　者　五味克夫

発行者　伊藤光祥

発行所　戎光祥出版株式会社
東京都千代田区麹町一－七
相互半蔵門ビル八階

電　話　〇三－五二七五－三三六一㈹
ＦＡＸ　〇三－五二七五－三三六五
編集・制作　株式会社イズシエ・コーポレーション
印刷・製本　モリモト印刷株式会社

http://www.ebisukosyo.co.jp
info@ebisukosyo.co.jp

ISBN978-4-86403-236-0

人名索引（50音順）

本書では氏族のみ立項した。

（か）

（き）

（く）

（け）

（こ）

（さ）

（し）

（な）

（に）

（ね）

（の）

（は）

（ひ）

（ふ）

（へ）

（ほ）

（ま）

（み）

（む）

（や）

（よ）

（り・る）

（わ）

地名・寺社名索引（50音順）

（あ）

（い）

（う）

（え）

（お）

(か)

（き）

（く）

（す）

（せ）

（そ）

（た）

（ち）

（つ）

（て）

（と）

（な）

（に）

（ね）

（の）

（は）

（ひ）

（ふ）

（へ）

（ほ）

（ま）

（み）

（む）